Wolf Bresch

Flussperlen am Oberrhein

Gewässerführer für das Oberrheintal
zwischen Basel und Mainz

Deutscher Kanu-Verband

DKV Wirtschafts- und Verlags-GmbH
Postfach 100315 - 47003 Duisburg

Impressum:

Postfach 10 03 15
D-47003 Duisburg
Tel.: +49 (203) 99759-0
Fax: +49 (203) 99759-61
info@dkvgmbh.de
www.kanu-verlag.de

3. Auflage

Gestaltung: www.publicdesign.de
Druck: Silber Druck, Langenhagen
Lektorat: Wolf Bresch

Titelfoto:
St. Paul Kirche in Straßburg

Aktuelle Infos:
Der Deutsche Kanu-Verband und die Zeitschrift KANU-SPORT bieten aktuelle Informationen über ihre jeweilige Homepage. Anregungen zu diesem Buch werden in der nächsten Auflage berücksichtigt. Verlag und Autor sind für alle Hinweise dankbar und erreichbar unter:
info@dkvgmbh.de

Deutscher Kanu-Verband e.V.
Bertaallee 8, 47055 Duisburg
Tel. 0203/99759-0, Fax -60
Internet: *www.kanu.de*

ISBN: 978-3-96806-008-8

TOP KANU TOUREN

Wolf Bresch

Flussperlen am Oberrhein

Gewässerführer für das Oberrheintal zwischen Basel und Mainz

Deutscher Kanu-Verband

DKV Wirtschafts- und Verlags-GmbH
Postfach 100315 - 47003 Duisburg

Geleitwort

Mit diesem prächtigen und mit viel Engagement gemachten Kanuführer ist dem Autor, auch in der zweiten Auflage, wieder ein sehr informativer und anschaulicher Kanu-Tourenführer gelungen. Er beschreibt darin eine der vielseitigsten und – aus meiner Sicht – schönsten Kanureviere unserer Heimat.

Die Gewässer am Oberrhein bieten für nahezu alle Paddler ideale Touren, mit unterschiedlichsten Anforderungen. Von der beschaulichen Runde in den Auen, die an vielen Stellen wie ein unberührter Dschungel anmuten, und in denen sich der Paddler eher im Amazonasgebiet wähnt. Bis hin zu Fahrten auf der internationalen Schifffahrtsstraße Rhein, mit pulsierenden Güterverkehr, der belegt dass wir uns auf einer zentralen europäischen Hauptachse der Berufsschifffahrt befinden.

Die Beschreibungen und insbesondere die Bebilderung, die Wolf Bresch in diesem Buch darbietet, geben nicht nur einen sehr guten Eindruck auf das, was den Paddler erwartet; sie erzeugen – bei mir – sehr große Lust, mein Boot zu packen und sofort aufzubrechen, **zu den Flussperlen an Oberrhein.**

Ich bin davon überzeugt, dass auch Ihnen, lieber Leser, dieser Kanu-Tourenführer und ganz besonderes das Paddeln auf den beschriebenen Gewässern sehr viel Freude bereiten wird. Mir ganz bestimmt!

Peter Ludwig

Kanu-Verband Baden-Württemberg
Präsident

Inhalt

Touren

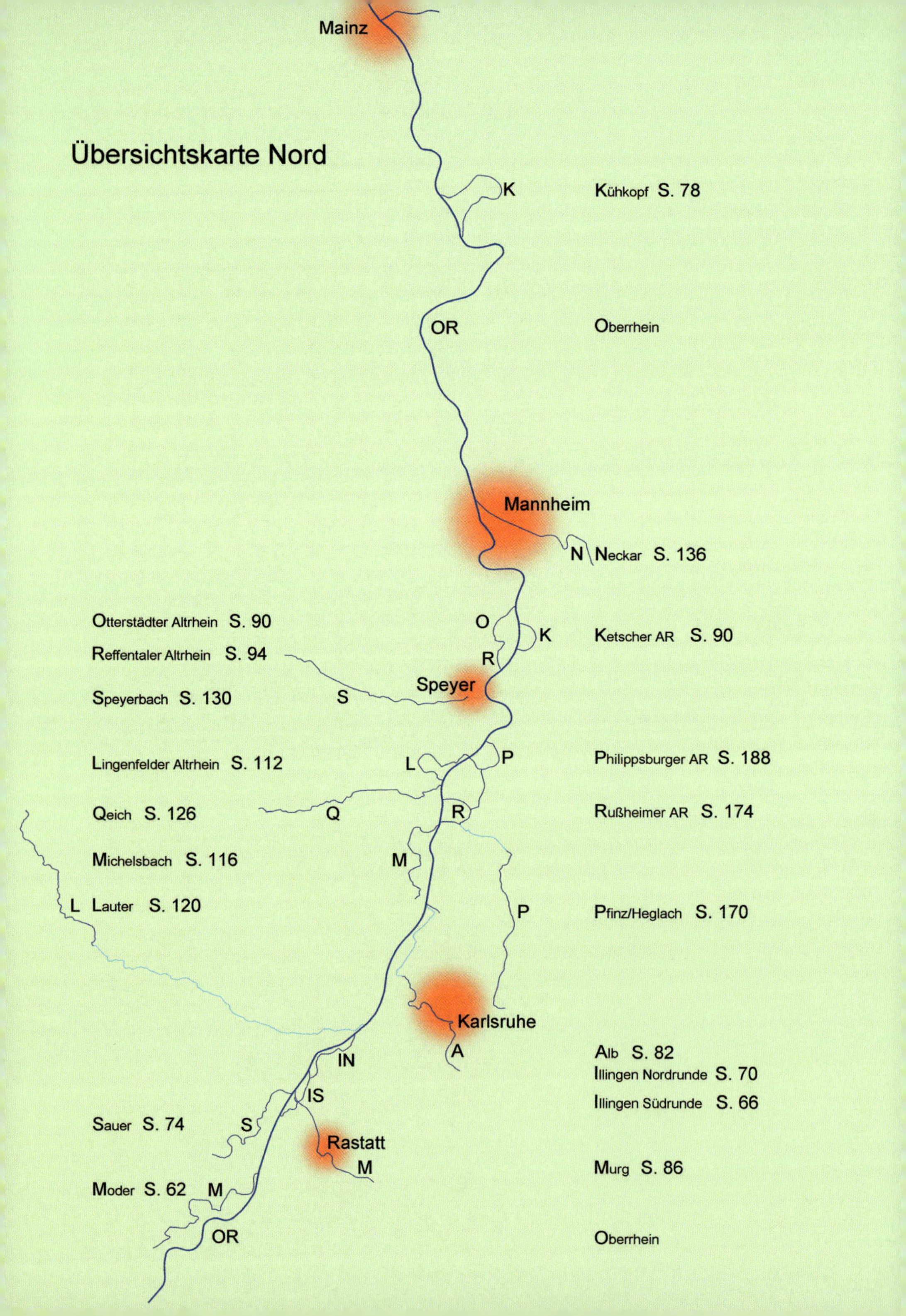
Übersichtskarte Nord
Mainz
K
Kühkopf S. 78
OR
Oberrhein
Mannheim
N
Neckar S. 136
Otterstädter Altrhein S. 90
O
K
Ketscher AR S. 90
Reffentaler Altrhein S. 94
R
Speyer
Speyerbach S. 130
S
Lingenfelder Altrhein S. 112
L
P
Philippsburger AR S. 188
Qeich S. 126
Q
R
Rußheimer AR S. 174
Michelsbach S. 116
M
L
Lauter S. 120
P
Pfinz/Heglach S. 170
Karlsruhe
A
Alb S. 82
IN
Illingen Nordrunde S. 70
IS
Illingen Südrunde S. 66
Sauer S. 74
S
Rastatt
M
Murg S. 86
Moder S. 62
M
OR
Oberhein

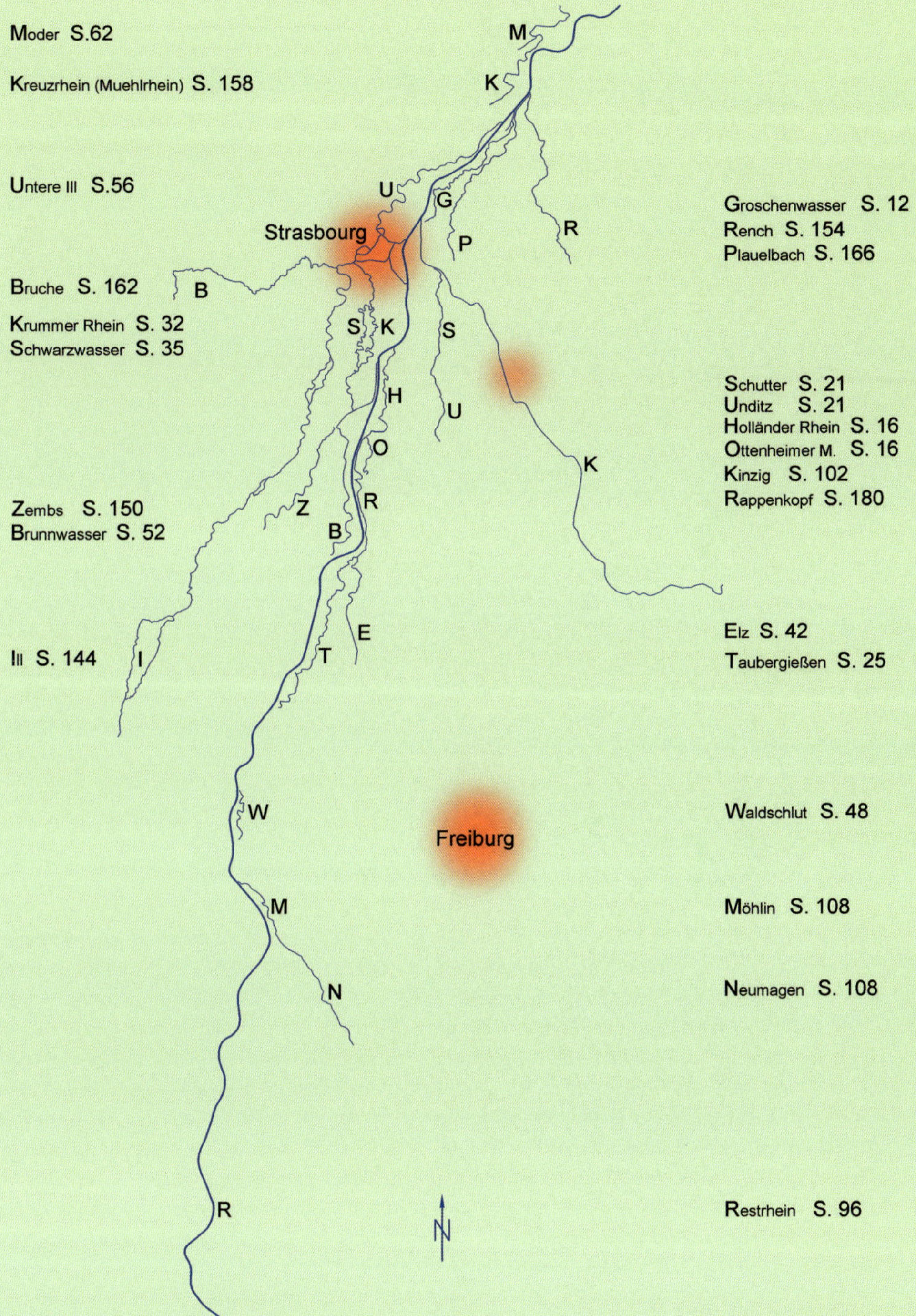

Übersichtskarte Süd

Auf ein Wort ...Vor der Fahrt

Zum Träumen....

Wir paddeln, fast lautlos gleiten wir übers Wasser, halten uns nur an den von der Natur vorgegebenen Weg des Baches, beobachten was sich so tut, am Ufer, im Wasser und an Land, lauschen dem Gesang der Vögel, rasten an idyllischen Plätzen, beobachten den pfeilschnellen Flug der Libellen. Lianen und das dichte Buschwerk unter den Bäumen verschmelzen zu einem blickdichten Vorhang, der der Weite über dem Wasser zumindest am Ufer Einhalt gebietet. Der Mensch hat an einigen Stellen eingegriffen, hat den Wald gerodet, wunderschöne bunt blühende Wiesen mit vielen Orchideen und anderen Blumen sind entstanden in denen Schmetterlinge und andere Insekten einen idealen Lebensraum vorfinden.

Realität...

Der Rhein wurde für die Berufsschifffahrt ausgebaut. Wasserkraftwerke sind entstanden. Staustufen (Wehre), Dämme, Schleusen wurden gebaut, das Rheinbett durch Flussbausteine befestigt und die Zuflüsse mussten den neuen Gegebenheiten "angepasst" werden.
Die Nebengewässer sind oft von der durch Rheinhochwasser erzeugten Flutung oder Überflutung abgeschnitten. Erst seit kurzer Zeit besinnt man sich wieder auf die früheren Zustände mit periodischen Überschwemmungen und lässt wieder kontrollierte Phasen der Flutung (ökologische Flutung) zu.

Veränderungen...

Jede Beschreibung eines Gewässers, hält den momentanen Zustand fest. Die Veränderungen durch Eingriffe der Fluss- und Wasserbauer an den Bächen geschehen in immer kürzeren Abständen. Neben den durch Menschen verursachten Veränderungen sind solche durch Hochwasser, Stürme und andere Naturkatastrophen ebenfalls zu berücksichtigen. So ist es nichts außergewöhnliches wenn sich ein Gewässer schon nach wenigen Jahren ganz anders präsentiert.
Betrachtet man dies vom Paddel-Aspekt aus, wird deutlich, dass das meist nicht zu unseren Gunsten ausfällt.
Die bei den Befahrungen vorgefundenen Zustände werden wie angetroffen beschrieben. Dabei sind immer Unterschiede der individuellen, persönlichen Einschätzung zu berücksichtigen.

Sperrungen...

Glücklicherweise sind wir von Sperrungen aus Naturschutzgründen fast verschont geblieben. Einige Gewässer sind zeitlich begrenzt gesperrt und nur für wenige gilt ein absolutes Befahrungsverbot. Rechts und links des Rheins ziehen sich die paddelbaren Gewässer wie Perlen an der Kette durch die Oberrheinebene. Im Bereich ab Iffezheim bis Mannheim gibt es rechtsrheinisch eine Regelung für die Kanuten die im Wassersportbedarfsplan festgeschrieben wurde. Im südlichen Teil unseres Gebietes wird derzeit an einer solchen Regelung gearbeitet.

Paddeln auch im Winter ?...

Viele Beschreibungen beinhalten in der Kurzinfo den Vermerk "ganzjährig fahrbar". Dies setzt allerdings voraus, dass nur wirklich erfahrene Paddler, entsprechend ausgerüstet, bei tiefen Temperaturen aufs Wasser gehen. Absolute Pflicht im Winter: Schwimmweste und Ersatzkleidung. Es wird auf entsprechende Artikel und Berichte in unserem Fachorgan "KANU-SPORT" hingewiesen.

Aggressive Schwäne...

Immer wieder durchpaddelt man bei Paddeltouren das Revier besonders aggressiver Schwäne.
Durch Attacken von Schwänen sind schon viele unerfahrene Kanuten gekentert, aber oft haben auch erfahrene Paddler so ihre Probleme mit diesen Tieren. Es gilt zu bedenken, dass wir in den Lebensraum der Schwäne eindringen und dadurch eine Abwehrreaktion auslösen.
Hier einige Verhaltensregeln.
Ruhe bewahren. Rede beruhigend auf den Schwan ein. Provoziere den Schwan nicht durch irgendwelche Aktionen. Lass den Schwan nahe herankommen, günstig ist wenn der Schwan nahe neben dir herschwimmt. Versuche nicht dem Schwan wegzupaddeln, er wird dich fliegend locker einholen und mit einem Wahnsinnsgetöse einen oder auch mehrere Angriffe aus der Luft starten und dein Boot von hinten angreifen. Nutze durch Unterfahren, Büsche und Bäume am Ufer als natürliches Anflughindernis. Nachdem man das Revier des Schwans verlassen hat, wird sich der von dir Schwan abwenden.

Viel Glück !

Kilometerangaben...

Die Anzahl der bei den Touren gepaddelten Kilometer ist immer wieder sehr umstritten. Viele in den Paddelführern genannte Angaben sind fehlerhaft. Auch die während meiner Befahrungen durchgeführten GPS-Messungen sind u.U. nicht immer Aussagekräftig.
Die in diesem Paddelführer angegebenen Entfernungen sind die in den Kanu-Vereinen üblichen Kilometerangaben, die sich über einen sehr langen Zeitraum als feststehender Mittelwert herausgebildet haben.

Gewässerführersystem des DKV

Stand: Mai 2021

je € 19,95 (€ 14,95 für DKV-Mitglieder)*

Ausland

Österreich/Schweiz (Bd. 1)
(Alpenraum)
7. Aufl. 2021, 712 Seiten, Best-Nr. 1001

Südwesteuropa (Bd. 2)
(Italien, Portugal, Spanien)
6. Aufl. 2021 in Vorb., Best-Nr. 1002

Südfrankreich/Korsika (Bd. 3)
9. Aufl. 2018, 540 Seiten, Best-Nr. 1003

Skandinavien (Bd. 4)
(Dänemark, Finnland, Island, Norwegen, Schweden)
6. Aufl. 2021, 608 S., Best-Nr. 1004

Südosteuropa (Bd. 5)
4. Aufl. 2012, 672 S., Best-Nr. 1005

Nordfrankreich/Benelux (Bd. 6)
4. Auflage 2013, 512 Seiten, Best-Nr. 1006

Nordosteuropa (Bd. 7)
(Estland, Lettland, Litauen, Polen)
4. Aufl. 2019, Best-Nr. 1007

Großbritannien/Irland (Bd. 8)
(England, Schottland, Wales, Irland)
2. Aufl. 2021, 800 Seiten, Best-Nr. 1008

Donau und Nebenflüsse (Bd. 9)
2. Aufl. 2018, 696 Seiten, Best.-Nr. 1023

Mittel-Osteuropa (Bd. 10)
1. Aufl. 2021 in Vorb., Best.-Nr. 1082

Deutschland

Deutsches Flusswanderbuch
27. Auflage 2018, 656 Seiten
EUR 24,80* Bestellnr.: 1000

DKV-Gewässerführer Baden-Württemberg
7. Auflage 2021, 512 Seiten
EUR 19,95* Bestellnr.: 1067

DKV-Gewässerführer Deutschland Mitte-West
(Hessen, Rheinland-Pfalz, Saarland)
6. Auflage 2016, 464 Seiten
EUR 19,95* Bestellnr.: 1068

DKV-Gewässerführer Ostdeutschland
6. Auflage 2021, 624 Seiten
EUR 19,95* Bestellnr.: 1013

Gewässerführer Nordwestdeutschland
12. Auflage 2014, 600 Seiten
EUR 19,95* Bestellnr.: 1010

DKV-Gewässerführer Bayern Nord
12. Auflage 2016, 512 Seiten
EUR 19,95* Bestellnr.: 1033

DKV-Gewässerführer Bayern Süd
13. Auflage 2021, 712 Seiten
EUR 19,95* Bestellnr.: 1034

Gewässerführer für Nordrhein-Westfalen
8. Auflage 2021
EUR 19,95* Bestellnr.: 2135

Die DKV-Flussführer sind im Buchhandel, Fachgeschäften oder direkt beim Verlag erhältlich.
*DKV-Mitglieder erhalten auf die angegebenen Preise bei Bestellungen über die DKV-Verlags-GmbH 25 % Mitglieder-Rabatt.

DKV-Wirtschafts- und Verlags GmbH
Postfach 10 03 15 • 47003 Duisburg
Tel.: 0203/99759-99 • Fax: 0203/99759-61
eMail: bestellung@dkvgmbh.de • Internet: www.dkvgmbh.de

Vorwort

Das Oberrheintal, zwischen Basel und Mainz ca. 300 km lang und 30 – 50 km breit, umfasst den Osten des französischen Elsaß, den Osten von Rheinland-Pfalz und den Westen des Bundeslandes Baden-Württemberg. Diese Landschaft ist vor ca. 35 Millionen Jahren durch einen Grabenbruch und Auffüllung durch Sedimente entstanden. Infolge der umliegenden Gebirge (Schwarzwald, Vogesen, Odenwald, Pfälzer Wald) und der relativ niedrigen Höhe über dem Meer ist das Klima der Region fast mediterran.

Der Name Rhein wurde möglicherweise vom indogermanischen rei (reih), was als fließen übersetzt werden kann, übernommen.

Die ehemals ursprüngliche Rheinlandschaft mit seinen unzähligen Inseln und Mäandern, war geprägt von dauernder Veränderung durch die regelmäßig wiederkehrenden oft verheerenden Hochwasser.

Die Rheinkorrektur durch Tulla ab 1817 mit festem Bett und Hochwasserdämmen brachte den Rhein in seine heutige Form. Dies führte besonders im Bereich zwischen Basel und Breisach zur Versteppung der Landschaft. Als Folge der erhöhten Fließgeschwindigkeit und des Abschneidens von Rückhalträumen ergaben sich für die Unterlieger häufigere - und immer gewaltigere Hochwasser.

Diese Rheinkorrektur hat auch viele Altwasser vom Hauptstrom abgeschnitten. Oft hat man inzwischen diese Relikte renaturiert und auch für Fische wieder durchgängig gemacht. Für den Kanu-Wandersport sind dadurch einige Tourenmöglichkeiten entstanden, die in Kombination mit den Zuflüssen aus den umliegen den Gebirgen zu wundervollen Paddeltouren in diesen Naturoasen einladen.

Neben einigen Gemeinden wirbt mit einer kleinen Broschüre „Der Rhein ein Naturerlebnis" das „Comite Regional du Tourisme D'Alsace" und die „Schwarzwaldtourismus GmbH" rechtsrheinisch für nachhaltigen Tourismus. In der breiten Palette naturnaher Freizeitangebote werden Wanderungen, Radtouren, Vogelbeobachtung und andere Freizeitangebote, auch der Wassersport mit dem Kanufahren als Teil eines nachhaltigen Tourismus genannt.

Seit 1936, als Julius Gutekunst einen Führer für die Gewässer am Oberrhein herausbrachte, ist eine Ergänzung durch die vielen Veränderungen am Oberrhein nicht mehr erfolgt. Die nun vorliegende Broschüre für die Planung von Kanutouren versucht diese Lücke zu schließen.

Für jeden paddelbaren Bach gibt es eine kurze Beschreibung, eine Kartenskizze mit für den Paddler wichtigen Punkten, die Nennung von Ein-, und Aussetzstellen, sowie der möglichen Rastplätze. Die An-und Abreise und auch die Verstellwege zwischen Ein- und Aussetzstelle werden in kleinen Kartenskizzen und auch verbal erklärt. Meist konnte ein in der Nähe liegender Campingplatz benannt oder eine Übernachtungsmöglichkeit angeboten werden. Für die Planung empfohlene, wichtige Karten helfen bei der Feinplanung. Letztendlich vermitteln die vielen Bilder einen Eindruck von den Gewässern und die Lust am Nachvollziehen der Touren wird geweckt.

Wolf Bresch

Tour 1: Groschenwasser

Das Groschenwasser ist ein ganzjährig befahrbares Gewässer ohne besondere Schwierigkeiten. Der direkte Zugang zur Eingesetzstelle beim Sportplatz Auenheim wurde 2020 durch eine Schranke verhindert. Von den dort vorhandenen Parkmöglichkeiten müssen die Boote ca. 100 m getragen werden. Den See durchquert man in nordöstlicher Richtung. Am See-Ende befinden sich zwei Durchgänge von denen man den rechten wählt. Das Groschenwasser führt ausschließlich durch Wald. Sturm Lothar - Weihnachten 1999 - hat aber viele große Lichtungen entstehen lassen. Eine gute Rastmöglichkeit - bei der Scharfeckhütte - findet man nach etwa der halben Strecke mitten im Wald gelegen bei der Brücke (13) mit Grillstelle und Sitzgruppe. Leider ist hier die Anlandemöglichkeit bescheiden.

Eine weitere schöne Raststelle erreicht man etwa 100 m nach der Brücke (16) unter einer vom Wind gezeichneten Trauerweide.

Tourensteckbrief

Kurzinfo

Tagestour 14 km, 21 km, 32 km

- ganzjährig befahrbar
- alle Bootstypen
- auch für Anfänger geeignet
- sehr sauberes Wasser
- keine Umtragestellen
- schöne Rastplätze
- PKW-Kontakt nur an wenigen Stellen möglich

Probleme

Ökologische Flutungen umgestürzte Bäume.

Entstanden ist der durchgehende Altwasserzug als Folge des Baues der Rhein-Stau-Stufe Freistett - Gambsheim. Der aufgestaute Rhein - der Höhenunterschied beträgt über 11 m - erzeugt einen immerwährenden Druckwasserstrom.

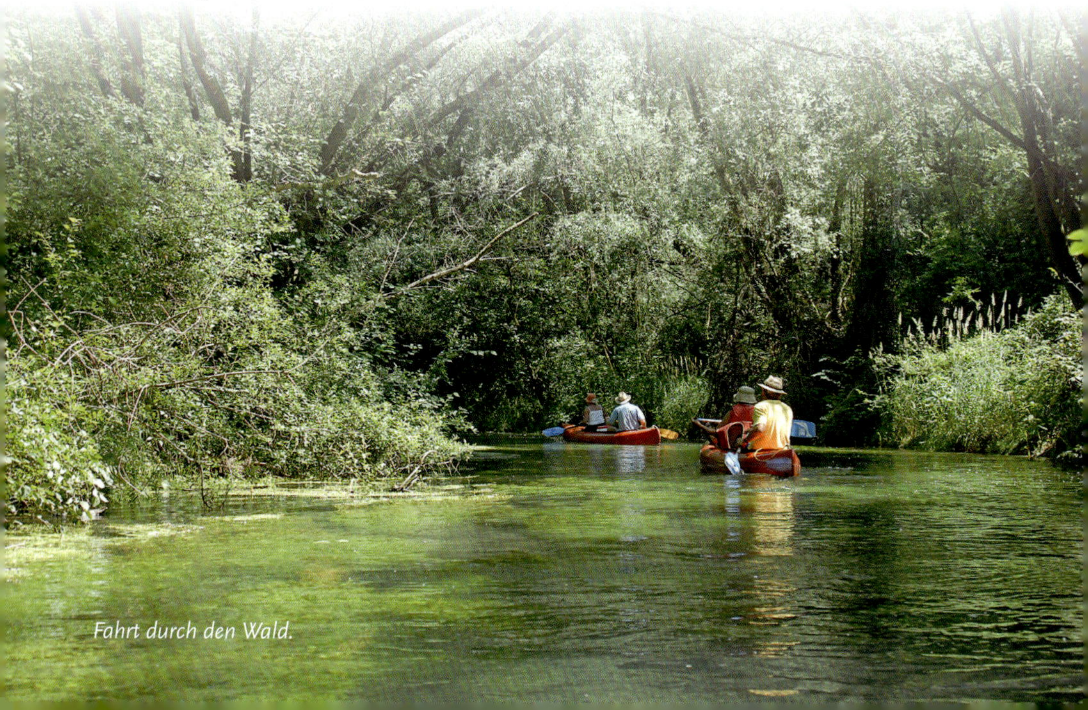

Fahrt durch den Wald.

Im Bereich hinter dem Damm sammelt sich das Druck- und Regenwasser über viele Rinnsale, Bächlein, Gießen und Fliese im Groschenwasser um sich nach der Staustufe wieder mit dem Rhein zu vereinigen.

Während der Zeiten der "Ökologischen Flutungen" wird der Zustand, wie er sich vor der Regulierung und dem Staustufenbau darstellte, nachempfunden. Das heißt zwischen Mitte Februar und Mitte März sowie zwischen Mitte Juli und Ende August wird das Gebiet durch künstlichen Aufstau überflutet. Das Unterfahren und Umtragen der Brücken wird dann schwierig oder unmöglich. Die genauen Zeiten der "Ökologischen Flutungen" können im Internet unter *www.kanu-wolf.de* abgefragt werden.

Das Verstellen der Fahrzeuge geschieht am besten auf der am Rhein entlangführenden, im Moment noch wenig Verkehr aufweisenden, EDF-Strasse.

Aussetzen kann man vor der Brücke (19) (steil) besser nach ca. 200 m an der Doppeltreppe (Umtragestelle Rhein-Groschenwasser).

Wer weiterfahren möchte findet beim Bootshaus der DJK-Sasbach (nicht dauernd bewirtschaftet) eine gute Aussetzstelle (21 km).

Als weitere Variante bietet sich an, schon in Kehl am Bootshaus der Kehler Paddlergilde einzusetzen. Man fährt den Rhein bis zum km 298,25. Hier trägt man sein Boot rechts über den Damm und Straße, dann über den Weg in den Wald und setzt bei der Bank wieder ein. Mit dem fliesenden Wasser paddelt man die Verbindung zum Baggersee. Man erreicht dort die Brücke (1) Umtrageweg ca. 130 m. Zusätzliche Fahrstrecke 5000 m. Vorsicht Schiffsverkehr, mit oft hohen Wellen.

Für Kanuten die Paddelerfahrung auf dem Rhein suchen, kann man bei erreichen des Petersses rechts ca. 1000 m zum Rhein Paddeln um sich dort an Schiffsverkehr und die Regeln auf Großgewässern zugewöhnen. Streckenverlängerung etwa 5300 m.

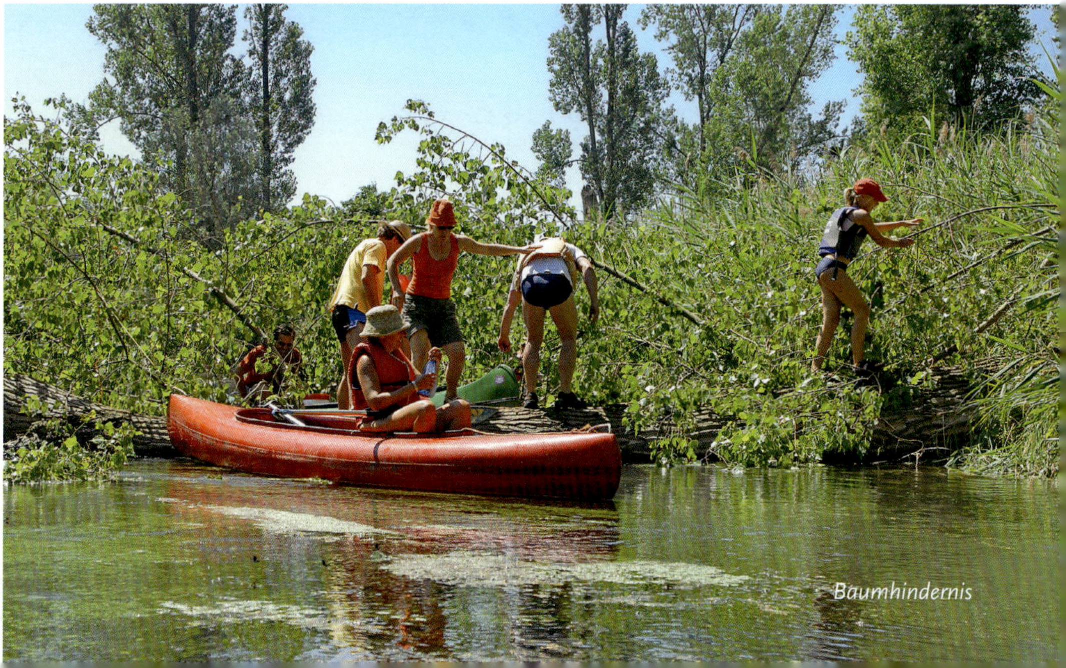

Baumhindernis

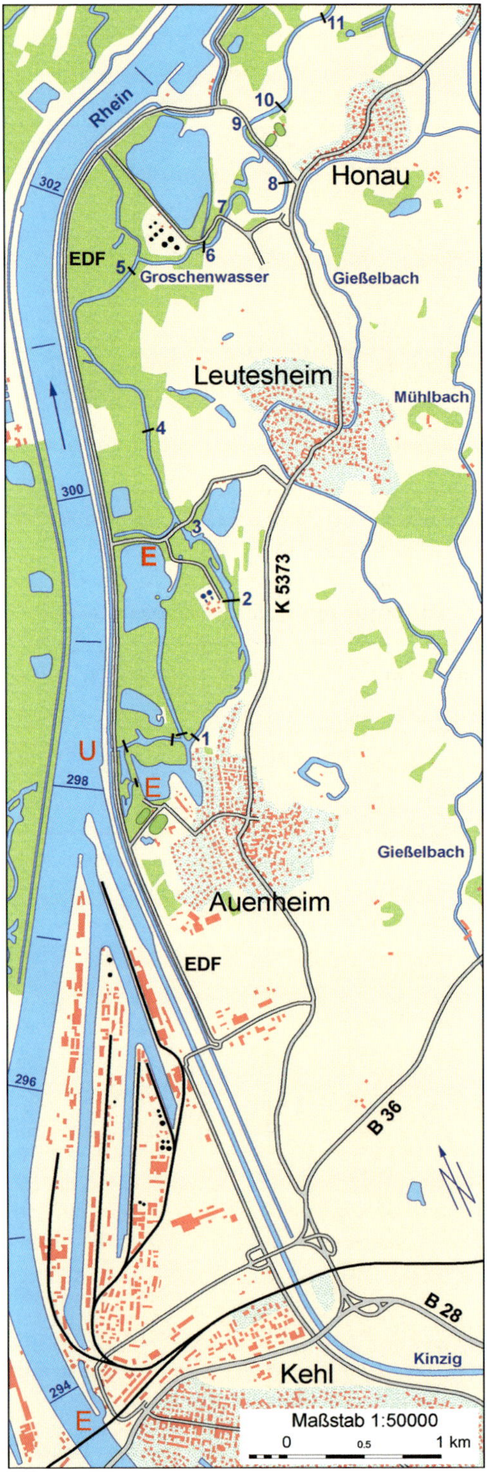
Rhein
302
300
298
296
294
EDF
Groschenwasser
Honau
Gießelbach
Leutesheim
Mühlbach
K 5373
E
U
E
Auenheim
Gießelbach
EDF
B 36
B 28
Kinzig
Kehl
E
Maßstab 1:50000
0
0.5
1 km
1
2
3
4
5
6
7
8
9
10
11

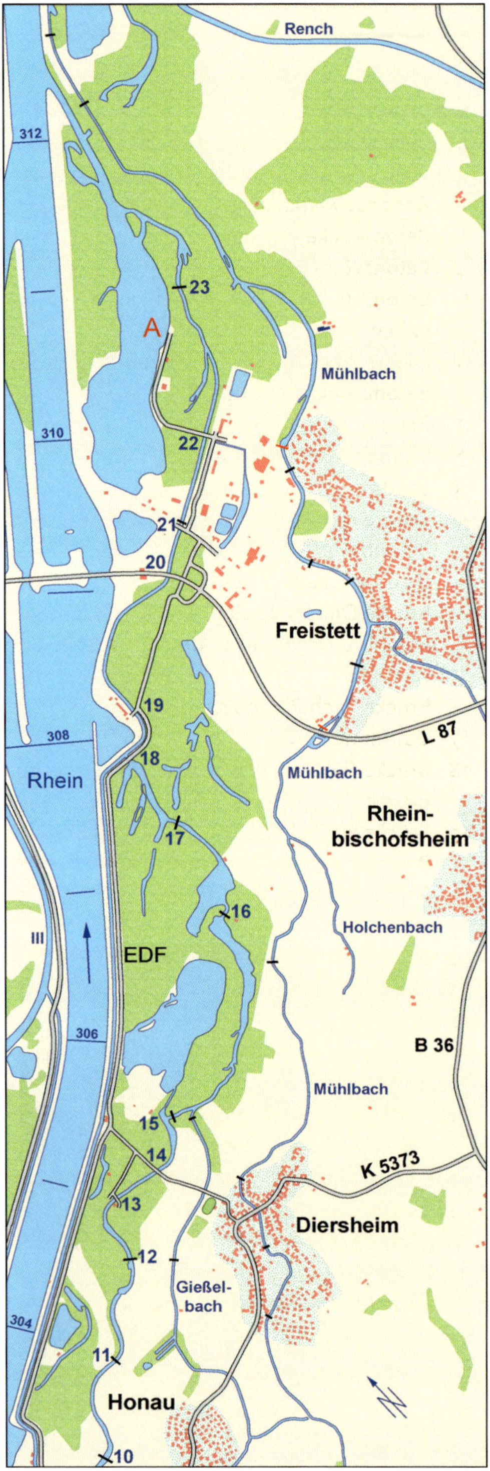
Rench
312
23
A
Mühlbach
310
22
21
20
Freistett
19
308
L 87
Rhein
18
Mühlbach
17
Rhein-
bischofsheim
16
Holchenbach
III
EDF
306
B 36
Mühlbach
15
14
K 5373
13
Diersheim
12
Gießel-
bach
304
11
Honau
10

Orientierungspunkte

E Einsetzstelle (Auenheimer Sportplatz)
1 Wehrschütz am Ausfluss des Baggersees
2 Rohr zur Kläranlage
3 Betonbrücke
4 Betonbrücke mit Schütz und Pegel
5 Betonbrücke ca. 120 m, danach rechts halten
6 Damm mit Brücke, Schütz und Pegel
7 Betonbrücke mit Pegel
8 Betonbrücke mit Pegel
9 Straßenbrücke K 5373-EDF
10 Sandsteinbrücke
11 Brücke mit Schütz und Pegel
12 Betonbrücke mit Pegel
13 Betonbrücke (Scharfeckhütte)
14 Brücke Diersheim-EDF-Straße
15 Betonbrücke zunächst durch Trauerweide verdeckt
16 Brücke nach Rheinbischofsheim
17 Damm mit Brücke, Schütz und Pegel
18 Brücke (EDF-Straße), Aussetzstelle vor der Brücke
19 Brücke zur Schiffswerft, davor links Parkplatz
20 Brücke L87 Freistett-Gambsheim
21 2 Brücken, Abstand ca. 20 m
22 Betonbrücke
23 Betonbrücke, darunter Slalomstrecke
24 Einfahrt in den Petersee
A Bootshaus der DJK Sasbach Aussetzstelle

Weiterfahrt bis zur Rampe bei Greffen

25 Mündung in den Rhein
26 Rechts Mündung der Rench
27 Rechts Kieshafen (stillgelegt)
A Aussetzstelle (NATO-RAMPE)
Rhein-km 317,888
Koordinaten N 48° 44' min 59"
O 07° 58' min 13,5"

Karten
Landesvermessungsamt Baden-Württ.
Topo-Karten 1:25.000
- 7313 Rheinau
- 7312 Kinzigmündung
- 7412 Kehl

Camping
Campingplatz Kehl

An- und Abreise

Autobahn A5/ E35, Ausfahrt Appenweier (54), B28 Richtung Kehl/Strasbourg; vor Kehl rechts ab B36, nach ca. 800 m links ab K5373, nach ca. 1400 m links ab Gewerbegebiet Auenheim, vor dem Kinzigdamm rechts EDF-Straße, nach ca. 1400 m rechts ab Schwimmbad/Fußballplatz, nach dem 1. Gebäude links zur Einsetzstelle.

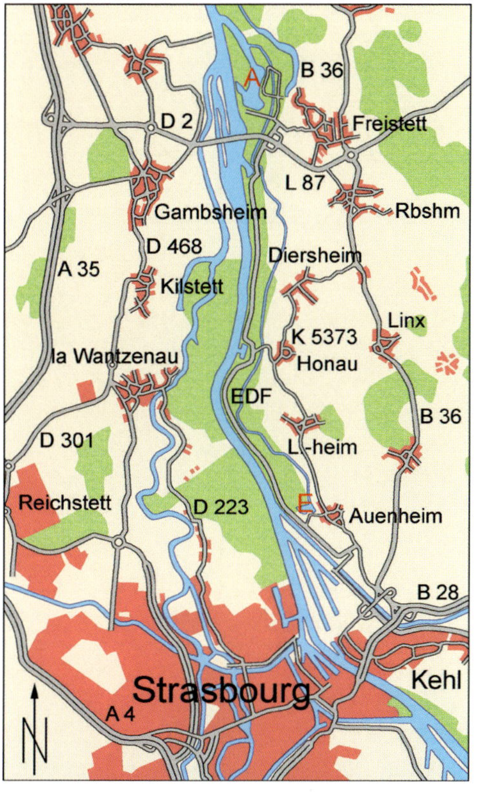

Tour 2: Ottenheimer Mühlbach / Holländer Rhein

Der Ottenheimer Mühlbach und der daran anschließende Holländer Rhein fließt durch die letzten Reste wunderschöner Altwasserauen von Ottenheim nach Goldscheuer bzw. Kehl wo er in den Rhein mündet.

Bis zur Abzweigung des Baches aus der Elz haben Zuflüsse wie Taubergießen, Glotter, Dreisam und Weitere das Gewässer verstärkt. Der ständige Wechsel von Fließstrecken, seenartig verbreiterten Abschnitten, Seitenarmen, Auwald, Zuläufen vom am Rhein entlangführenden Druckwasserkanal oder Grundwasserquellen, mit dem hier herrschenden Klima machen den besonderen Reiz dieses Gewässers aus. Man beachte, dass große Teile unter Naturschutz stehen. Verbot nebeneinander und gegen die Strömung zu fahren.

Das erste Teilstück vor Ottenheim wird wegen schwieriger Umtragestellen, Mühle und Dükerung (Schutterentlastungskanal) und nicht unterfahrbaren Brücken, selten gepaddelt.

Eine gute Einsetzstelle, Reste eines ehemaligen Strandbades, befindet sich beim Gasthaus Anker in Ottenheim. Parkmöglichkeiten sind hier ausreichend vorhanden. Der Ottenheimer Mühlbach ist zunächst eng, Büsche ragen oft ins Fahrwasser, aber immer häufiger weitet sich

Tourensteckbrief

Kurzinfo

Tagestour ca. 23 km

- ganzjährig befahrbar
- alle Bootstypen
- auch für Anfänger geeignet
- sehr sauberes Wasser
- keine Umtragestellen
- schöne Rastplätze
- PKW-Kontakt nur an wenigen Stellen möglich

Probleme

Ökologische Flutungen umgestürzte Bäume.

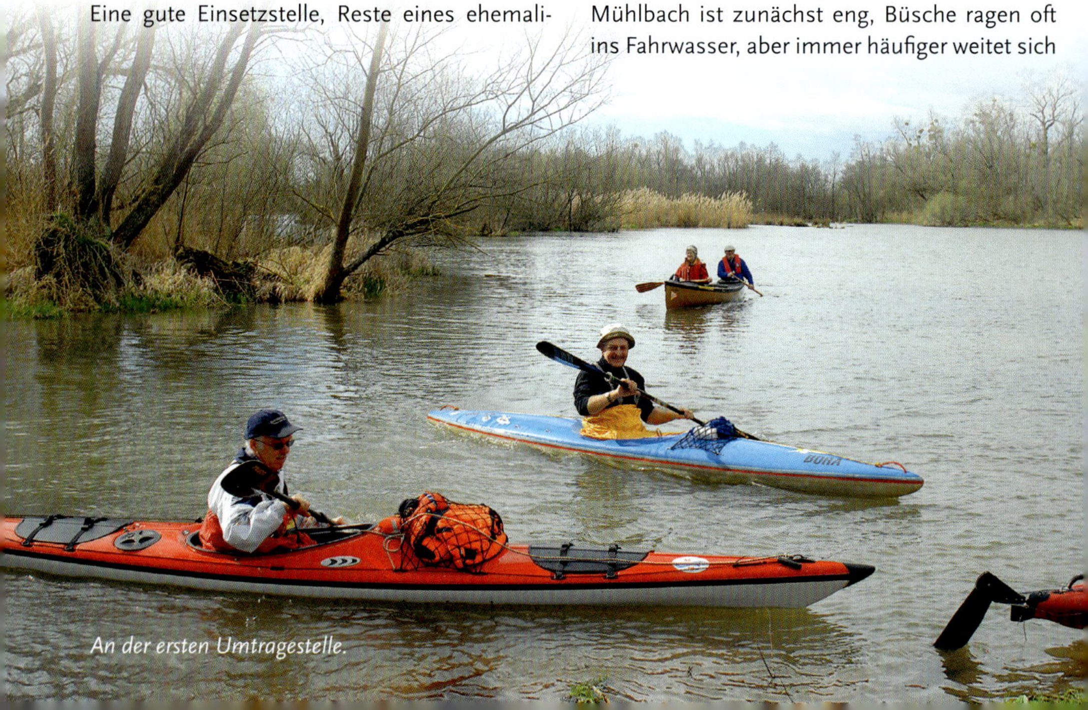

An der ersten Umtragestelle.

der Blick, seenartige Verbreiterungen machen die Fahrt abwechslungsreich und interessant. Letztendlich ist es egal welchen Arm man bei dem sich immer wieder verzweigenden Gewässer nimmt, man kann sich an der Strömung oder Wassermenge orientieren.
Immer wieder stören Dämme mit Wehrschütz die freie Fahrt. Die gefährliche tunnelartige „Durchfahrt" (6) wurde 2020 durch eine Rohrkonstruktion unfahrbar gemacht. Kurz davor links aussetzen und über den Damm umtragen. Dann umrundet der "Ottenheimer" im großen Bogen die beiden Baggerseen eines Kieswerkes.

Bei der Brücke (8) nach ca. 11 km liegt rechts das Ichenheimer Anglerheim welches sich für eine Rast anbietet.

Öffnungszeiten:
Freitag und Samstag 14:00 bis 19:00 Uhr
Sonntags 10:00 bis 19:00 Uhr
Mittwochs 14:00 bis 19:00 Uhr mit Fragezeichen. Wer sicher gehen möchte ruft vorher an. Tel.: 07807-3303.

Spätestens nach der Rast sollte man sich Sicherheit über die weitere Teilstrecke verschaffen. Denn ab dem Anglerheim Ichenheim wird der Bach durch Ökologische Flutungen beeinträchtigt. Eine Bandansage unter der Ruf-Nr. 07854-985752 gibt darüber Auskunft. Die entscheidente Passage in der Ansage: "Zufluss Polder Altenheim". Ist der Zufluss größer Null wird geflutet. Die Durchfahrt unter den Brücken ist dann unmöglich. Durch die Zunahme des Wasserdurchsatzes wird die Strecke eher zum Wildwasser mit hohen Wellen, Pilzen und scharfen Kehrwassern. Es wird daher empfohlen auf den Rest der Strecke zu verzichten.

Kanuten die lieber in der freien Natur ihre Pause einlegen, können weiterfahren bis zum Plättlewehr (10), (auch Faschinat genannt) hier muss umtragen werden was mit einer Rast verbunden werden kann.
Rechts zweigt der Altenheimer Mühlbach ab. Dieses Gewässer bietet Unentwegten eine Paddel-Variante, mit einigen schwierigen Umtragestellen (niedrige Brücken), Altenheimer Mühle,

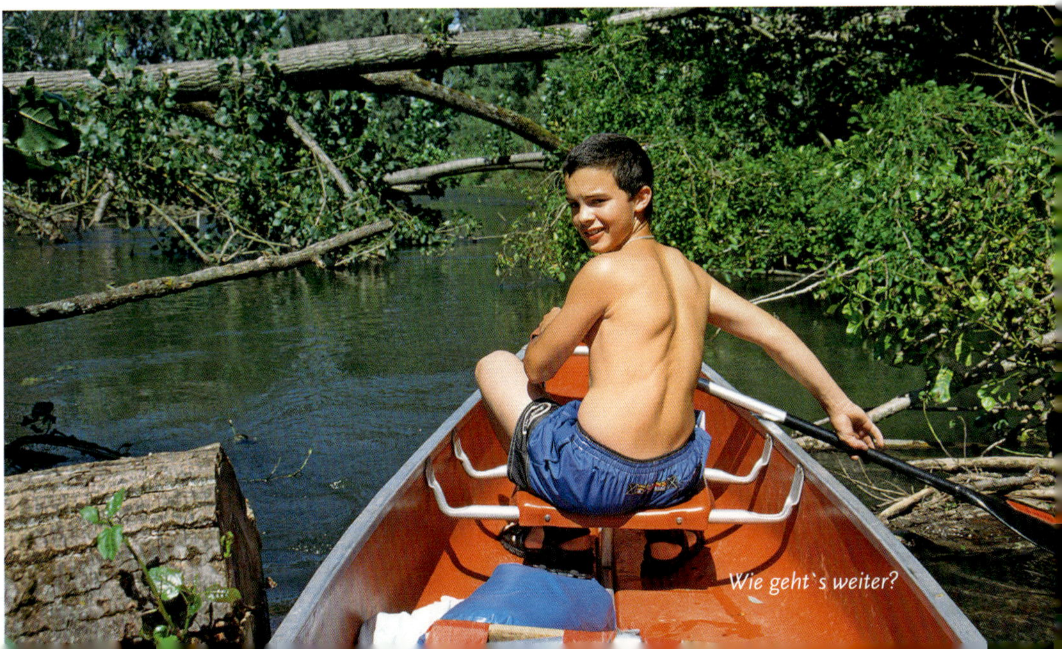
Wie geht`s weiter?

weiter bis zur L98 oder gar, mit weiteren Portagen, bis Marlen zu fahren.

Bis zur Aussetzstelle sind es nun noch ca. 3200 m, sie befindet sich ca. 300 m nach dem Dammdurchlass (15) links an den beiden Steintreppen.

Seit dem Bau der Staustufe Strasbourg 1968 wurde das Gebiet der Polder Altenheim nicht mehr natürlich überflutet. Dadurch veränderte sich die für die Aue typische Pflanzenwelt. Ab 1989 wurden in den Poldern Altenheim ökologische Flutungen durchgeführt. Seither nahmen die Artenvielfalt und die Anteil der strömungsliebenden auf Sand und Kies laichenden Fischarten zu. Auch hat sich der Bestand der bedrohten Eisvögel erheblich ausgeweitet.

Weiterfahrmöglichkeiten:

a) Umsetzen über den Damm, Restrhein bis Marlen oder mit ca. 500 m umtragen des Kulturwehres Kehl bis zum Bootshaus der Kehler Paddlergilde. Insgesamt 35 km.
b) Weiterfahrt mit 3 Umtragestellen bis zum Seglerhafen Marlen. Insgesamt 27 km.

Literatur

DKV-Kanuführer für Südwestdeutschland

Karten

Landesvermessungsamt Baden-Württ.
Topo-Karten 1:25.000

- 7412 Kehl
- 7512 Neuried
- 7612 Lahr/West

Camping

Campingplatz Kehl

Orientierungspunkte

E Einsetzstelle befindet sich in der Rheinstraße beim Gasthaus Anker, gute Parkmöglichkeit.
1 Betonbrücke
2 Nach ca. 3 km seenartige Verbreiterung. Anschließend geschüttetes Wehr, hier ca. 15 m ins Unterwasser umsetzen. Nicht im rechten Arm weiterfahren, dieser Arm führt nach Meißenheim und unterquert drei sehr niedrige Brücken.
3 Damm, Brücke mit Wehrschütz, bei normalem Wasserstand gut fahrbar.
4 Brücke
5 Brücke mit Wehrschütz, unmittelbar danach wehrartige Steinschüttung. Bei gezogenem Schütz eventuell fahrbar oder rechts umtragen.
6 Hochwasserdammunterquerung mit Wehrschütz. Die früher sehr gefährliche Durchfahrt wude 2019 duch eine Stahlrohr konstruktion verschlossen.Links umtragen.
7 Betonbrücke
8 Betonbrücke, davor rechts Aussetzstelle zur Rast am Ichenheimer Anglerheim.
9 Dammunterquerung, meist problemlos
10 Seenartige Verbreiterung und anschließend Plättlewehr, über die Insel kurz umtragen. Gute Raststelle. Der rechte Arm führt durch eine Feld- und Wiesenlandschaft mit einem Wehr und einer zu umtragenden Mühle bis zur Straße L98 .
11 Dammunterquerung
12 Dammunterquerung
13 Betonbrücke (Schusterbrücke) mit 6 Durchgängen
14 Betonbrücke, Rastmöglichkeit
15 Dammunterquerung
A Aussetzstelle nach dem Freizeitgelände (Segeln) links bei den beiden Treppen. Gute Parkmöglichkeit.

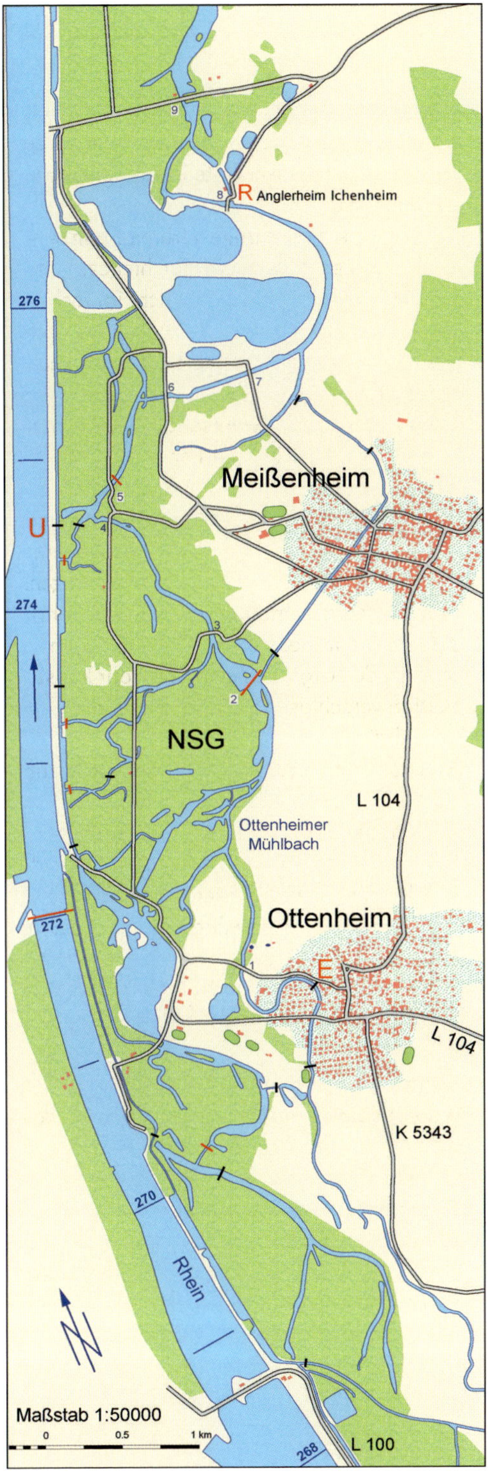
R Anglerheim Ichenheim
276
Meißenheim
U
274
NSG
Ottenheimer
Mühlbach
L 104
Ottenheim
E
272
L 104
K 5343
270
Rhein
268
L 100
Maßstab 1:50000
0
0.5
1 km

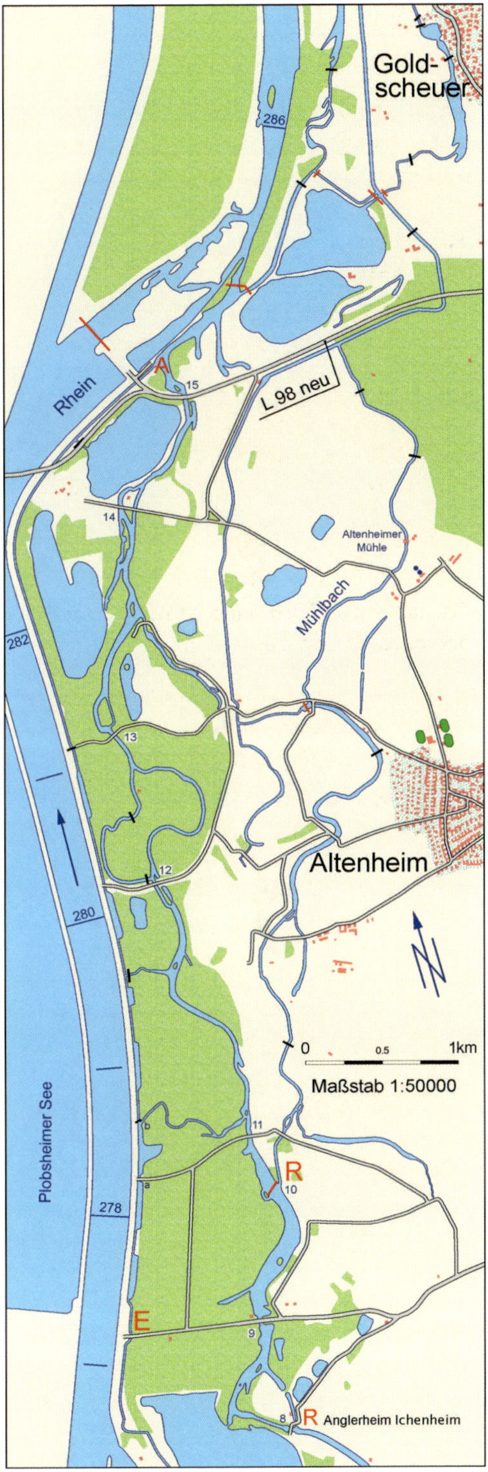
Gold-
scheuer
286
Rhein
A
L 98 neu
Altenheimer
Mühle
Mühlbach
282
Altenheim
280
0
0.5
1km
Maßstab 1:50000
Plobsheimer See
R
278
E
R Anglerheim Ichenheim

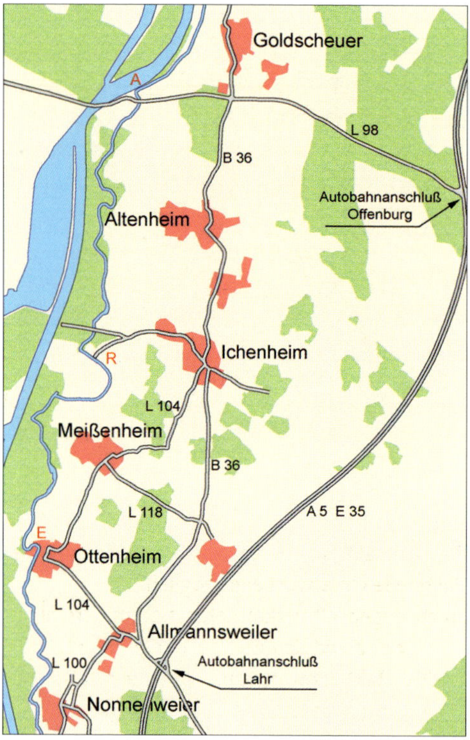

An- und Abreise

Zur Einsetzstelle

Autobahn A5 Ausfahrt Lahr (AS56), B36 bis zur Kreuzung vor Allmannsweier, L100 bis zur L104, L104 bis Ottenheim, Einsetzstelle beim Gasthaus Anker.

Zur Aussetzstelle

Autobahn A5 Ausfahrt Lahr (AS55), L98 bis zur Aussetzstelle am Rhein (vor der Brückenauffahrt) rechts ab zum Parkplatz.

Pkws verstellen

Das Verstellen der Pkws erfolgt über die L104 und B36 sowie L98.

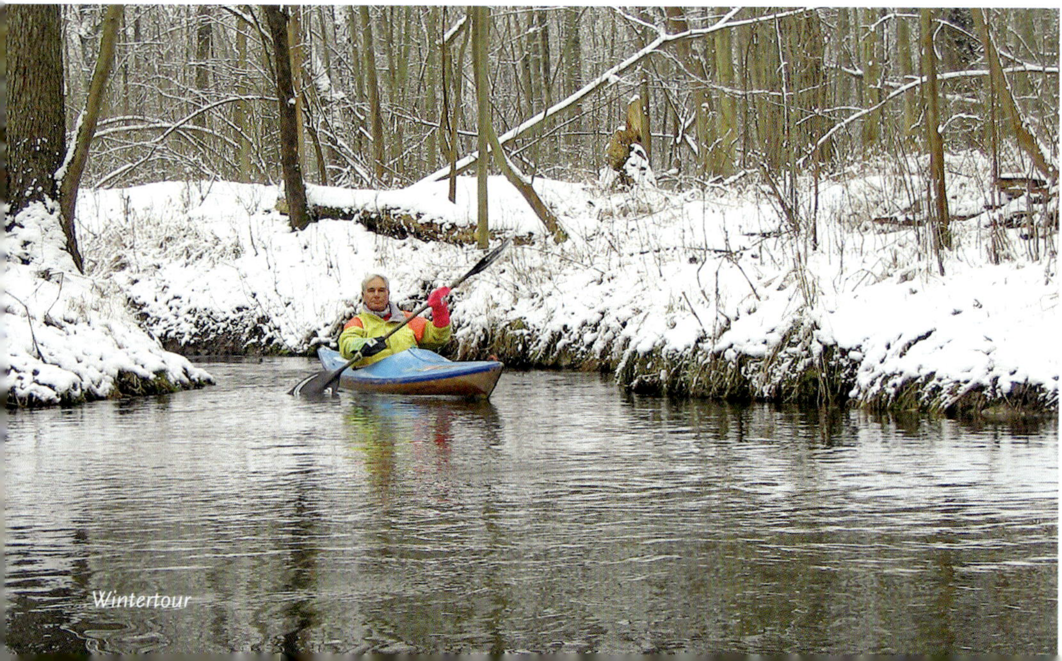

Wintertour

Tour 3: Unditz-Schutter-Kinzig

Die Schutter entspringt in 702 m Höhe beim Hünersedel. Für Wanderfahrer ist sie ab Lahr-Dinglingen interessant. Oberhalb der Dundenheimer Mühle wird, wegen einiger zeitaufwendiger Umtragestellen, kaum gepaddelt.
Vorteilhafter fährt man die Schutter in Kombination mit der Unditz, man kann dann- bei ausreichendem Wasserstand- bei der Schutterzeller Mühle einsetzen. Ab hier gibt es auf der ganzen Strecke bis in die Kinzig nur eine Umtragstelle an der Rohrburger Mühle.
Die Schutter wird derzeit schrittweise von der Mündung her renaturiert, d.h. im unteren Bereich ist der Flussverlauf den alten überlieferten Mäandern nachempfunden. Die ersten beiden Teilstücke sind so gut wie fertiggestellt, weitere, flussaufwärts werden folgen.
Die Unditz und die Schutter verlaufen in vielen Windungen durch eine Feld-, Wald- und Wiesenlandschaft sowie das Naturschutzgebiet Unterwässerle (Brachvögel...).

Tourensteckbrief

Kurzinfo
Tagestour ca. 23 km

- ganzjährig befahrbar
- alle Bootstypen
- schöne Rastplätze
- PKW-Kontakt nur an wenigen Stellen möglich

Schwierigkeiten
Bäume und Büsche im Wasser. Im Sommer Niederwasser und Verkrautungen.

Pkw-Kontakt ist nur an den Brücken sowie der Raststelle Unterwässerle möglich.
Nach engen oft verkrauteten 3,2 km vereinigen sich Unditz und Schutter bei der Dundenheimer Mühle. Bald kommt man an die Rast- und Grillstelle Unterwässerle. Man erkennt diese Stelle

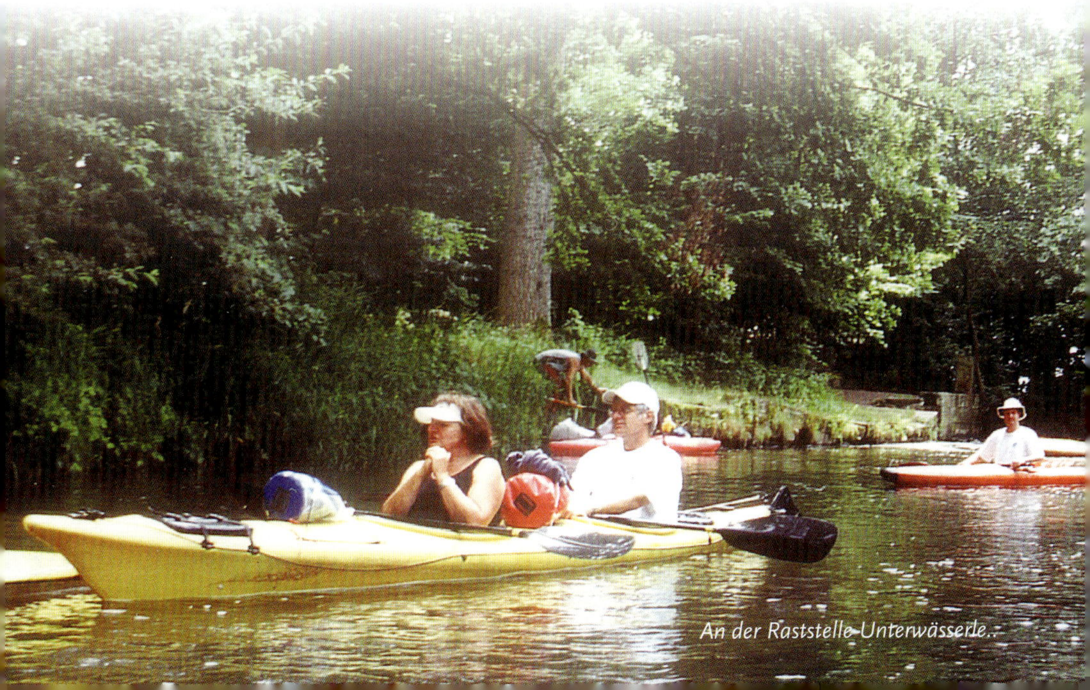

An der Raststelle Unterwässerle.

leicht an dem durch Sandsteinquader eingefassten Flussverlauf und einem kleinen harmlosen Schwall. Ab Müllen wurde abschnittsweise renaturiert es folgt dann die erste Umtragestelle bei der Rohrburger Mühle. Etwa 5 m vor dem Wehr links anlanden und nach ca. 100 m wieder Einsetzen. Anschließend quert man die L98. Da die Turbine der Kittersburger Mühle stillgelegt wurde ist das Wehr nun dauernd geöffnetr d.h. freie Durchfahrt. Es gibt aber hier die Möglichkeit eine genütliche Rast einzulegen. Im nahen Biergarten der Kittersburger Mühle wird für das leibliche Wohl bestens gesorgt

Bald nach Eckartsweier sind weitere Bachabschnitte renaturiert, dies bedeutet viele Mäander und querliegende Bäume. Einige Meter vor der Mündung der Schutter in die Kinzig hat man den Abschluss-Schwall der Schutter zu bewältigen. Nach etwa 1000 Meter Kinzig findet sich rechts eine günstige Aussetzstelle (Auffahrrampe auf den Damm). Da die Aussetzstelle vom Wasser aus nicht zu erkennen ist, sollte man beim Abstellen des Rückholfahrzeuges dort ein buntes Hantuch oder ähnliches in die Büsche hängen.

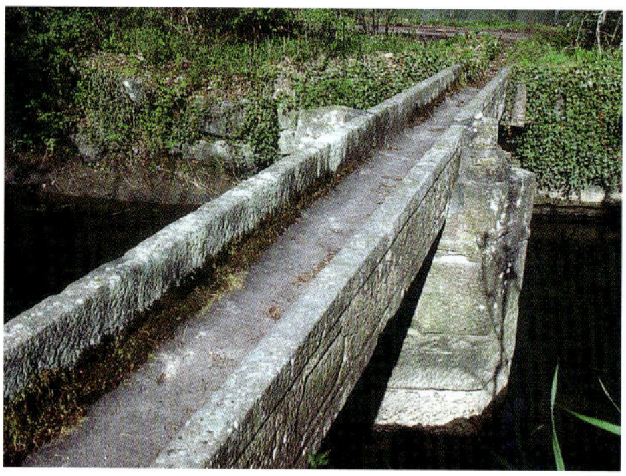

Wässerbrücke bei der Dundenheimer Mühle.

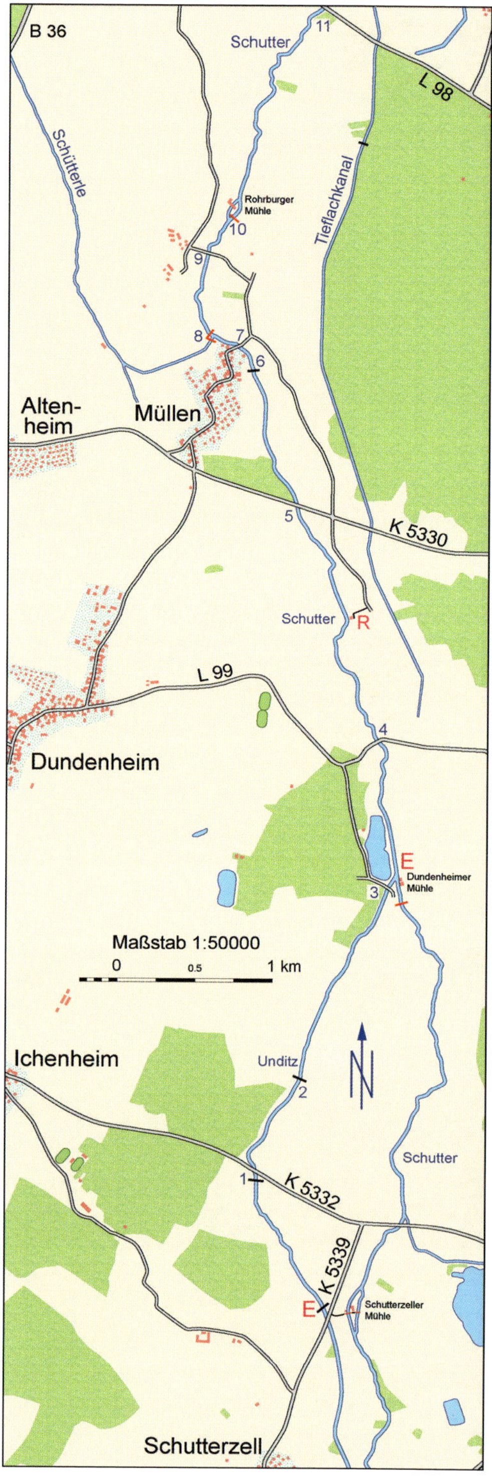

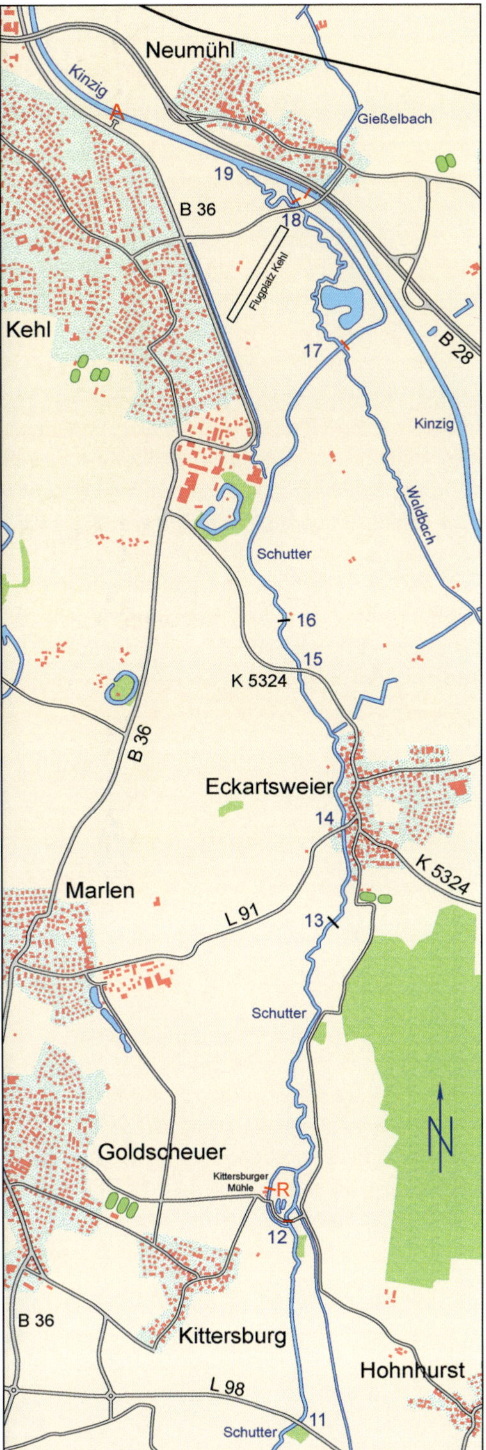

Orientierungspunkte

E Einsetzstelle bei der Schutterzeller Mühle (gute Einkehrmöglichkeit) zwischen der Straßenbrücke K5339 und einer Sandsteinwegebrücke.

1 Alte Straßenbrücke (Sandstein) und neue Straßenbrücke K5332 kurz hintereinander

2 Betonwegebrücke

3 Brücke bei der Dundenheimer Mühle, kurz danach Wässerbrücke. Weitere gute Einsetz möglichkeit bei wenig Wasser. Mündung in die Schutter.

4 Betonbrücke L99

R Raststelle Unterwässerle mit Grillplatz und Schutzhütte, der Fluss ist mit Sandsteinquadern eingefasst, kleiner harmloser Schwall.

5 Betonbrücke K5330

6 Steg links Müllen

7 Brücke links Müllen

8 Abgang der Schutterentlastung, Wehrschütz bei normalem Wasserstand offen.

9 Wegebrücke.

10 Wehr Rohrburger Mühle, links ca. 100 m umtragen

11 Brücke L98

12 Wehr Kittersburger Mühle, (Einkehr- und Rastmöglichkeit, Biergarten), rechts ca. 30 m umtragen. Mündung des Tieflachkanals.

13 Wässerwehr, Schütz meist offen

14 Brücke L91 Marlen-Eckartsweier

15 Brücke K5324 Eckartsweier-Kehl

16 Wehr fahrbar wenn Schütz gezogen, Beginn der Renaturierung

17 Wehr zum alten Schutterbett, Abgang links durch die Wellrohrbrücke nehmen. Anschließend viele Mäander. Bäume im Wasser.

18 Brücke über Schutter und Kinzig. Kurz danach Hochwasserüberlauf in die Kinzig, links halten.

19 Mündung in die Kinzig bei km 5,5

A Aussetzstelle links (Auffahrt auf denDamm) Parkmöglichkeit für einige PKW's. Koordinaten N 48° 34' 13" - O 7°49' 50,25"

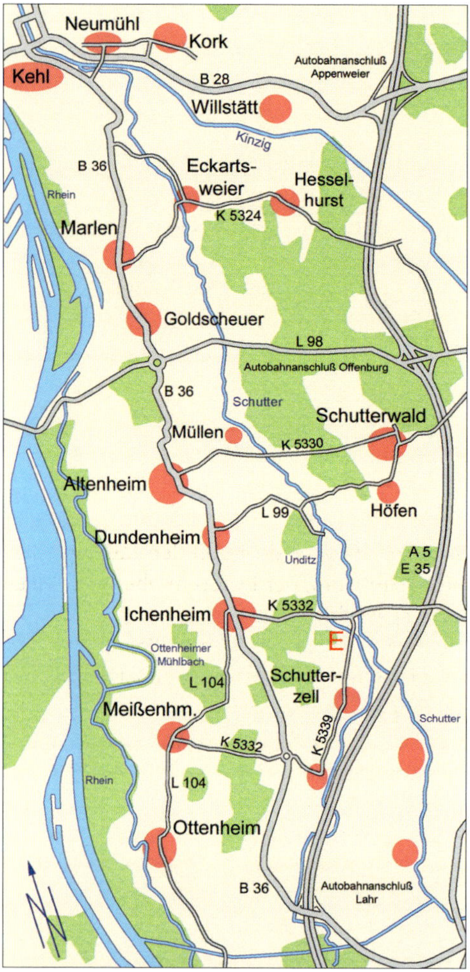

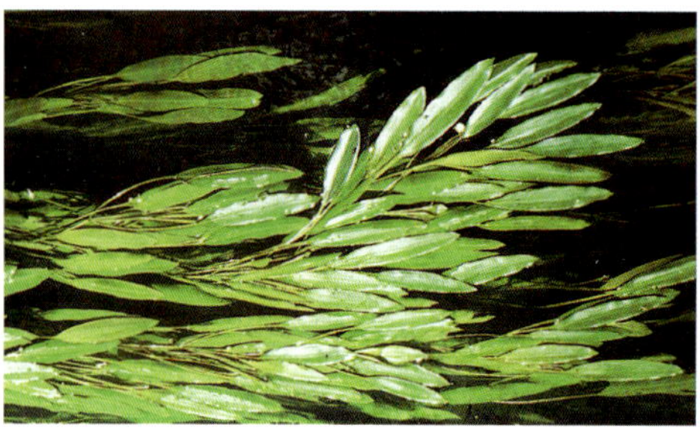
Flutendes Laichkraut,
häufige Wasserpflanze in der Schutter.

An- und Abreise

Anfahrt zur Einsetzstelle

Autobahn A4 Ausfahrt Lahr, B36 Richtung Ichenheim, in Ichenheim ab auf die K5332 bis zur Abzweigung der K5339 zwischen Unditz und Schutter, auf der K5339 weiter bis zur Schutterzeller Mühle, Einsetzstelle direkt an der Straßenbrücke.

Anfahrt zur Aussetzstelle

Autobahn A4 Ausfahrt Appenweier, B28 bis zur Ausfahrt Sundheim-Neumühl-Kork, L90 bis zur Abzweigung in Neumühl nach Kehl, über Kinzig und Schutter bis zum 1. Kreisverkehr, dann rechts die B36 bis zur Aussetzstelle. Aussetzstelle: Dort wo sich der Damm von der Straße entfernt (kleine Einfahrt und Stellplatz für einige PKW).

Koordinaten N 48° 34' 13"
O 7° 49' 50"

Literatur

- Die Schutter. Mosaik einer Flusslandschaft
- BKV-Führer Südwestdeutschland

Karten

Landesvermessungsamt Baden-Württemb.
Topo-Karten 1:25.000

- 7413 Kehl
- 7513 Offenburg

Tour 4: Taubergießen

Tourensteckbrief

Kurzinfo

Tagestour ca. 23 km (35 km)

- ganzjährig befahrbar
- alle Bootstypen
- auch für Anfänger geeignet
- sehr sauberes Wasser
- wenige erlaubte, schöne Rastplätze
- PKW-Kontakt nicht möglich

Probleme

- Querliegende Bäume
- Nur eine Fahrtroute erlaubt
- Stechmücken

Der Taubergießen das zweitgrößte Naturschutzgebiet Baden-Württembergs mit einer Länge von 12 km und einer Breite bis zu 2,5 km umfasst eine Fläche von 1682 ha. Es erstreckt sich von Oberhausen im Süden bis Wittenweier im Norden. Im Süden schließt sich das Naturschutzgebiet Rheinniederung Wyhl-Weisweil mit 1485 ha Fläche an. Die Grenze des Naturschutzgebietes Taubergießen verläuft im Westen in der Rheinmitte entlang der Staatsgrenze zu Frankreich. In diesem Bereich schließt sich das Naturschutzgebiet Rhinauer Insel direkt an und bildet die am Rhein bisher einzige grenzüberschreitende deutschfranzösische Naturschutzzone.

Schreiber von Berichten über den Besuch des Taubergießens schwärmen von: „Dschungel vor der Haustür", „Urwald um die Ecke", „Oberrheinischer Dschungel", "Den Urwald entdecken...".

„Es hat schon etwas tropisches..." findet mein Freund Dr. Hans Heinrich in seinem ausgezeichneten Aufsatz „Querbeet, Ansichten eines Gärtners". Er vergleicht dort den Taubergießen mit einem Dom, der in 160 m über dem Meeresspiegel schwimmt... .

Nicht zu vergessen Dietmar Keil der schon sehr früh mit seinem Werk „Erlebte Wildnis Taubergießen", sowie einem Naturfilm gleichen Namens auf dieses unvergleichliche Gebiet aufmerksam machte.

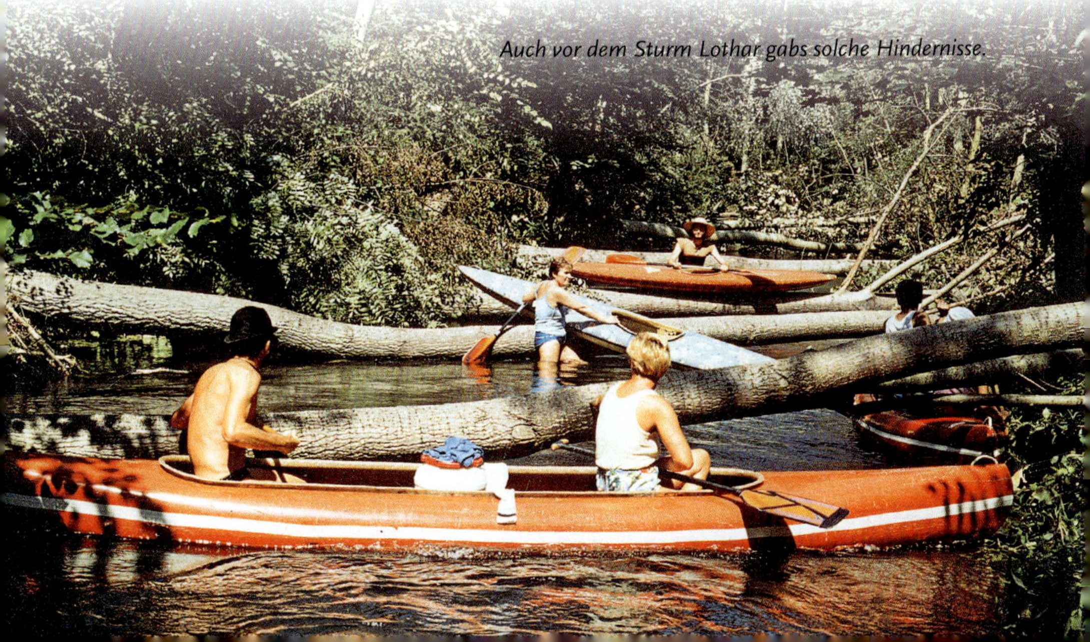

Auch vor dem Sturm Lothar gabs solche Hindernisse.

Seine Lage im Oberrheingraben mit der höchsten Juliisotherme Deutschlands ist mit Ursache für die hier einzigartige Fauna und Flora. Das Gebiet weist eine hohe Artenvielfalt an Vögeln, Insekten, Fischen, Lurchen, Säugern,... überhaupt allen Tierarten und den oft exotischen Pflanzen mit vielen seltenen Blumen u.a. auch 23 nachgewiesenen Orchideenarten auf. Für viele Vögel ist das Gebiet Winterquartier aber auch Rastplatz für Durchzügler auf ihrem alljährlichen Weg hin und zurück in wärmere Zonen.

Der Name Taubergießen leitet sich ganz einfach aus einer alten Bezeichnung der Fischer für taube Gießen ab. Taub, steht für nährstoff- und fischarm, Gießen für klares sauberes Quellwasser.

Für uns Kanuten ist die Befahrung auf einer gekennzeichneten Route erlaubt. Viele Abzweigungen und Seitenarme machen für den Ortsunkundigen eine Befahrung zum Lotteriespiel denn die Hinweisschilder sind oft durch die üppige Vegetation zugewachsen oder einfach nicht mehr vorhanden.

Wählt man die Langstrecke (35 km) beginnt die Fahrt bei Wyhl unweit der Stelle, an der einst ein Kernkraftwerk durch den massiven Widerstand der ortsansässigen Bevölkerung verhindert wurde.

Die Fahrt führt zunächst ausschließlich durch Wald und ist sehr ruhig. Das Hindernis Strasse und Wehr an der Strasse K5135 muss umtragen werden. Ein Befahren ist durch das niedrig eingestellte Schütz und dem dahinter folgenden Steilabfall (Wehr) nicht möglich. Deshalb rechts anlanden, über die Strasse, und links wieder einsetzen. Das Wasser teilt sich man kann beide Arme fahren. Links kommt man bald zu einer weiteren Umtragestelle neben Wehrschütz und Wegebrücke am Damm.

Der Düker (Unterquerung des Leopoldkanals) erfordert entsprechende Vorsicht. Am Besten

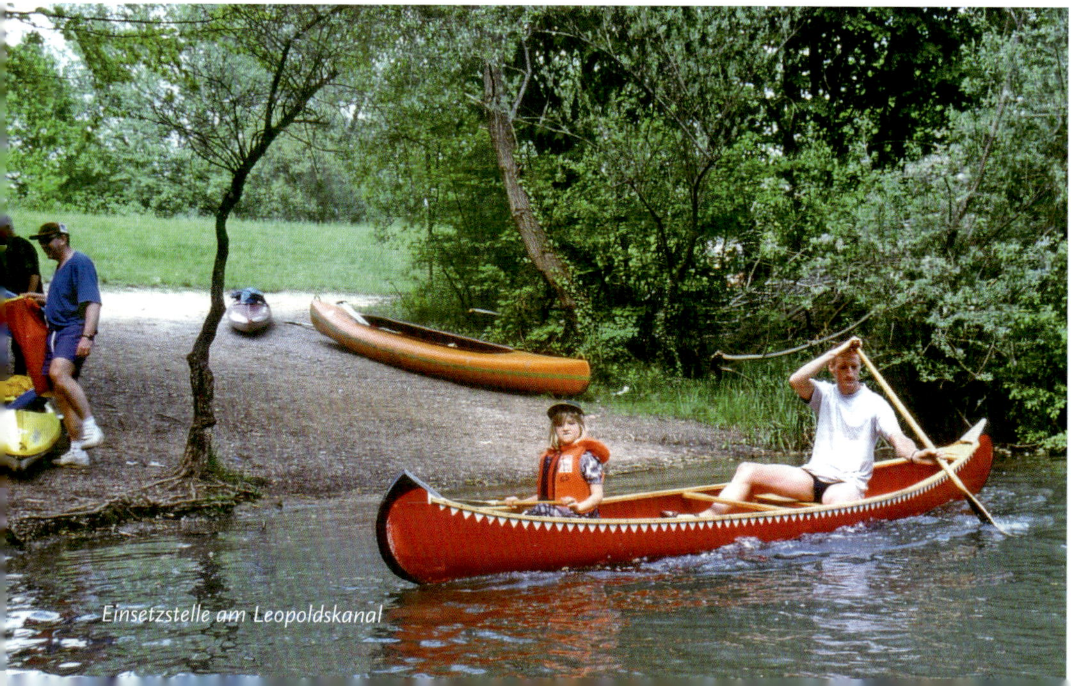

Einsetzstelle am Leopoldskanal

unterfährt man noch die dort flussabwärts sichtbare Brücke (12) und setzt direkt dahinter rechts aus. Das Umtragen erfolgt über den Damm, überqueren des Leopoldkanals, weiteres umtragen über den rechten Damm zur Normaleinsetzstelle in den Taubergießen am Leopoldskanal (23 km) (Raststelle). Ab hier wird es lebhafter, denn es verkehren mit Touristen beladene und von Fischern gesteuerte Kähne (Tribords) besetzt mit bis zu 12 Personen.

Vorsicht beim Unterqueren der Brücken meist mit Verengung und einem kleinen Schwall. Raststellen befinden sich beim Durchgang (16) sowie (18) hier sind auch die Kahnfahrten zu Ende. Es folgt die (früher ?) militärisch genutzte Horchstelle mit riesigen Empfangsanlagen, Schüsseln und Kugeln... Die Einfahrt zur Umsetzstelle in den etwas höher gelegenen Arm liegt etwas versteckt vor der Brücke mit entsprechendem Hinweis. Die nächste Brückendurchfahrt ist bei hohem Wasserstand recht eng. Kurz darauf unterquert das Wasser den Hochwasserdamm (Düker, besondere Vorsicht!). Die Portage über den Damm (25) wird meist auch zu einer Pause am rauschenden Wehrschütz genutzt. Nach knapp 100 m mündet dieser Arm des Taubergießens in die Blinde Elz (Seitenarm der Elz).

Bei der Saukopfbrücke (28), Beginn weiterer Kahnfahrten, sollte man sich Zeit für eine Rast nehmen. Im Mai und Juni bietet sich hier die Gelegenheit das einzigartige Blütenmeer mit vielen seltenen Orchideen zu genießen (Naturschutz beachten). Es folgen die Brücke der Strasse Kappel-Rhinau (Fähre) L109 und die Brücke mit untergehängten Rohren (Silberbrücke). Hier enden auch die Kahnfahrten.

Seit 2020 ist die gewohnte Ausssetzstlle am Dammdurchbruch durch den Bau eines Querriegels (Hochwasserschutz) nicht mehr vorhanden. Vor dem Bauwerk rechts aussetzen. dann hinter dem Damm findet sich zumindest unser „Bootshaus“ wieder.

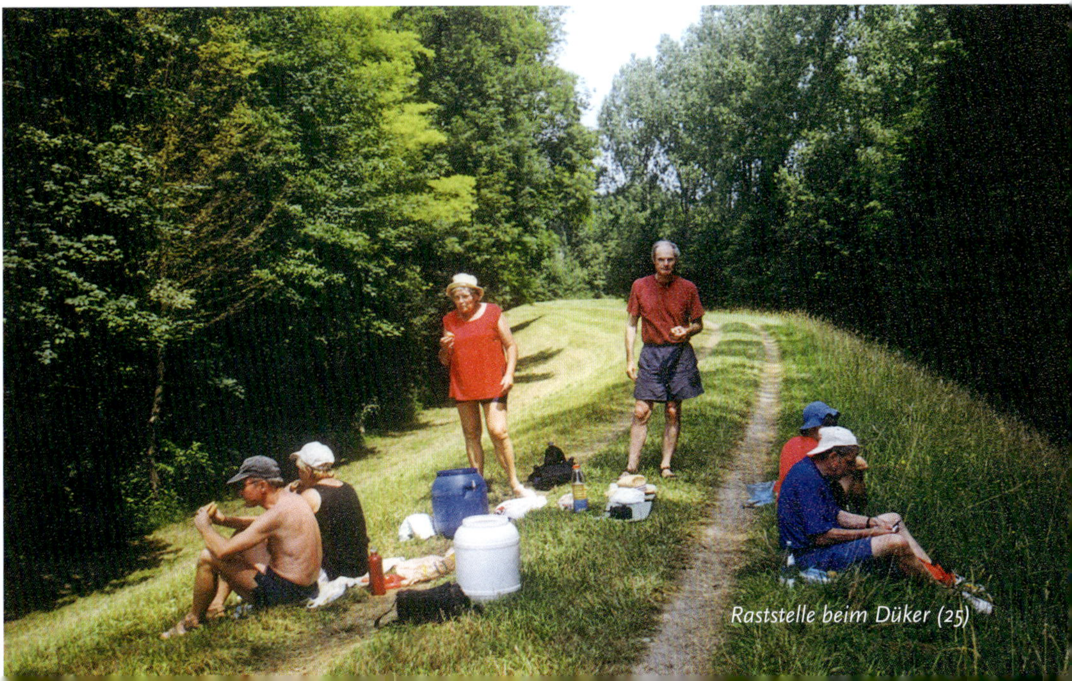

Raststelle beim Düker (25)

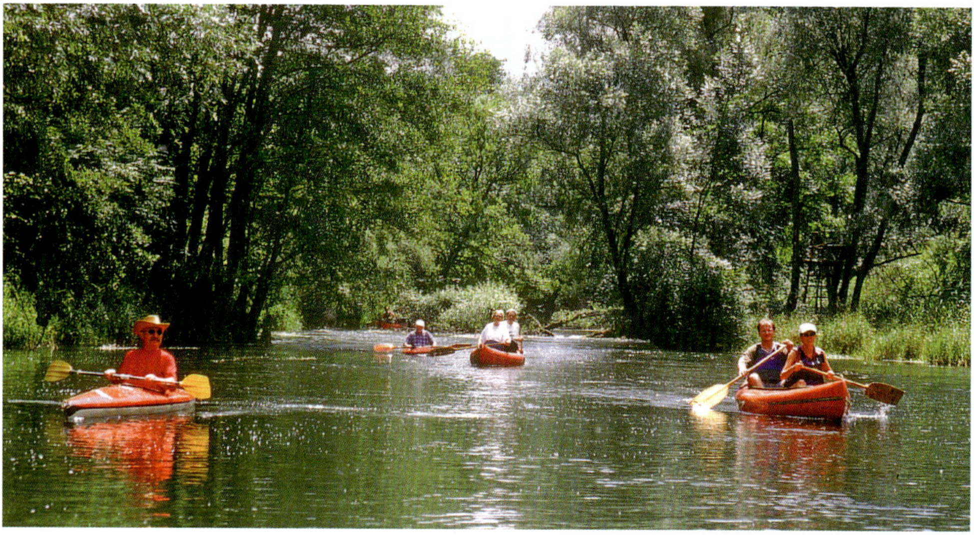

Unterwegs

Literatur

- BKV-Kanuführer Südwestdeutschland
- Keil „Erlebte Wildnis Taubergießen"
- Heinrich „Ansichten eines Gärtners"

Karten

Landesvermessungsamt Baden-Württemb.
Topo-Karten 1:25.000

- Nr. 7612 Lahr
- Nr. 771 Weisweil
- Nr. 7712 Ettenheim
- Nr. 7811 Wyhl

Camping

► Riegel	Tel.: 07642/3694
► Herbolzheim	Tel.: 07643/1460
► Ettenheim	Tel.: 07822/445918

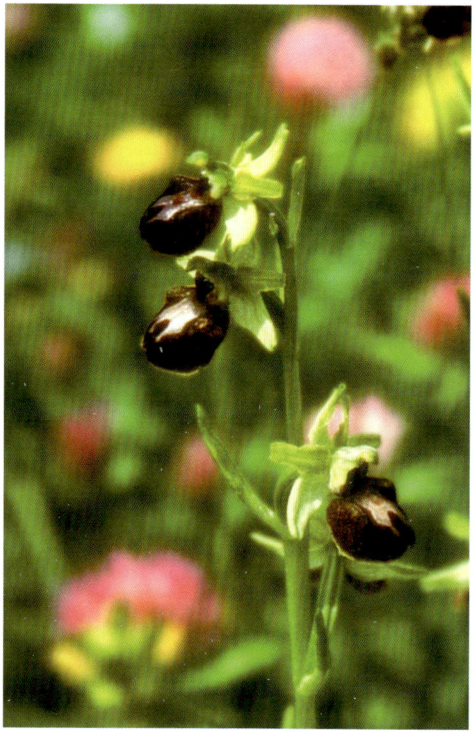

Spinnen-Ragwurz an der Saukopfbrücke.

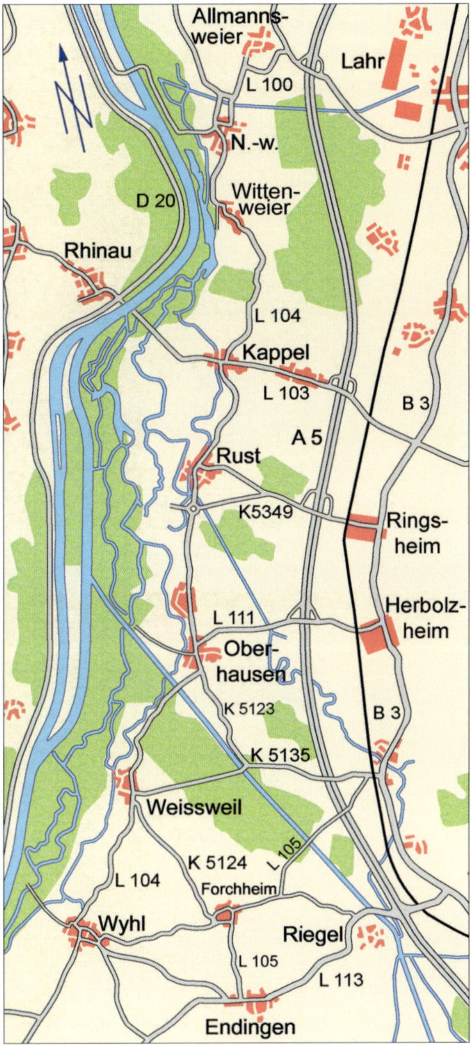

An- und Abreise

Einsetzstelle bei Wyhl

Autobahn A5 Ausfahrt Riegel, L113 bis Endingen, 5126 bis Wyhl. In Wyhl die Rheinstraße bis zur Einsetzstelle im Wald.

An- und Abreise

Einsetzstelle bei Wyhl

Autobahn A5 Ausfahrt Riegel, L113 bis Endingen, K5126 bis Wyhl, In Wyhl die Rheinstraße bis zur Einsetzstelle im Wald.

Einsetzstelle Leopoldskanal

Autobahn A5, Ausfahrt Herbolzheim, L111 bis Rheinhausen-Oberhausen. In Oberhausen beim Rathaus mit Türmchen, abbiegen in die Rheingasse bis zum Parkplatz am Waldrand. Das Abladen der Boote direkt an der Einsetzstelle (ca. 400 m) ist nicht mehr möglich. Eine im Jahre 2008 erfolgte Abschrankung direkt am Parkplatz, nötig uns die Boote zur Einsetzstelle zu tragen oder zu karren (Bootswagen).

Aussetzstelle Wittenweier

Autobahn A5, Ausfahrt Lahr, B36 bis Allmannsweier, L100 bis Nonnenweier, L104 bis Wittenweier. In Wittenweier in die Elzstraße abbiegen und bis zum Dammdurchbruch beim "Bootshaus" fahren.

PKW's verstellen

Das Verstellen der PKW's geschieht über die L104, Wittenweier, Kappel, Rust, Niederhausen, Oberhausen, Weisweil, Wyhl.

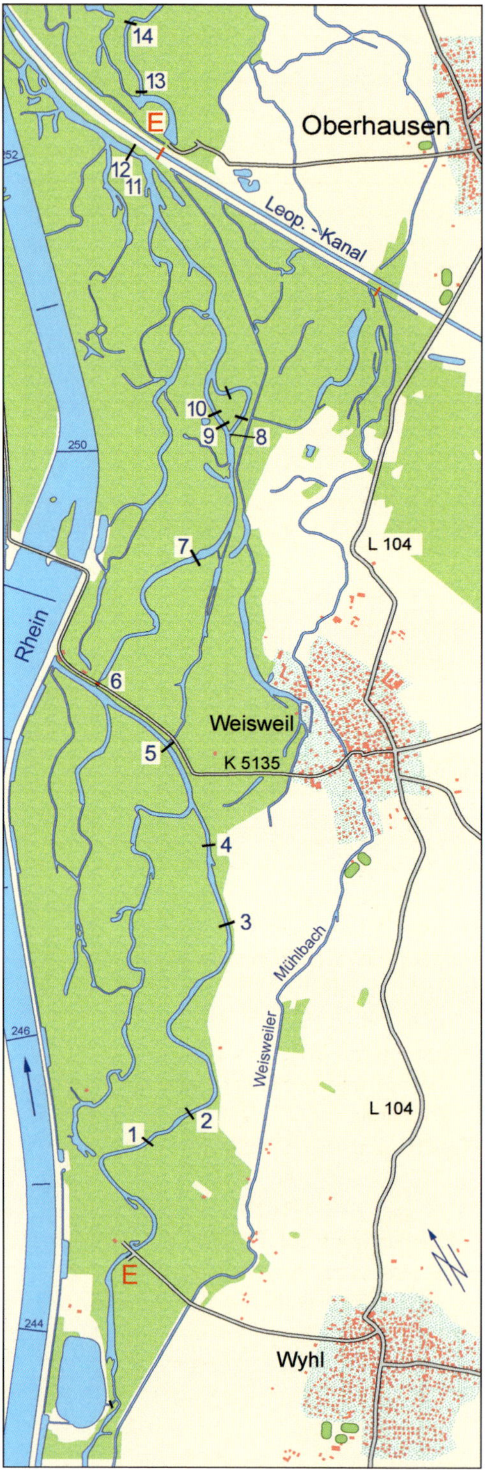
14
13
E
Oberhausen
252
12
11
Leop. -Kanal
10
9
8
250
7
L 104
Rhein
6
Weisweil
5
K 5135
4
3
Weisweiler Mühlbach
246
2
1
L 104
E
244
Wyhl

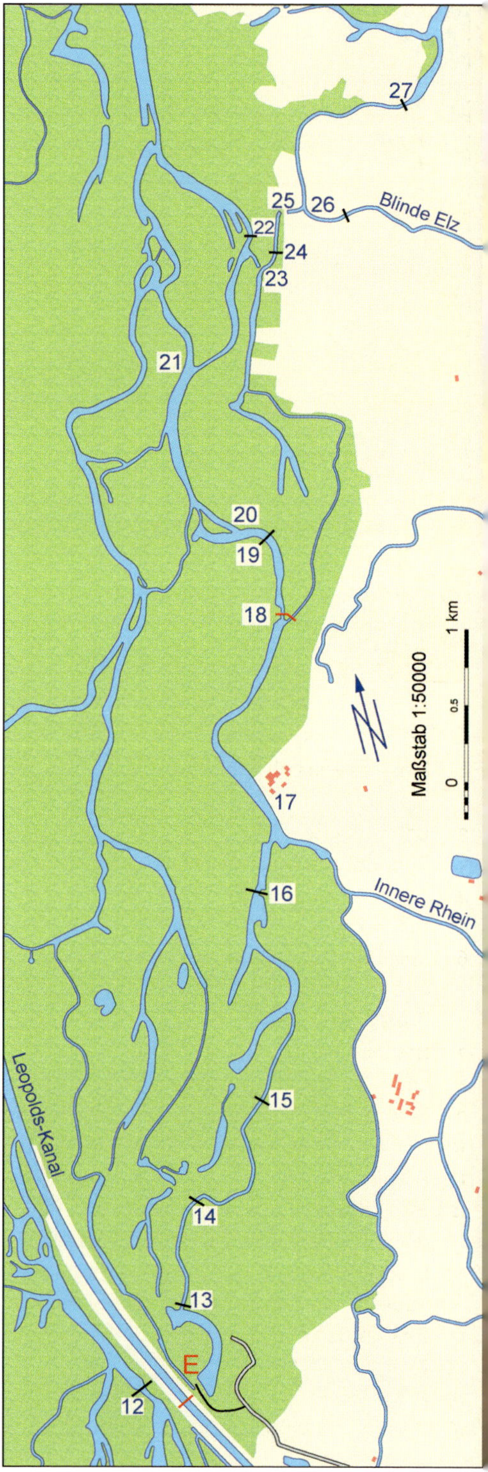
27
25
26
Blinde Elz
22
24
23
21
20
19
18
1 km
0.5
0
Maßstab 1:50000
17
16
Innere Rhein
Leopolds-Kanal
15
14
13
E
12

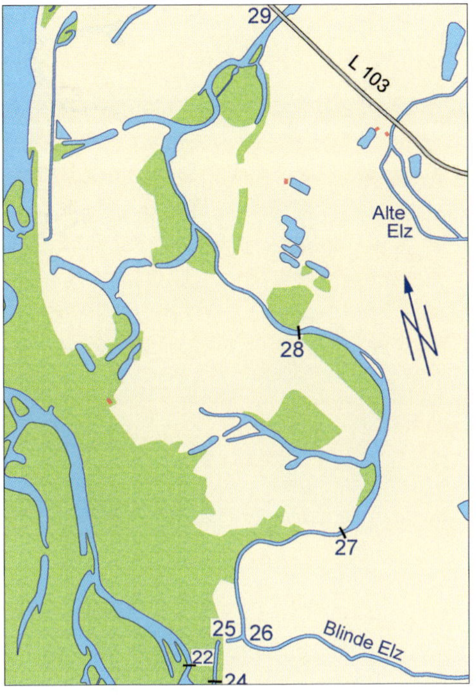

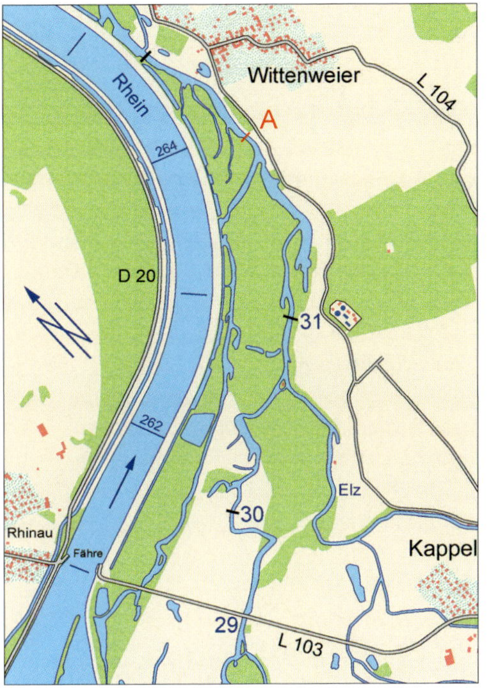

Orientierungspunkte

E Einsetzstelle bei Wyhl
1 Holzsteg
2 Betonbrücke
3 Betonbrücke (nach links hängend)
4 Betonbrücke
5 Betonbrücke mit zwei Jochen
6 Rechts Schütz (Bauwerksnummer 6.12) danach Abfall. Umtragen über die Straße und links wieder einsetzen.
7 Betonbrücke (nach rechts hängend)
8 Verzweigung, links halten.
9 Betonbrücke
10 Damm mit Wehrschütz, rechts umtragen
11 Düker, Vorsicht
12 Brücke, unmittelbar hinter der Brücke rechts ausetzen und über Dämme und Leopoldskanal umtragen. Raststelle, alternative Einsetzstelle. Ab hier Kahnfahrten.
13 Betonbrücke
14 Betonbrücke (6.20)
15 Betonbrücke
16 Damm mit Wehrschütz, starke Strömung
17 Schüsseln, Kugeln
18 Verteiler, Raststelle, mittleren Durchlass mit Schwall fahren.
19 Holzsteg
20 Verzweigung, rechts fahren
21 Verzweigung, rechts fahren
22 Brücke, Durchfahrverbot. Rechts im Altarm ca. 150 m zurückfahren.
23 Umsetzstelle, ca. 10 m umtragen
24 Betonbrücke
25 Damm mit Düker, Vorsicht. Kurz vorher anlanden und über den Damm umtragen. Raststelle.
26 Mündung in die Blinde Elz.
27 Brücke
28 Brücke, Raststelle (Orchideenwiese) Beginn weiterer Kahnfahrten
29 Brücke L103
30 Brücke
31 Brücke
A Aussetzstelle beim „Bootshaus“ Wittenweier

Tour 5: Krummer Rhein

Tortu wird gemeinhin als krumm, gewunden vom Französischen ins Deutsche übersetzt, dies wird nach einem ersten Blick auf die Karte für den „Krummen Rhein“ deutlich bestätigt.

Das Wasser des Krummen Rheins wird aus dem Stausee des Rheins, dem Plobsheimer See abgezweigt.

Als Einsetzstelle für eine Tagestour eignet sich gut das vom Bach durchflossene Plobsheim. Es gibt hier einige gute Einsetzstellen. Eine davon liegt bei der Festhalle („Salle des Fetes“) mit guten Parkmöglichkeiten. Eine Weitere in der „Rue de Rhin“.

Das Department Strasbourg hat mit die höchste Kriminalität in Frankreich. Dies bezieht sich vor allem auf die Stadtteile Neuhof, Neudorf und Mainau durch welche unsere Fahrt verläuft. Es versteht sich von selbst, dass nur, auch von außen sichtbar, leere PKW's auf den Parkplätzen abgestellt werden. Ideal ist eine fahrende Begleitperson, welche das Problem gar nicht erst aufkommen lässt.

Strasbourg kein Dorf, stellt Gerhard Gros in seinem Beitrag im KANU-Sport fest und vermerkt ganz beiläufig dass, das Anreisen und finden der Ein- und Aussetzstelle ein “kleines Erlebnis“ war.

Für eine erste Fahrt ist es beruhigend einen ortskundigen Paddler in der Gruppe zu wissen, der die Anfahrtswege zur Ein- und Aussetzstelle sowie die Verstellwege der PKW's kennt.

Man paddelt zunächst durch die Gärten der angrenzenden Wohngebiete. Dann Natur pur, Fel-

Tourensteckbrief

Kurzinfo

Tagestour 23 km oder 30 km

- ganzjährig fahrbar
- alle Bootstypen
- schöne Rastplätze
- PKW-Kontakt nur an wenigen Stellen möglich

Probleme

- Defekte Handschleusen
- PKW-Aufbrüche
- Sprachprobleme

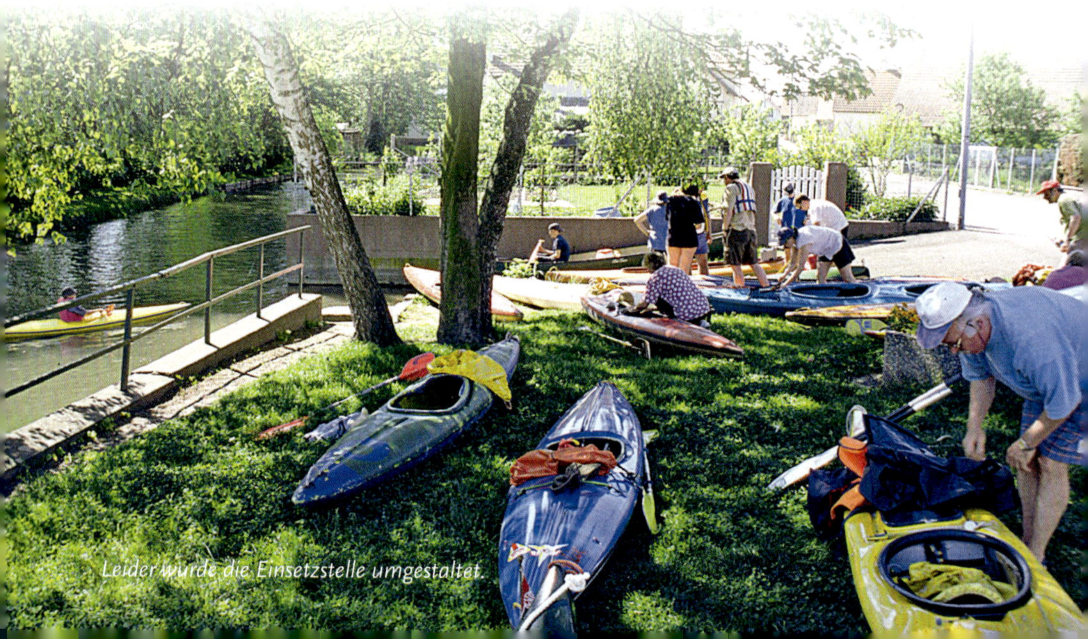

Leider wurde die Einsetzstelle umgestaltet.

der, Wiesen, Wälder mit uralten Eichen. Eine labyrinthische menschenleere Welt in welcher der Fluss noch den Rhythmus bestimmt. Im Frühjahr "duftet" die ganze Gegend intensiv nach dem hier massenhaft vorkommenden Bärlauch. Eine erste Raststelle bietet sich im Wald bei einer Fußgängerbrücke zum Gasthof Oberjägerhof. Etwas abseits und geschützt vor den je nach Jahreszeit manchmal lästig werdenden Stechmücken.

Der Beginn der Stadt Straßburg und damit das wieder Eintauchen in die Zivilisation kündigt sich durch eine Mühle mit selbst zu betätigender Schleuse an. In den letzten Jahren war diese Handschleuse aber nicht mehr funktionsfähig. Es empfiehlt sich sowieso hier eine ca. 200 m Umtragerei in Kauf zu nehmen, denn bei der Ausfahrt aus der Schleuse kommt von rechts ein starker Wasserschwall (Überschusswasser) der Besatzung, Boot und Ausrüstung unnötig in Gefahr bringt.

Anschließend Gärten, Villen, Ruinen, Brücken, Parks alles was eine große Stadt beherbergt und ehemals vorzuweisen hatte.

Nach passieren des Mainaustadions fahren wir auf ein Warnschild „Danger" zu. Hier halten wir uns links zur Einfahrt in die alte, aus Sandsteinquadern errichtete, selbst zu bedienende Schleuse. In der Schleusenkammer haben 6 Zweier-boote Platz. Leider kommt es oft vor, dass durch Vandalismus das untere Schleusentor nicht bedient werden kann. Somit wäre eine weitere Umtrage von ca. 25 m angesagt.

Nach einem Brückengewirr und einer Slalomstrecke mündet der Krumme Rhein in den Rhein-Rhone-Kanal.

Ab hier ist mit Schiffs- und Motorbootverkehr zu rechnen. Rechts, beim Bootshaus der Straßburger Kanuten ist eine mögliche Aussetzstelle wenn man auf die Fahrt durch Strasbourg verzichtet. Etwa 200 m weiter, kommen wir in die Ill. Schon von weitem sehen wir die Terrasse Panoramique (Barrage Vauban) mit Rasen bewachsen aus dem 16. Jahrhundert mit vielen, durch Gitter verschließbaren, Toren.

Anschließend teilt sich die Ill in 5 Arme. Wir nehmen den zweiten Arm von links, unterqueren die gedeckten Brücken (Pont Couvert) - heute nicht mehr überdacht- mit ihren massiven Wehrtürmen aus dem 13. Jahrhundert Fes-

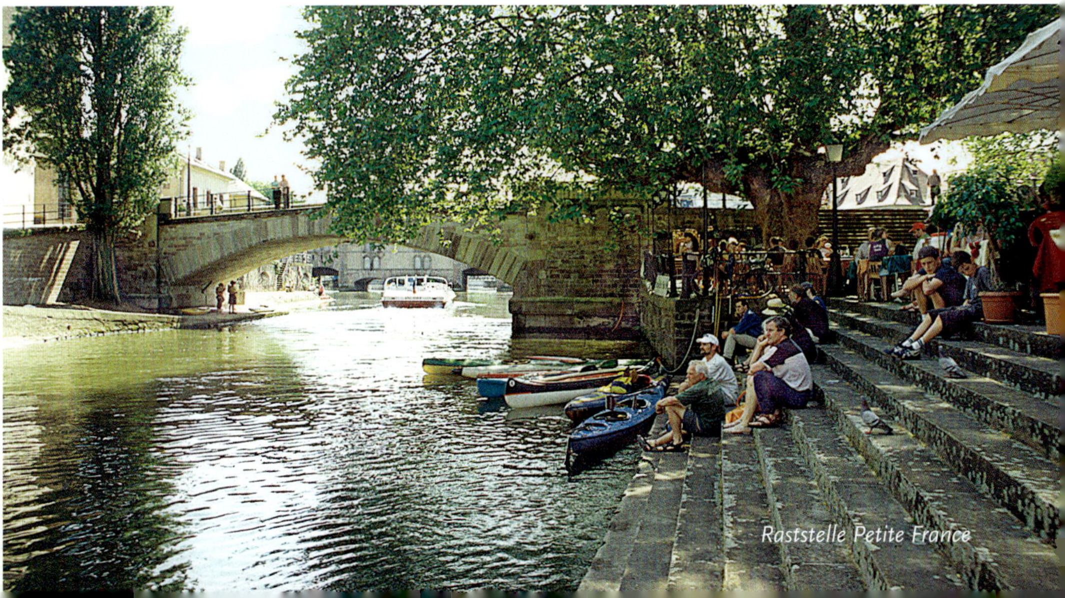

Raststelle Petite France

tungsbauwerken mit Öffnungen, hinter denen ehemals wohl Kanonen postiert waren und kommen in das von Touristen heimgesuchte „Klein Frankreich (Petit France)“. Hier findet man nette Kneipen und stille verträumte Plätze, auf denen sich Strasbourgs Jugend ein Stelldichein gibt.

Gleich links an der Treppe unter einer riesigen Platane können wir ein Päuschen im dortigen Gartenlokal einlegen. Kurz danach unterfahren wir eine funktionierende Drehbrücke und befinden uns dann vor der großen Schleuse.

Damit beim Schleusen alles klappt empfielt sich folgendes Procedere:
Mindestens drei Tage vor der geplanten Schleusung eine Mail an folgende Adresse: *ut-ca.sirm.dt-strasbourg@vnf.fr*
mit folgendem Inhalt (Mustertext):

Sehr geehrte Damen und Herren,
Die Kehler Paddlergilde e.V. plant für Sonntag den 17. Mai eine Paddeltour auf dem Krummen Rhein und durch Strasbourg bis zum Ruderclub. Wir werden um ca. 15:20 an den Schleuse Petite France ankommen.
Teinehmerzahl 21., Anzahl der Boote 18.
Wir bittem um eine Schleusengenehmigung. Bitte verständigen sie das Schleusenpersonal und bestätigen sie uns diesen Termin.
Mit freundlichen Grüßen
Musterpaddler

Oder per Telefon: 00 333 88 22 35 15

Bitte die Mittagsruhe beachten, zwischen 12:00 und 14:00 erfolgen keine Schleusungen.
Alle Paddler müssen eine Schwimmweste tragen, in Frankreich ist dies Pflicht.

Das letzte Stück verläuft dann mitten durch die Stadt, am Münster (etwas verdeckt) vorbei bis zu unserer Ausbootstelle, bei den Straßburger Ruderern.

Bei einer möglichen Weiterfahrt kommt man am „Palais de Europe“ vorbei. Nun muss man sich entscheiden nach rechts Rhein-Marne-

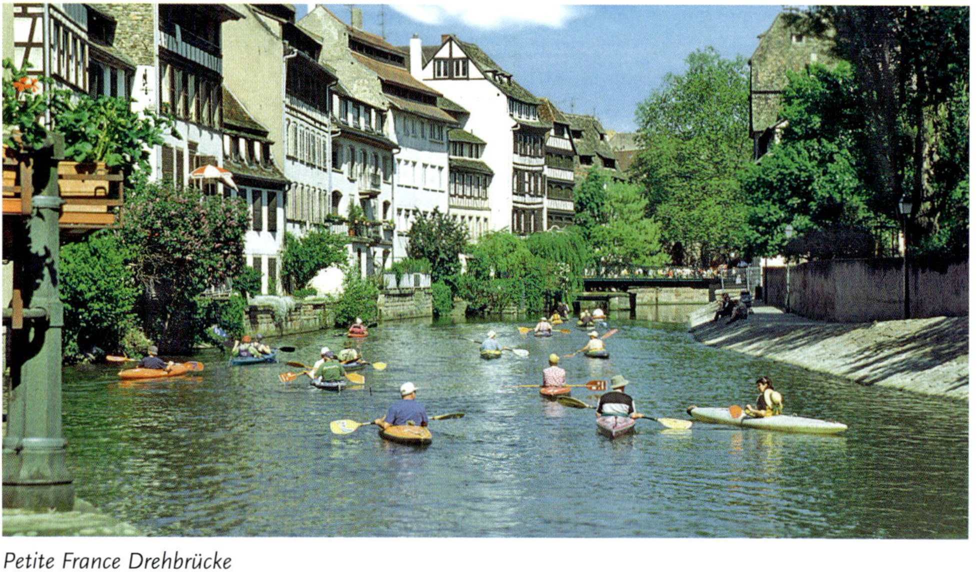

Petite France Drehbrücke

Das Schwarzwasser

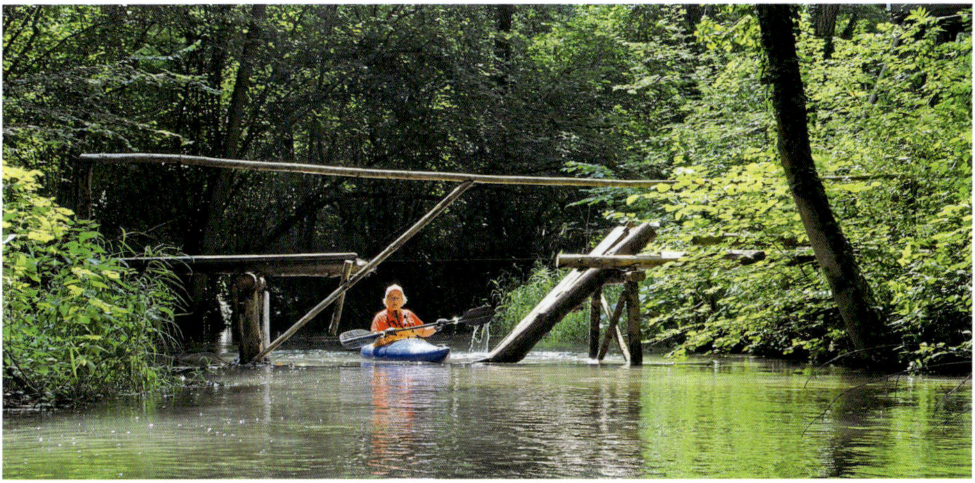

Verfallener Steg

Kanal zum Rhein oder links ebenfalls über den Rhein-Marne-Kanal und Umsetzen in die Ill.

Eine interessante Variante ergibt sich, wenn man kurz nach Plobsheim links in das Schwarzwasser einfährt.

Man bewegt sich in einem sehr wenig befahrenen, wunderbaren Kleingewässer das opftmals besondere Schwierigkeiten bereithält. Die vielen umgestürzten Bäumen, die hier meist über den gesamten schmalen Bach reichen

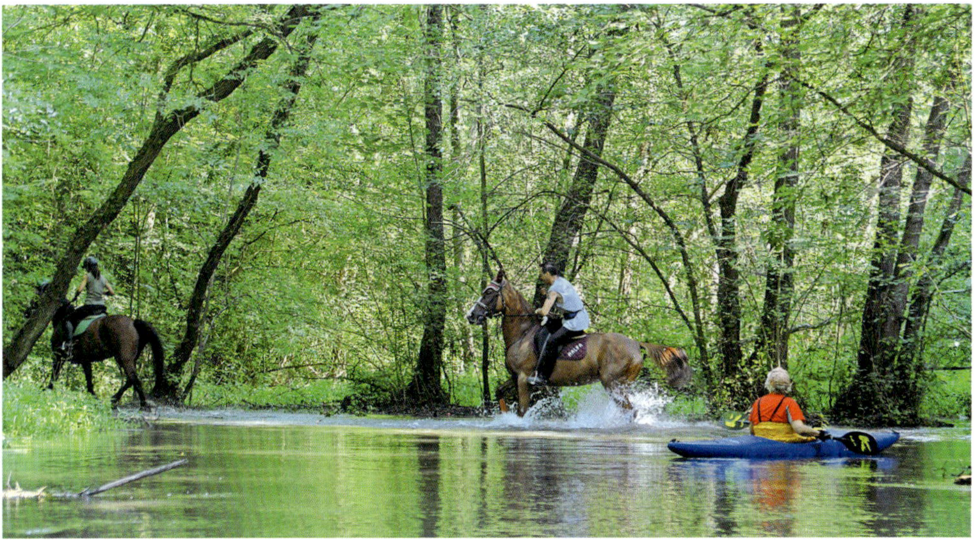

Unerwartete Begegnung

und nicht weggeräumt werden, haben bei der letzten Befahrung unser Zeitlimit gesprengt. Ein kleines, leicht zu umtragendes Wehr, mit gutem Rastplatz, findet sich in etwa der Mitte der Strecke.

Die Fahrtstrecke verlängert sich um ca. 2100 m, die Paddelzeit um ca. 4 h.

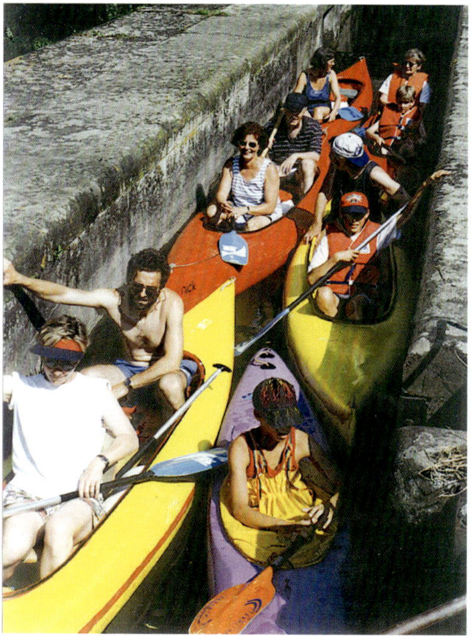

Handschleuse (22) meist defekt

Wegen der engen Verhältnisse auf der Fahrskizze ist eine Nummerierung nicht mehr möglich. Es folgt die Innenstadt von Strasbourg (Touristenbootverkehr) mit Terrasse Panoramique (Barrage Vauban mit Rasen bewachsen). Die Ill teilt sich in fünf Arme wir fahren den zweiten Arm von links, unterfahren die Gedeckten Brücken (heute ohne Dach) und befinden uns in der "Petite France". Nach der Drehbrücke folgt die große Schleuse.

Es folgen 8 Brücken, anschließend vereinigt sich der rechte Ill-Arm wieder mit dem linken.

Es folgen zwei weitere Brücken dahinter die neugotische Kirche St. Paul mit zwei Türmen und links die Abzweigung der Aar. Nach zwei weiteren Brücken liegt rechts die Anlegestelle des Ruderclubs Strasbourg.

Orientierungspunkte

E Einsetzstelle in Plobsheim
1 Vereinigung mit dem rechten Arm
2 Reste eines Wehres, Schwall je nach Wasserstand (Spritzdecke)
3 Rechts Mündung des Mühlgiessens
4 Links Abgang des Schwarzwassers
5 Brücke
6 Brücke (Autobahn)
7 Rechts Mündung eines Baches
8 Brücke
9 Rechts Abgang, links fahren
10 Brücke
11 Brücke
12 Mühle mit Wehr und meist defekter Handschleuse, links umtragen
13 Brücke
14 Links Mündung des Schwarzwassers
15 Brücke
16 Brücke
17 Rechts Abgang des Ziegelwassers
18 Brücke
19 Brücke
20 Brücke
21 Brücke N 4
22 Wehr, links in die Handschleuse ein fahren, links umtragen
23 Brücke
24 Brückengewirr, Beginn der Slalomstrecke
25 Brücke
26 Steg und Mündung in den Rhein-Rhone-Kanal
A Rechts Anlegestelle, Jugendclub Strasbourg. Möglichkeit die Fahrt zu beenden.

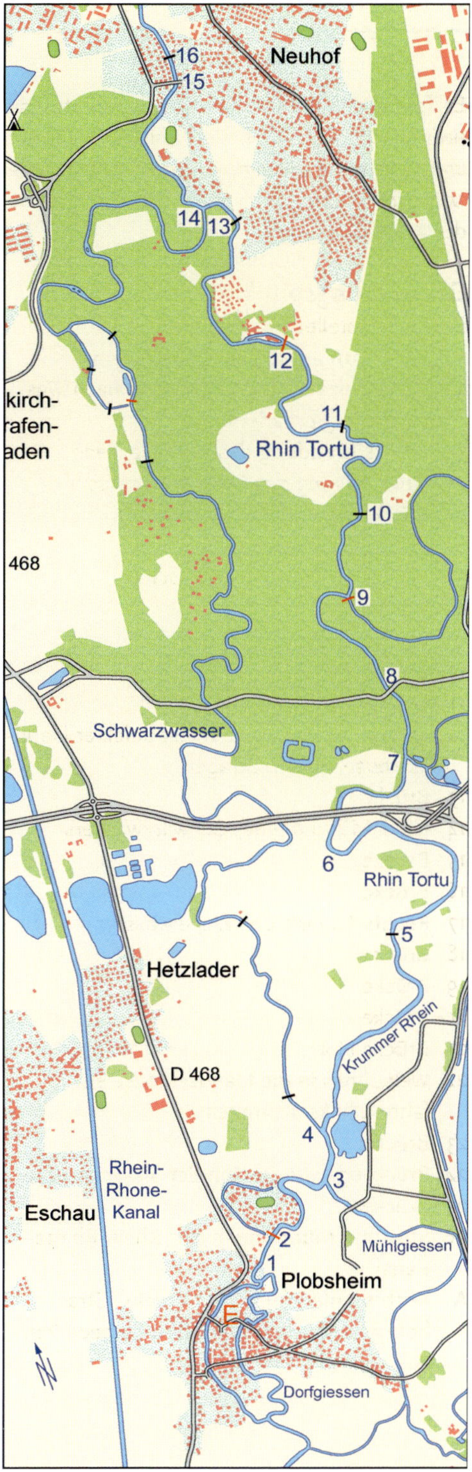

Neuhof
16
15
14
13
12
11
Rhin Tortu
10
9
8
7
6
Rhin Tortu
5
4
3
2
1
E
kirch-
rafen-
aden
468
Schwarzwasser
Hetzlader
D 468
Krummer Rhein
Rhein-
Rhone-
Kanal
Eschau
Plobsheim
Mühlgiessen
Dorfgiessen

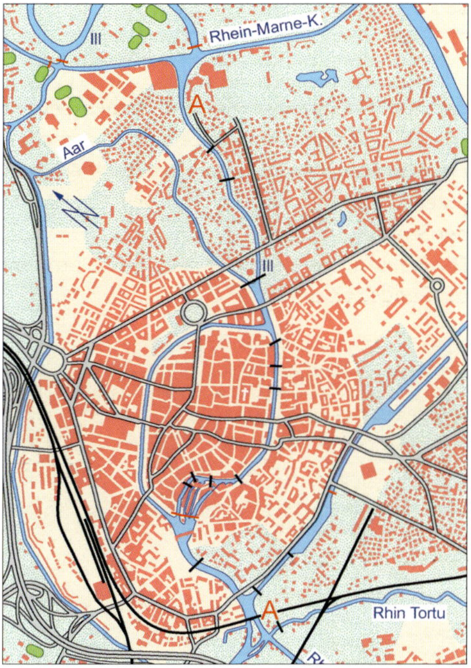

Rhein-Marne-K.
Ill
A
Aar
Ill
A
Rhin Tortu

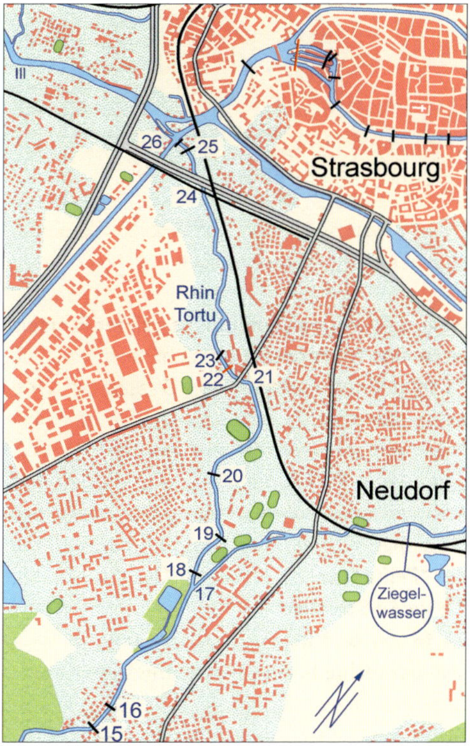

Ill
26
25
24
Strasbourg
Rhin
Tortu
23
22
21
20
19
18
17
16
15
Neudorf
Ziegel-
wasser

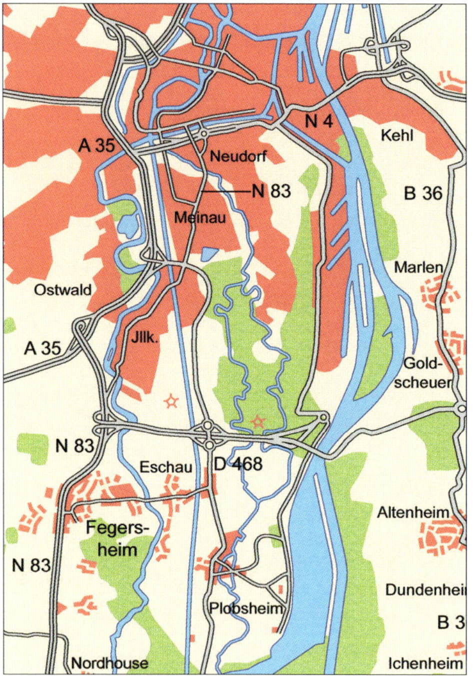

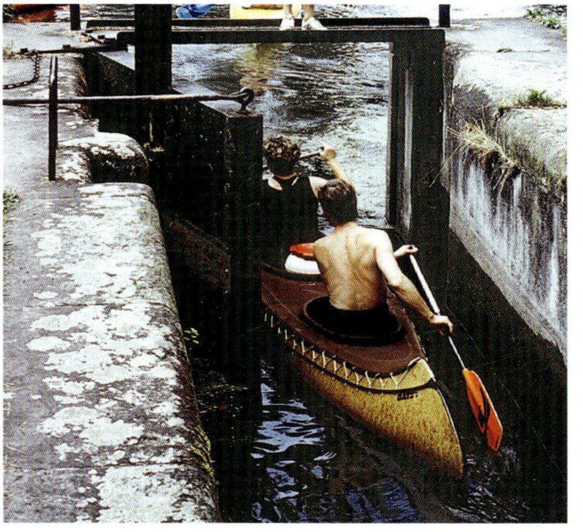
Handschleuse (22) noch funktionsfähig

An- und Abreise

Zur Einsetzstelle in Plobsheim

Autobahn A5 Ausfahrt Offenburg AS55, L98 bis zur neuen Rheinbrücke, weiter auf französischer Seite (Rocade Sud) bis zur D 468, nun auf der D 468 nach Süden Richtung Eschau – Plobsheim. In Plobsheim links ab in die Rue de Rhin zur Einsetzstelle.

Zur Aussetzstelle Ruderclub Strasbourg

Autobahn A5 Ausfahrt Appenweier AS54, B28 bis Kehl Rheinübergang Europabrücke. Weiter auf der N4 geradeaus, nach einer Bahnunterführung und Tankstelle (rechts) nächste Ampel(1) rechts ab Route du petite Rhin. Nach ca. 750 m Ampel links halten, über Brücke Pont d' Anver, weiterhin links halten und in die Avenue de la Foret Noir fahren. Nun lange geradeaus bis zur Ill-Brücke, davor rechts abbiegen an der Ill entlang Quai Rouget de Lisle dann Rue du General-Uhrich bis zum Parkplatz der strasbourger Ruderer.

PKW verstellen ab Ruderclub zur Einsetzstelle in Plobsheim

Zunächst die gleiche Strecke zurückfahren bis zur oben erwähnten Ampel(1). Nun rechts ab über Pont Vauban (Hafenbecken). Nach der Brücke links halten und an der ersten Ampel links abbiegen. Ab hier durch das Hafengebiet immer dem Straßenverlauf nach dann durch Wald bis zu einem Kreisverkehr. Aus dem Kreisverkehr Richtung Colmar ausfahren (Rocade Sud). Weiterfahren bis zur ersten Ausfahrt Plobshein. D468 weiterfahren bis Plobsheim. In Plobsheim Einsetzstelle Rue de Rhin.

Literatur

- DKV-Auslandführer Nordfrankreich/ Benelux

Karten

- 1:50000
  CLUB VOSGIEN No 4/8 Strasbourg
- 1:25000
  SERIE BLEUE 3816 O Strasbourg

Tour 6: Blinde Elz

Eine der vielen Ableitungen aus der Elz bildet die "Blinde Elz". Sie wird im Europapark Rust aus der Elz abgezweigt und verläuft ähnlich wie die Elz in ihrem unteren Bereich durch Feld und Wald und mündet ebenfalls in den Taubergießen. Die übliche Wanderstrecke beginnt nahe dem Europapark beim Sportplatz Rust am Rheinweg und endet wie die Taubergießen- und Elztour in Wittenweier beim Bootshaus der Marinekameradschaft, vor dem neuen Wehr.

Lange Wandereiner sollten beim Beginn in Rust entgegen der sonstigen Gewohnheit nicht gegen die Strömung eingesetzt werden denn der Bach ist anfangs zu schmal um das Boot zu wenden.

Die Topo-Karten 1:25000 sowie 1:50000 des LVA Baden-Württemberg sind an der Einsetzstelle ungenau. Man kann unmittelbar unterhalb der Brücke einsetzen; es gibt dort keinen unterirdischen Flussverlauf.

Die Zufahrt zur Einsetzstelle in Rust ist durch eine Schranke der Gemeinde versperrt. Kleine Gruppen (ein PKW) können evtl. vor der Schranke halten (Vorsicht viele Radler) um die Boote zu entladen und anschließend den PKW auf zugelassenem Parkplatz abstellen.

Größere Gruppen sollten die Einsetzstelle der Touristenkahnfahrer (Siehe Fahrskizze) benutzen um die Straße beim Europapark mit viel Verkehr nicht zu blockieren.

Tourensteckbrief

Kurzinfo

Tages - Halbtagestour 15 km

- ganzjährig fahrbar
- alle Bootstypen
- keine Wehre
- geignet für Anfänger
- PKW-Kontakt nur an wenigen Stellen möglich

Probleme

Die Einsetzstelle in Rust ist neuerdings durch eine Schranke abgesperrt. An Wochenenden viele gewerbliche Kahnfahrten. Bachabschlag

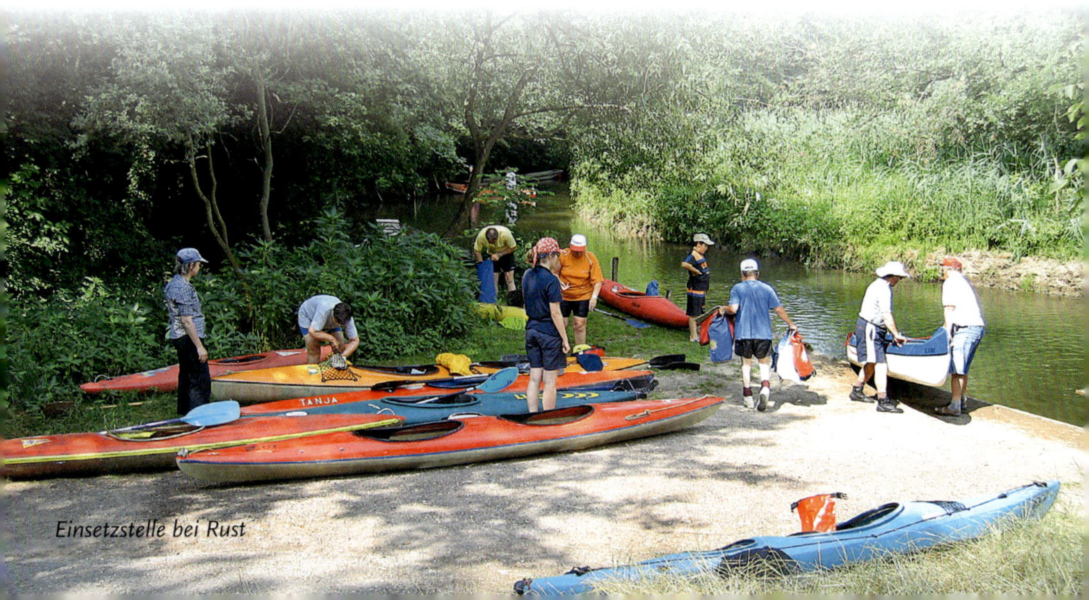

Einsetzstelle bei Rust

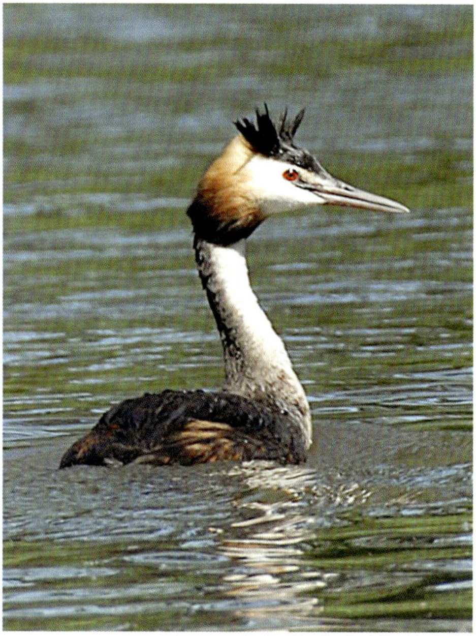

Haubentaucher

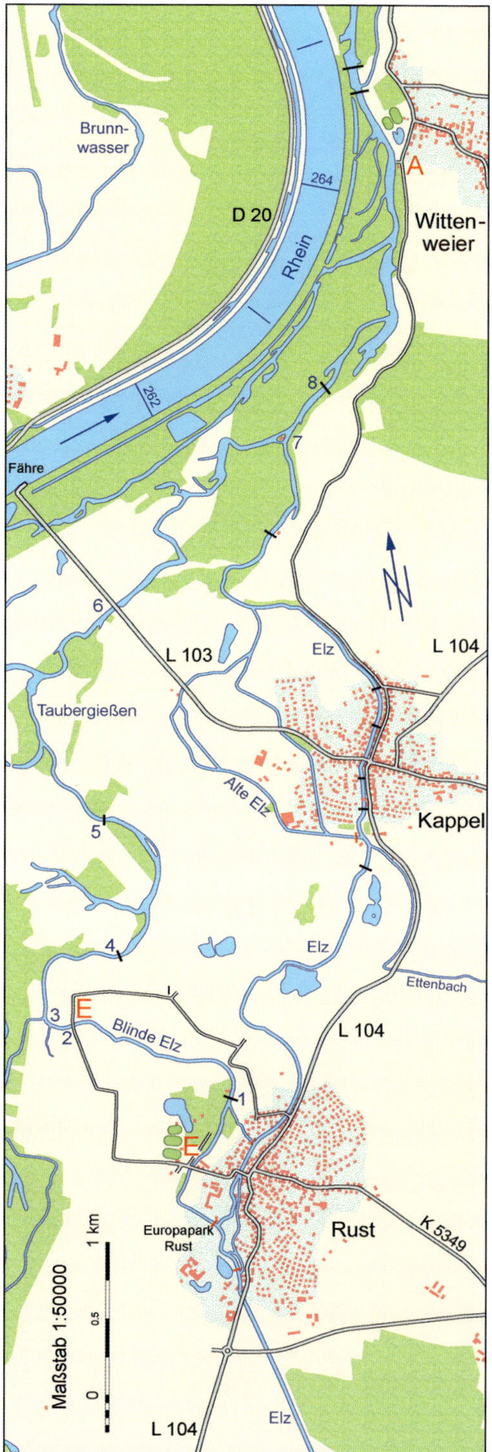

Orientierungspunkte

- E Einsetzstelle in Rust Omnibusparkplatz/ Sportplatz Rust, Brücke Rheinweg
- 1 Zufluss von rechts, 20 m danach Wegebrücke
- 2 Brücke und Einsetzstelle für größere Gruppen. Beginn der Kahnfahrten.
- 3 Mündung in den Taubergießen
- 4 Wegebrücke
- 5 Saukopfbrücke, Beginn weiterer Kahnfahrten
- 6 Brücke L103
- 7 Mündung in die Elz (Waldhütte)
- 8 Brücke
- 9 Brücke
- A Aussetzstelle beim "Bootshaus" in Wittenweier

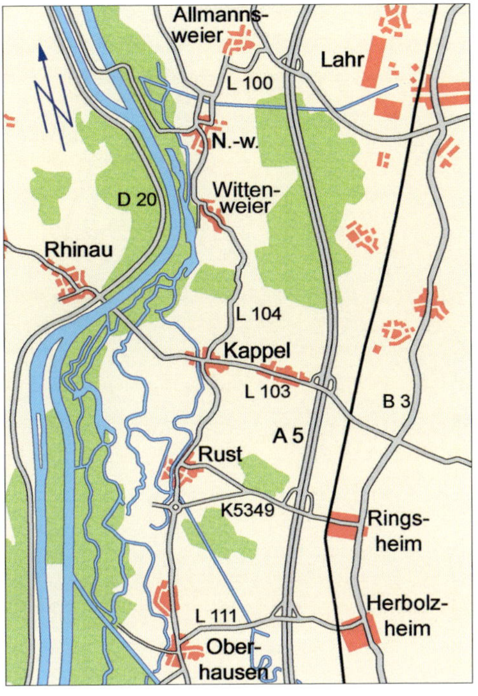

An- und Abreise

Einsetzstelle Rust

Autobahn A5 Ausfahrt (57b), K5349 bis Rust, in Rust Rheinweg bis zur Einsetzstelle bei der Brücke.

Aussetzstelle in Wittenweier (von Norden Kommend)

Autobahn A5 Ausfahrt (56) Lahr/Biberach/Schwanau. B36 bis vor Allmannsweier. L100 bis Nonnenweier,
L104 bis Wittenweier. In Wittenweier Elzstrasse bis zum Bootshaus beim Dammdurchbruch.

Aussetzstelle Wittenweier (von Süden kommend)

Autobahn A5 Ausfahrt (57a) Ettenheim/Mahlberg/Kappel-Grafenhausen. L103 bis Kappel. L104 bis Wittenweier. In Wittenweier Elzstrasse bis zum Bootshaus beim Dammdurchbruch.

Verstellen der Pkws

Das Verstellen der Pkws erfolgt über die L104.

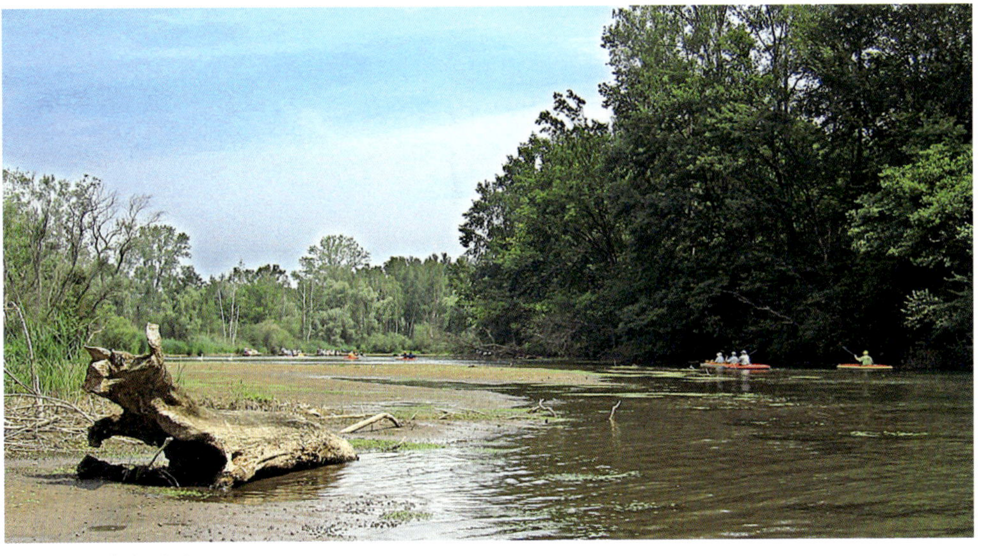

Unterwegs bei Niederwasser

Tour 7: Alte Elz

Die Elz entspringt in 1035 m Höhe bei Schönwald im Schwarzwald. Sie fließt zunächst durch ein weites Tal und ist hier mittleres bis leichtes Wildwasser mit vielen Wehren. Nach dem Austritt der Elz aus dem Schwarzwald ist der Fluss begradigt und verläuft zwischen den Hochwasserdämmen. Bei Riegel fließen Alte Dreisam, Dreisam, Glotter und Elz zum Leopoldskanal – welcher zwischen 1837 und 1842 zur Vermeidung vom Hochwassern von Großherzog Leopold und den Anliegergemeinden gebaut wurde - zusammen. Kurz darauf wird die Elz aus diesem Gewässer abgezweigt.

Der Wasserstand wird durch das Einlass-wehr geregelt und dürfte dadurch ziemlich konstant sein. Beim Sportplatz von Riegel findet man eine Einsetzstelle.

Parkmöglichkeiten gibt es bei der Kleingartenanlage und auf dem P+R – Platz links der Elz. Wenige Meter nach dieser Einsetzstelle befindet sich jedoch ein Walzenwehr das je nach Wasserstand mehrere Meter Rücklauf aufweist und somit höchst gefährlich werden kann. Ist man im Zweifel über die Fahrbarkeit des Wehres sollte man ca. 50 m flussabwärts auf der linken Seite einsetzen.

Ab Riegel, dem Beginn unserer Wanderstrecke kommt die Natur wieder zu ihrem Recht, die Elz windet sich in diesem Abschnitt in vielen Mäandern durch die Landschaft. Die Route verläuft zunächst durch Felder und Wiesen am

Tourensteckbrief

Kurzinfo

Tages - Halbtagestour 15 km

- ganzjährig fahrbar
- geignet für Anfänger
- PKW-Kontakt nur an wenigen Stellen möglich

Probleme

Neue "Befahrungsregeln"

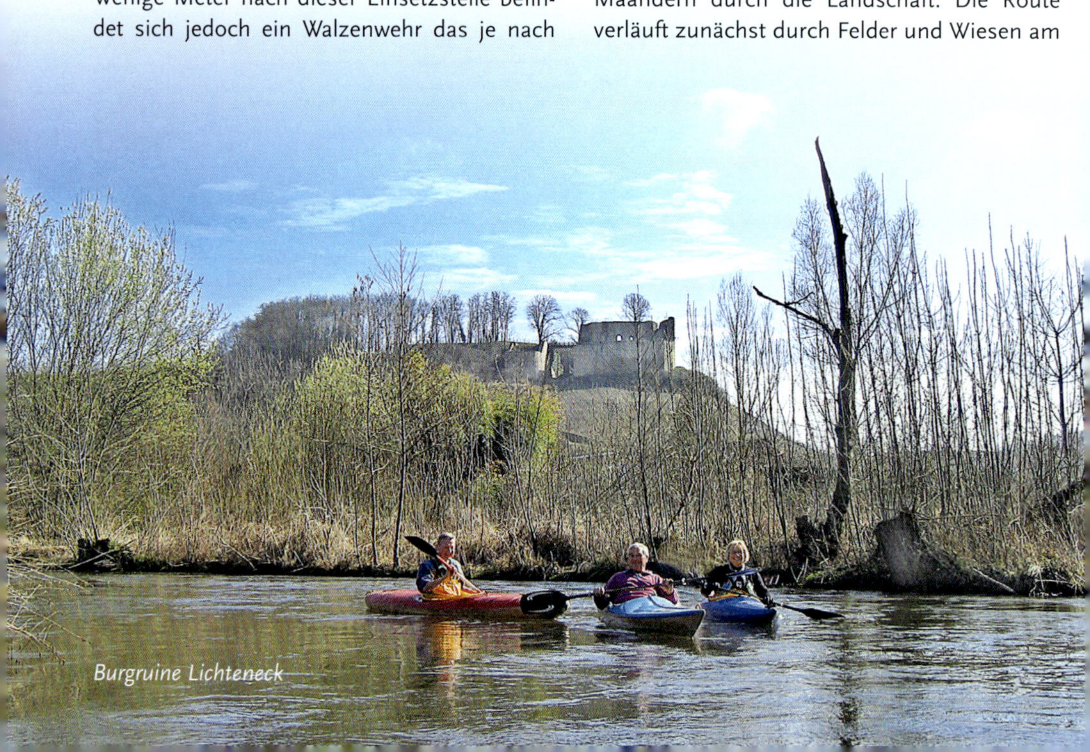

Burgruine Lichteneck

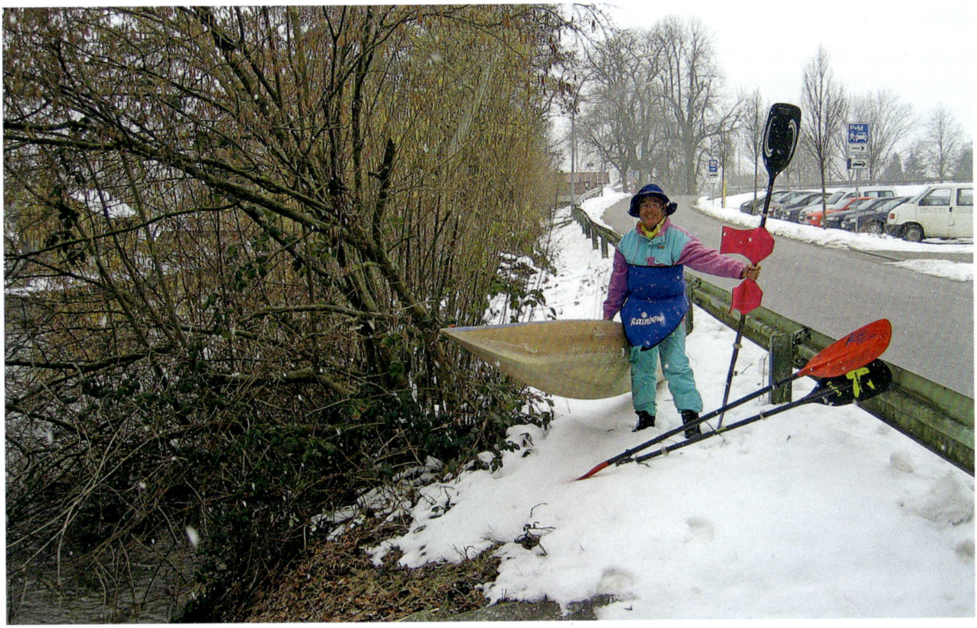

Oben: Einsetzstelle bei Riegel
Unten: Umtragestelle Kenzingen

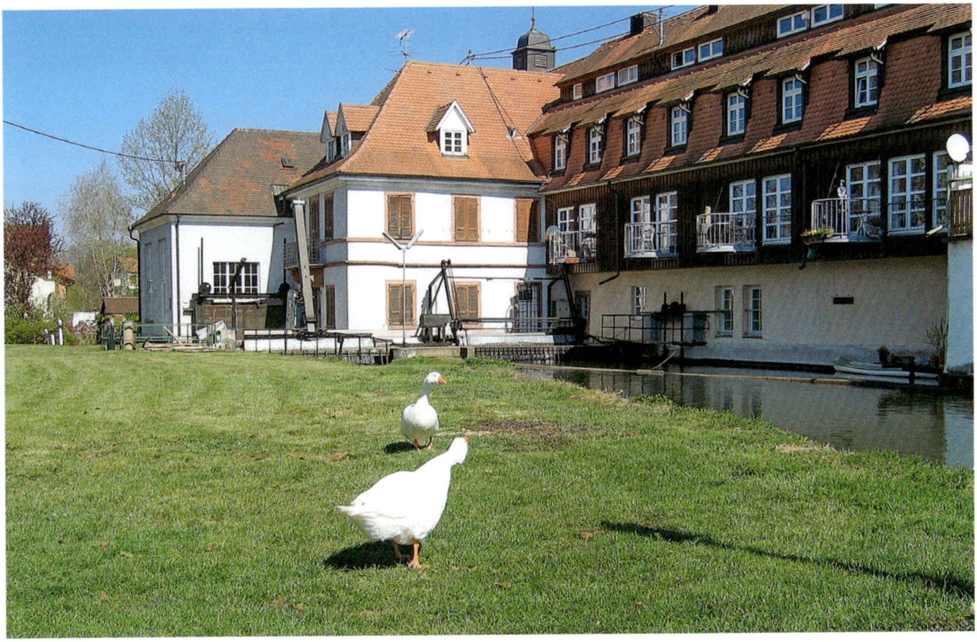

Bachrand mit Büschen und Bäumen bewachsen. Wir queren die A5, dann die Bahnlinie und schließlich die B3 bevor wir nach Kenzingen zur ersten Umtragestelle kommen. Man kann hier links beim Wehr aussetzen und gleich im Unterwasser wieder einsetzen. Anschließend mäandert die Elz durch eine Feld- und Wiesenlandschaft. Vor der L111 befindet ein zu umtragendes E-Werk. Es folgt das Naturschutzgebiet Elzwiesen (Brachvögel) durch das die Elz total begradigt bis Rust verläuft. Vor dem Ort unterquert man die neu gebaute Zufahrt zu den Parkplätzen des Europa-Parks sowie die L104 und befindet sich danach im allseits bekannten Europapark Rust in dem eine weitere Umtrageaktion fällig wird. Es versteht sich von selbst, dass man den Europapark zügig durchmisst d.h. die Attraktionen nicht unberechtigterweise "mit nimmt". Es könnte - wie man sich erzählt - sonst sein, dass bei der Rückkehr die Boote mit Ketten „gesichert" sind und nicht eher freigegeben werden bis der Eintrittspreis für den Park bezahlt wurde. Im Europapark zweigt die Blinde Elz ab, man spart sich wenn man diese Route wählt, durch eine kurze Umtrageaktion-an der Rampe aussetzen über die Brücke und rechts wieder einsetzen - eine anstrengende Portage in Kappel. Siehe Tour Blinde Elz.

Wir fahren weiter bestaunt von den vielen Besuchern, aber bald schon wird es wieder ruhiger auf unserer Fahrt. Vor dem Sägewerk in Kappel kann man rechts aussetzen (Holzlagerplatz) und hier die Fahrt beenden oder weit umtragen (Bootswagen) bis zur Wiedereinsetzstelle nach der Mühle. Nach Kappel kommt man bald in das Naturschutzgebiet Taubergießen, hier fließen Elz und Taubergießen zusammen. Bis zum Fahrtenende bei Wittenweier sind es nun noch etwa 2 km.

Die Aussetzstelle befindet vor dem neuen Querrigel und hinter dem Damm findet sich das "Bootshaus" südlich von Wittenweier.

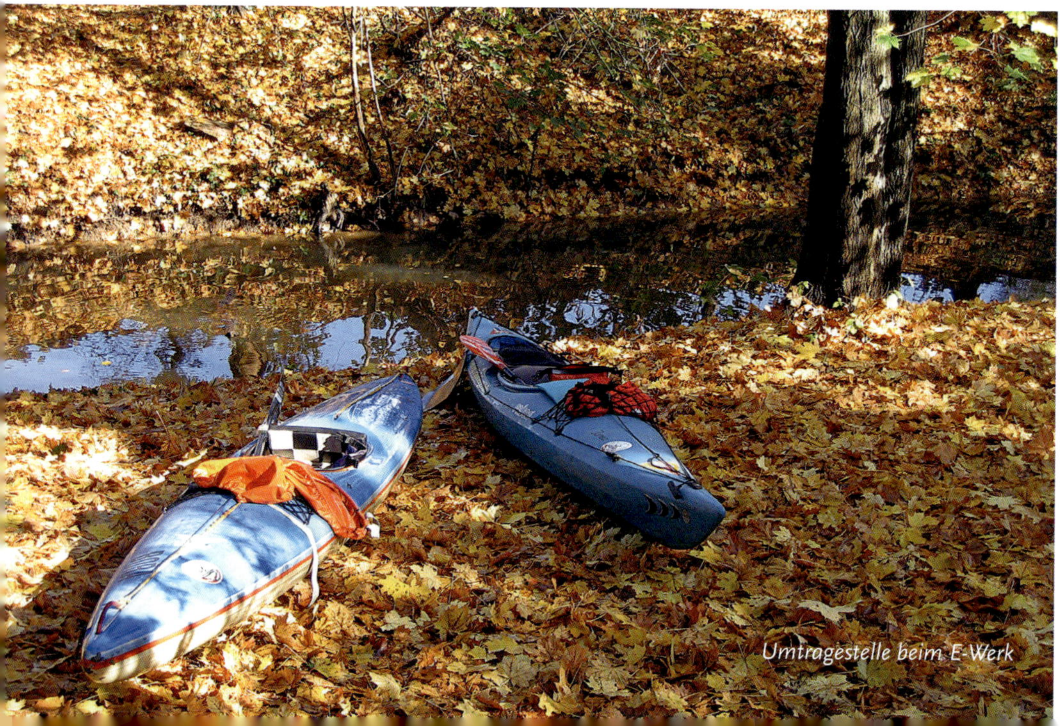

Umtragestelle beim E-Werk

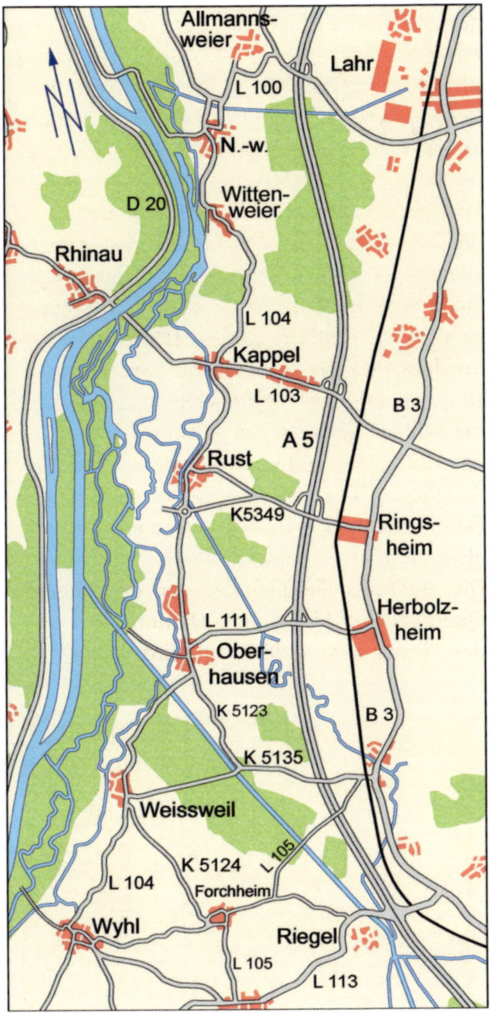

Literatur

DKV-Kanuführer Südwestdeutschland

Karten

Landesvermessungsamt Baden-Württ.
Topo-Karte 1:25000

- Nr. 7812
- Nr. 7712
- Nr. 7612

Campingplätze

- Riegel
- Rhinau (Elsass)
- Freiburg
- Hugstetten
- Herbolzheim
- Ettenheim

An- und Abreise

Einsetzstelle Riegel

Autobahn A5, Ausfahrt (59) Riegel/Sasbach/Endingen/Kenzingen. L113 Richtung Riegel. Nach der Elzbrücke links ab K5114 und gleich wieder links ab zum P+R-Platz und zur Einsetzstelle an der Elz.

Ausetzstelle Wittenweier (von Norden kommend)

Autobahn A5, Ausfahrt (56) Lahr/Biberach/Schwanau. B36 bis vor Allmannsweiler. L100 bis Nonnenweier. L104 bis Wittenweier. In Wittenweier Elzstrasse bis zum „Bootshaus" beim Dammdurchbruch.

Ausetzstelle Wittenweier (von Süden kommend)

Autobahn A5, Ausfahrt (57) Ettenheim/Mahlberg/Kappel-Grafenhausen. L103 bis Kappel. L104 bis Wittenweier. In Wittenweier Elzstrasse bis zum „Bootshaus" beim Dammdurchbruch.

Das Verstellen der PKW's,
erfolgt am besten über die Autobahn A5 bis zur Ausfahrt (59), L103 bis Kappel, L104 bis Wittenweier.

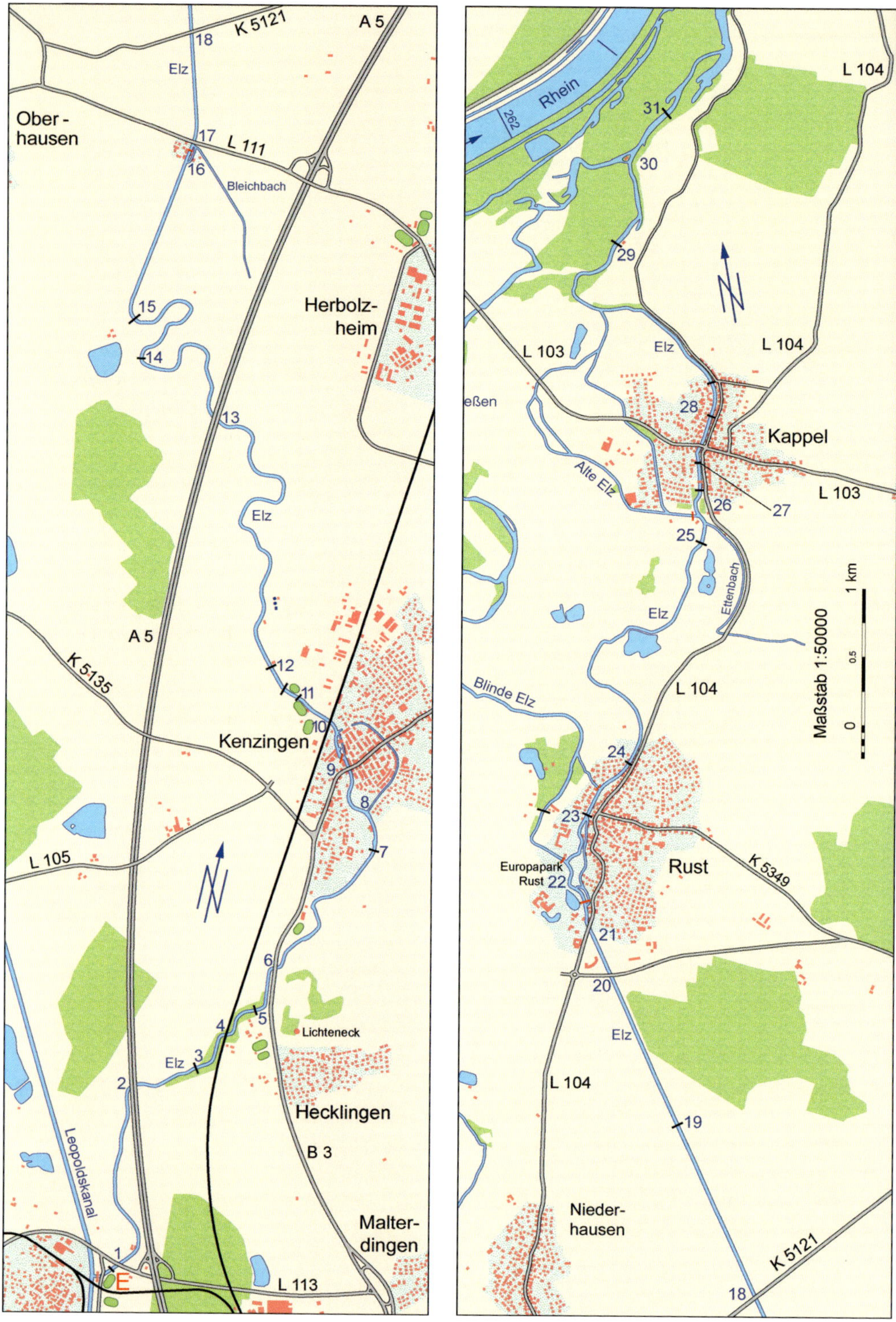

K 5121
A 5
18
Elz
Ober-
hausen
17
L 111
16
Bleichbach
Herbolz-
heim
15
14
13
Elz
A 5
K 5135
12
11
10
Kenzingen
9
8
7
L 105
6
5
4
3
Elz
2
Lichteneck
Hecklingen
B 3
Leopoldskanal
Malter-
dingen
1
E
L 113
L 104
Rhein
262
31
30
29
Elz
L 103
L 104
28
Kappel
Alte Elz
27
26
L 103
25
Ettenbach
Elz
1 km
0.5
0
Maßstab 1:50000
Blinde Elz
L 104
24
23
Europapark
Rust
22
Rust
K 5349
21
20
Elz
L 104
19
Nieder-
hausen
K 5121
18

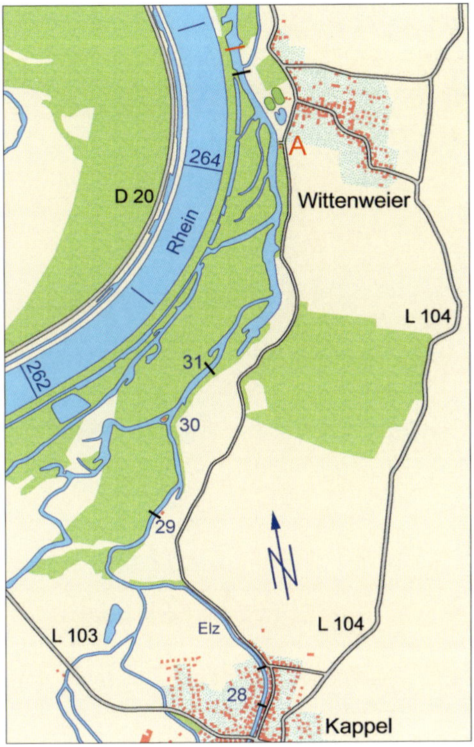

Orientierungspunkte

E Einsetzstelle bei Riegel (am Sportplatz)
1 Brücke L113
2 Autobahnbrücke A5
3 Straßenbrücke
4 Eisenbahnbrücke
5 Wegebrücke bei der Ruine Lichteneck
6 Brücke B3
7 Eisensteg
8 Wässerabgang rechts
9 Brücke B3 danach Wehr, rechts anlanden und ins Unterwasser umsetzen.
10 Zwei Zuflüsse von rechts, Fußgängersteg und Eisenbahnbrücke
11 Fußgängersteg und Straßenbrücke
12 Eisensteg
13 Autobahnbrücke A5
14 Eisensteg
15 Holzsteg (niedrige Durchfahrt), danach links Wässerabgang
16 E-Werk, Wehr, rechts umtragen, Raststelle
17 Brücke L111
18 Brücke K5121
19 Eisensteg
20 Neue Brücke vor Rust
21 Brücke L104, rechts vor der Brücke aussetzen, der L104 in nördlicher Richtung folgen und links durch den Europapark wieder Einsetzen. (Toröffnerklingel)
23 Straßenbrücke (Ende Europapark), danach links Abgang zur Blinden Elz
24 Straßenbrücke
25 Fußgängersteg, Abzweigung links (Alte Elz)
26 Aussetzstelle, Holzplatz der Sägerei Kunz. Umtragen ca. 400 m.
27 Wiedereinsetzstelle nach der Sägerei
28 In Kappel Straßenbrücke, Fußgängersteg und Straßenbrücke
29 Straßenbrücke
30 Links Waldhütte und Zufluss des Taubergießens
31 Straßenbrücke (Silberbrücke)
A Aussetzstelle in Wittenweier vor der neuen Brücke beim "Bootshaus"

Tour 8: Waldschlut bei Breisach

Der Waldschlut durchquert den schmalen Auwaldstreifen zwischen Rhein und Kaiserstuhl. Das Wasser wird vom Rhein über den Seitengraben zugeführt. Die Rheinaue der Gemeinden Breisach und Vogtsburg stehen unter Naturschutz.

Tourensteckbrief

Kurzinfo

Tagestour 18 km, Fahrzeit ca. 3 Stunden

- keine besonderen Schwierigkeiten
- alle Bootstypen
- auch für Anfänger geeignet
- schöne Rastplätze
- PKW-Kontakt nur an wenigen Stellen möglich

Probleme

Niedere Brücken, Querliegende Bäume. Vom 1.3. – 31.7. gesperrt (Naturschutz)

Als kleiner, oft enger Bach durchzieht der Tote Arm, wie ihn unsere französischen Nachbarn nennen, schönen Auwald und endet bei Sasbach. Das Wasser strömt ab hier (Düker) als Weisweiler Mühlbach dem Taubergießen zu. Nur bei Hochwasser läuft ein Teil des Wassers über das Wehr in den Rhein. Die Tour führt fast ausschließlich durch Wald und eignet sich bestens für heiße Sommertage. Weite Blicke in die Landschaft sind nur an wenigen Stellen möglich. Je nach Wasserstand sind eventuell enge Durchfahrten an den Wegebrücken zu umtragen. Abgesehen von einem harmlosen Steinschütt-Schwällchen sind keine besonderen Hindernisse zu meistern. Eher kann man bei den vielen Verzweigungen ins Grübeln kommen. Rastplätze sind entlang des Baches ohne Probleme zu finden (Sportplatz bei Burkheim).
Die Einsetzstelle, ca. 2500 m nördlich von Brei-

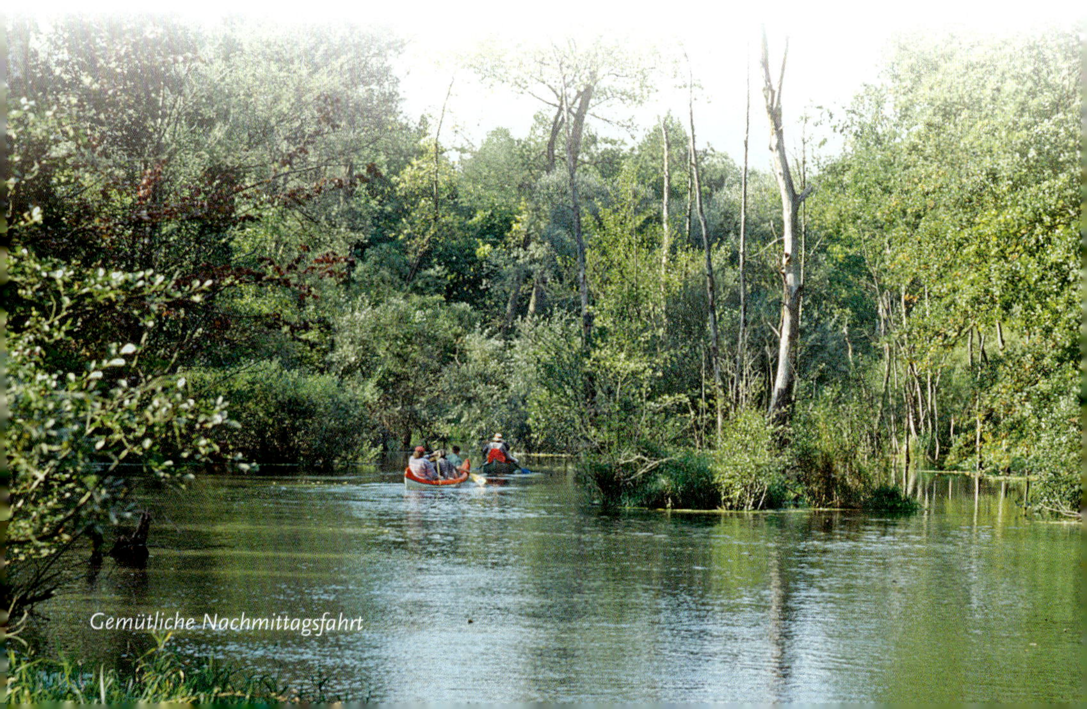

Gemütliche Nachmittagsfahrt

sach beim Jonosphäreninstitut (nicht ausgeschildert), ist etwas schwierig zu finden. Parkplätze sind meist ausreichend vorhanden.

Wir paddeln im schmalen Bach, mit mäßiger Strömung, praktisch ausschließlich durch Wald. Vor dem Burgheimer Baggersee zwingt ein kleiner Wall dem Waldschlut einen neuen Verlauf auf, dadurch wird die Route einige 100 m kürzer. Eine kleine Restmenge Wasser darf im alten Bachbett zwar fließen zum Paddeln ist aber zu wenig Wasser. Bald nach den Sportplätzen von Burgheim fahren wir über eine seenartige Verbreiterung auf den Burgberg mit einstiger Raubritterburg (Burgruine Sponeck) zu. Heute im Besitz der Nachkommen des badischen Malers Bühler.

An der Verzweigung bei Jechtingen fahren wir rechts weiter, das linke Schütz ist geschlossen. Ab hier geht's mit naturgemäß weniger Wasser weiter. Es folgt die einzige Umtragestelle; zwei Betonträger, Reste eines ehemaligen Wässerkanals vor einem Wehrschütz. Rechts ausbooten über die Betonträger und links oder rechts wieder einsetzen (steil). Kurz danach fließt der linke Arm wieder zu.

An der Aussetzstelle erhebt sich der Limberg, auf dem sich die Ruinen der habsburgischen Feste Limburg, befinden. Hier erblickte Rudolph von Habsburg das Licht der Welt. Von dort oben hat man einen herrlichen Rundblick auf den Kaiserstuhl und das Elsaß bis zu den Vogesen.

Im Gasthaus Limburg oder in dessen Biergarten ergibt sich eine gute Gelegenheit den Wasser- und Kalorienverlust der Tour wieder auszugleichen.

Sperrzeiten: In der Zeit vom 01. März bis einschließlich 31. Juli eines jeden Jahres ist der Waldschlut gesperrt. in der übrigen Zeit ist eine Anmeldung erforderlich bei:

Stadt Breisach am Rhein
Münsterplatz 1, 79206 Breisach
Tel. 07667-832-333, *kanu@breisach.de*

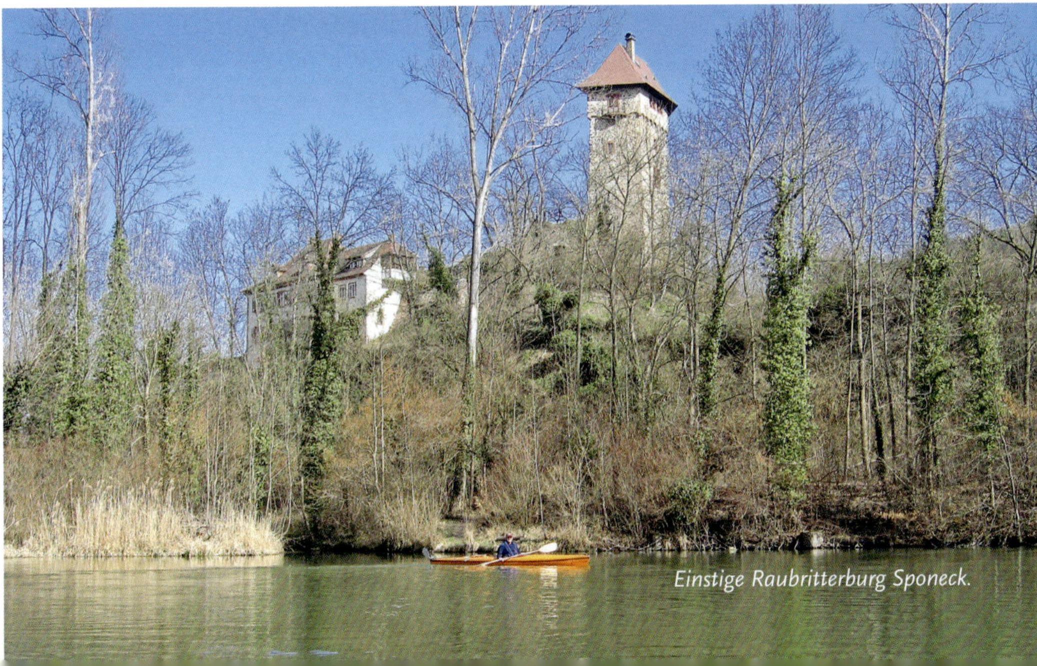

Einstige Raubritterburg Sponeck.

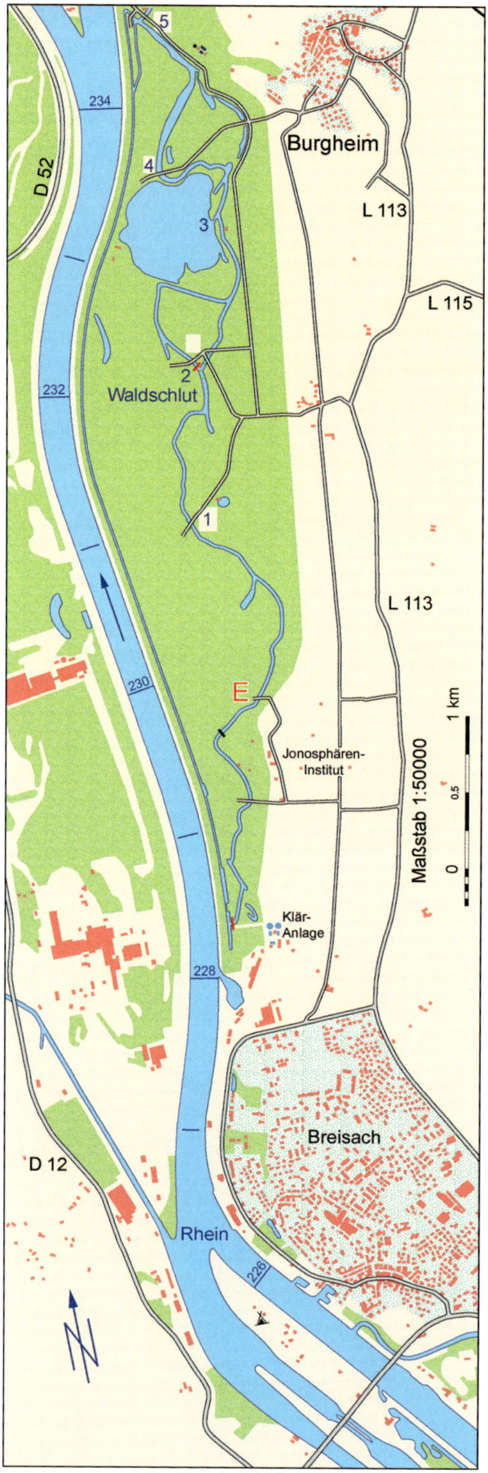
5
234
D 52
4
3
Burgheim
L 113
L 115
Waldschlut
2
232
1
L 113
E
Jonosphären-Institut
230
Maßstab 1:50000
0
0.5
1 km
Klär-Anlage
228
Breisach
D 12
Rhein
226

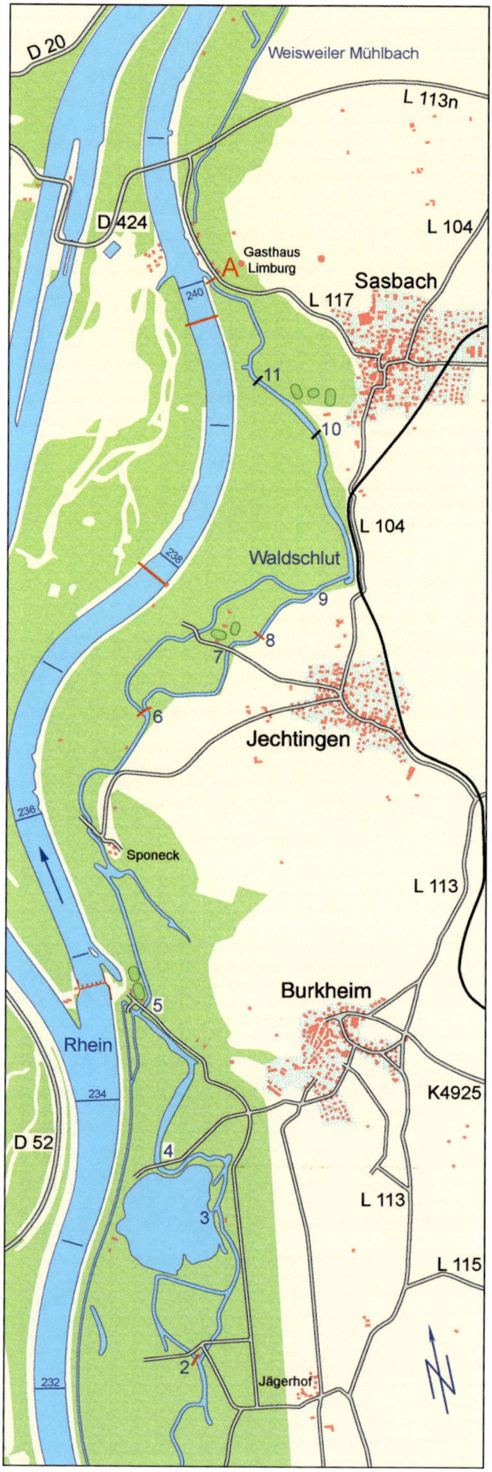
D 20
Weisweiler Mühlbach
L 113n
D 424
L 104
Gasthaus Limburg
A
Sasbach
240
L 117
11
10
L 104
238
Waldschlut
9
8
7
6
Jechtingen
236
Sponeck
L 113
Burkheim
5
Rhein
234
K4925
D 52
4
3
L 113
L 115
2
Jägerhof
232

Orientierungspunkte

E Einsetzstelle nördlich des Jonosphäreninstituts Waldparkplatz
1 Brücke
2 Verzweigung, rechts fahren. Kurz danach Wellrohrbrücke
3 Möglichkeit im Burkheimer Baggersee ein Bad zu nehmen. Mit Booten einfahren verboten.
4 Brücke nach dem Baggersee
5 Brücke
6 Verteilerwehr bei Jechtingen, rechts weiterfahren
7 Brücke
8 Wehr, rechts aussetzen, links oder rechts wieder einsetzen
9 Zusammenfluss
10 Brücke bei Sasbach
A Aussetzstelle beim Gasthaus Limburg

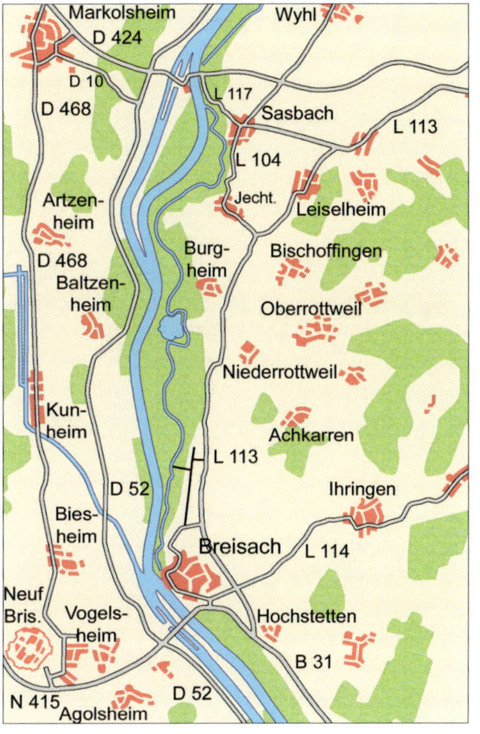

An- und Abreise

Zur Aussetzstelle

Autobahn A5, Ausfahrt Riegel, L113n bis kurz vor den Rheinübergang, K5144 bis zum Gasthaus Limburg.

Von der Aussetzstelle zur Einsetzstelle

K5144 bis nach Sasbach, L104 bis Jechtingen, L113 über Burgheim nach Breisach. Vor Breisach rechts ab nördliche Umgehungsstrasse (Hafenstraße). Gleich rechts ab am Gehöft vorbei ca. 1500 m nördlich fahren, dann links ab, am Jonosphäreninstitut vorbei, über den Damm zum Waldparkplatz und zur Einsetzstelle.

Karten

Landesvermessungsamt Baden-Württ. Topo-Karte 1:25000

- 7811 Wyhl
- 7911 Breisach

Campingplätze

- Breisach
- Rhinau

Tour 9: Brunnwasser – Alter Rhein (Vieux Rhin)

Für eine Tagestour auf dem Brunnwasser hat man viel Zeit, die Strecke ist kurz und auch deshalb für Anfänger geeignet. Die übliche Tour führt mit gemütlicher Strömung von Rhinau bis Gerstheim.

Da es in Rhinau beim Einsetzen schon zu Schwierigkeiten mit Anwohnern gekommen ist, sollte man sich für die Einsetzstelle nördlich in Rhinau nach dem letzten Haus rechtsufrig entscheiden.

Das Wasser wird südlich Rhinau aus dem Druckwasserkanal abgezweigt und ist deshalb sehr sauber. Die Strecke verläuft durch eine Wald- und Wiesenlandschaft die Ufer sind oft schilfgesäumt und an sonnigen Tagen wünscht man sich mehr schattenspendende Bäume. Vor der Brücke (2) zweigt links das Brunnwas-

Tourensteckbrief

Kurzinfo

Tagestour (Halbtagestour) 16 km

- ganzjährig befahrbar
- alle Bootstypen
- Sauberes Wasser

Probleme

PKW-Aufbrüche

Da die Benennung der einzelnen Bachverläufe in den Karten sehr unterschiedlich ausfällt, werden hier die Bezeichnungen der „CARTE TOPOGRAPHIQUE SERIE BLUE" 1:25000 Nr. 3817 O Benfeld" benutzt.

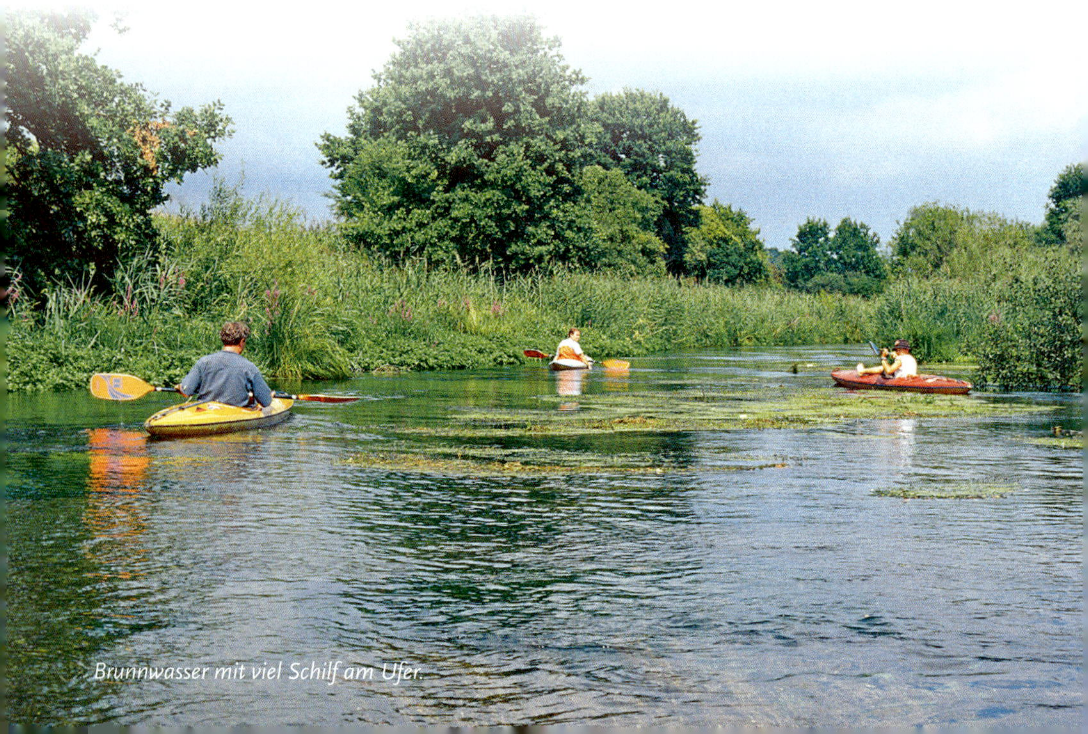

Brunnwasser mit viel Schilf am Ufer.

ser ab, das an Daubensand vorbei zur Mühle (le Moulin) führt und bei Gerstheim in den Druckwasserkanal mündet. An der Mühle ist Gelegenheit für eine Rast. Man kann sich hier die käuflich zu erwerbenden Forellen selbst aus einem entsprechenden Becken angeln. Hier kommt es immer wieder zu Problemen mit dem Forellenzüchter.

Deshalb paddeln wir geradeaus weiter im Vieux Rhin (Alter Rhein). Beim Unterfahren der Brücken (4) und (5) Vorsicht auf herausstehende rostige Nägel im Zweifelsfall kann man beide Hindernisse leicht umtragen und eventuell die Portage mit einer Rast verbinden.

Im unteren Teil der Tour hat man eine ganze Reihe von Schießständen zur Jagd auf Wasservögel errichtet die aber nur während der kurzen Jagdzeit im Herbst benutzt werden.

Als Ausbootstelle kann man die Mündung des Alten Rheins in den Druckwasserkanal direkt an der D 20 wählen. Wegen mehrer Autoaufbrüche empfiehlt sich aber noch ca. 1 km weiterzupaddeln bis zur Mündung des Brunnwassers. Hier bietet sich die Möglichkeit die Pkws bei den ersten Häusern von Gerstheim abzustellen (kurzer Fußmarsch nötig).

Weiterfahrmöglichkeiten:

Da der Plobsheimer See aus Naturschutzgründen nicht befahren werden darf, ist die letzte Ausbootstelle die letzte Brücke vor dem Plopsheimer See. Parkplätze gibt es da nicht. Um die Boote abzuholen wird die Fahrt bis zur Brücke aber toleriert. Die nächsten Parkplätze sind ca. 300 m entfernt.

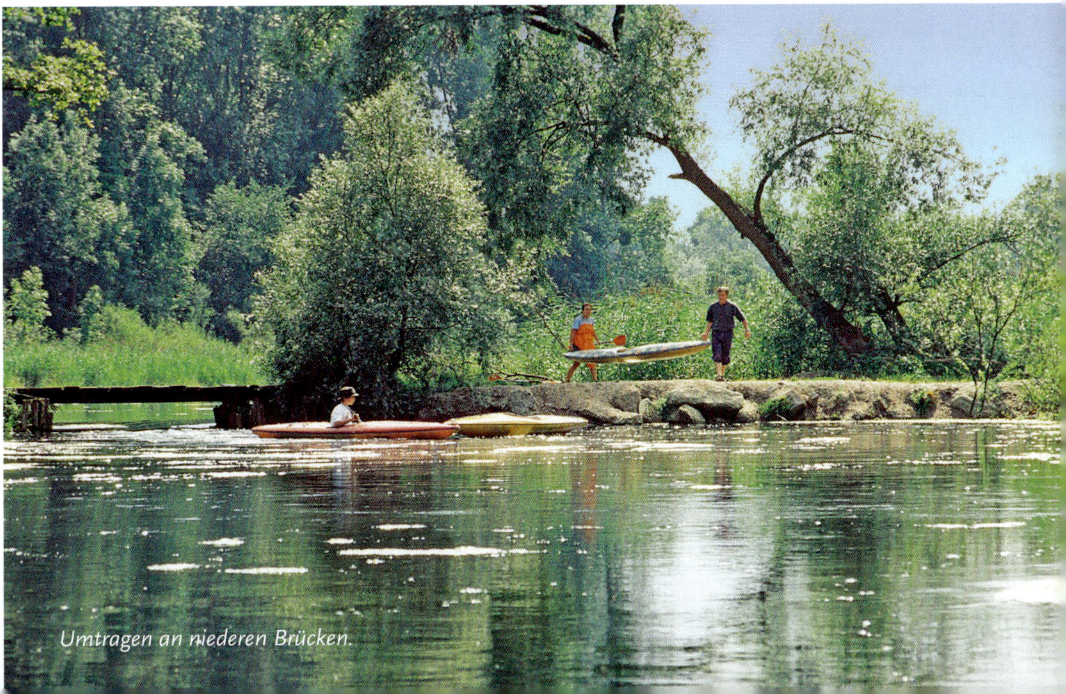

Umtragen an niederen Brücken.

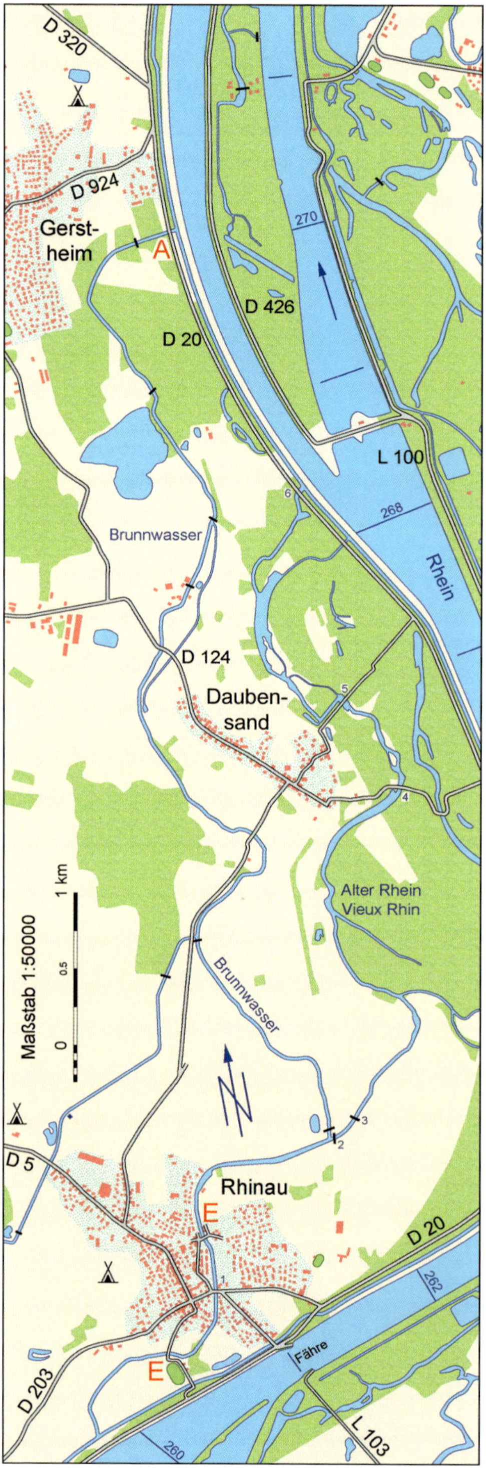

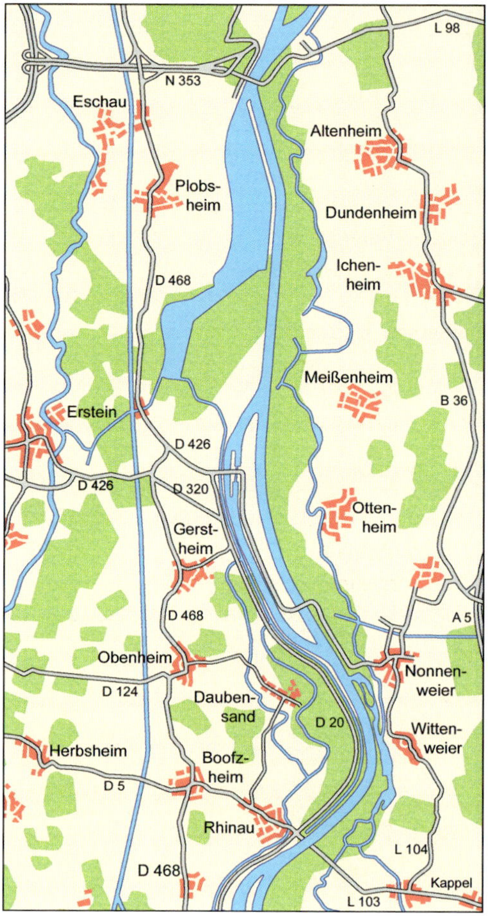

Orientierungspunkte

E Einsetzstelle beim Sportplatz in Rhinau
1 Brücke D5 in Rhinau
2 Wegebrücke, davor links Abgang des Brunnwasser
3 Wegebrücke
4 Wegebrücke
5 Wegebrücke mit Rastmöglichkeit, seenartige Verbreiterung, links halten
6 Brücke D20 und kurz danach Mündung in den Druckwasserkanal
A Aussetzstelle bei Gerstheim (Brunnwassersmündung)

An- und Abreise

Von Norden

Autobahn A5 Ausfahrt Offenburg (AS55), L98 bis zur neuen Rheinbrücke, weiter auf französischer Seite N353 (Rocade Sud) bis zur D468. Auf der D468 nach Süden. Nach der Ortschaft Kraft links ab zur D426. Vor der Rheinschlinge rechts ab D20 bis Gerstheim.

Von Süden

A5 Ausfahrt Ettenheim (AS57), L103 über Kappel zum Rhein mit der Fahre nach Rhinau. Einsetzstelle an der Brücke beim Sportplatz.

PKW verstellen

Das Verstellen der Pkws geschieht am besten auf der am Rhein entlangführenden D20.

Karten

SERIE BLUE 1:25000 Nr. 3817 O Benfeld-Topo-Karte 1:25000

Campingplätze

- Rhinau
- Gerstheim

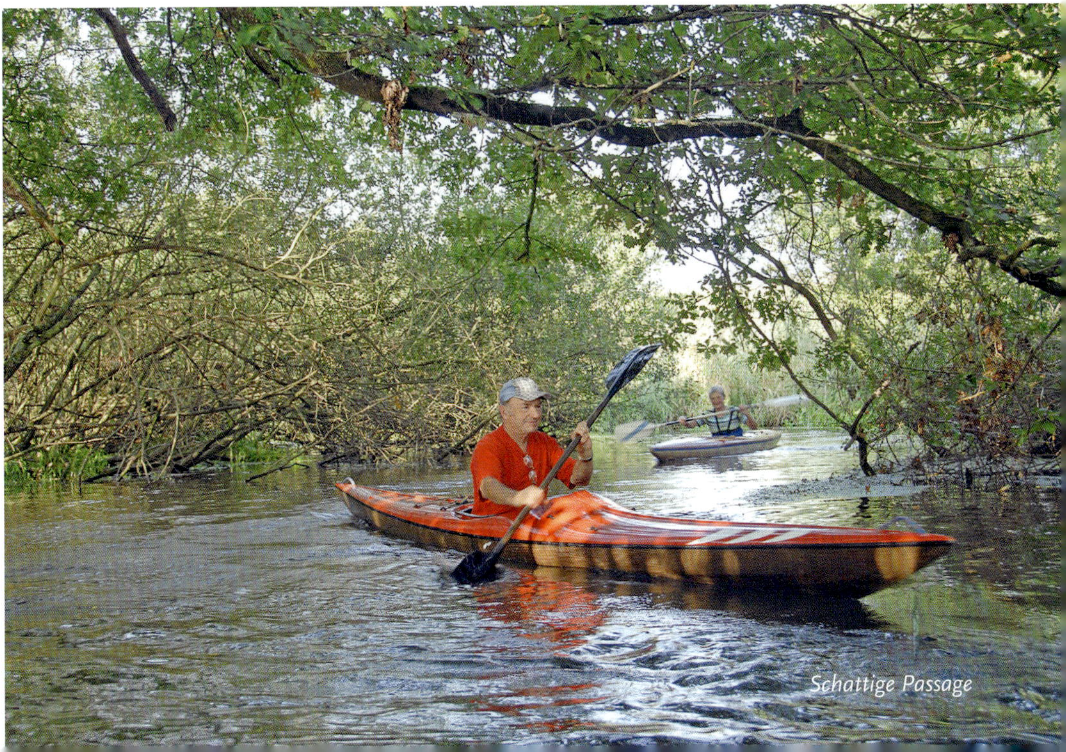

Schattige Passage

Tour 10: Untere Ill

Die abwechslungsreiche Tagestour beginnt beim Bootshaus der Strasbourger Kanuten Eaux Vives in der Rue Pierre de Coubertin.
Koordinaten:
N 48° 36´ 9,50"
O 7° 46´ 17,25"

Leider ist die Zufahrt vom Rhein her (Bootshaus der KPG) nicht mehr möglich; das Schleusenpersonal beruft sich hierbei auf eine uralte Anordnung. Dadurch spart man sich aber die Umtragestelle vom Rhein-Marne-Kanal in die Ill. Die besonderen Höhepunkte der Europastadt muß man sich für die Strasbourg-Rundtour aufheben.
An der Einsetzstelle unmittelbar nach dem Wehr reicht eine lange Steintreppe direkt bis an das Wasser der Ill.

Tourensteckbrief

Kurzinfo
Tagestour 32 km

- ganzjährig befahrbar
- alle Bootstypen
- PKW-Kontakt nur an wenigen Stellen möglich

Probleme
Zufahrt vom Rhein her nicht mehr möglich. Nordschleuse weist Paddler ab.

Die Ill fliest ohne besondere Schwierigkeiten duch die eingemeindeten Außenbezirke Strasburgs. Allerdings hat man auch schon Kanuten, die an überhängen Büschen Probleme hatten, schwimmen sehen.

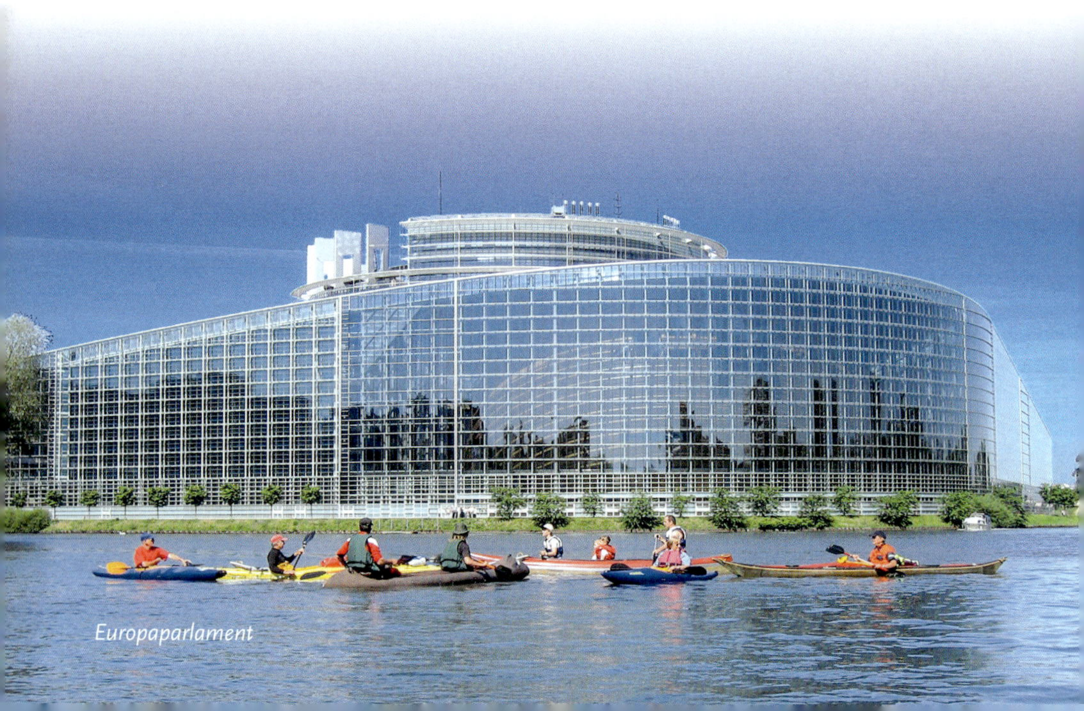

Europaparlament

Eine sanfte Strömung trägt uns hinaus aus dem Lärm der Elsassmetropole in ruhige Auwälder. Der Fluss ist breit man kann zu mehreren nebeneinander fahren. Das in älteren Unterlagen erwähnte Wehr mit fünf Durchlässen wurde im Jahr 2000 geschleift auf der linken Flussseite ist noch ein kleiner Sandsteinmauerrest sichtbar.

In weiten Schleifen Mäandert die Ill bis la Wantzenau durch die Oberrheinebene. Siedlungen sind nach den Vororten von Strasbourg kaum wahrzunehmen. Die Straße rechts neben dem Fluss kündigt die Ortschaft la Wantzenau an.

Im kleinen Park links neben der Ill haben wir eine gute Möglickeit für eine Mittagsrast . Aussteigen bei oder zwischen den Fischernachen.

Koordinaten der Raststelle:

N 48° 39´ 19,85"

O 7° 50´ 10,78"

Mit guter Strömung geht es nach der Rast etwa noch ca. 10 km bis zur Mündung in den Rhein. Das in DKV-Führern genannte Ausgleichswehr mit Schleuse (Spundwände rechts und links) bei km 0,3 ist eigentlich nicht mehr vorhanden und macht sich nur noch durch flotte Strömung, scharfe Kehrwasser und Wirbel (Pilze) bemerkbar.

Die Ill mündet unterhalb der Staustufe Gambsheim in den Rhein. Nach ca. 1000 m bei Rhein-km 312,3 fährt man rechts in den Petersee (Steingrundsee) um nach weiteren runden 2000 m beim Bootshaus der DJK Sasbach die Fahrt zu beenden. Bei der DJK Sasbach mit wenigen Paddlerparkplätzen und Gaststube (nicht dauernd bewirtschaftet) kann man nur nach tel. Voranmeldung unterkommen.

Bademöglichkeit gibt es im angrenzenden Baggersee.

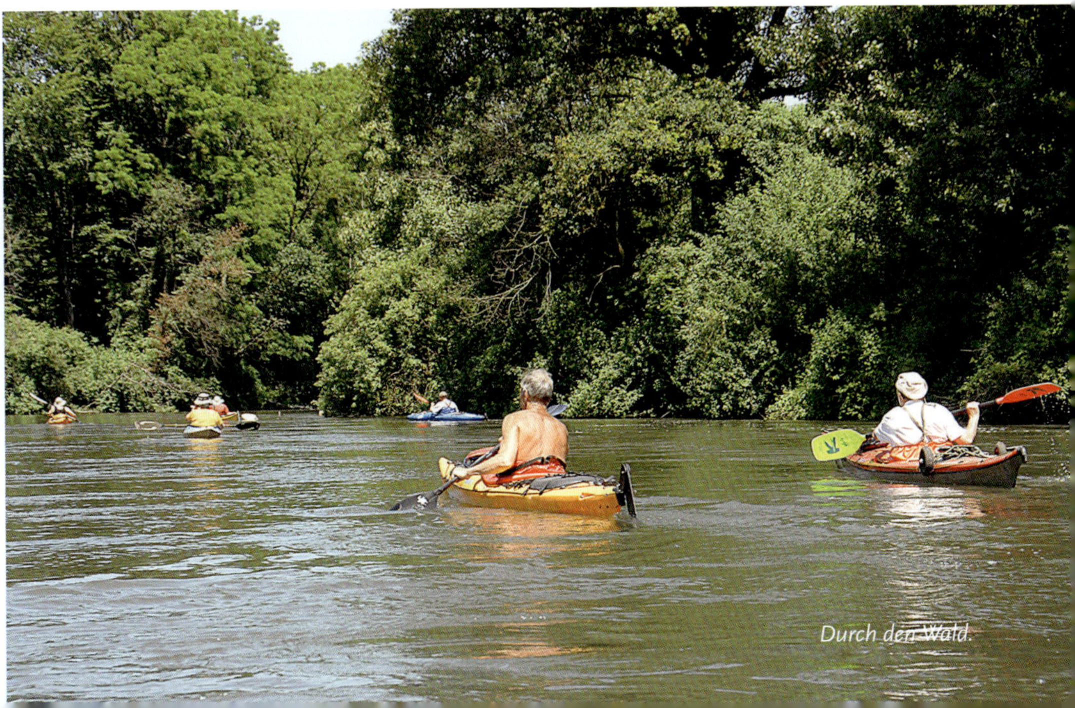

Durch den Wald.

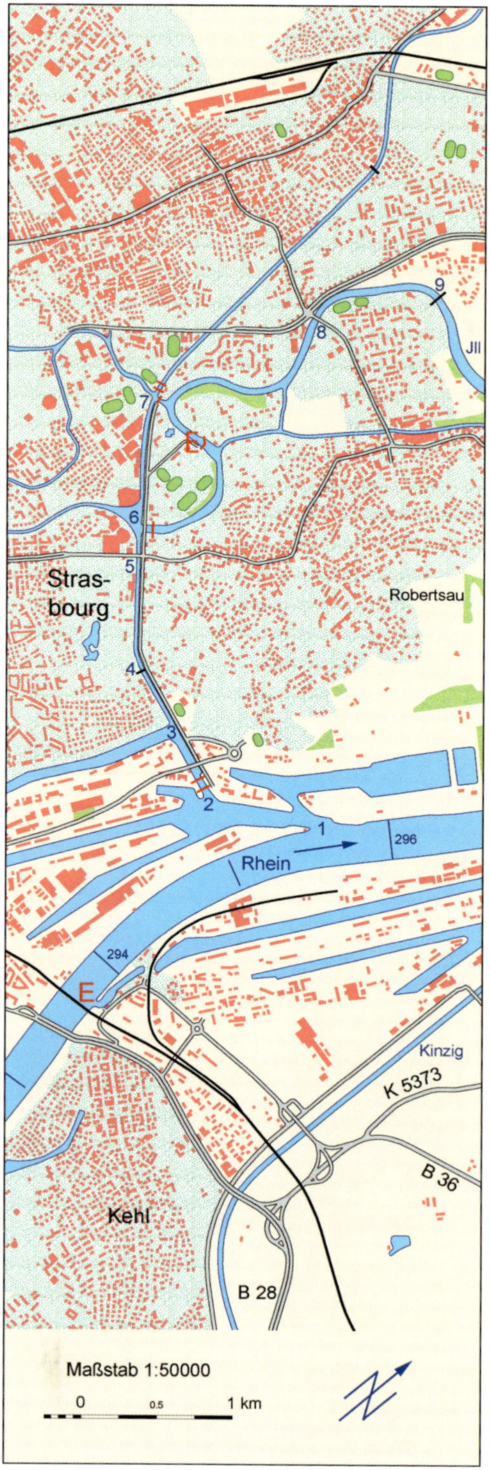
Stras-
bourg
Robertsau
Jll
Rhein
296
294
E
D
Kinzig
K 5373
B 36
B 28
Kehl
Maßstab 1:50000
0
0.5
1 km

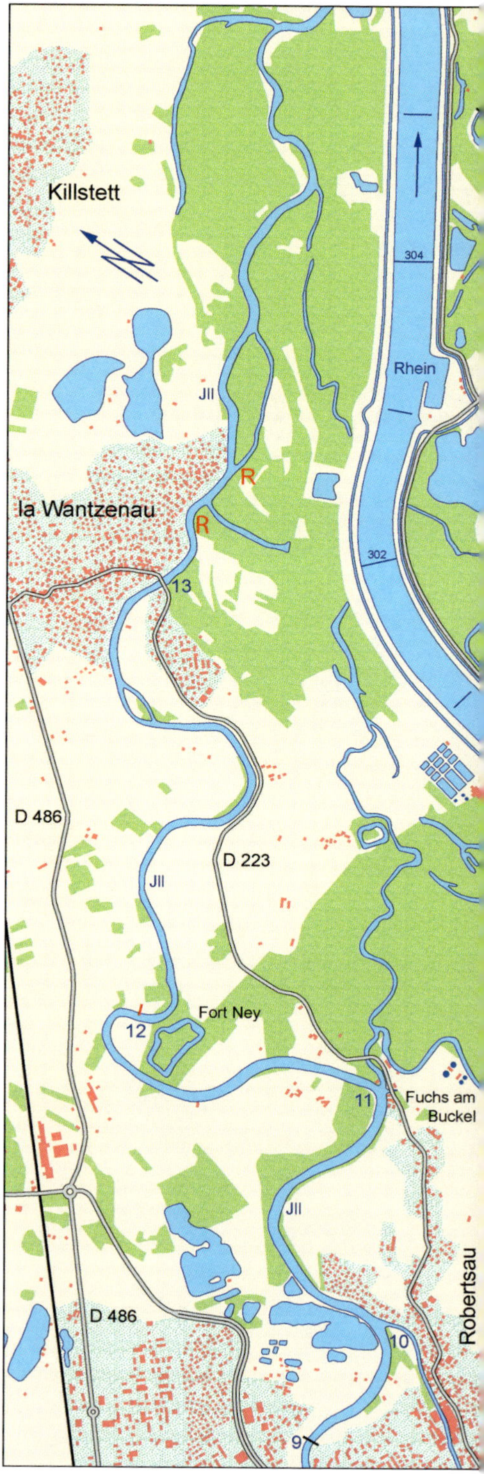
Killstett
la Wantzenau
Jll
Rhein
304
302
R
R
D 486
D 223
Fort Ney
Fuchs am
Buckel
Robertsau

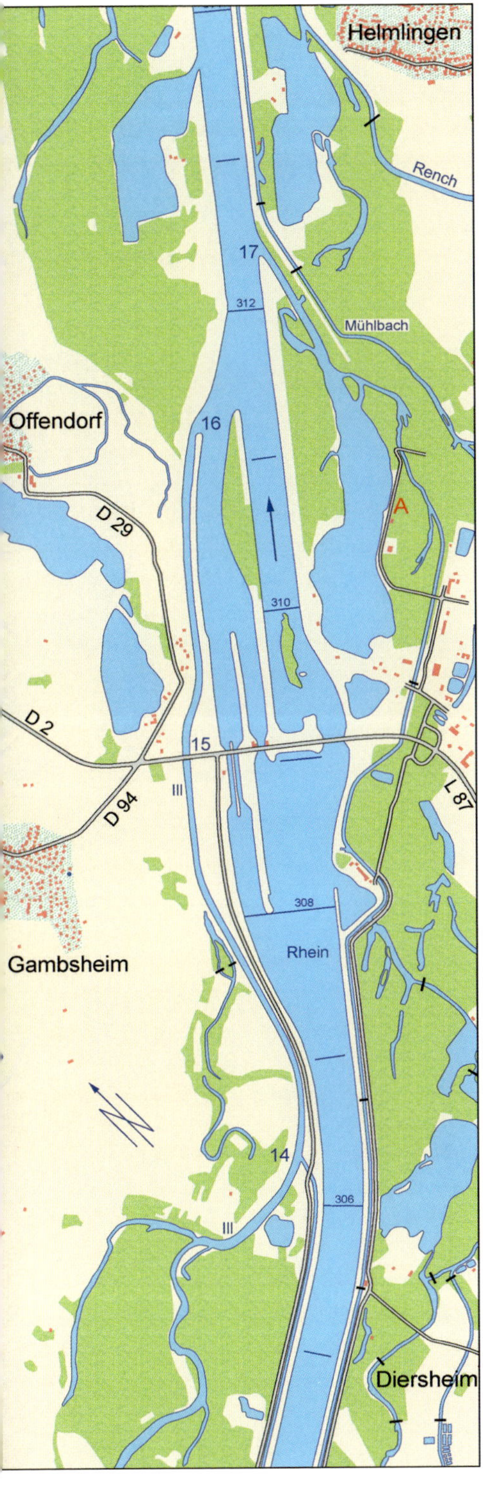

Orientierungspunkte

E Einsetzstelle bei "Eaux Vives" in der 36 Rue Pierre de Coubertin
7 Wasserzulauf (Rhein-Marne-Kanal)
8 Straßenbrücke
9 Brücke
10 Zufluss von links, Mühlwasser
11 Fuchs am Buckel
12 Geschleiftes Wehr (nur links noch Reste zu erkennen)
13 Straßenbrücke D223
R Rastplatz Gasthaus Cerf
14 Zufluss von rechts (Druckwasserkanal)
15 Straßenbrücke D2
16 Mündung in den Rhein
17 Einfahrt rechts zum Peterhafen
A Bootshaus der DJK Sasbach

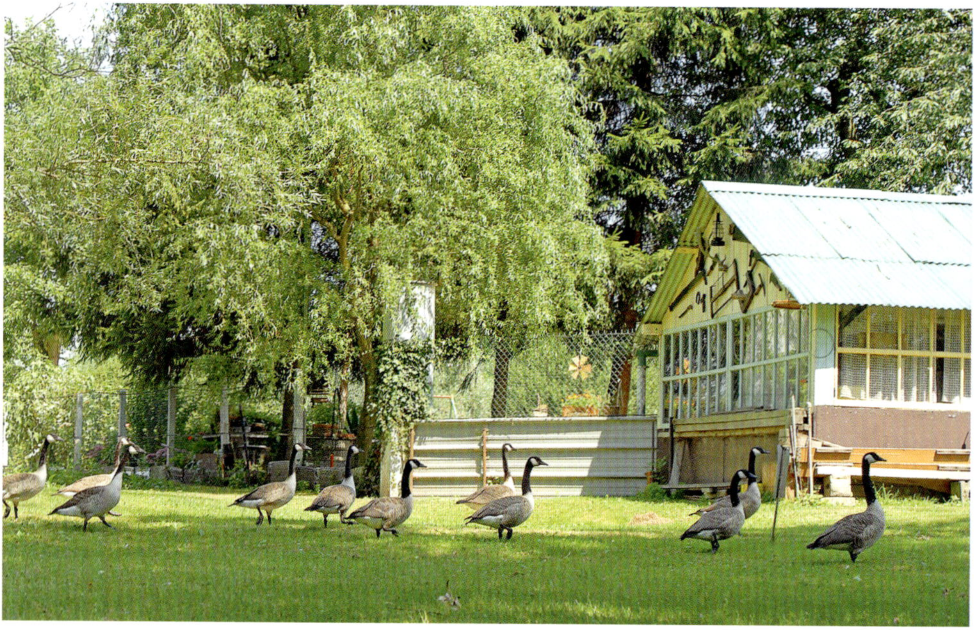

Oben: Kanadagänse im Freizeitgrundstück.
Unten: Mittagsruhe in der Wanzenau.

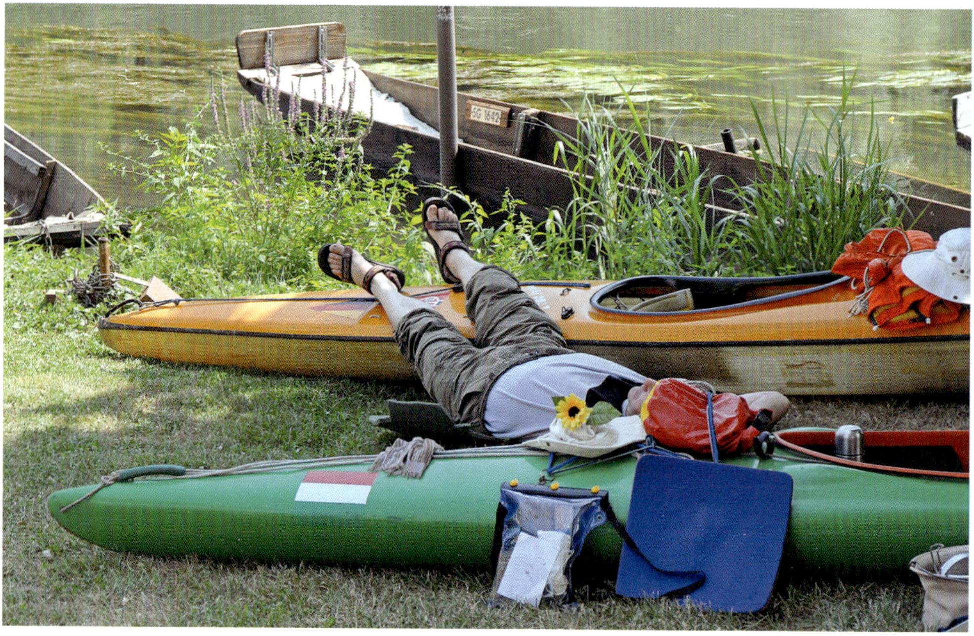

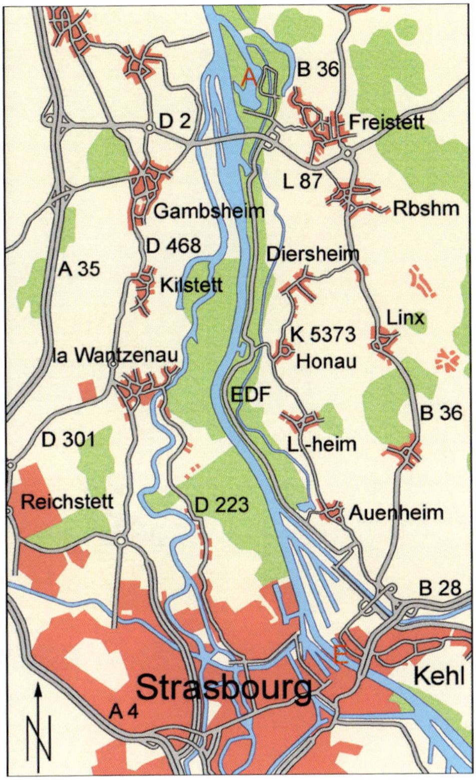

An- und Abreise

Einsetzstelle "Eaux Vives" Strasbourg

In der heutigen technisierten Welt wird sich ein Mitfahrer finden der die untenstehende Adresse ins NAVI eingibt Der Rest der Paddler muß beim Nachfahren "dranbleiben"!

Adresse Einsetzstelle:
36 Rue Pierre de Coubertin (Strasbourg)
Koordinaten:
N 48° 36´ 9,50"
O 7° 46´ 17,25"

Aussetzstelle Bootshaus DJK Sasbach

Adresse Aussetzstelle:
Freistett Yachtstrasse (D)
N 48° 41´ 22,33"
O 7° 56´ 13,35"

Literatur

BKV Auslandsführer Nordfrankreich
- Benelux
- L'Alsace en Canoe-Kayak

Karten

Serie BLUE 1:25000
- 3816 O Strasbourg
- 3815 E Bischwiller

Campingplätze

Campingplatz Kehl
Tel. 08751/2603
Fax 07851/73076

Tour 11: Moder

Tourensteckbrief

Kurzinfo

Tagestour 26 km

- ganzjährig befahrbar
- alle Bootstypen
- keine besonderen Schwierigkeiten
- PKW-Kontakt nur an wenigen Stellen möglich

Probleme

PKW-Aufbrüche

Die Moder entspringt bei Wingen sur Moder in den nördlichen Vogesen, die Gesamtlänge bis zur Mündung in den Rhein beträgt 85 km. Ursprünglich mündete die Moder östlich Neuhäusel in den Rhein. Durch den Bau der Staustufe, Iffezheim, das Rheinniveau befindet sich hier ca. 10 m über Moderwasserstand, musste die Moder verlängert (Druckwasserkanal) und unterhalb der Staustufe in den Rhein geleitet werden. Die Wanderstrecke beginnt in Drusenheim. Natürlich kann man die Moder auch schon oberhalb Drusenheim z.B. ab Hagenau paddeln, muss aber mit starken Verkrautungen und oft begradigten Teilstecken und im Sommer mit Niederwasser rechnen.

Die Einsetzstelle in Drusenheim befindet sich rechts unterhalb der Straßenbrücke bei einem Fuß- und Radfahrersteg über die Moder. Leider gab es dort bisweilen Autoaufbrüche, deshalb sollte man die Pkws in der Ortsmitte beim Rathaus abstellen.
Die urwüchsige Flusslandschaft der Moder verläuft ohne nennenswerte Schwierigkeiten meist im Schatten des Auwaldes. Oft gibt es fahrbare Verbindungen mit den hier häufigen Baggerseen.

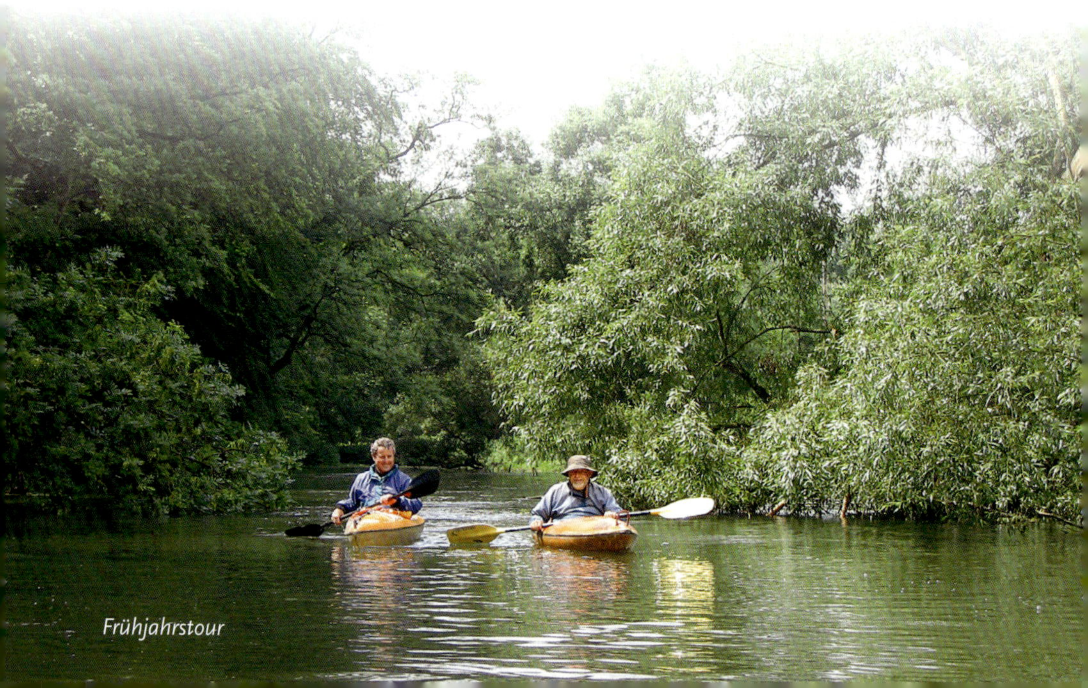

Frühjahrstour

Das in manchen Karten und im DKV-Auslandsführer Nordfrankreich / Benelux genannte Wehr bei Drusenheim und den Graben zum Rhein (Verbindung von Moder und Kreuzrhein) sind nicht mehr vorhanden.
Rastmöglichkeiten gibt es rechts nach der Brücke nach Stattmatten.
Nach etwa 2 km fließt von rechts der ab Offendorf fahrbare Muehlrhein, in alten Unterlagen auch „Kreuzrhein", zu. Anschließend passiert man die links am Bach liegenden Ortschaften Stattmatten und Auenheim.
An der Brücke D 319 kann man aussteigen um die Reste von Vaubans Festungsbauwerken Fort Carre und Fort Louis rechts und Fort Alsace links zu besichtigen.
Bald danach fließen Moder und der am Rhein entlangführende Druckwasserkanal zusammen. Der Rest der Strecke verläuft parallel zum Rhein bis zur Mündung in den Rhein bei Rhein-km 334,5. Wir paddeln angesichts der Winterdorfer Brücke links bis zur Einfahrt links vor der Brücke in den Yachthafen. Im Yachthafen befindet sich dann rechts zwischen den beiden Yachtclubs die Aussetzstelle (Rampe).

Weiterfahrmöglichkeiten:

Auf dem flott fließenden Rhein;
bis Illingen (Bootshaus)

Literatur

DKV Auslandsführer Nordfrankreich
Benelux Band 6

Karten

Club Vosgien Nr. 2/8 1:50 000

- CARTE TOPOGRAPHIQUE
  Serie BLUE 1:25000
- 3815 E Bischwiller
- 3914 OT

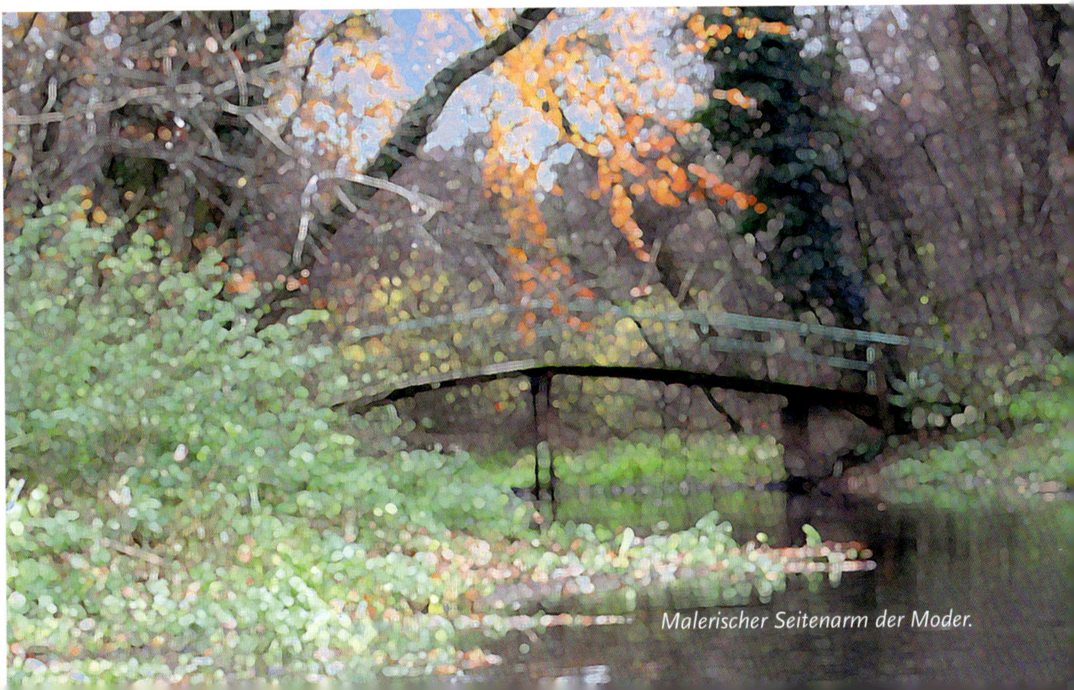

Malerischer Seitenarm der Moder.

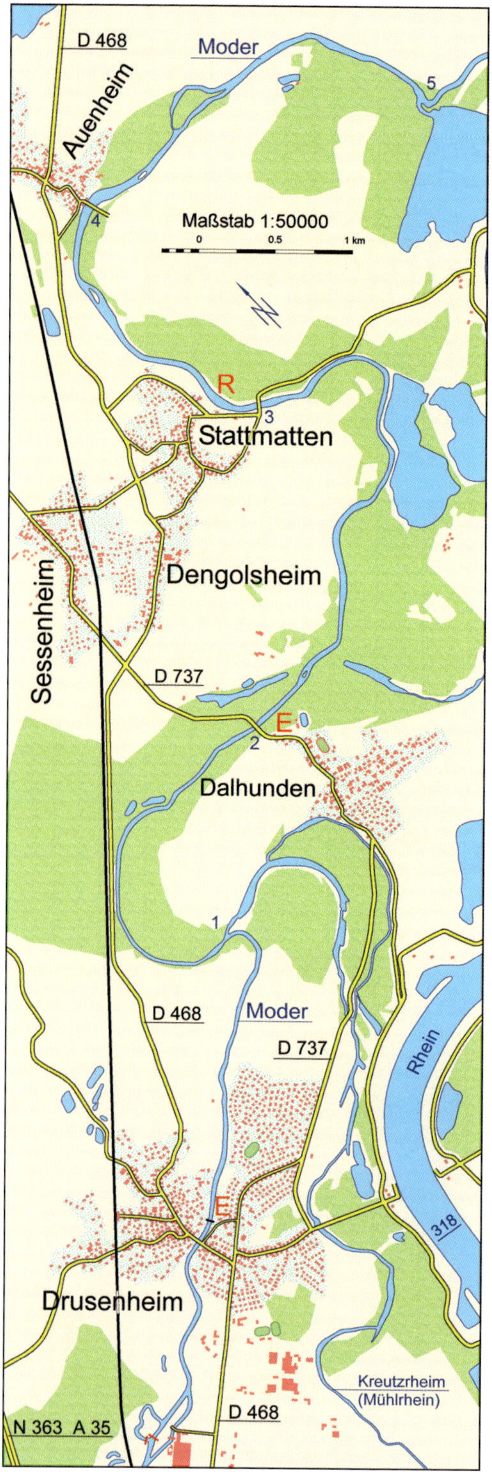
D 468
Moder
Auenheim
5
4
Maßstab 1:50000
0
0.5
1 km
R
3
Stattmatten
Dengolsheim
Sessenheim
D 737
E
2
Dalhunden
1
D 468
Moder
D 737
Rhein
E
318
Drusenheim
Kreutzrheim
(Mühlrhein)
D 468
N 363 A 35

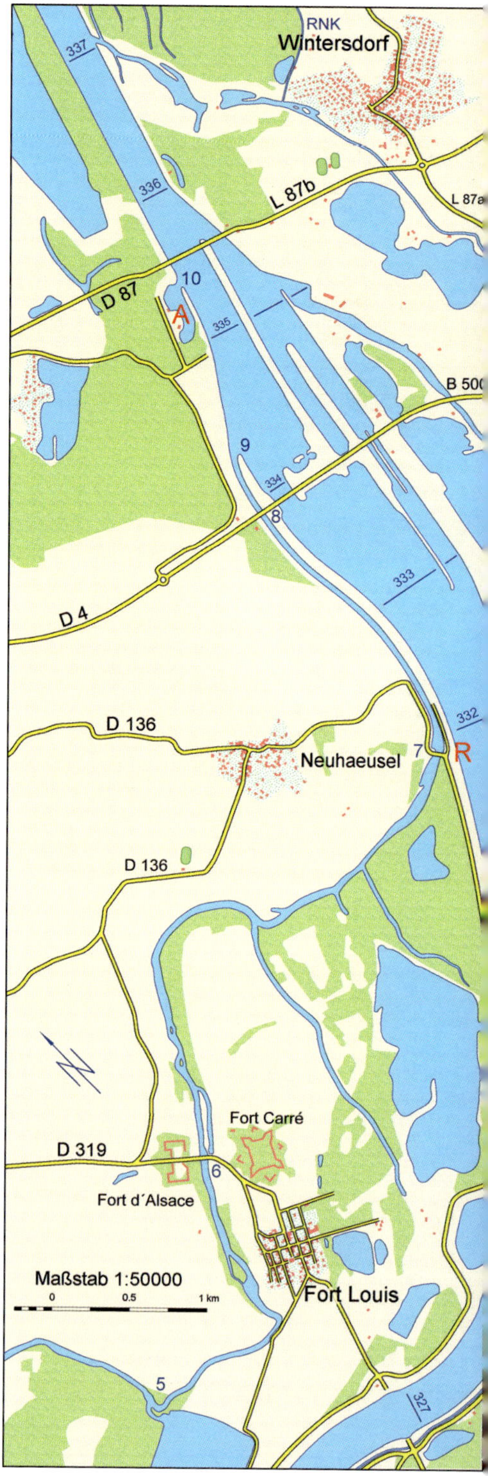
RNK
Wintersdorf
337
336
L 87b
L 87a
D 87
10
A
335
B 500
9
334
8
333
D 4
D 136
332
7
R
Neuhaeusel
D 136
Fort Carré
D 319
6
Fort d´Alsace
Maßstab 1:50000
0
0.5
1 km
Fort Louis
5
327

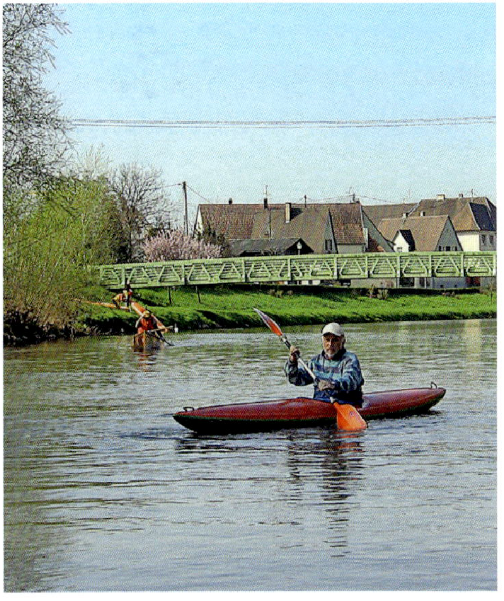

Einsetzstelle in Drusenheim

Orientierungspunkte

E Einsetzstelle in Drusenheim beim Fußgängersteg
1 Zufluss von rechts Muehlrhein, Kreuzrhein, Hellwasser
2 Brücke D 737 Sessenheim-Dalhunden
3 Brücke bei Stattmatten (kurz danach Raststelle)
4 Brücke bei Auenheim (Raststelle)
5 Rechts Abgang zum See
6 Brücke D 319 Fort Alsace – Fort Carre
7 Brücke anschließend Zufluss des Druckwasserkanals von rechts
8 Brücke D 4 Staustufe Iffezheim
A Aussetzstelle und Mündung in den Rhein bei Rhein-km 334,5

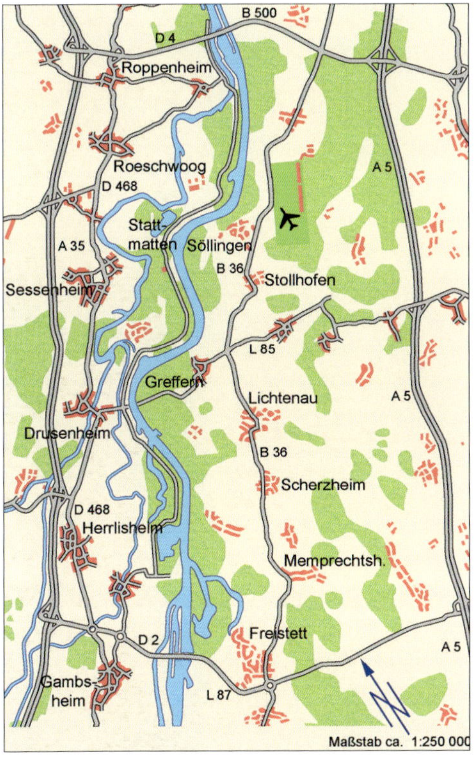

An- und Abreise

Einsetzstelle Drusenheim

Autobahn A5 Ausfahrt AS 53 Achern, L 87 bis zum Rheinübergang dann D2 bis zur N 363/A35. A 35 bis zur Ausfahrt Drusenheim, D 468 bis Drusenheim. Zur Einsetzstelle vor der Brücke rechts bis zum Fuß- und Radlersteg.

Aussetzstelle Mündung in den Rhein

Autobahn A 5 Ausfahrt AS 51 Baden-Baden, B 500 bis zum Rheinübergang dann D 4. Nach dem Rheinübergang 1. Abfahrt rechts zur Aussetzstelle.

Pkws verstellen

Drusenheim D 468 über Auenheim dann N 63 bis Roeschwoog, D 136 bis Neuhäusel dann Richtung Rhein zur Aussetzstelle. Oder verbotenerweise D 429 bis zur Fähre dann direkt am Rhein entlang bis zur Aussetzstelle.

Tour 12: Rundtour vom Bootshaus Illingen, südwärts

Tourensteckbrief

Kurzinfo

Tagestour 26 km

- ganzjährig befahrbar
- alle Bootstypen
- schöne Rastplätze
- kein PKW-Verstellen
- PKW-Kontakt nur an wenigen Stellen möglich

Probleme

Nur empfehlenswert bei Rhein-Pegel Maxau > 5,00 m, Schwierige Navigation

Zwischen Iffezheim und Karlsruhe befindet sich noch einer der letzten zusammenhängenden Auwälder mit einer Fläche von 4500 ha, 1500 ha werden als sog. Stromauewälder noch regelmäßig überflutet. Ein sensibles Biotop mit vielen vom Aussterben bedrohten Pflanzen und Tieren. Vom Bootshaus der Illinger Paddler lässt sich ein sehr schöner Rundkurs paddeln. Um ohne Probleme an allen kritischen Stellen durchzukommen ist allerdings ein Rheinpegel (Maxau) von mindesten 5,00 m erforderlich. Eine gute Einsetzstelle hat man beim Bootshaus des PC Illingen. Pkw-Abstellplätze sind hier auch ausreichend vorhanden.

Eigentlich sind große Teile dieses Lebensraumes Naturschutzgebiet. Es ist jedoch das Befahren des „Durchgehenden Wasserweges“ erlaubt. Viele Uferrandstreifen sind für das Anlanden und auch als Rastplätze aus Naturschutzgründen gesperrt. Das heißt Rast kann nur an den wenigen Umtragestellen gemacht werden. Die exakten Regelungen finden sich in der im „Wassersportplan für den Rhein zwischen Rastatt und Mannheim" festgelegten Zielsetzung.

Von der vor dem Bootshaus des KC Illingen gelegenen Einsetzstelle paddelt man südwärts und hält sich links. Am Ende des Baggersees teilt sich das Wasser. Bei niedrigem Wasserstand kommt man rechts (Altarm der Murg) sicher bis zur Umsetzstelle am Murgdamm. Auf der kür-

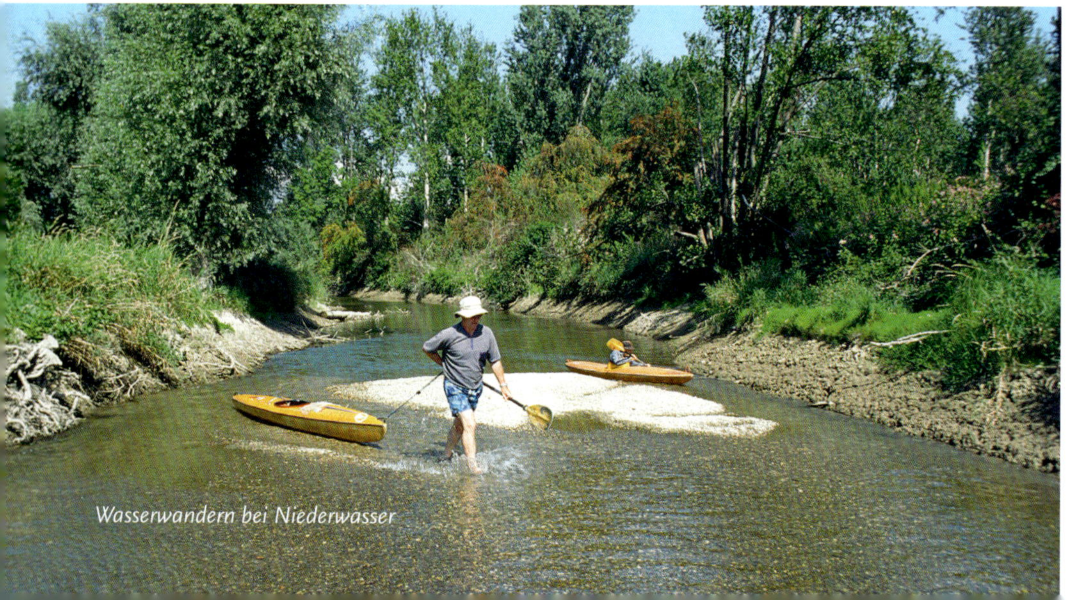

Wasserwandern bei Niederwasser

zesten, mittig verlaufenden Route (Wasserwanderweg) kann es schon knapp werden, mit der Handbreit Wasser unter dem Kiel. Links – nicht zu empfehlen – kommt man zum Pumpwerk. Über Damm und Straße (K 3726) kommt man in die hier stehende Murg. Am Ende des linken Murgdammes befindet sich, je nach Wasserstand, die Einfahrt oder Umtragestelle zur Weiterfahrt. Die Verhältnisse vor Ort stimmen mit den Eintragungen in der Topographischen Karte 1:25000 und 1:50000 nicht überein.

Im nun folgenden Gänsrhein wird man oft durch einen fast undurchdringlichen Holzverhau ausgebremst. Bei hohem Wasserstand ist es eventuell möglich durch Umfahren des Hindernisses weiter zu kommen, ansonsten gibt's nichts anderes als die Tour abzubrechen.

Plan B: "Sauerdelta“

Um den Tag zu retten, kann man beim Zurückfahren, nach Erreichen der Murgmündung den Rhein soweit aufwärts paddeln, dass man bei der nötigen Rheinquerung in die Mündung der linksrheinischen Sauer gelangt. Beim gemächlichen aufwärtspaddeln kann man dort, wenn Wetter und Jahreszeit passen einen erfüllenden Tag mit tausenden Libellen, vielen Wasservögeln und Störchen die in ihren Horsten, auf vom Winde gebrochenen Pappelgipfeln ihre Jungen großziehen, erleben.

Ist alles gut gegangen im Gänsrhein, kommt man an den OP 3(Bild) Gänsrhein-aufgelassener Baggersee, dann – nach ca. 250 m – der enge Durchgang in den großen Bärensee, links ist anschließend die schmale Durchfahrt zum Kleinen Bärensee. Nach kurzer Fahrt kommt man zur Umtragestelle in den „Großen Bärensee“, links ist anschließend die schmale Durchfahrt zum „Kleinen Bärensee“. Nun kann man schon die Raststelle mit der Hütte der Naturfreunde Rastatt erkennen. Nach der Rast und dem Umtragen über den Weg kommen wir nach ca. 500 m in den Rhein.

Mit flotter Strömung wird man schnell die 6 km bis zur Einfahrt bei Rhein-km 347,1 in den Goldkanal gespült. Ab hier sind es dann noch knapp 2 km bis zum Ende der Fahrt beim Illinger Bootshaus.

Wer die Fahrt um 12 km verlängern möchte kann vor der Einfahrt zum Rhein (km 341,2) links im Plittersdorfer Altrhein weiterfahren.

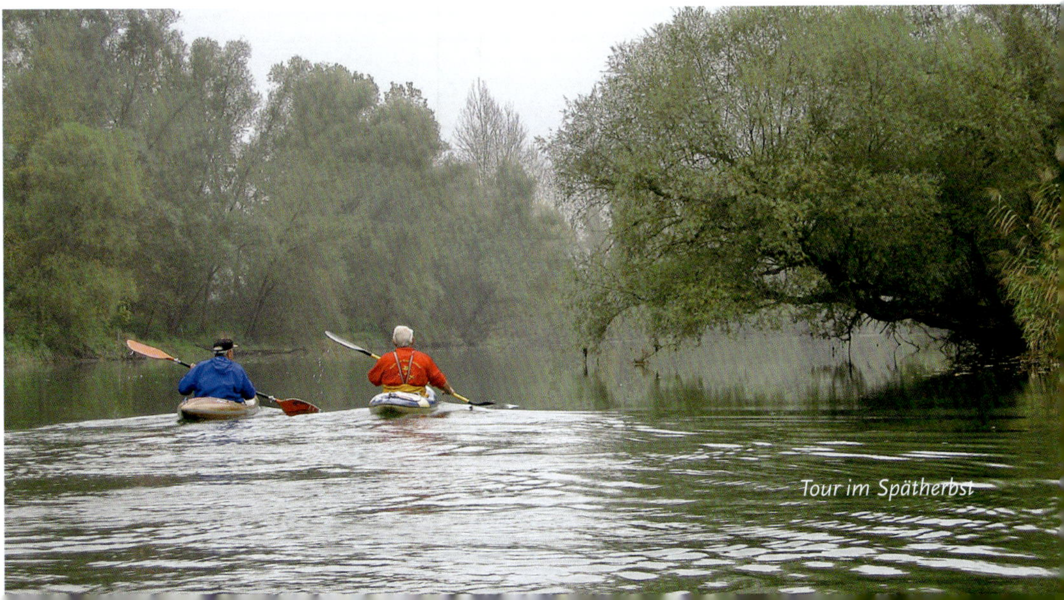

Tour im Spätherbst

Man unterquert bei Plitterdorf die Brücke (L 77) und hält sich dann rechts.

Bei den vielen Verzweigungen hat man die Qual der Wahl, denn nicht immer leitet uns „das meiste strömende Wasser“ richtig. Nach etwa einer Stunde Aufwärtspaddeln kommt man bei km 387,2 zum Rhein, kurz zuvor kann ein tief hängendes Schütz ein Umtragen notwendig machen. Ohne Orientierungsprobleme kommt man dann über den Rhein und Goldkanal zum Ausgangspunkt zurück.

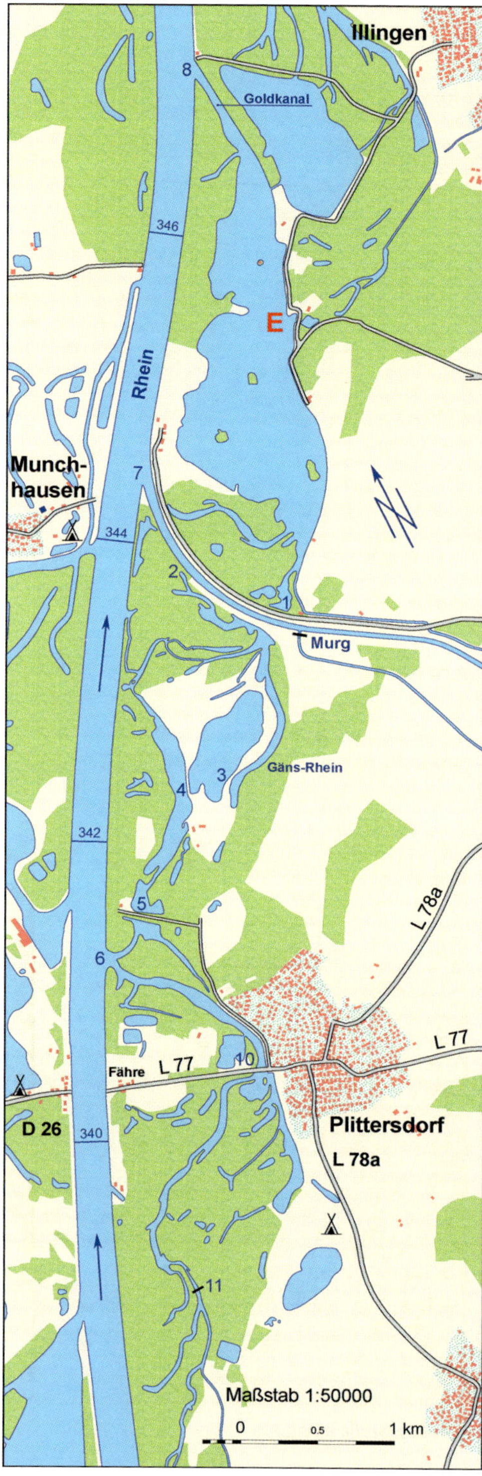

Literatur

Landesvermessungsamt Baden-Württemb.

Karten

Topo-Karte 1:25000

- 7014 Scheibenhardt
- 7015 Rheinstetten
- 7114 Iffezheim

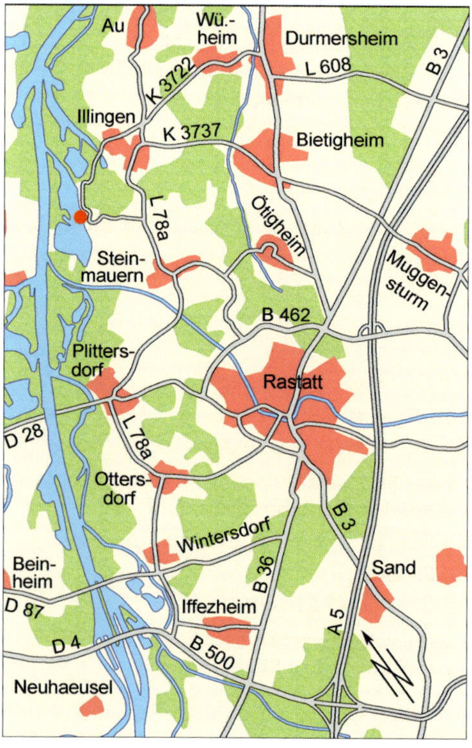

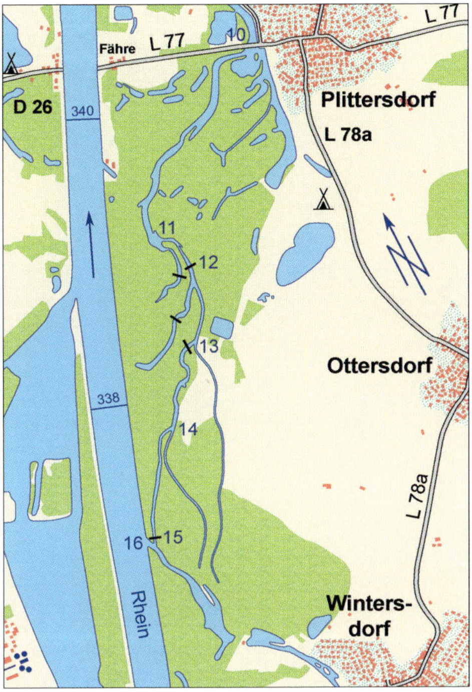

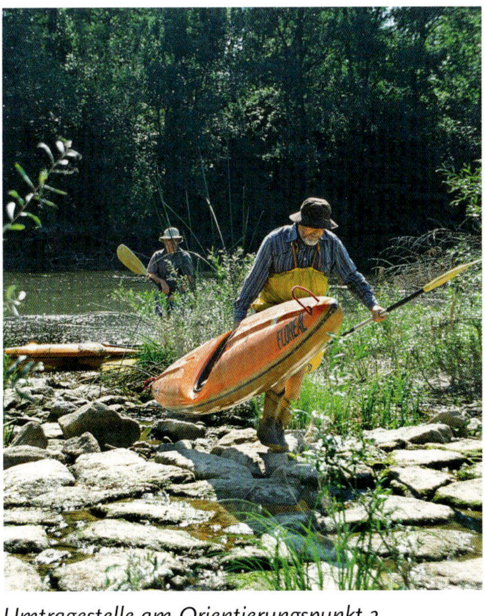

Umtragestelle am Orientierungspunkt 3

An- und Abreise

A 5 E 35 Ausfahrt Rastatt
B 462 geht über in K 3769
K 3769 bis zur Abzweigung rechts Richtung Steinmauern.
K 3740 bis Steinmauern,
L 78a ab Steinmauern nördlich bis zu einer Abzeigung links.
Auf Landwirtschaftsweg bis zum Bootshaus.

Orientierungspunkte

E Einsetzstelle beim Bootshaus des PC Illingen
1 Umtragestelle über die Straße K 3726 in die Murg
2 Umsetzstelle oder Durchfahrt von der Murg in das Altwasser
3 Umsetzstelle oder Durchfahrt vom Gänsrhein in den Baggersee
4 Umsetzstelle oder Durchfahrt vom Baggersee in den großen Bärensee
5 Umtragestelle und Rastplatz beim Naturfreundehaus Rastatt
6 Einfahrt in den Rhein km 341,2 (Schiffsverkehr)
7 Mündung der Murg
8 Einfahrt in den Goldkanal Rhein-km 347,2 rechts
A Aussetzstelle beim Bootshaus Illingen

Orientierungspunkte

Süd-Ergänzung

6 Weiterfahrt links im Altwasser
10 Plittersdorfer Brücke
11 Brücke evtl. Umtragen
12 Gabelung rechts halten, kurz danach Brücke
13 Gabelung rechts halten
14 Schütz, kurz danach
15 Einfahrt in den Rhein

Tour 13: Rundtour vom Bootshaus Illingen, nordwärts

Tourensteckbrief

Kurzinfo

Tagestour 17 km, 29km

- ganzjährig befahrbar
- alle Bootstypen
- schöne Rastplätze
- kein PKW-Verstellen
- PKW-Kontakt nur an wenigen Stellen möglich

Probleme

Nur empfehlenswert bei Rhein-Pegel Maxau > 5,00 m, Schwierige Navigation

Eine meiner ersten Rundtouren die ich mit Gästen gemacht habe, hat sich in meine Erinnerung tief eingegraben. Es war alles so wunderbar, das Wetter, das Wasser, die Stimmung und wir hatten einen ortskundigen Führer, nichts konnte schief gehen.

Wir fuhren vom Bootshaus der Illinger Kanuten nordwärts durch den Goldkanal zum Rhein, ließen uns dann durch die flotte Strömung bis zur Fähre bei Neuburgweier treiben. Hier fuhren wir rechts in den Auer Altrhein ein und paddelten wieder südwärts.

Es ging bergan. Bald bemerkten wir, dass der gute Wasserstand in der Gegenrichtung unsere Kraft und Ausdauer forderte. Eigentlich noch alles gut machbar, der Zweierkanadier kämpfte, der Schlauchkanadier hing dauernd zurück. Na ja, junge Leute die halten das durch.

Die Gegenströmung wurde kräftiger, manch Fluch verlor sich ungehört in Richtung unseres ortskundigen Führers. Vom Schweiß verdunkelten sich die Trikots der Paddler und die Gesichtsfarbe wechselte bei so manchem von vornehmer Blässe in ein fotogenes Hochrot.

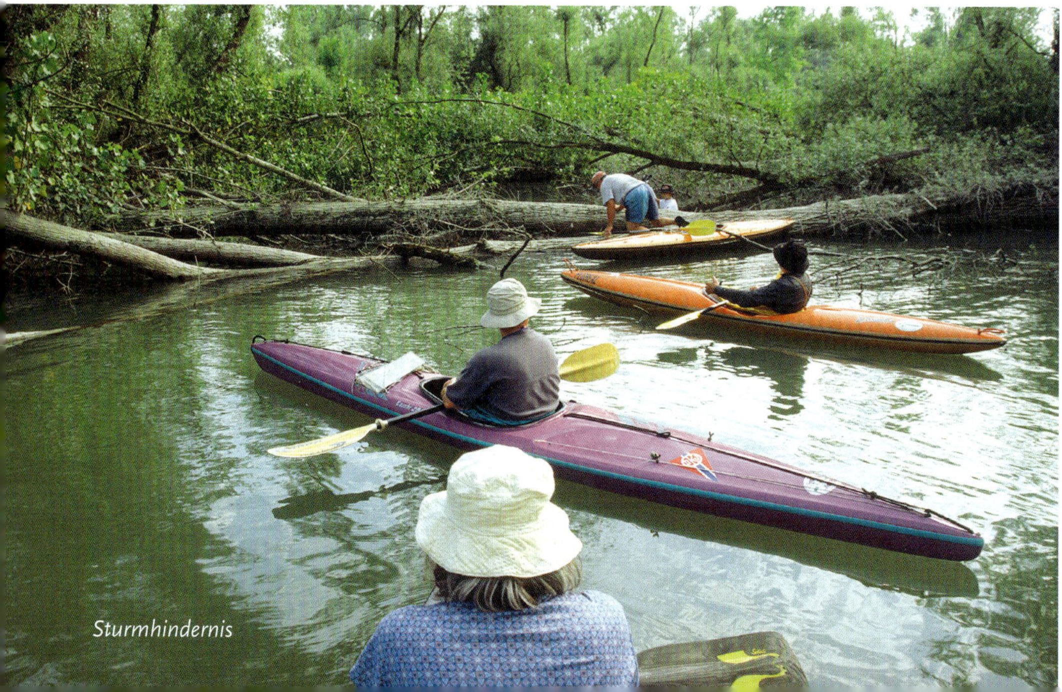

Sturmhindernis

Dann kurz vor dem Auer Köpfle – es steht dort ein kleines gemauertes Rasthäuschen - erreichte die Tour ihren Höhepunkt. Zentimeterweise kämpften sich die Boote gegen die gewaltige Strömung. Kleine Fahrfehler wurden sofort durch demoralisierende, ätzende Abtrifte bestraft. Endlich nach langem Kampf die Umtragestelle. Anlegen, Aussteigen, die weichen Knie hielten die Körper nicht länger aufrecht, erst einmal Verschnaufen. Bei der wohlverdienten Rast berichteten die erschöpften Walküre-Frauen den mitfahrenden Kanuten mit Tränen in den Augen von Tantalusqualen und welch hartes, ungerechtes Schicksal der Flussgott, heute für sie bereitgehalten hätte.
Die weitere Strecke war dann aber ohne größere Gegenwehr der Geister zu machen. Abends, der benachbarten Ruderclub Rastatt feierte irgend eine Festlichkeit, saßen wir zusammen und fast alle waren begeistert von dem ach so wunderschönen Tag!

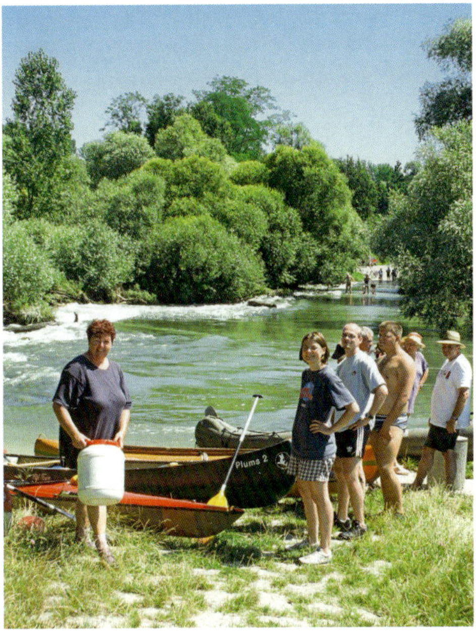

Umtragestellwe am Auer Köpfel.

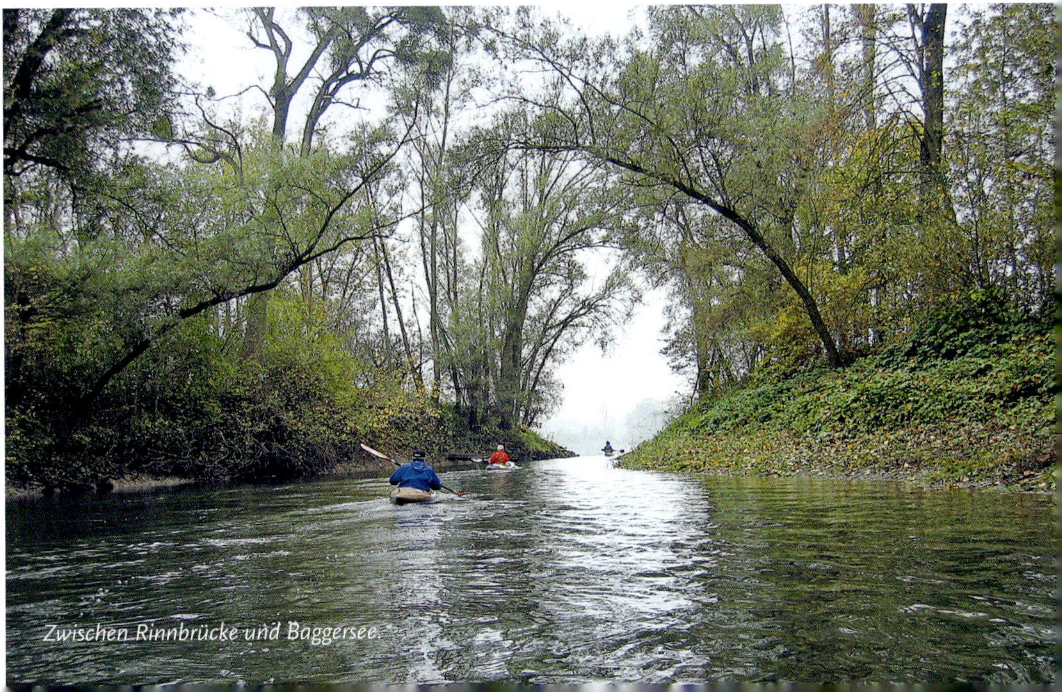

Zwischen Rinnbrücke und Baggersee.

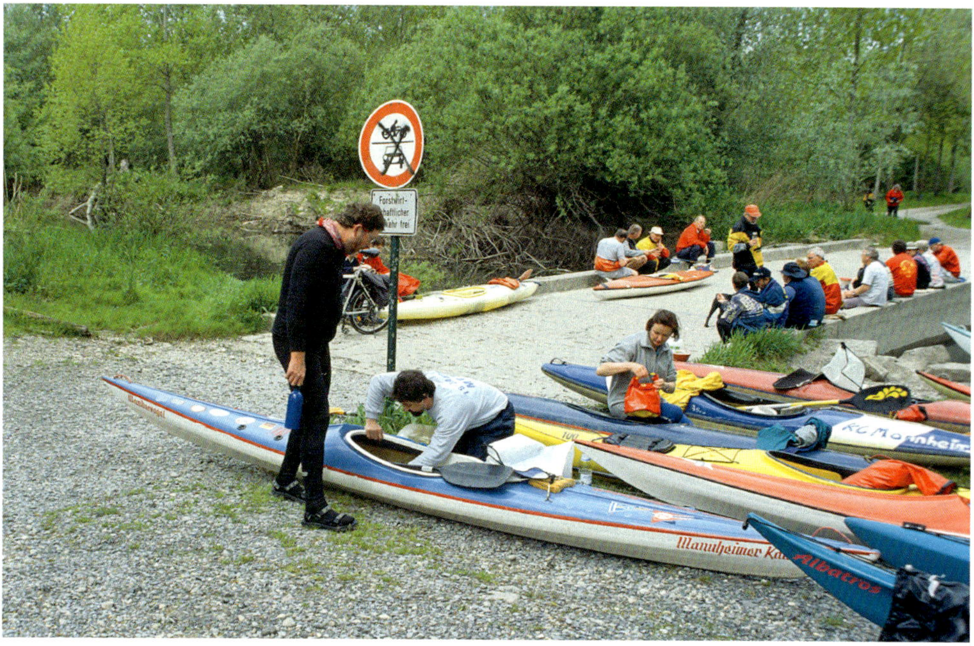

Oben: Rast am Orientierungspunkt 5

Unten: Dieselbe Stelle bei Hochwasser

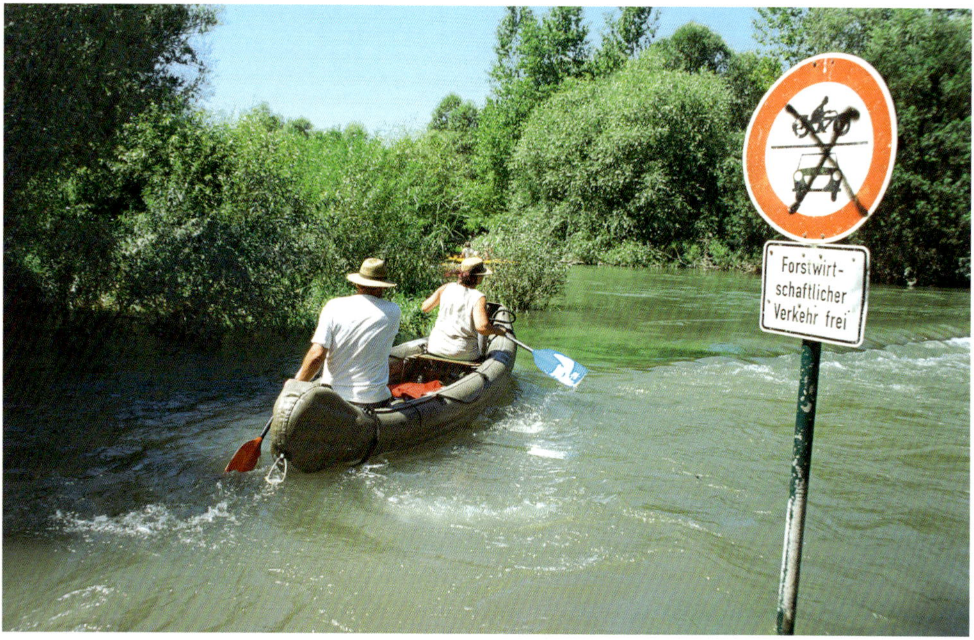

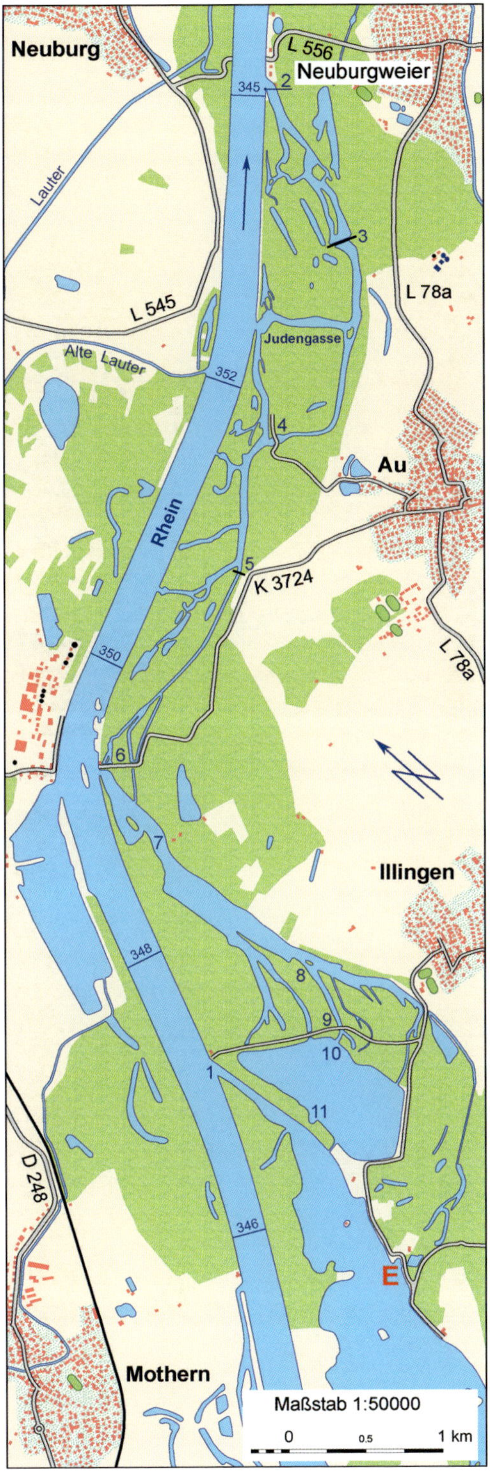

Orientierungspunkte

E Einsetzstelle beim Bootshaus Illingen
1 Mündung des Goldkanals in den Rhein bei Rhein-km 349,2
2 Rhein-km 354,1 (Fähre) rechts Einfahrt in das Auer Altwasser
3 Brücke recht oder links umtragen
4 Brücke
5 Brücke, in Fahrtrichtung links umtragen, Raststelle
6 Umtragestelle Fahrkopf in den Illinger Altrhein
7 links Bootshaus Au
8 Gabelung rechts fahren
9 Rinnbrücke
10 Baggersee mittig queren
11 Umtragen in den Goldkanal ca. 100 m
A Zurück zur Aussetzstelle beim Bootshaus Illingen

An- und Abreise

Siehe Rundtour Illingen südwärts

Literatur

Wassersportbedarfsplan für den Rhein zwischen Rastatt und Mannheim.

Karten

Landesvermessungsamt Baden-Württemb. Topo-Karte 1:25000
► 7015 Rheinstetten

Unterkunft

DKV-Mitglieder sind beim Kanu-Club Illingen gerngesehene Gäste.

Tour 14: Sauer

Tourensteckbrief

Kurzinfo
Tagestour 16 km

- ganzjährig befahrbar
- alle Bootstypen
- für Anfänger geeignet
- anfangs schattig (Kronenschluss), später offener
- PKW-Kontakt nur an wenigen Stellen möglich

Probleme
Querliegende Bäume

Der Saarbach entspringt im Pfälzerwald überquert bei Hirschthal die deutsch-französische Grenze und wird fortan Sauer genannt. In ihrem Oberlauf und auch in der Ebene ist sie ein sportlicher Kleinfluss. Vorbei am geschichtsträchtigen Wörth teilt sich das Gewässer bei Gunstett in den Halbmühlbach (rechts) und die Sauer (links). Während der Halbmühlbach im Hagenauer Forst noch naturbelassen durch den Wald mäandriert hat man die Sauer entlang des Waldes begradigt. Erst nach Eintritt in den Wald wo sie den Halbmühlbach wieder aufnimmt darf auch die Sauer in unzähligen Windungen Richtung Königsbruck fließen.
Als Wanderstrecke wird üblicherweise das Stück zwischen Forstfeld und Munchhausen gepaddelt. Eingesetzt wird bei der Forstfelder Mühle in den Eberbach. Der dort wohnende Anlieger war sehr Paddlerfreundlich und ließ uns auf dem am Bach entlangführenden Grasweg die PKW's abstellen. Hat man an der Einsetzstelle gerade noch genügend Wasser unter dem Kiel, so reicht es erfahrungsgemäß für die ganze Tour. Nach ca. 300 m paddeln mündet der Eberbach in die Sauer. Die Route führt durch eine malerische, urwüchsige und naturgeschützte Landschaft „reserve naturellle“. Es sollte selbstverständlich sein auch hier die 10 goldenen Regeln des Kanuwanderns zu beachten. Anfangs sch-

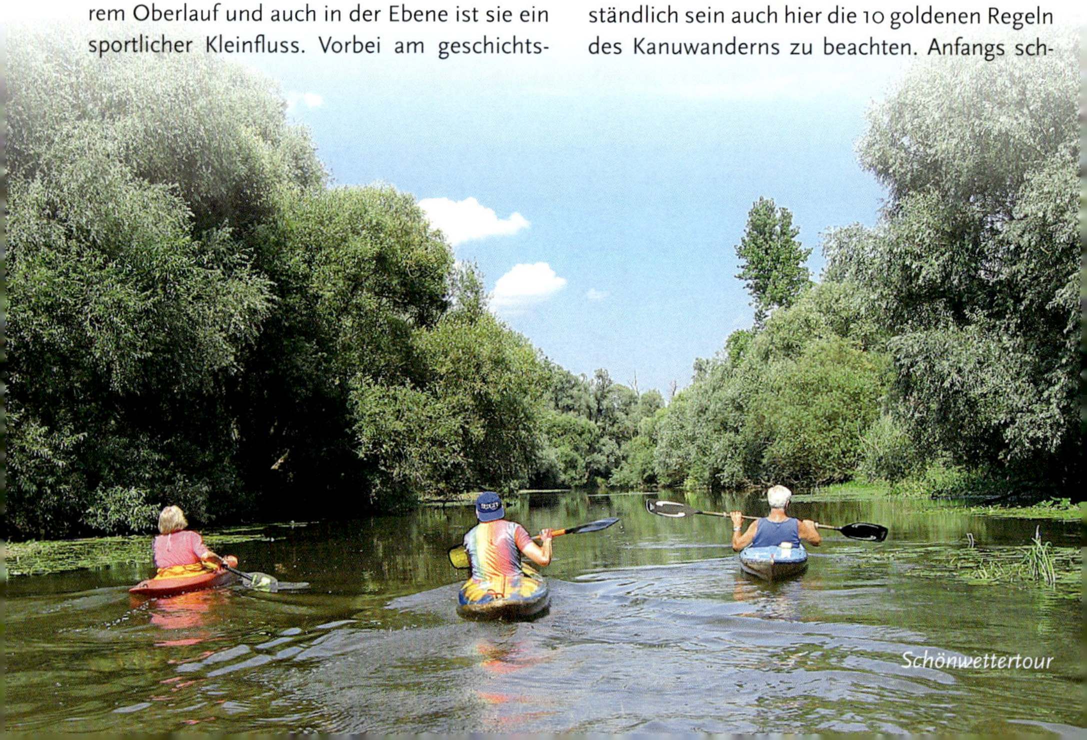

Schönwettertour

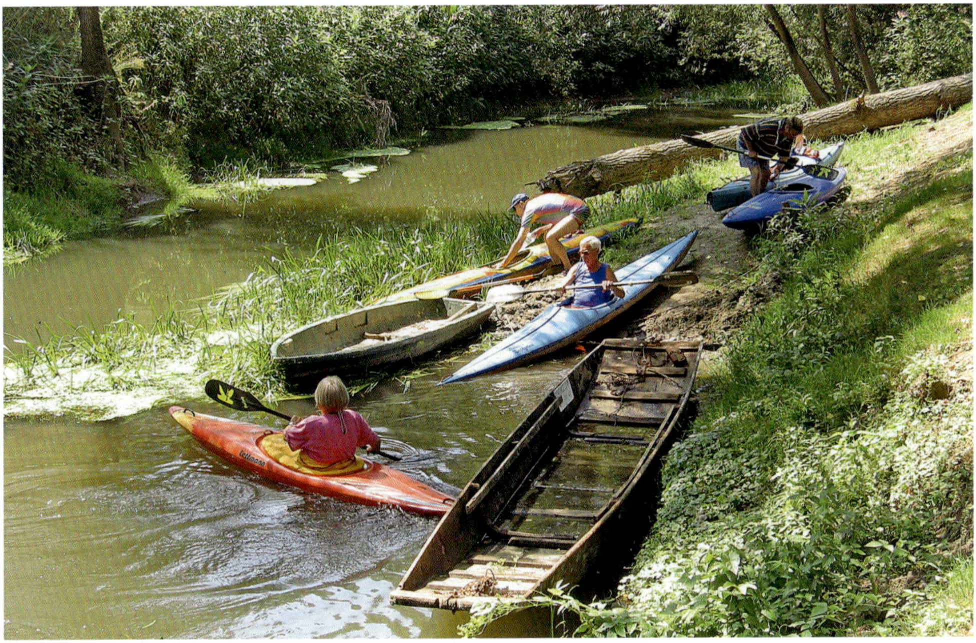

Oben: Raststelle bei Kesseldorf

Unten: Verhau, da muß man drüber!

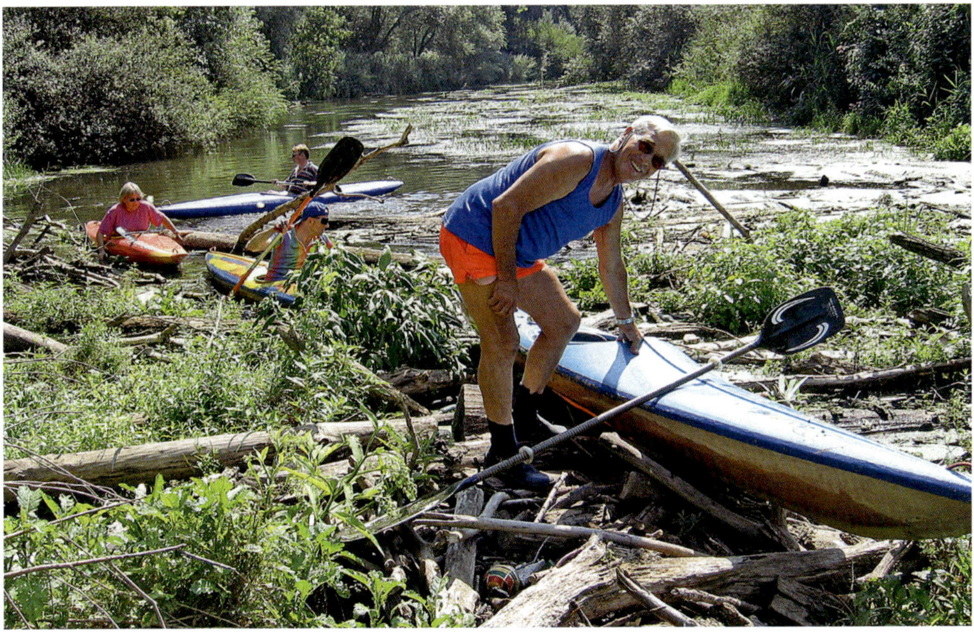

mal und tief eingeschnitten im Schatten alter Erlen, die durch ihr weitverzweigtes Wurzelgeflecht die Ufer auf natürliche Weise befestigen. Immer wieder wird man durch Baumhindernisse genötigt die beste Stelle zur Durchfahrt zu erkunden. Durch Unter-, Über- oder Umfahren gelingt aber meist die Weiterfahrt ohne zu Umtragen.

Gemütliche Rastplätze kann man entlang der Strecke immer wieder finden.

Bald weitet sich der Blick, seenartige Verbreiterungen kennzeichnen die letzten Kilometer vor der schwanenbesetzten Aussetzstelle beim Parkplatz in Munchhausen.

Im Anschluss an eine Befahrung bietet es sich an den Tag mit einem Besuch des Naturschutzzentrums in Munchhausen abzurunden.

Sollten die 16 km zu kurz für eine Tagestour sein, kann man auch schon weiter oben in Kauffenheim bzw. Leutenheim auf dem Eberbach einsetzen, oder auf dem Rhein und Goldkanal bis zum Illinger Bootshaus, die Strecke entsprechend verlängern.

Orientierungspunkte

- E Einsetzstelle bei der Forstfelder Mühle in den Eberbach
- 1 Mündung des Eberbachs in die Sauer
- 2 Autobahnbrücke A35
- 3 Brücke D4
- 4 Brücke
- R Links Rastplatz
- 5 Eisenbahnbrücke links Wasserschloss
- 6 Brücke in Beinheim, D468
- 7 Zulauf von rechts, Stadenrhein
- 8 Zulauf von rechts
- 9 Brücke in Seltz D28, danach Mündung des Seltzbachs links
- 10 Zulauf von rechts
- 11 Zulauf von rechts
- 12 Brücke bei Munchhausen
- A Aussetzstelle links nach der Brücke

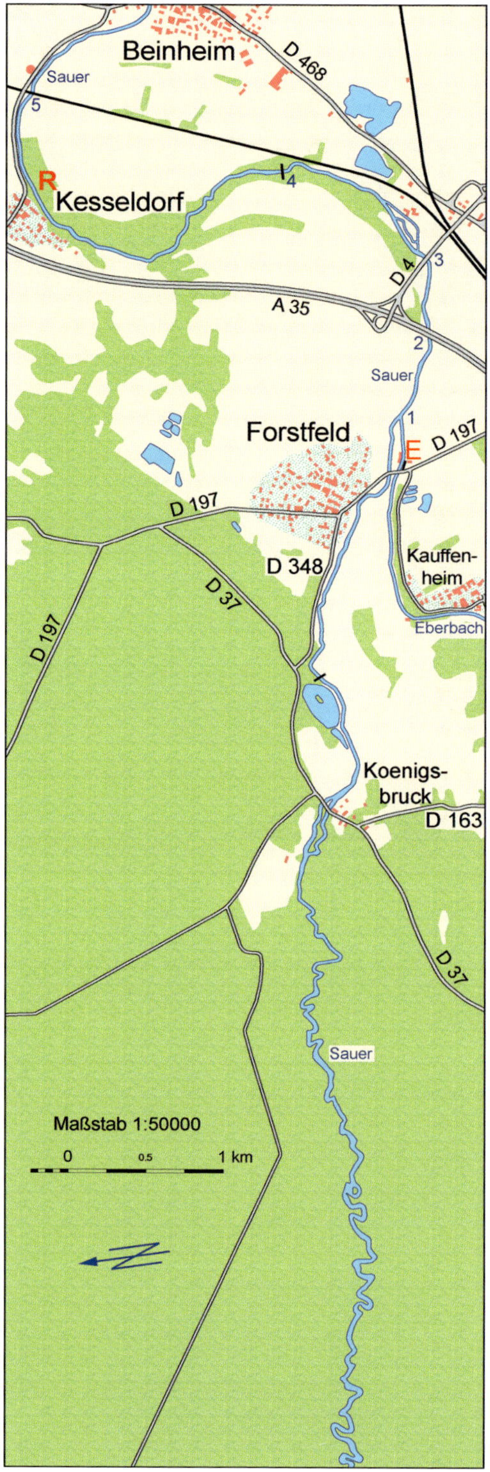

Tour 14: Sauer

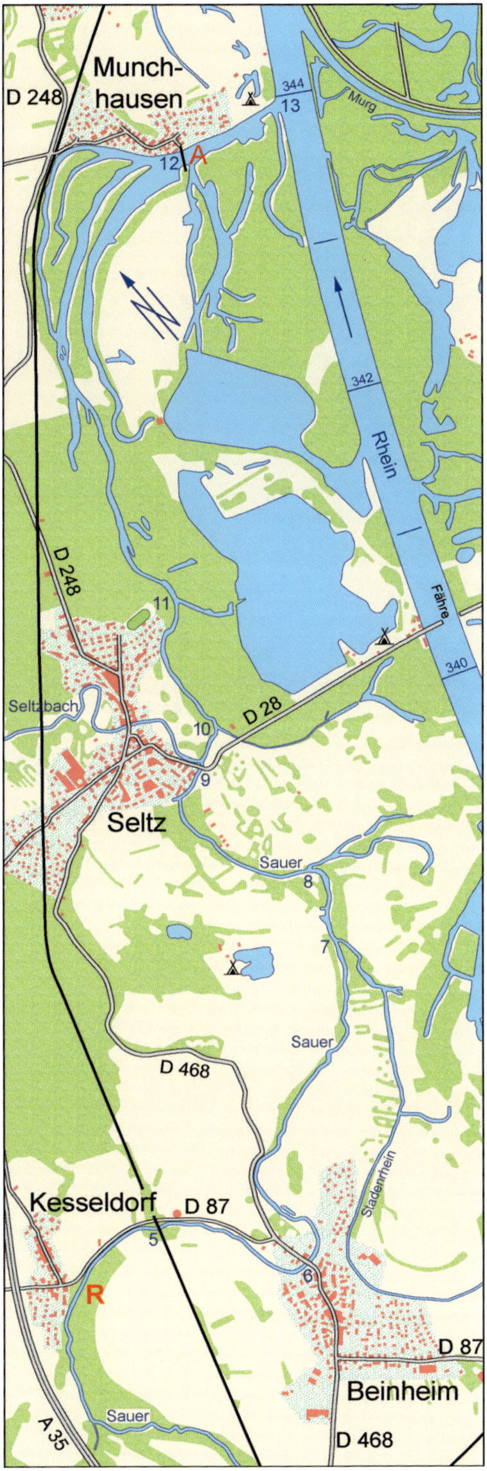

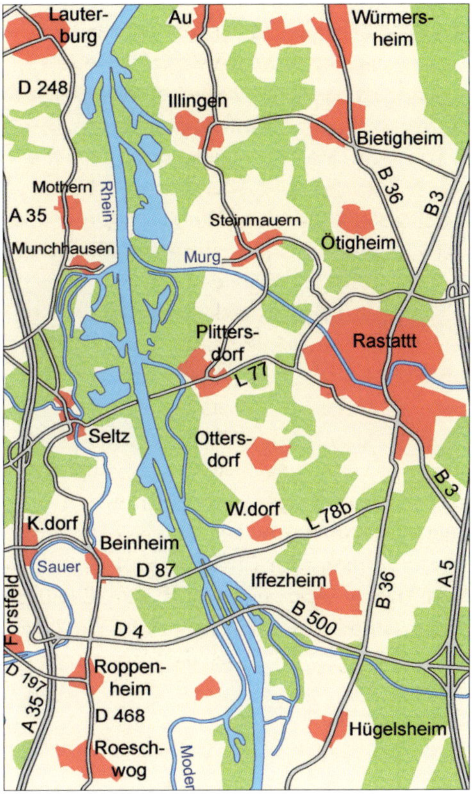

An- und Abreise

Anfahrt zur Einsetzstelle Forstfeld

A5 (E35) Ausfahrt Baden-Baden (51) auf B500 bis zum Grenzübergang ab hier D4 bis zur Abfahrt rechts zur D468. D468 bis Roppenheim rechts ab auf D197 bis zur Einsetzstelle an der Mühle.

PKW verstellen

D197 bis Roppenheim, D468 über Beinheim und Seltz und weiter D468 rechts halten auf D248, rechts auf D80, Ankunft Munchhausen Parkplatz an der Aussetzstelle.

Tour 15: Kühkopf (Erfelder Altrhein)

Tourensteckbrief

Kurzinfo

Tagestour 23 km

- alle Bootstypen
- kein PKW-Verstellen
- PKW-Kontakt nur an wenigen Stellen möglich

Probleme

Starke Gegenströmung beim Einlass, Niederwasser in trockenen Jahren, Schnaken

Der Erfelder Altrhein (Kühkopf) erlaubt das Paddeln einer sehr schönen Rundtour. Als Einsetzstelle kann man Stockstadt wählen, aber auch viele andere Startstellen (Bootshaus Guntersblum, die Bootshäuser im nördlichen Bereich, TSV Pfungstadt, TSG 1846 Darmstadt, DSW Darmstadt siehe DKV-Führer Südwestdeutschland) bieten sich an. Ob man zuerst den Altrhein aufwärts fährt um sich dann gemütlich den Rhein hinabtreiben zu lassen und das letzte Stück wieder gegen die gemächliche Strömung zu wandern, kann jeder selbst entscheiden, denn es geht ebensogut in der anderen Richtung.

Wir befuhren den Erfelder Altrhein im Uhrzeigersinn d.h. von Stockstadt das Altwasser aufwärts. Alle Teilnehmer kamen gut durch die kräftige Strömung bei der Ausfahrt in den Rhein, Rhein-km 468,4. Es folgt die Personenfähre bei Rhein-km 472,5 mit der Rastmöglichkeit links im Gasthaus Rheinhof oder im Bootshaus WSV Guntersblum (Kanu-station).
Bei Rhein-km 473,9 fahren wir wieder rechts in den Erfelder Altrhein ein. Nach 2800 m passieren wir die Schwedensäule (links), dann folgen die Bootshäuser der oben genannten Kanuvereine. Zelten, Anlanden und Einfahren in Nebengewässer ist im Naturschutzgebiet verboten.
Der Kühkopf ist durch die Rheinbegradigung, angeregt durch den hessischen Oberbaudirektor Dr. Claus Krönke und unterstützt durch Flussbaumeister Tulla, ab 1828 entstanden. Nur noch wenig Wasser fliest seit dem Abschneiden

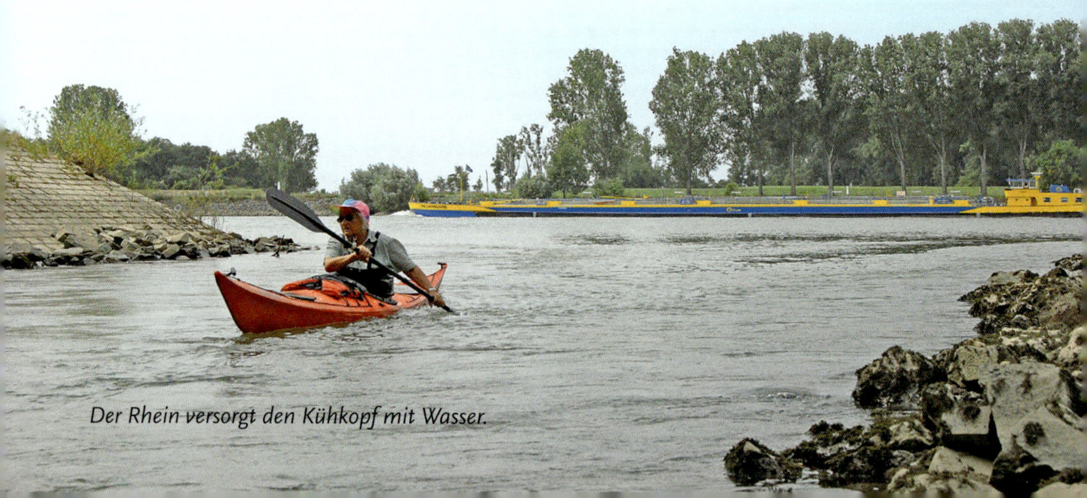

Der Rhein versorgt den Kühkopf mit Wasser.

der großen Rheinschleife durch das einstige Rheinbett. Die Fliessgeschwindigkeit des Stromes wurde erhöht, doch wurde die Gefahr von Hochwassern stark vermindert. Das neue Land wurde zunächst landwirtschaftlich genutzt.

Doch schon bald setzte sich der Naturschutzgedanke für das Gebiet durch. Heute ist der Kühkopf mit Knoblauchsaue mit 2370 Hektar Fläche das weitaus größte Naturschutzgebiet Hessens und trägt das UNESCO-Prädikat „Europareservat". Außerdem fällt dieses Gebiet unter die Richtlinie der Europäischen Union „Fauna, Flora, Habitat" (FFH-Richtlinie). Das heißt: Das Gebiet nimmt mit seiner ökologischen Bedeutung europäischen Rang ein. Eine Vielzahl seltener Tiere und Pflanzen haben hier ihr Rückzugsgebiet. Überwinterungs- und Durchzugsgäste unter den Vögeln finden hier Ruhe und Nahrungsgrundlage in den der Natur überlassenen nicht mehr landwirtschaftlich genutzten Flächen.

Das Symbol des Kühkopfs, der seltene Schwarzmilan kehrt alljährlich im März aus Afrika ins Kühkopfgebiet zu seinen Niststätten zurück. Seine Hauptnahrung besteht vor allem aus gefallenem Wild und Fischresten.

Viele Wanderwege auf dem Land, größtenteils über die alten Sommerdämme, erschließen dem Wanderer die verschiedenen Einblicke in die Natur.

An die Röhrichtzone schließt sich im Naturschutzgebiet Kühkopf-Knoblauchsaue die Weichholzaue an. Die hier vorherrschenden Silberweiden können ohne Schaden an bis zu 300 Tagen im Jahr im Wasser Stehen.

In den höheren Bereichen – Hartholzaue genannt – haben sich neben Eiche und Ulme, auch die Esche, Wildapfel, Wildbirne und eine Vielzahl von Sträuchern angesiedelt. Im Zentralbereich werden außerdem 400 ha extensiv als Grünland genutzt.

Die in Myriadenschwärmen auftretenden Schna-

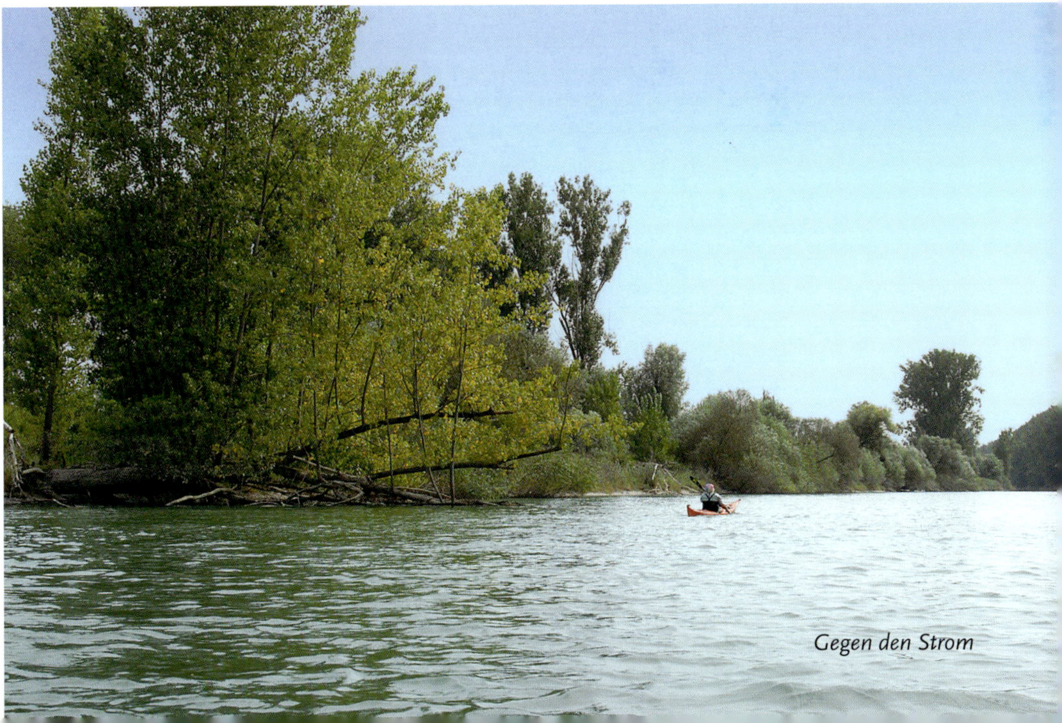

Gegen den Strom

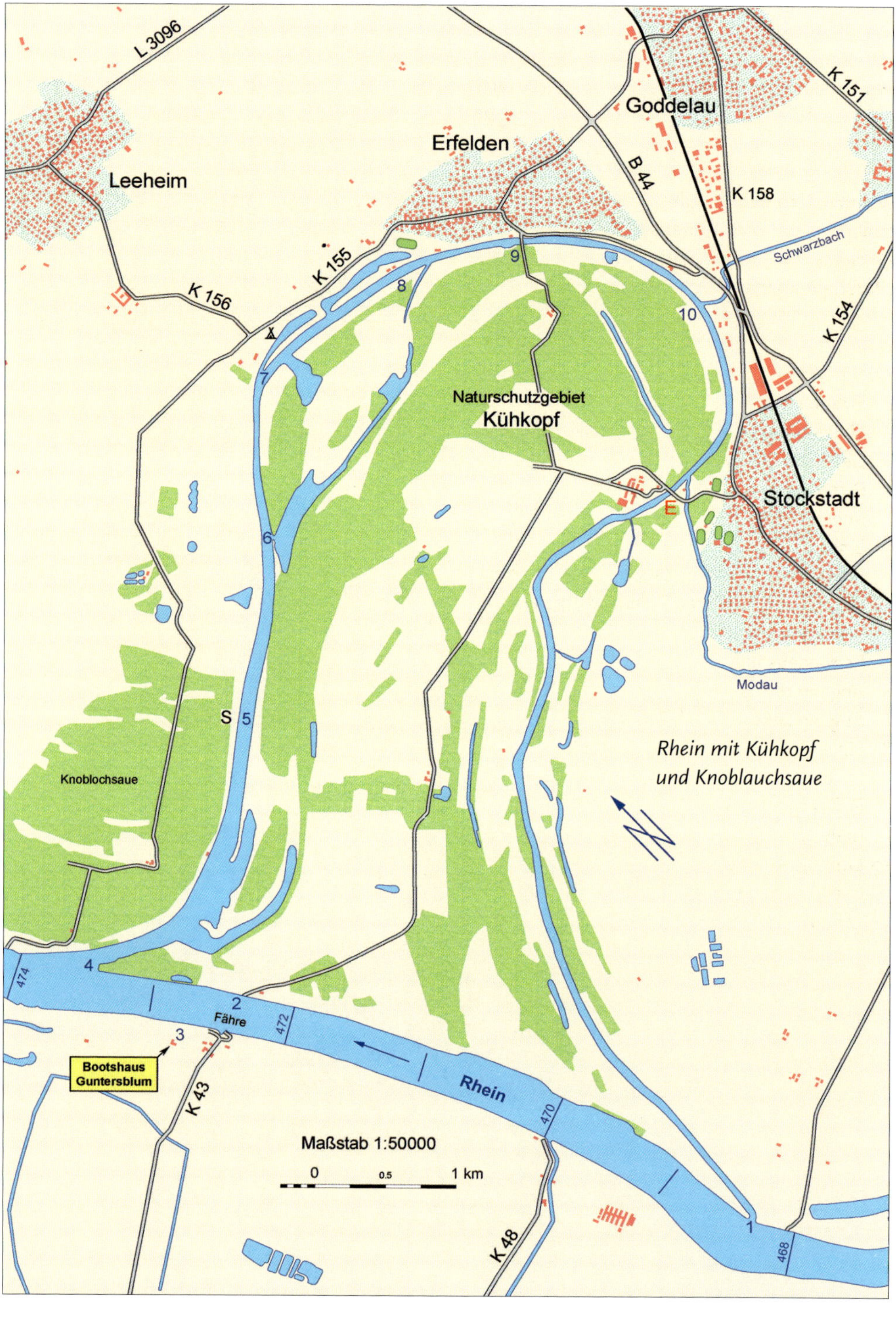
L 3096
Goddelau
K 151
Erfelden
Leeheim
B 44
K 158
Schwarzbach
K 155
K 156
K 154
Naturschutzgebiet
Kühkopf
Stockstadt
E
Modau
S
Knoblochsaue
Rhein mit Kühkopf
und Knoblauchsaue
474
Fähre
472
Bootshaus
Guntersblum
K 43
Rhein
470
Maßstab 1:50000
0
0.5
1 km
K 48
468

ken, sind als Blutsauger besonders lästig.
Die Stechmücken werden seit vielen Jahren durch großtechnisch gezüchtete Bakterien bekämpft.

Für uns Kanufahrer gilt es die Beschränkungen in Form von vorgeschriebenen Ein- und Aussetzstellen und Nichtbetreten bestimmter Uferstreifen zu akzeptieren.

Orientierungspunkte

E Einsetzstelle in Stockstadt an der Brücke
1 Einlaß-Schwall, je nach Wasserstand starke Gegenströmung, Rhein
2 Personenfähre bei Rhein-km 472,5, Gaststätte Rheinhof-Kühkopf
3 Links Bootshaus Guntersblum, Rhein-km 472,8 Kanustation
4 Rechts Einfahrt in den Erfelder Altrhein (Kühkopfrunde)
5 Schwedensäule
6 Abgang rechts, links halten
7 Abgang links, rechts halten
8 Links Bootshaus DSW Darmstadt
9 Links Bootshaus KC Darmstadt, kurz danach Fußgängerbrücke, kurz danach links Bootshaus TSG Darmstadt
10 Links Mündung des Schwarzbaches, kurz danach links Bootshaus TSV Pfungstadt
E Mündung der Modau und Ein-Aussetzstelle

An- und Abreise

Von Süden

A5, ab Walldorfer Kreuz A6, ab Mhm.-Viernheim A67. Abfahrt Gernsheim/Biblis/Biebesheim/Zwingenberg auf L3112 ca. 3,2 km bis vor Gernsheim. Rechts ab auf B44. Vor Stockstadt abbiegen auf K154.

Von Norden

A67 bis Groß-Gerau. B44 bis kurz vor Stockstadt, hier abbiegen auf K154 bis Stockstadt.

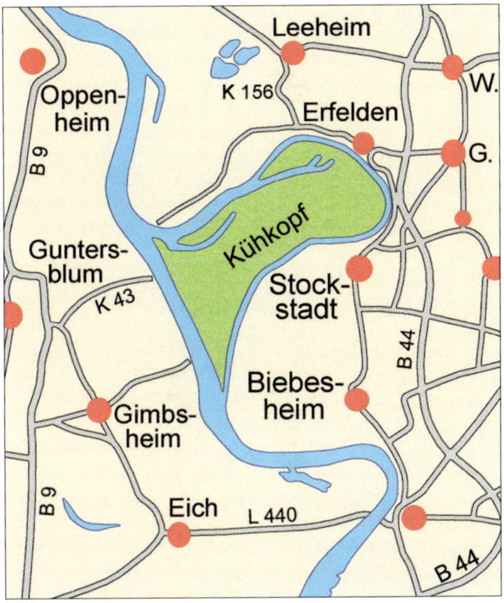

Literatur

DKV-Kanuführer Südwestdeutschland

Karten

Hessisches Landesvermessungsamt
Topo-Karte 1:25000

- Nr. 6116
- Nr. 6216

Tour 16: Alb

Tourensteckbrief

Kurzinfo

Tagestour 21 km (36)

- gut für junge Familien geeignet
- keine besonderen Schwierigkeiten

Probleme

Erhöhter Lärmpegel, Schwieriges finden der Ein- und Aussetzstelle

Die Alb fließt mit einer Länge von 55 km durch den nördlichen Schwarzwald und die Rheinebene bis zu ihrer Mündung in den Rhein bei Leopoldshafen. Im DKV-Kanuführer für Südwestdeutschland wird sie im oberen Teil als schönes, kurvenreiches, leichtes Wildwasser bezeichnet. Während sie ab Ettlingen für eine Befahrung wegen eingeleiteter Abwässer nicht mehr empfohlen wird: „km 22 – 0 unfahrbar bzw. nicht ratsam".

Im Laufe ihrer wechselvollen Geschichte musste die Alb mehrere Umbettungen über sich ergehen lassen, sie wurde in ein künstliches Bett mit Ufern aus betoniertem oder gepflastertem gleichförmigem Stein gezwängt. In neuerer Zeit hat aber auch hier ein Umdenken stattgefunden. An einigen Stellen wurde die Alb renaturiert. Auch wurden große Parks mit Kinderspielplätzen direkt am Bach errichtet so, dass sich junge Familien mit Kindern hier wohl fühlen können.

Ab Ettlingen bietet sich deshalb eine Wanderfahrt bis zum Gasthaus Albhäusle in Knielingen an. Die Weiterfahrt auf der Alb hat dann den üblichen Charakter unserer Altwasser. Im DKV-Kanuführer mündet die Alb beim Rhein-km 367,4 in den Rhein. An dieser Stelle befindet sich ein Wehrschütz, das es zulässt, Wasser in den Rhein fließen zu lassen. Normalerweise kommt man dann nach weiteren 4 km zum

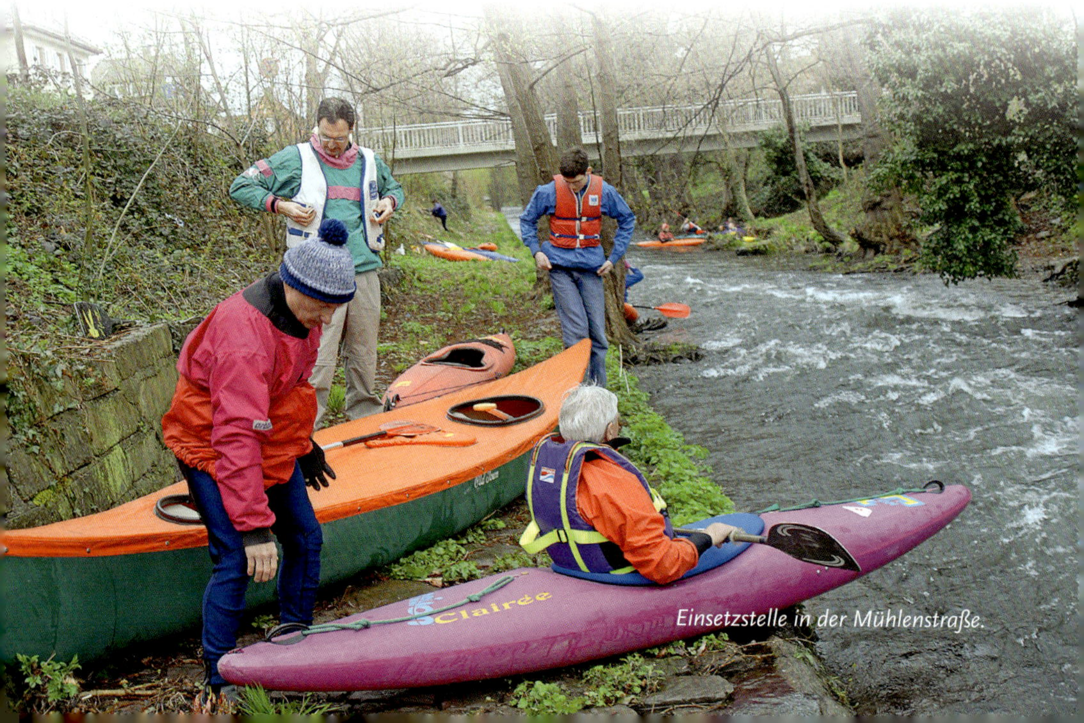

Einsetzstelle in der Mühlenstraße.

Rhein bei Rhein-km 371,2.

Auch hier paddelt man auf der Alb. Der Pegel der Alb kann unter Tel. 07243/14765 oder im Internet unter *www.hvz-baden-württemberg.de* abgefragt werden.

Im Frühjahr und nach Regenfällen steigt der Pegel der Alb auf eine Höhe von über 50 cm was zu einer Befahrung mindestens notwendig ist.

Eingesetzt wird in Ettlingen in der Mühlenstraße auf der orografisch linken Seite. Parkplätze sind am Straßenrand vorhanden. Alle wendigen Boote, auch Zweier-Wander-Canadier, können eingesetzt werden. Nur lange Wandereiner haben es in den Schwällen im oberen Teil etwas schwerer. Rastmöglichkeiten gibt es entlang des Baches genügend, nach ca. 13 km am Wehr mit Fischaufstieg muss man sowieso raus, man kann dies dann mit einer Rast verbinden.

Tagesziel ist meist das Albhäusle (Gasthaus) (Straße: „Zum Almend“) in Knielingen. Der Ausstieg liegt direkt unter der Brücke B10. Wer bis zur Mündung und dann nach Leopoldhafen (Hafenstraße) fährt kommt dann auch in den Genuss der ruhigen Strecke, denn der obere Bereich der Alb bis Knielingen ist durch einen erhöhten Lärmpegel durch Straßenverkehr beeinträchtigt.

Die Strecke von Knielingen bis Leopoldshafen bietet sich auch als Halbtagestour an.

Literatur

DKV-Kanuführer Südwestdeutschland

Karten

Landesvermessungsamt Baden-Württemb.
Topo-Karte 1:25000

- Nr. 7016 Karlsruhe-Süd
- Nr. 6916 Karlsruhe-Nord
- Nr. 6816 Graben-Neudorf

Karten

AZUR Campingpark Turmbergblick
Karlsruhe-Durlach, Tel.: 0721/497236

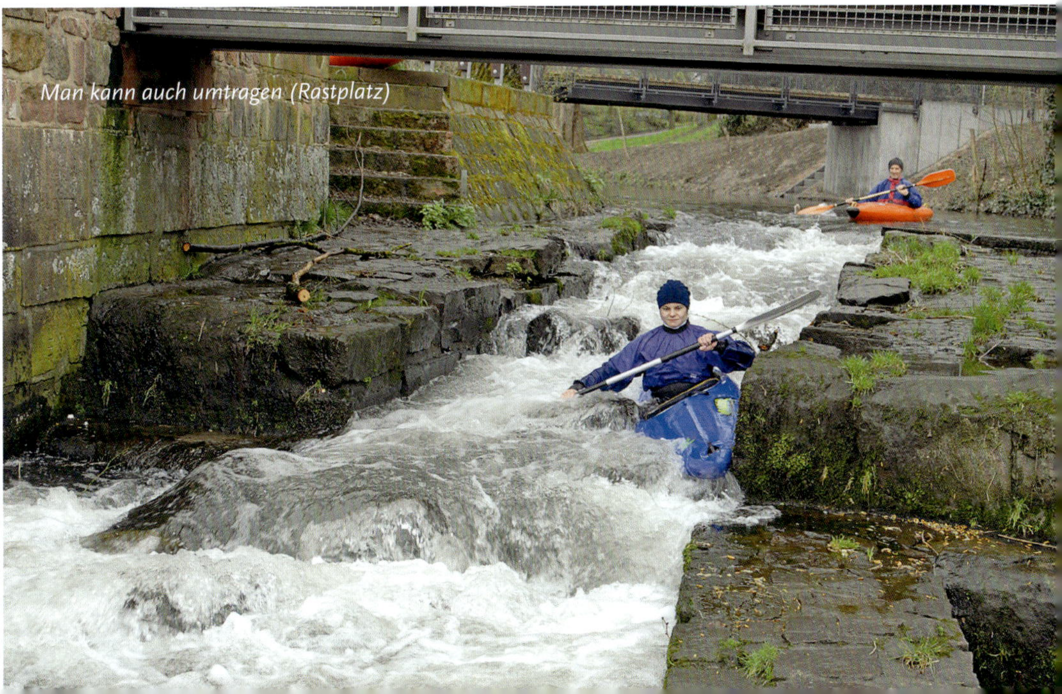

Man kann auch umtragen (Rastplatz)

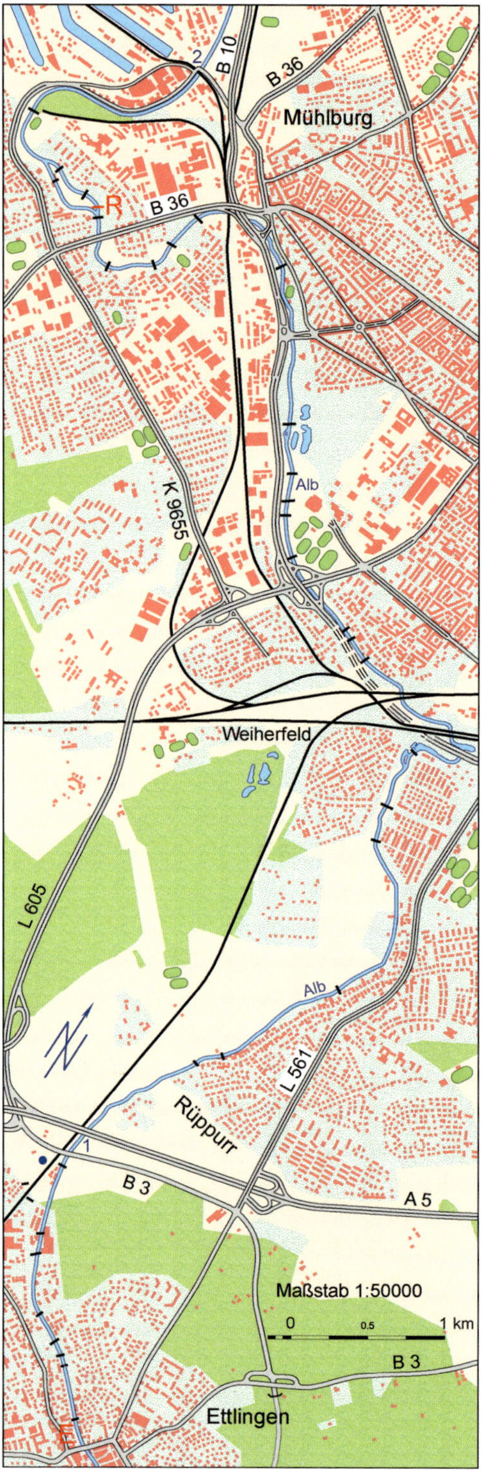
Mühlburg
B 10
B 36
2
R
B 36
K 9655
Alb
Weiherfeld
L 605
Alb
L 561
Rüppurr
1
B 3
A 5
Maßstab 1:50000
0
0.5
1 km
B 3
Ettlingen
E

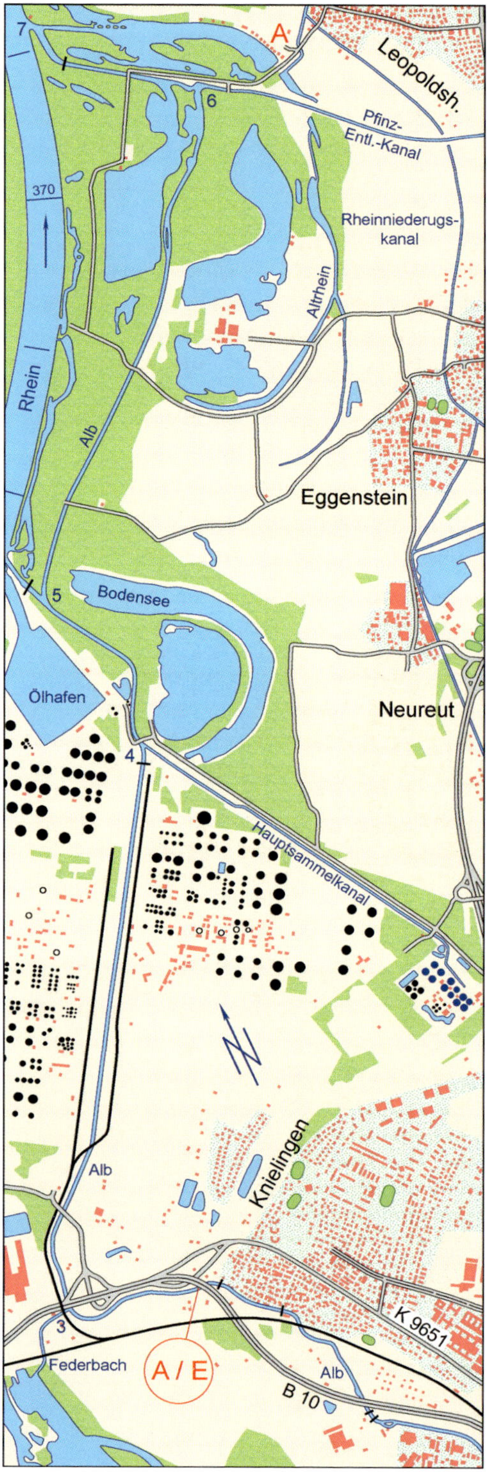
7
A
Leopoldsh.
6
Pfinz-
Entl.-Kanal
370
Rheinniederugs-
kanal
Altrhein
Rhein
Alb
Eggenstein
5
Bodensee
Ölhafen
Neureut
4
Hauptsammelkanal
Alb
Knielingen
3
K 9651
Federbach
A / E
Alb
B 10

Orientierungspunkte

E Einsetzstelle in Ettlingen Mühlenstraße
1 Autobahnbrücke A5, viele Brücken die im Einzelnen nicht benannt werden
R Brücke, Wehr mit Fischaufstieg, Rastplatz
2 Straßen- und Eisenbahnbrücke
A/E Aus- oder Einsetzstelle in Knielingen
3 Links Mündung des Federbachs
4 Rechts Mündung des Hauptsammelkanals
5 Links Abgang zum Rhein, rechts fahren
6 Rechts Mündung des Pfinz-Entlastungskanals
7 Mündung in den Rhein
A Aussetzstelle Leopoldshafen (Hafenstraße)

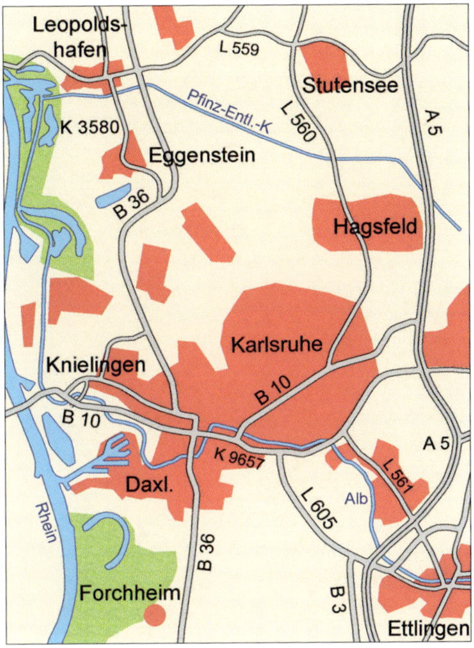

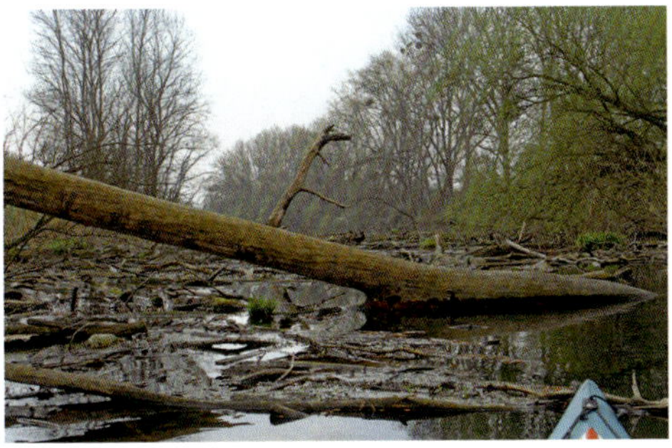

Verhau bei Eggenstein

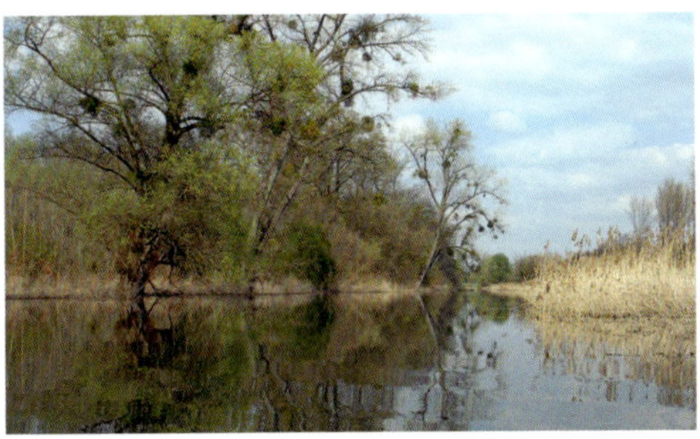

"Mistelbäume" bei Eggenstein

An- und Abreise

Zur Einsetzstelle

A5 bis Karlsruhe-Süd (48)
B3 bis Karlstraße rechts ab L562
L562 bis Ettlingen-Mitte rechts ab in die Mühlenstraße (Einsetzstelle)

PKW verstellen

Mühlenstraße bis zur Karlsruher Straße L562
L562 bis zur B3
B3 bis zur L605
L605 bis Südtangente K9657
K9656 bis B10/B36
Rechts ab Starkstraße B36
Links ab Rheinstraße/Rheinbrückenstraße zur Aussetzstelle unter der B10

Tour 17: Murg

Tourensteckbrief

Kurzinfo

Tagestour 21 km
Oberndorf-Illingen (Bootshaus)

- alle Bootstypen
- keine Umtragestellen
- PKW-Kontakt nur an wenigen Stellen möglich

Probleme

Niederwasser im Sommer

Die Murg im DKV-Kanuführer Südwestdeutschland als schwerer Wildfluss in landschaftlich hervorragender Landschaft beschrieben.
Ebenso steht dort: „Nach Austritt aus dem Schwarzwald wird die Murg zum uninteressanten Flachlandfluss mit erheblicher Wasserverschmutzung und Wasserableitungen, eine Befahrung dieses Abschnitts ist wenig empfehlenswert."
Was im letzten Jahrhundert galt, ist Geschichte. Heute präsentiert sich die Murg sauber (man badet wieder darin) und die Wasserablei-tungen mit damit verbundenem Niederwasser kann mit der heutigen Technik Internetpegel *www.hvz.baden-wuerttemberg.de* Murgpegel Rotenfels bequem abgefragt werden. Für eine Befahrung sollten in Rotenfels mindesten 35 cm gemessen werden.
Startpunkt ist bei Oberndorf unterhalb des fahrbaren Wehres. Die Murg verläuft zwischen Hochwasserdämmen weshalb nur "Hochbauten" vom Wasser aus zu sehen sind.
Nach ca. 6 km kommt man nach Rastatt, im Vorbeifahren aus der Bootsperspektive kann man sich kaum einen Eindruck von der Stadt mit der ältesten vollständig erhalten gebliebenen Barockresidenz am Oberrhein machen. Den prächtigen Bau nach dem französischem Vorbild Versailles anlegt, ließ 1700 bis 1707 Markgraf Ludwig Wilhelm von Baden, der „Türken-

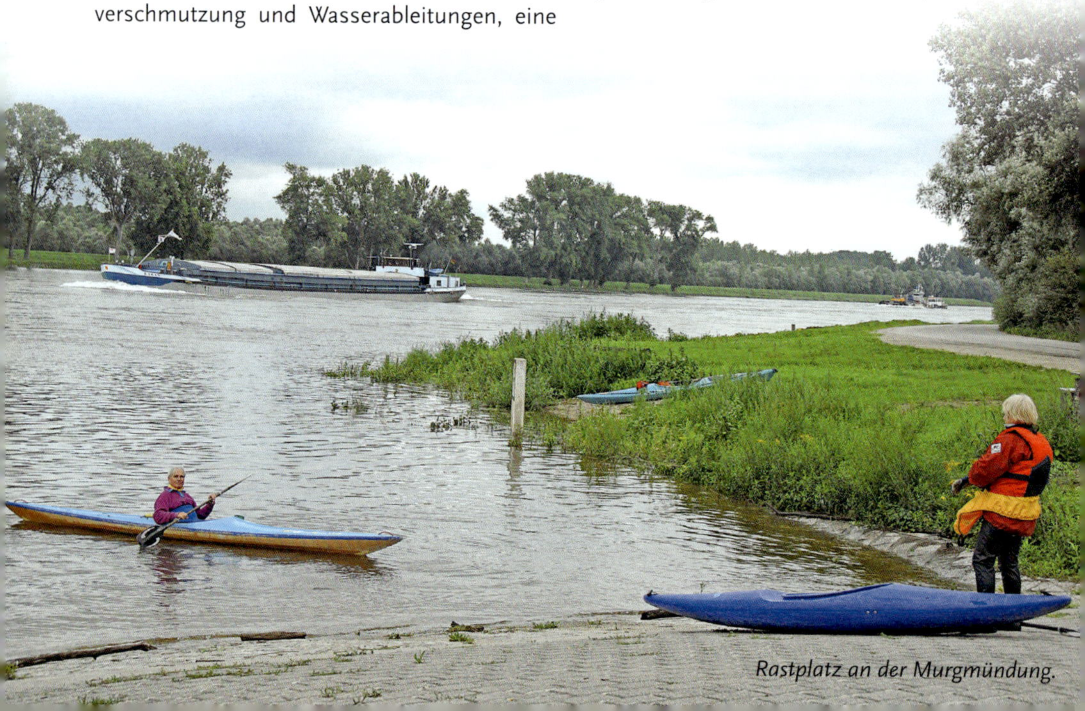

Rastplatz an der Murgmündung.

louis", anlegen. Den Beinamen „Türkenlouis" verliehen ihm seine Zeitgenossen wegen seiner ruhmreichen Siege über die Osmanen.
Außerdem kann man die Kasematten, 922 unterirdische Räume der Festung Rastatt, durch Gänge miteinander verbunden, besichtigen. Als 1849 anlässlich der Badischen Revolution, preußische Truppen die Festung Rastatt beschossen, flüchteten die Einwohner in diese Anlagen. Nach der Kapitulation wurden darin, die Freischärler gefangen gehalten.
Links mündet der Schachtelbach (Kanu-Slalom-Strecke) und kurz danach der Gewerbekanal.
Bei der Brücke(9) mit ordentlichem Ausstieg liegt rechts das Bootshaus des KC Rastatt (Zeltmöglichkeit).
Bis zur Mündung in den Rhein fährt man etwa eine Stunde. Hier gibt es eine weitere gute Rastmöglichkeit mit Tischen und Sitzgelegenheiten. Nun paddelt man knapp 3 km auf dem Rhein, dann bei Rhein-km 347,1 rechts ab in den Goldkanal und weiter bis zur Aussetzstelle beim KC Illingen.

Literatur

BKV-Kanuführer Südwestdeutschland

Karten

Landesvermessungsamt Baden-Württemb. Topo-Karte 1:25000
- 7014 Scheibenhardt
- 7015 Rheinstetten
- 7115 Rastatt

Camping

- Rastatt-Rauental
- Rastatt-Plittersdorf
- DKV-Mitglieder kommen beim PC Illingen gut unter

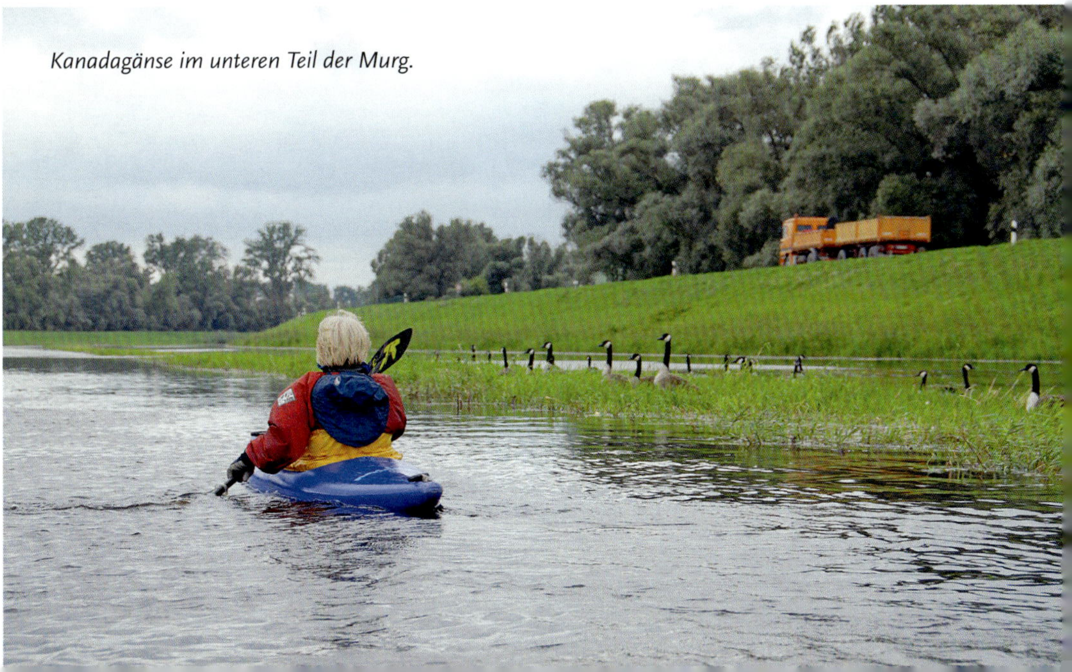

Kanadagänse im unteren Teil der Murg.

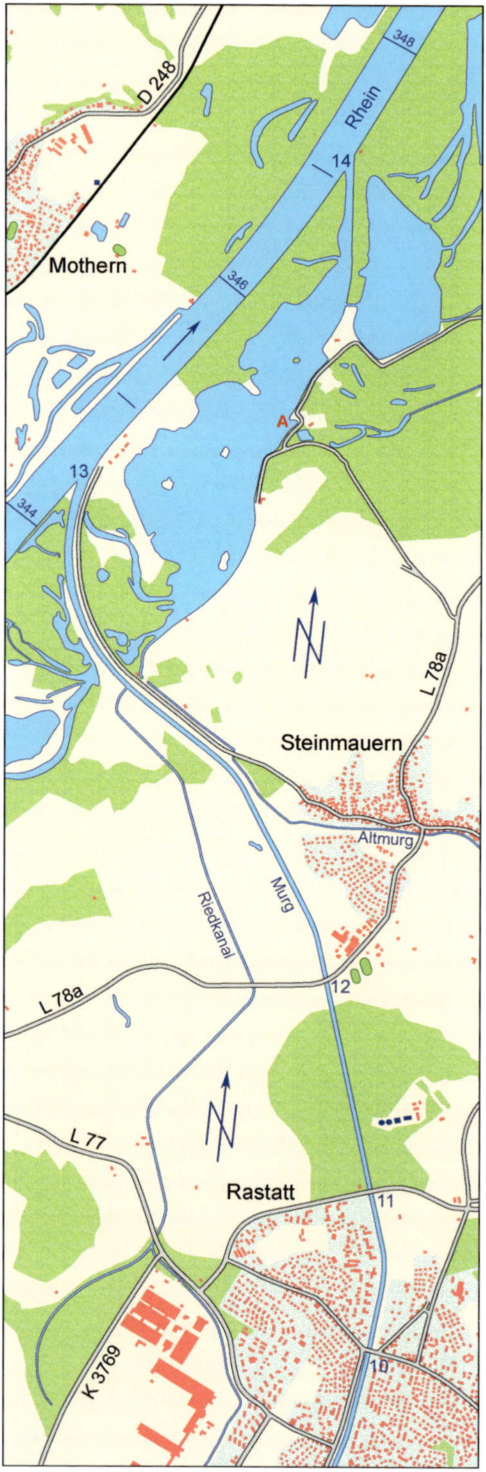
D 248
Rhein
348
14
Mothern
346
A
13
344
L 78a
Steinmauern
Altmurg
Murg
Riedkanal
12
L 78a
L 77
Rastatt
11
K 3769
10

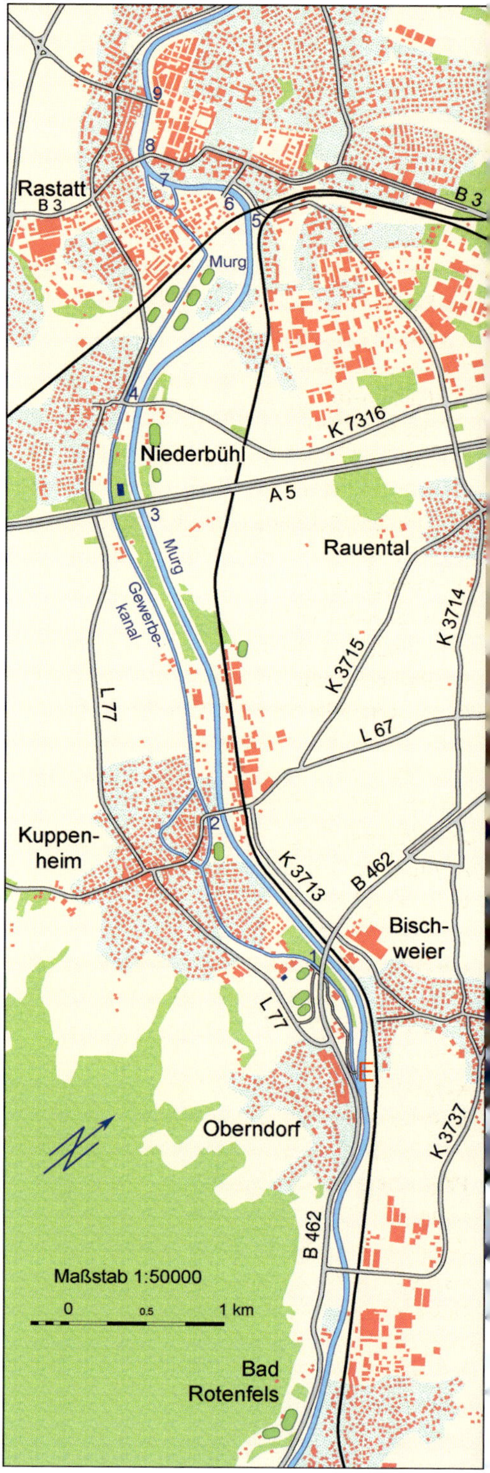
9
8
Rastatt
B 3
7
6
5
B 3
Murg
4
K 7316
Niederbühl
A 5
3
Rauental
Murg
Gewerbe-
kanal
K 3714
K 3715
L 77
L 67
2
Kuppen-
heim
K 3713
B 462
Bisch-
weier
1
L 77
E
Oberndorf
K 3737
B 462
Maßstab 1:50000
0
0.5
1 km
Bad
Rotenfels

Orientierungspunkte

E Einsetzstelle bei Oberndorf
1 Brücke B462
2 Straßenbrücke
3 Autobahnbrücke A5
4 Brücke K7316
5 Eisenbahnbrücken
6 Straßenbrücke in Rastatt.
7 Links, Mündung des Schachtelbaches (Slalomstrecke), kurz danach Mündung des Gewerbekanals.
8 Brücke B3
9 Straßenbrücke
10 Straßenbrücke und rechts Bootshaus des KC Rastatt.
11 Straßenbrücke
12 Straßenbrücke L78 a
13 Mündung in den Rhein bei Rhein-km 344,5
14 Rechts Einfahrt in den Goldkanal.
A Aussetzstelle am Bootshaus Illingen.

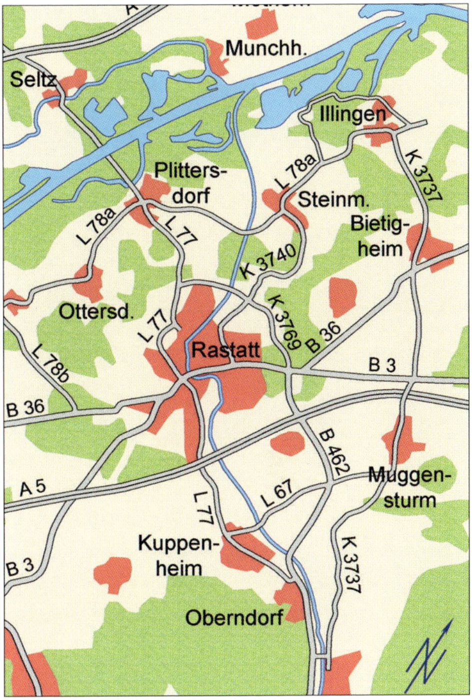

An- und Abreise

Zur Einsetzstelle Oberndorf
A5 Ausfahrt Rastatt (49)
B462 bis Oberndorf

Zur Aussetzstelle Bootshaus Illingen
A5 Ausfahrt Rastatt (49)
B462 bis zur B3
K3769 bis zur Kreuzung mit der K3740
K3740 bis Steinmauern
L78a bis Illingen

PKW verstellen Illingen-Oberndorf
Illingen L 78a bis Steinmauern
K3740 bis zur K3769
K3769 bis B3 dann B462
B462 bis Oberndorf

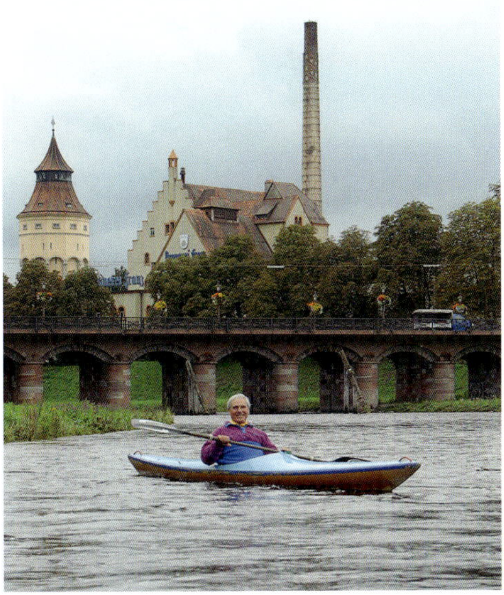

Murgbrücke in Rastatt

Tour 18: Otterstädter-, Speyrer-, Ketscher Runde

Tourensteckbrief

Kurzinfo

Tagestour 25 km

- ganzjährig befahrbar
- alle Bootstypen
- viele Variationen möglich
- PKW-Kontakt nur an wenigen Stellen möglich

Probleme

Niederwasser des Rheins

Zwischen 1833 und 1845 wurden im Zuge der Rheinkorrektion Tullas, die Rheinschleifen bei Ketsch, Otterstadt und Speyer durchstochen. Die alte Flussschleife bei Ketsch ist auch heute noch mit dem Rhein verbunden. Während die Otterstadter- und die Speyrer Schleife nur ihren untenliegenden Rheinanschluss behielten.

Die Ketscher Rheininsel ist heute Naturschutzgebiet und eines der letzten großflächigen Überschwemmungsgebiete am Oberrhein. Viele seltene Tiere und Pflanzen können hier (fast) ungestört von menschlichen Einflüssen leben.
Die landschaftliche Vielfalt reicht vom Halbtrockenrasen über Mäh-, Pfeifengras-, und Salbei-Glatthaferwiese bis zur auetypischen Weich- und Hartholzaue.
Die linksrheinischen Rheininseln werden großflächig zur Kiesgewinnung sowie als Freizeit und Erholungsgebiet genutzt.
Die Verbindung dieser Altrheinarme kann zu schönen Einzelfahrten in vielen Variationen, aber auch zu einer schönen „Runde“ genutzt

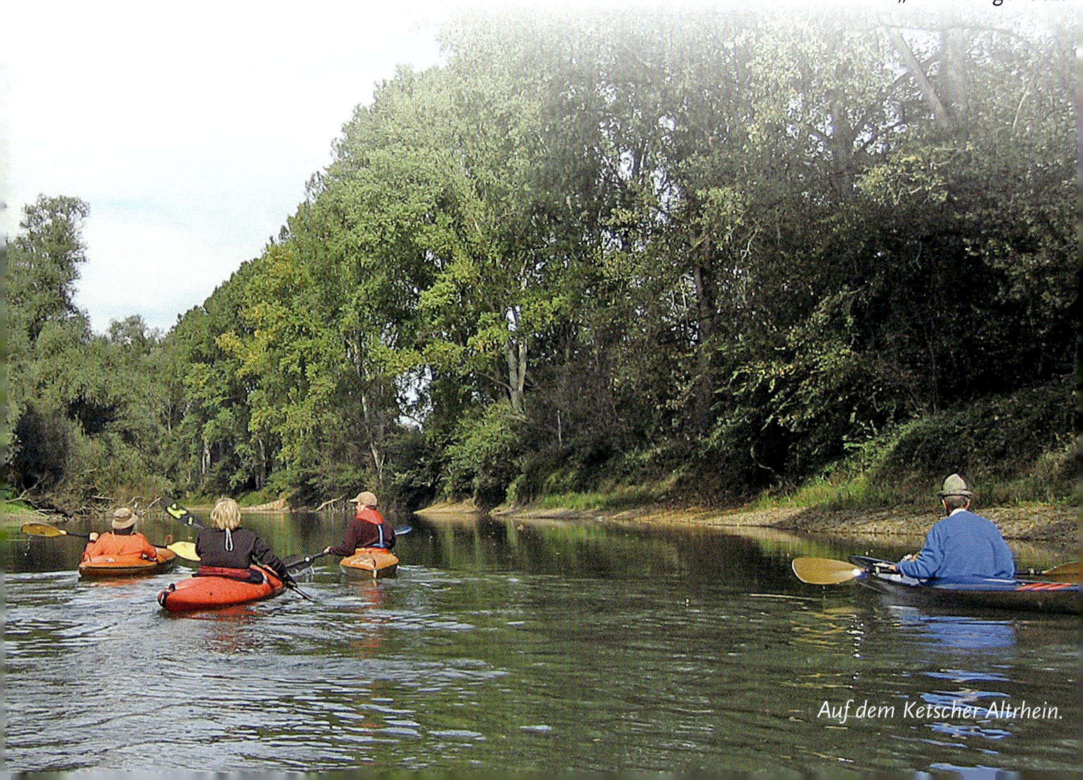

Auf dem Ketscher Altrhein.

werden. Wählt man als Einsetzstelle die Rampe beim Wassersport-und Campingverein Arriva Speyer am Altrhein Reffenthal hat man nur die Umtragestelle bei der Speyrer Autobahnbrücke A61 zu bewältigen.
Ebenso bieten sich aber auch das Ketscher- sowie das Brühler Bootshaus als Einsetzstelle an. Beim Beginn der Runde fährt man zunächst südwärts. Rechts liegt das Gelände der Bundeswehrpioniere (Übungen werden durch hochgezogenen „Warschauer" kenntlich gemacht). Schon bald hat man das Ende des Altrheines und damit die Umtragestelle erreicht. So ganz bequem geht es hier nicht zu. Zunächst trägt man die Boote bergan zum Teil durch Unterholz, es folgt das ebene Stück bis zum Rhein, dann muss über die kantigen Flussbausteine am Ufer des Rheines wieder eingesetzt werden. Wer die Boote etwas weiter trägt, kann an einer Treppe etwas bequemer wieder Einsetzen. Bei Schiffsverkehr ist es ratsam zu warten bis sich die Wogen wieder geglättet haben.

Es folgen ca. 3 km Rhein bis zur Einfahrt in den Ketscher Altrhein. In dem Folgenden aufgelassenen Baggersee werden wir bei etwas Glück von einer großen Schar Kanadagänse begrüßt die uns aus wenigen Metern Entfernung neugierig ansehen. Links erstreckt sich die Ketscher Rheininsel, sie ist Naturschutzgebiet. Nach ca. 1000 m fahren wir an der Ein- und Ausboottreppe des WSC Ketsch vorbei oder wir legen hier eine Rast am Bootshaus ein. Das bewirtschaftete Bootshaus, es gibt hier die Möglichkeit sein Zelt aufzuschlagen, liegt hinter Damm und Straße (K4250). Es folgt die Mündung des Kraichbaches dann unterqueren wir den einzigen Straßenzugang zur Ketscher Rheininsel und kommen an Ketsch vorbei zum Bootshaus des WSV Brühl. Auch hier kann man gemütlich rasten während auf dem Rhein Schiffe mit Gästen oder Gütern an uns vorbeiziehen.

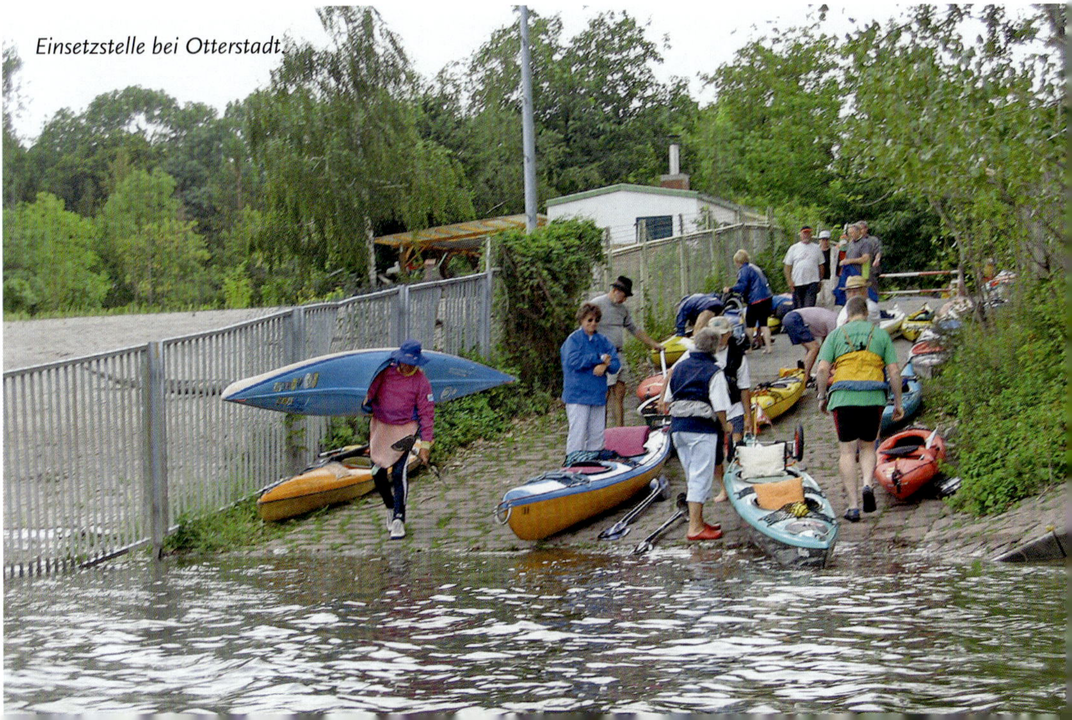
Einsetzstelle bei Otterstadt.

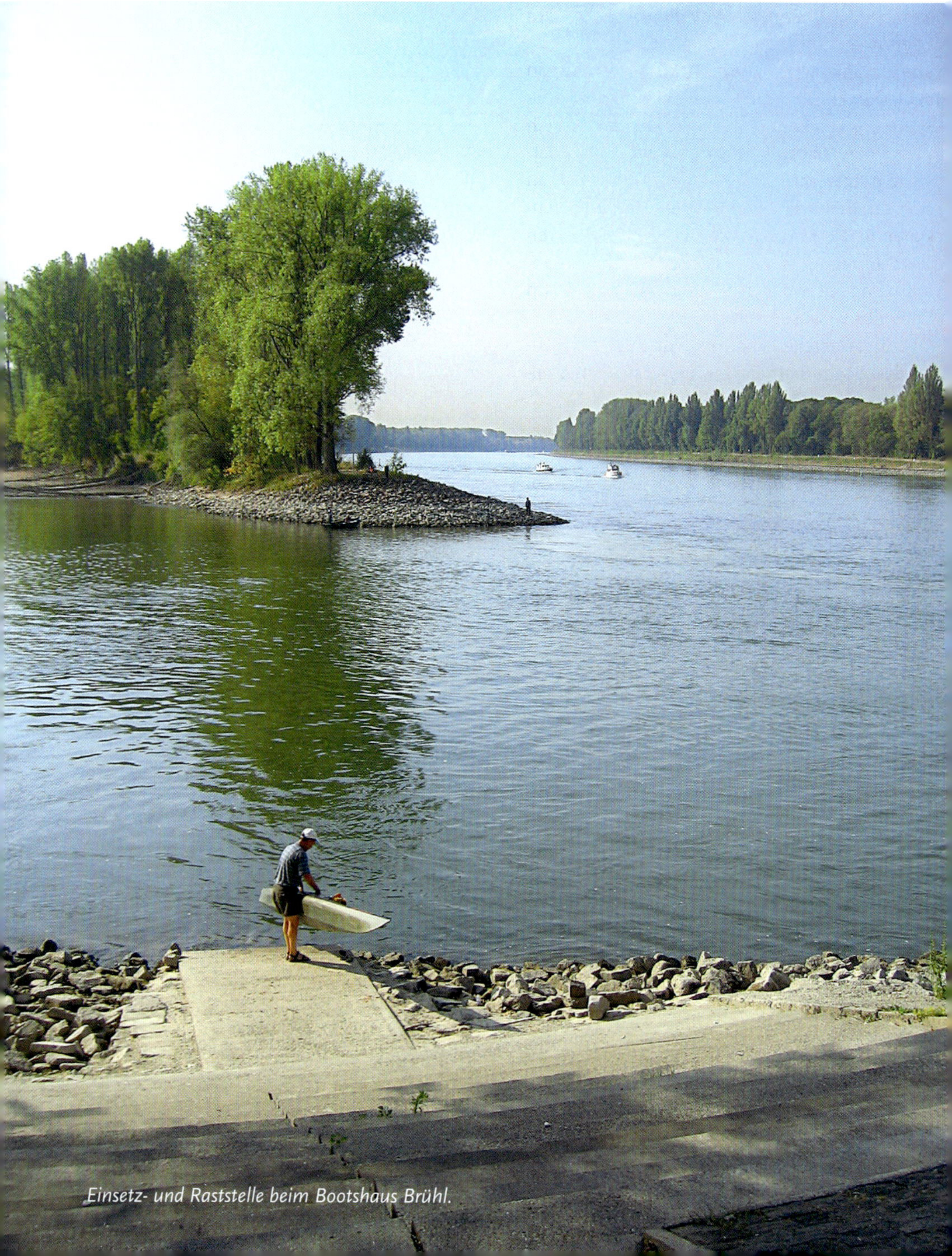

Einsetz- und Raststelle beim Bootshaus Brühl.

Anschließend fahren wir ca. 2000 m auf dem Rhein.

Die Einfahrt links in den Otterstädter Altrhein bei Rhein-km 411 wird durch einen alten Hochspannungsmast markiert. Rechts reihen sich nun einige Campingplätze die man als Raststelle nutzen kann. Nach ca. 2000 m hält man sich bei den drei sich bietenden Fahrmöglichkeiten in der Mitte um dann nach ca. weiteren 1000 m rechts in den Seitenarm einzufahren. Man Paddelt weiterhin rechts und setzt am Ende des Gewässers aus.

Die Aussetzstelle ist, derzeit durch den andauernden Baggerbetrieb fast ausschließlich Steilufer, verbesserungsfähig.

Von hier aus hat man dann noch etwa 500 m Fußmarsch bis zum PKW-Parkplatz vor sich, Insider benutzen den Trampelpfad durch den Wald.

Literatur

BKV-Kanuführer Südwestdeutschland

Karten

Landesvermessungsamt Baden-Württemb. Topo-Karte 1:25000

- 6516 Mannheim-Südwest
- 6517 Mannheim-Südost
- 6616 Speyer
- 6617 Schwetzingen

Camping

Entlang des Otterstädter- und Reffenthaler Altrheins bieten sich viele Campingplätze an. Siehe Kartenskizze.

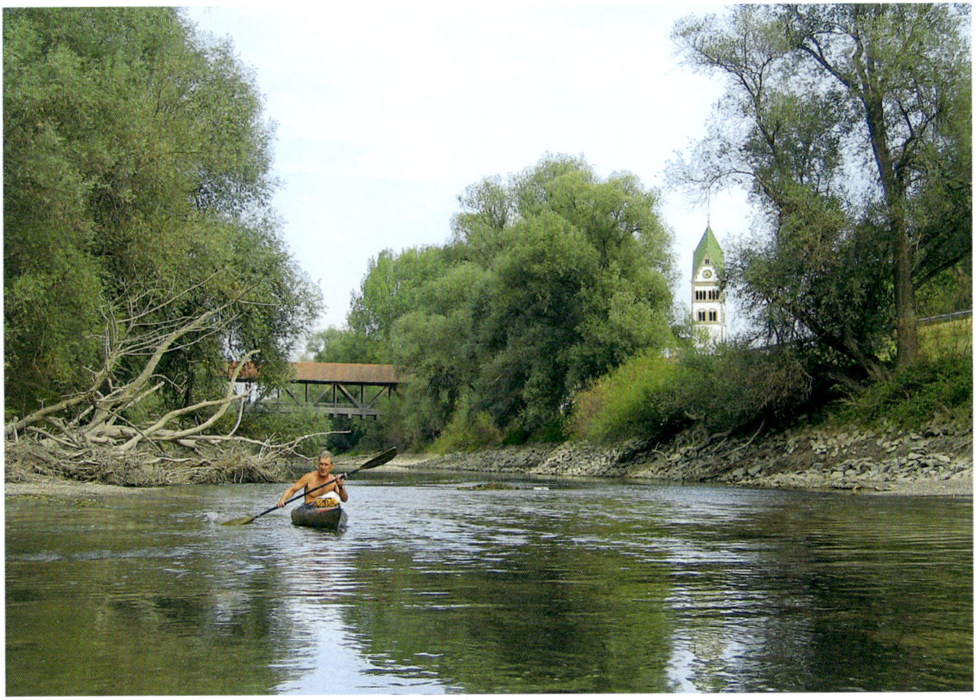

Brücke zur Ketscher Rheininsel.

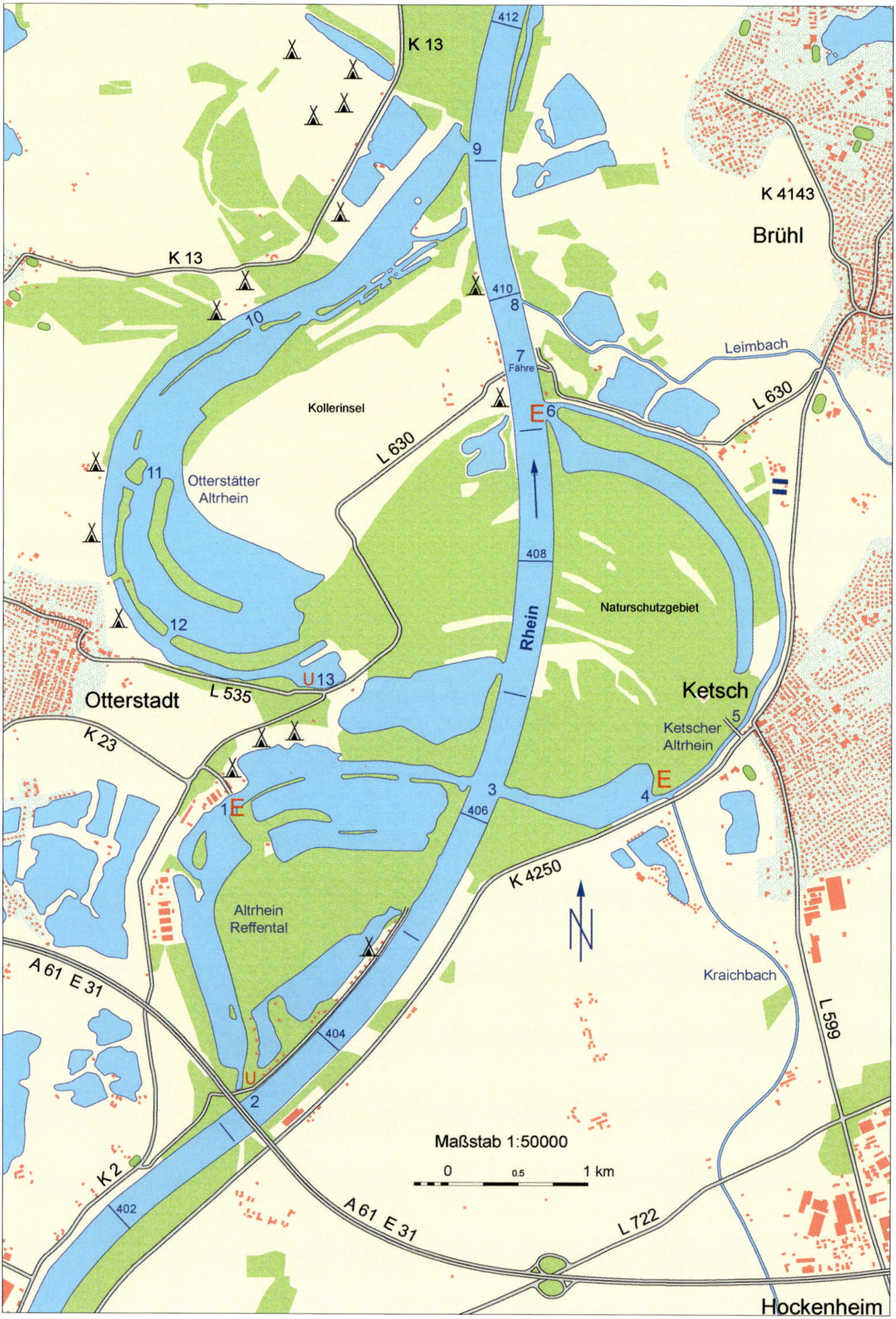
K 13
412
9
K 4143
Brühl
K 13
410
8
10
7
Fähre
Leimbach
L 630
Kollerinsel
E 6
L 630
11
Otterstätter
Altrhein
408
Naturschutzgebiet
Rhein
12
U 13
Otterstadt
L 535
Ketsch
5
Ketscher
Altrhein
K 23
E
4
3
1 E
406
K 4250
Altrhein
Reffental
A 61 E 31
Kraichbach
L 599
404
U
2
Maßstab 1:50000
0
0,5
1 km
K 2
402
A 61 E 31
L 722
Hockenheim

Orientierungspunkte

E/1 Einsetzstelle beim Wassersport- und Campingverein Speyer (Rampe) bei Otterstadt
2 Umtragestelle an der Autobahnbrücke
3 Rechts Einfahrt in den Ketscher Altrhein
4 Rechts Bootshaus des WSC Ketsch, Rast- und Einsetzmöglichkeit. Kurz danach Mündung des Kraichbaches.
5 Gedeckte Holzbrücke bei Ketsch
6 Rechts Bootshaus des WSV Brühl, Rast- und Einsetzmöglichkeit. Mündung in den Rhein.
7 Fähre zur Kollerinsel
8 Rechts Mündung des Leimbaches
9 Links Einfahrt in den Otterstädter Altrhein
10 Rechts Gasthaus Altrheinklause
11 Gewässermitte zwischen den „Inseln" fahren
12 Rechts durch den "schmalen" Durchgang fahren
U/13 Aussetz- oder Umtragestelle an der Straße L535

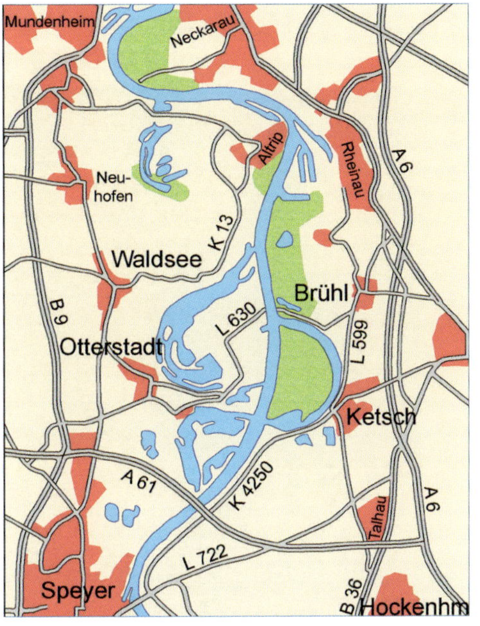

An- und Abreise

Von Süden

Einsetzstelle bei Otterstadt

A5 bis zum Autobahnkreuz Walldorf
A6 bis zum Autobahndreieck Hockenheim
A61 bis zum Autobahnkreuz Speyer
B9 bis zur Anschlussstelle Otterstadt Richtung Speyer-Rinkenbergerhof/Speyer-Binshof
K1 dann K23 bis die Straße auf die K31 stößt.
K31 bis zum nördlichsten Campingplatz E

Von Norden

Einsetzstelle bei Otterstadt

A6 bis zur Ausfahrt 28 Schwetzingen-Nord / Ma-Rheinau / Hafen 2
L599 bis Brühl rechts abbiegen auf L630 Brühler Landstraße
L630 weiterfahren bis Kollerinsel/Fähre Kollerfähre (Fahrplan ?)
L630 + L535 + K31 bis zum nördlichsten Campingplatz E

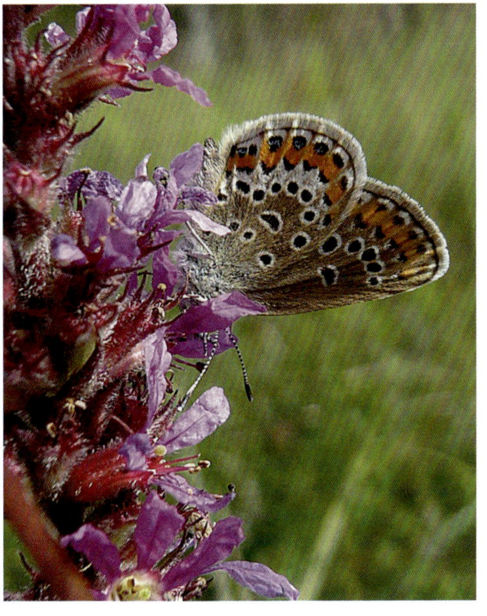

Argus - Bläuling

Tour 19: Restrhein

Tourensteckbrief

Kurzinfo

Tagestour 22 km, 42 km

- ganzjährig befahrbar
- alle Bootstypen
- auch für Anfänger geeignet
- keine Umtragestellen
- schöne Rastplätze
- PKW-Kontakt nur an wenigen Stellen möglich

Probleme

Bei Hochwasser nicht fahrbar

Bei Märkt teilt sich der Rhein in den Grand Canal d'Alsace und den sogenannten Restrhein. Die Begradigung des Rheins im 19. Jahrhundert durch den badischen Ingenieur Tulla hatte zur Folge, dass die Geschwindigkeit des abfließenden Wassers erheblich zunahm, was wiederum eine Sohlenerosion bzw. Eintiefung des Flusses zur Folge hatte. Die damit verbundene Versteppung des Oberrheingebietes um Neuenburg ist durch nachgeschaltete Maßnahmen bis heute nicht verhindert oder wesentlich gelindert worden. Seit auf französischer Seite der Rhein in Kanälen vegetiert ist im Sommer ein Mindestabfluss von 30m^3/s in den Restrhein vorgeschrieben - im Winter 20 m^3/s. Dies bedeutet der Restrhein ist ganzjährig fahrbar mit Ausnahme von Zeiten des Hochwassers.

Der Charakter des Gewässers, dessen Flussbett naturgemäß für die Restwassermenge zu breit ausfällt, wird durch Bereiche mit flotter Strömung und Schwällen entsprechenden Kehrwassern aber auch längeren Ruhezonen mit idyllischen Badeplätzen geprägt. Das Wasser ist sehr sauber und erwärmt sich in den breiten flachen Bereichen schnell, weshalb im

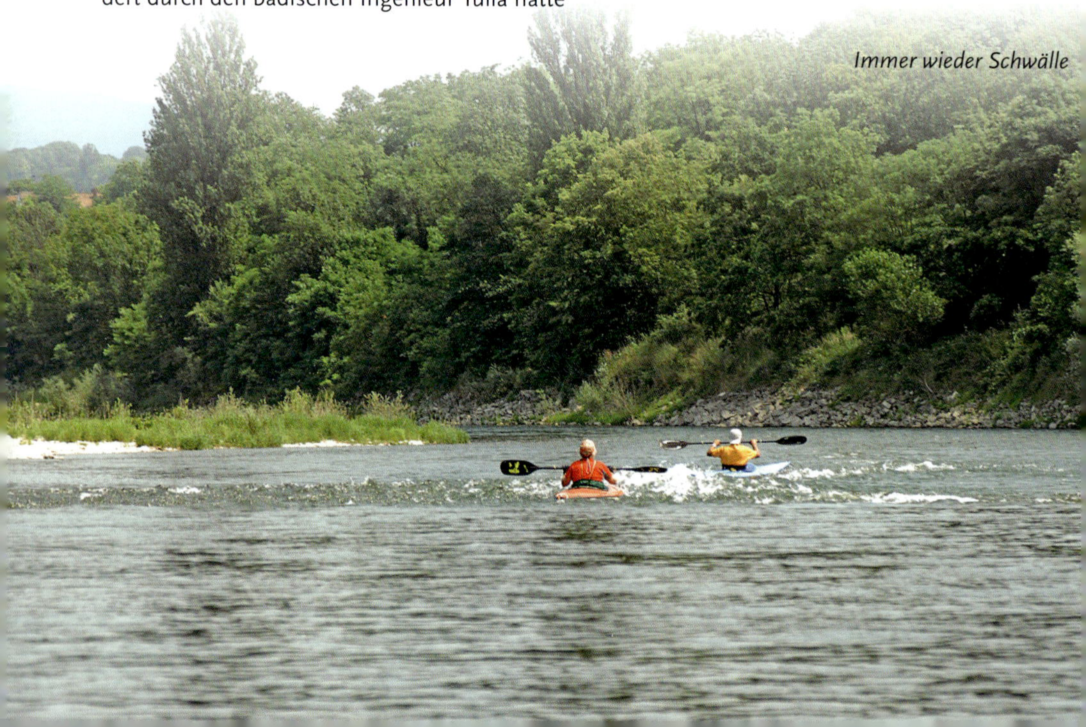

Immer wieder Schwälle

Hochsommer mit starkem Algenbewuchs zu rechnen ist.

Für eine Tagestour setzen wir unsere Boote in die letzte Welle der Isteiner Schwelle ein. Die Zufahrt erfolgt von der L137. Westlich von Efringen-Kirchen unterquert, gut erkennbar, der Engelbach die L137, dort biegen wir in südwestlicher Richtung ab. Zunächst fahren wir parallel zum Engelbach (Holzweg) überqueren später den Feuerbach, um kurz nach der Autobahnbrücke zum Parkplatz der Isteiner Schwelle zu kommen. Bis zur Einsetzstelle sind dann noch „einige“ Meter Fußweg erforderlich. Zur Besichtigung gibt es hier eine Aussichtsplattform.

Die Tour vermittelt einen Eindruck von Weite, der Blick schweift vom Wasser über die Ufervegetation bis auf die Höhen des Schwarzwaldes. Von der entlang führenden Autobahn A5 ist meist nichts zu bemerken, die Geräusche des Flusses überdecken den Donner des Straßenlärms. Rastplätze sind überall leicht zu finden. An Fixpunkten hat der Restrhein wenig zu bieten, lediglich 4 Brücken geben einen Hinweis über den schon zurückgelegten Tourenabschnitt.

Der Goldwäscher im niederen strömenden Wasser erzählt von Tagen an denen er um die 12.000 Goldflitter aus dem Geröll des Restrheins gewaschen hat, aber auch von normalen Zeiten in denen es nur um die hundert oder weit weniger sind. Reich wird er nicht werden mit seinem Hobby ganz, abgesehen von den Rückenbeschwerden die ihn in den Folgetagen plagen.

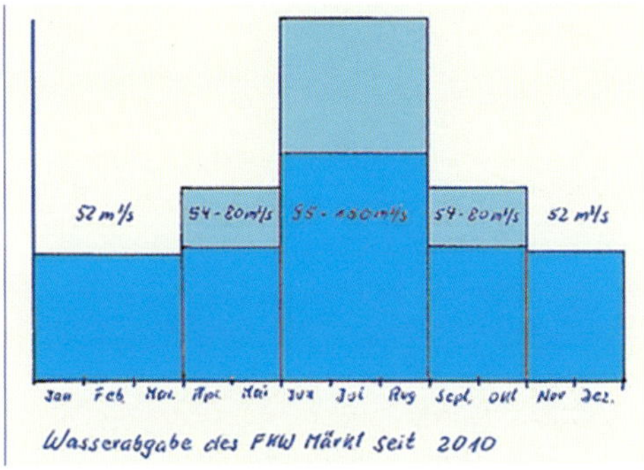

Märkt Wasserabgabe

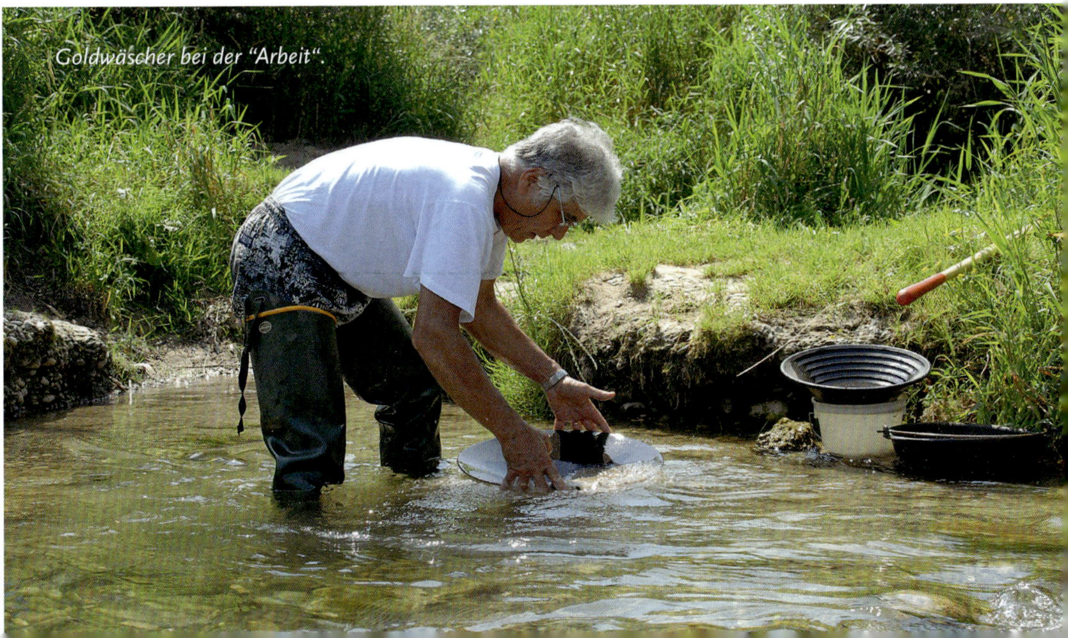

Goldwäscher bei der "Arbeit".

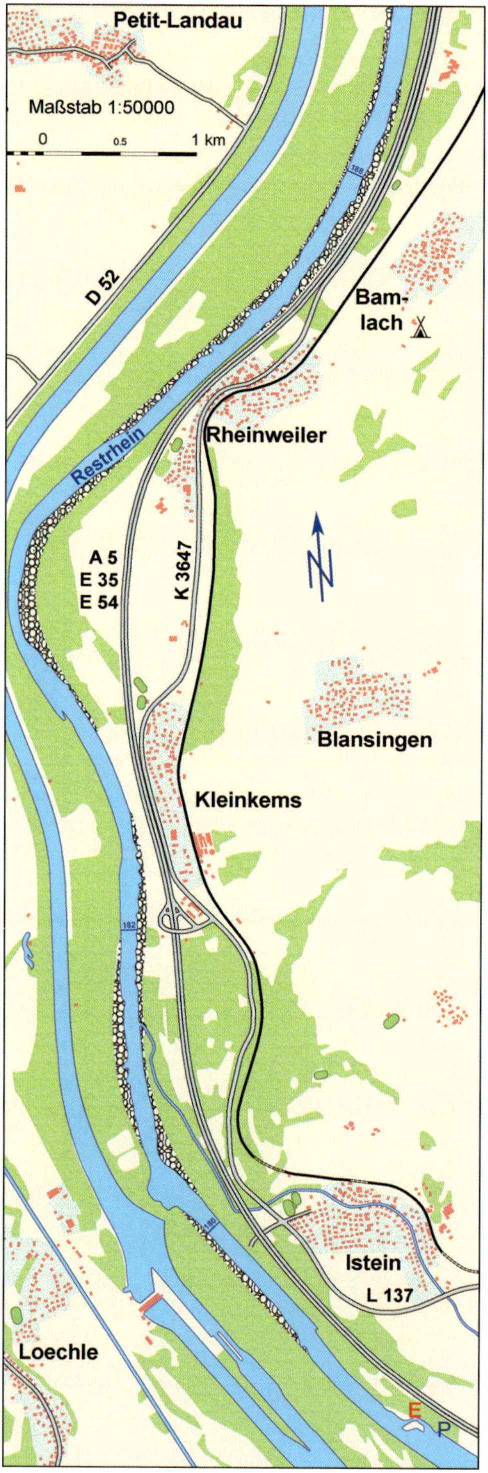

Petit-Landau
Maßstab 1:50000
0
0.5
1 km
D 52
Bam-
lach
Restrhein
Rheinweiler
A 5
E 35
E 54
K 3647
Blansingen
Kleinkems
Istein
L 137
Loechle
E
P

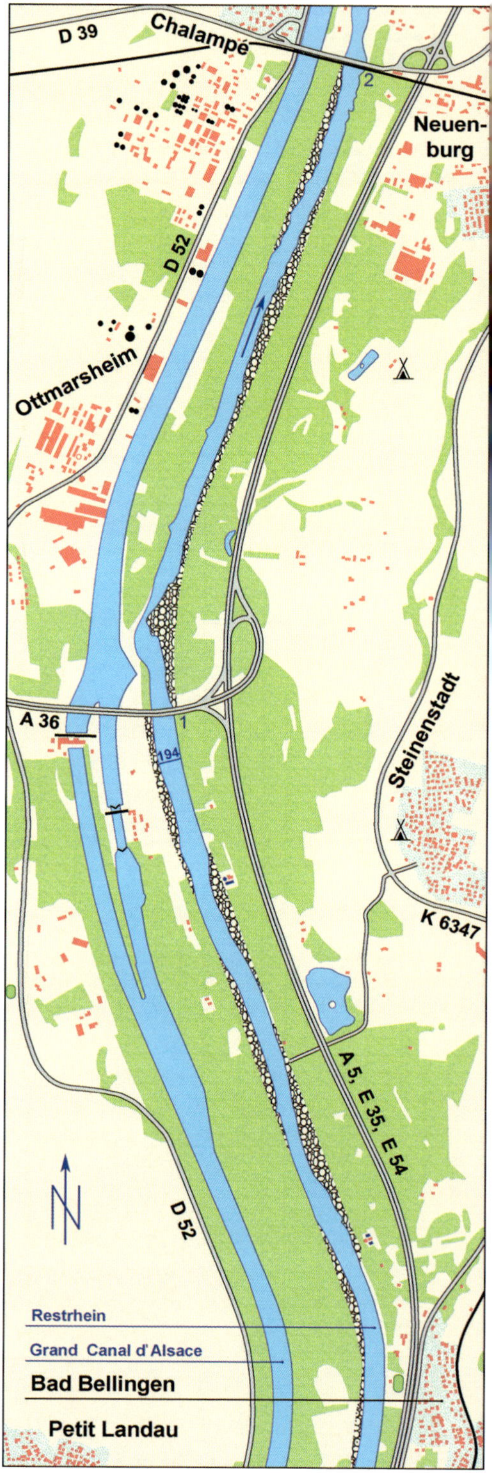

D 39
Chalampé
2
Neuen-
burg
D 52
Ottmarsheim
A 36
1
194
Steinenstadt
K 6347
A 5, E 35, E 54
D 52
Restrhein
Grand Canal d'Alsace
Bad Bellingen
Petit Landau

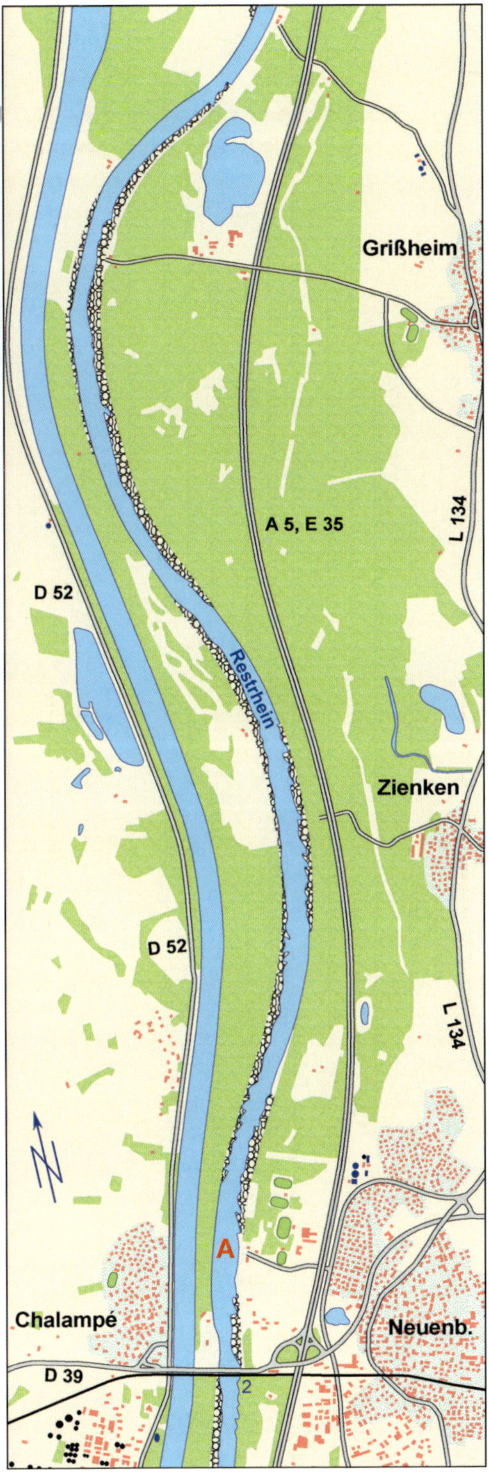
Grißheim
A 5, E 35
L 134
D 52
Restrhein
Zienken
D 52
L 134
A
Chalampé
Neuenb.
D 39
2

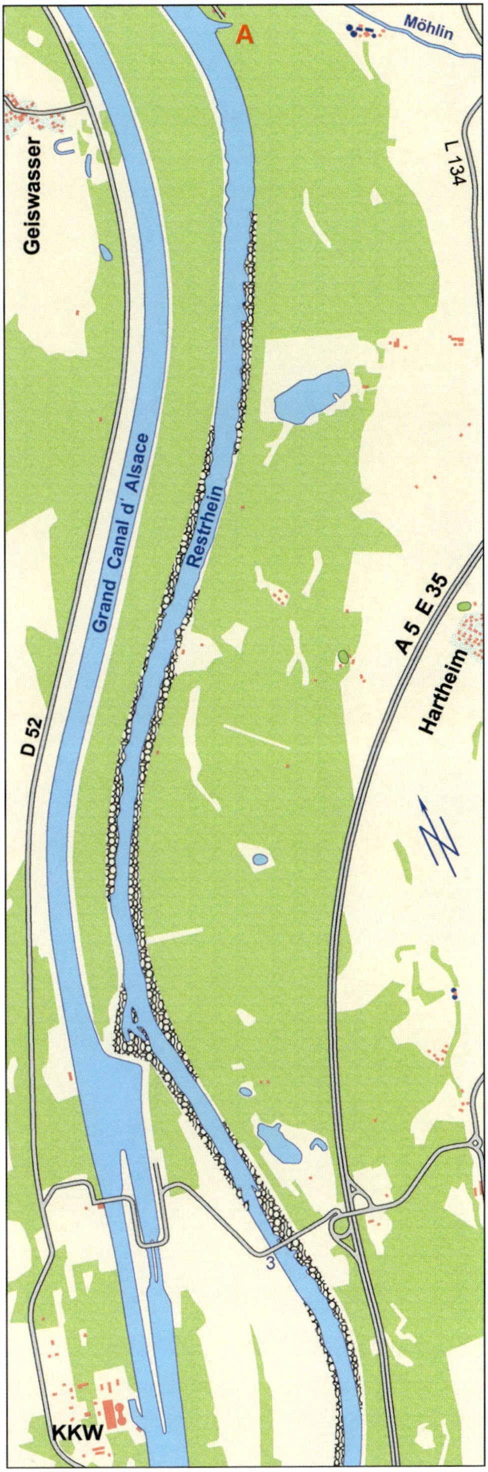
A
Möhlin
Geiswasser
L 134
Grand Canal d' Alsace
Restrhein
D 52
A 5 E 35
Hartheim
3
KKW

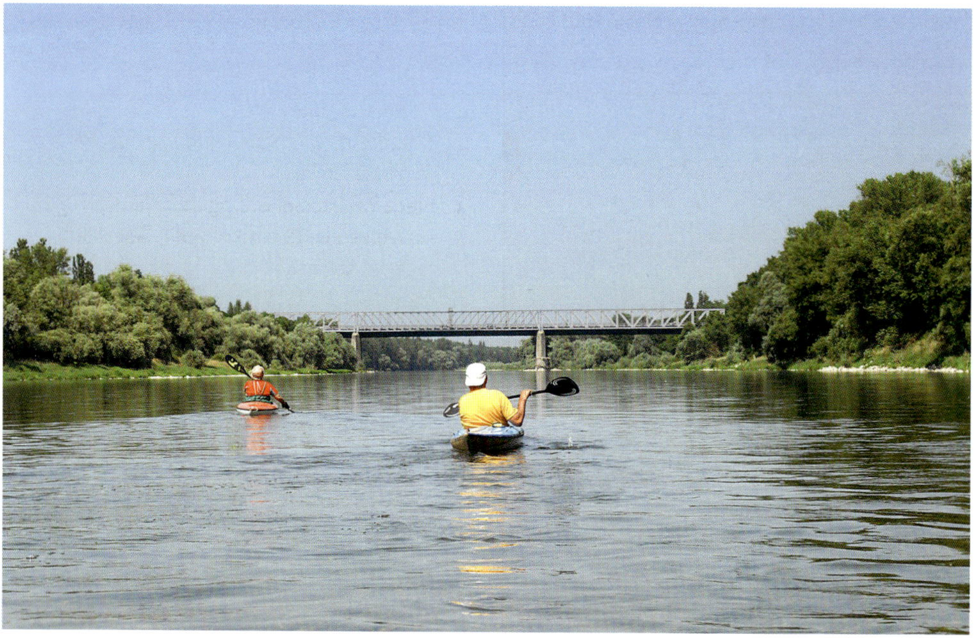

Oben: Brücke bei Neuenburg *Unten: Isteiner Stomschnellen*

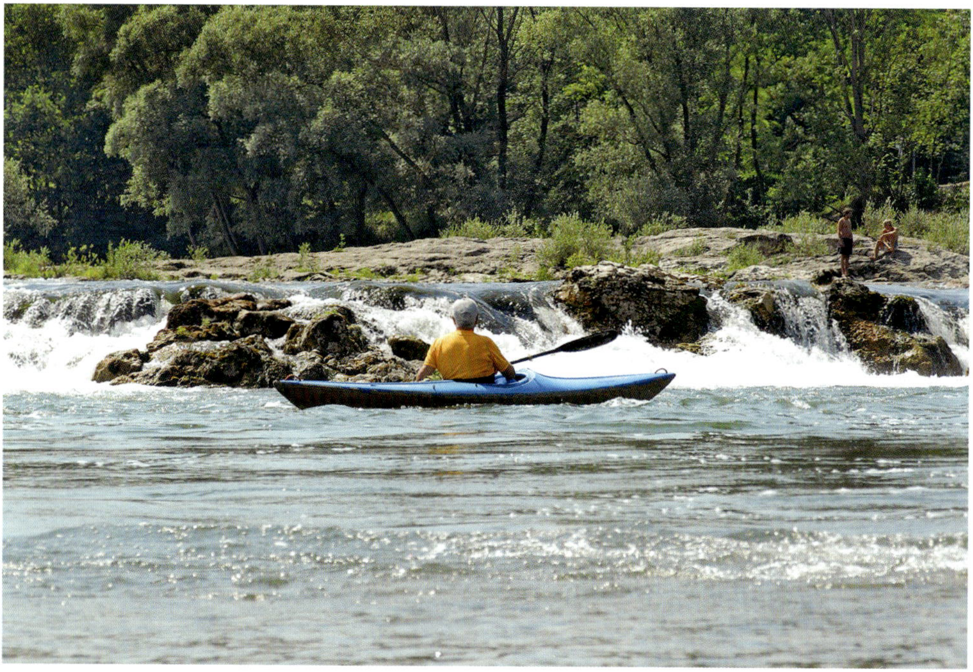

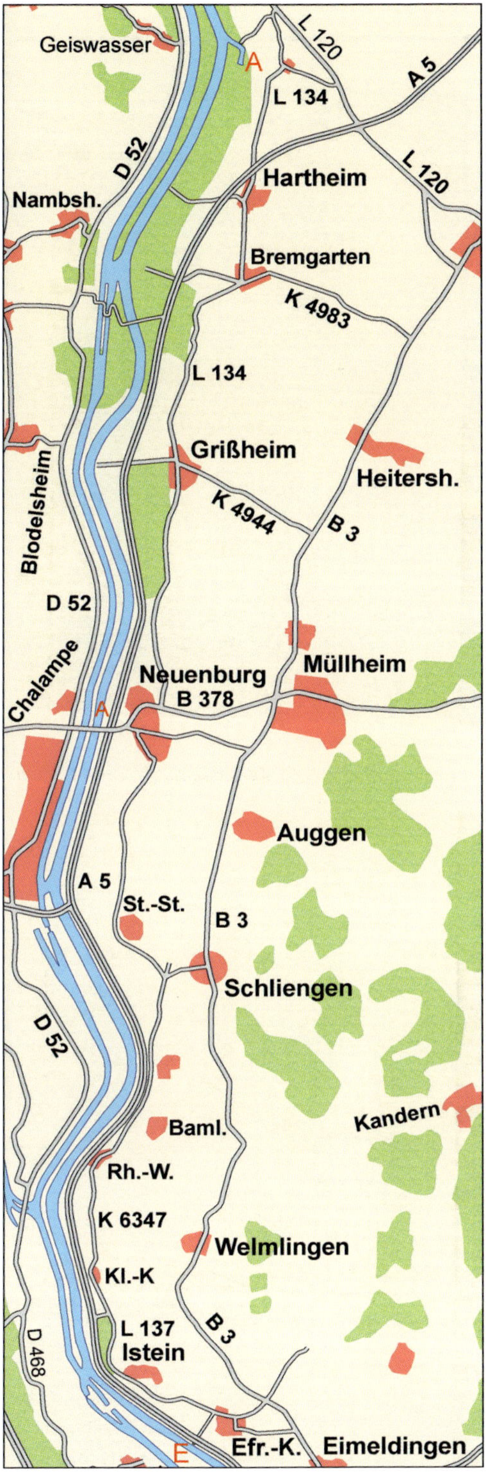

Orientierungspunkte

E Einsetzstelle bei Istein. Es folgen Schwallstrecken „Kleine Schwellen“ auf 4 km

1 Autobahnbrücke A36

2 Eisenbahn- und Straßenbrücke Neuenburg (Aussetzstelle)

3 Neue Brücke bei Bremgarten (Einspurig)

A Aussetzstelle Rhein-km 218,8, Segelklub “Nautic Breisach“

Koordinaten: N 47°58'34,81" O 7°37'27,06"

An- und Abreise

Zur Einsetzstelle

Autobahn A5, Ausfahrt Efringen-Kirchen (67). L137 an Istein vorbei. Westlich von Efringen-Kirchen unterquert der Engelbach die L137, dort biegen wir in südwestlicher Richtung ab. Zunächst fahren wir parallel zum Engelbach (Holzweg) überqueren später den Feuerbach, um kurz nach der Autobahnbrücke zum Waldparkplatz der Isteiner Schwelle zu kommen.

Zur Aussetzstelle

Autobahn A5, Ausfahrt Bad Krozingen (64a), L120 bis zur B31 (Großes Oval), L134 nur wenige Meter, dann rechts ab K4933 an der Kiesgrube vorbei und über die Möhlin bis zum Sportboothafen.

Literatur

BKV-Kanuführer Südwestdeutschland

Karten

Landesvermessungsamt Baden-Württemb.
Topo-Karte 1:25000

- 8011 Hartheim
- 8111 Müllheim
- 8211 Kandern
- 8311 Lörrach

Camping

- Camping Gugel
  Neuenburg Tel.: 07631/7719
- Camping Hüningen
  Tel.: 33(0)389700171

Tour 20: Kinzig (Wolfach – Offenburg)

Tourensteckbrief

Kurzinfo

Tagestour Wolfach-Offenburg 40 km, (33 km, 48 km)

- flotte Strömung
- einer- und Zweierboote
- PKW-Kontakt nur an wenigen Stellen möglich

Probleme

Wehre, Niederwasser (Sommer)

Die Kinzig ist einer der großen Flüsse des Schwarzwaldes, sie legt von ihrer Quelle bei Loßburg - südlich Freudenstadt - bis zu ihrer Mündung bei Kehl eine Strecke von 92 km (vor der Regulierung durch Tulla noch 112 km) zurück und hat auf diesem Weg ein Gefälle von 540 m. Sie trennt den nördlichen- vom südlichen Schwarzwald und fließt mitten durch interessante Marktflecken oder schlängelt sich knapp an den Ortschaften vorbei.

In trockenen Sommern leidet die Kinzig an Wassermangel. Wer sicher gehen möchte kann den Telefonpegel Schwaibach 07803/19700 abfragen, es sollten mindestens 60 cm sein.

Wer die Kinzig schon ab Schiltach befahren möchte, muss eine ganze Reihe von zum Teil recht schwierig zu umtragender Wehre in Kauf nehmen.

Deshalb beginnt unsere Wanderfahrt nach dem letzten Wehr von Wolfach beim Ortsteil Kirnbach am Fußgänger- und Radlersteg. Mit flotter Strömung geht es nach Hausach, unterwegs mündet von links die Gutach.
Vor Hausach unterhalb des eventuell fahrbaren

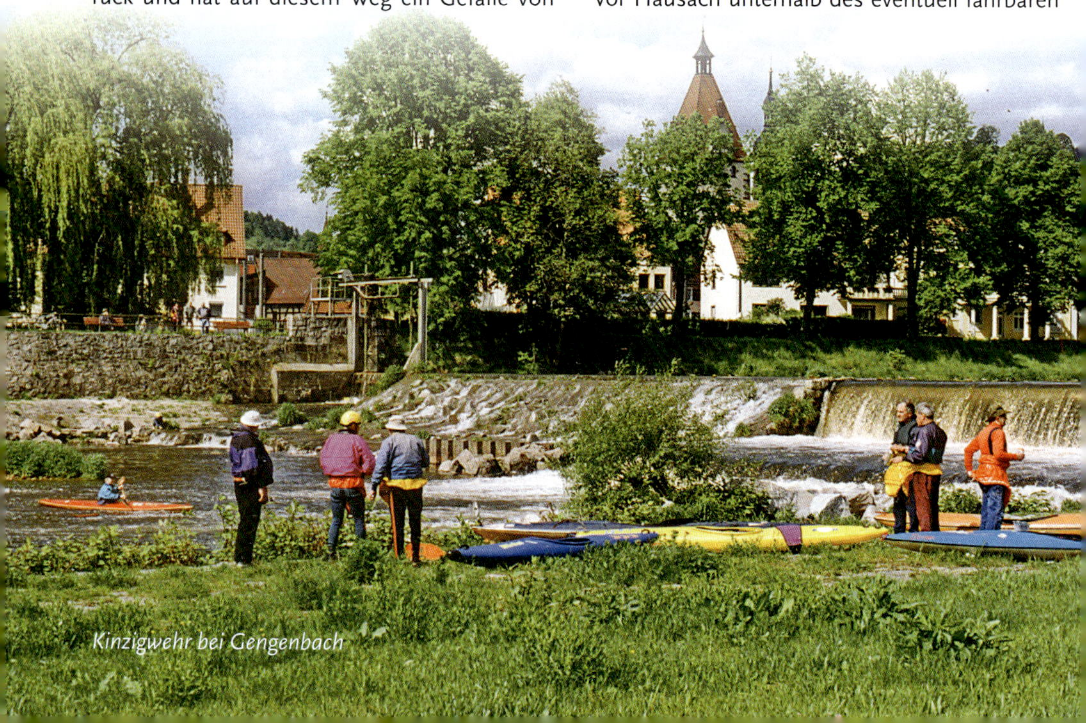

Kinzigwehr bei Gengenbach

Hammer-Wehres kann man ebenfalls einsetzen ab hier hat man dann eine Tagesstrecke von 35 km vor sich. Es folgen die Orte Steinach und Biberach hier mündet der Erlenbach (Hamersbach) in die Kinzig. Trotz der langen geraden Teilstrecken begleitet von Hochwasserdämmen die die freie Sicht auf die Schwarzwaldberge beeinträchtigen hat man auch hier immer wieder interessante Ausblicke in die Landschaft.

Rastmöglichkeiten bieten sich immer wieder an den Wehren, welche nach Besichtigung aber fast immer fahrbar sind. Umtragen muss man an den Wehren Hausach (3), Steinach (12), (15), Biberach (22) eventuell fahrbar, Gengenbach (25). Die in unregelmäßigen Abständen eingebauten Sohlschwellen können meist befahren werden. Legt man eine ausgiebige Rast am Steilwehr in Gengenbach ein, kann man diese auch zu einen kleinen Bummel über die Brücke und durch das Stadttor am Rathaus vorbei durch schmale Gässchen (Engelgasse) mit alten, fotogenen Fachwerkhäuschen nutzen.

Ab Gengenbach grüßt rechts das Wahrzeichen der Ortenau das um 1835 wiederaufgebaute Schloss Ortenberg. Vor Offenburg am Wehr beim Großen Deich endet unsere Wanderfahrt.

Die Befahrung des hier rechts abgehenden Mühlbachs kann durch schwierig zu umtragende Wehre, recht sportlich werden.

Wer weiterfahren möchte kann rechts oder besser links umtragen. Da die nun gemächlich fließende Kinzig das Wasser des Mühlbaches erst nach Griesheim wieder zugeführt bekommt, kann es in Trockenperioden schon zu Schwierigkeiten durch Wassermangel kommen. An Offenburg vorbei paddelt man bis zum Steilwehr bei Willstätt 50 km. Es gibt hier gute Parkmöglichkeit bei den Sportplätzen. Man kann aber auch links umtragen und bis zur Mündung in den Rhein (60 km) weiterfahren mit einem weiteren Wehr bei Kehl-Neumühl (seit 2002 rauhe Rampe).

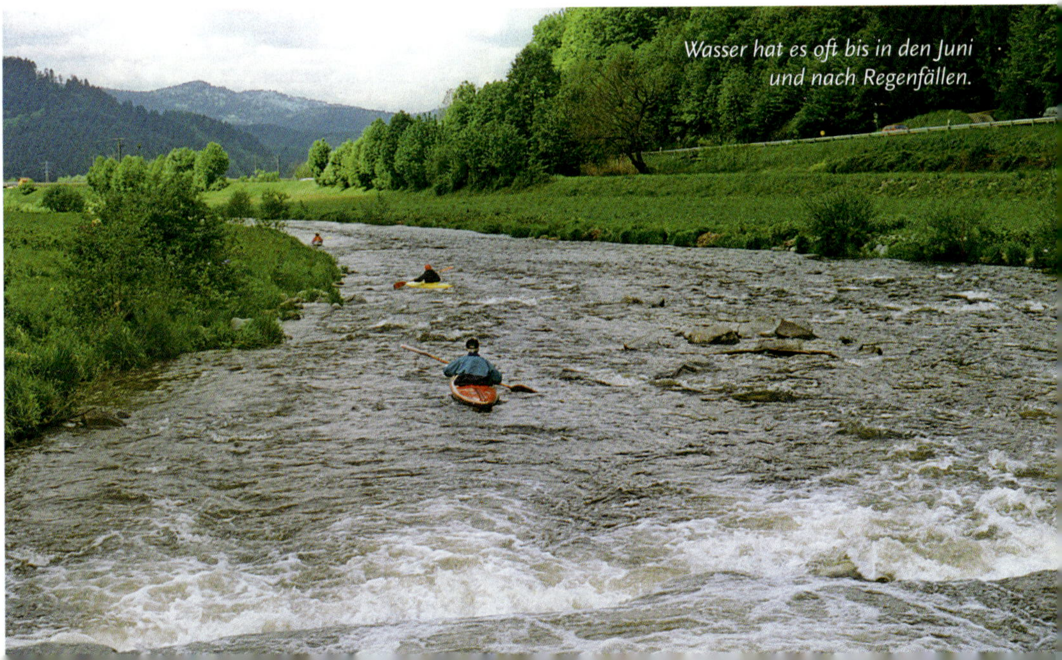

Wasser hat es oft bis in den Juni und nach Regenfällen.

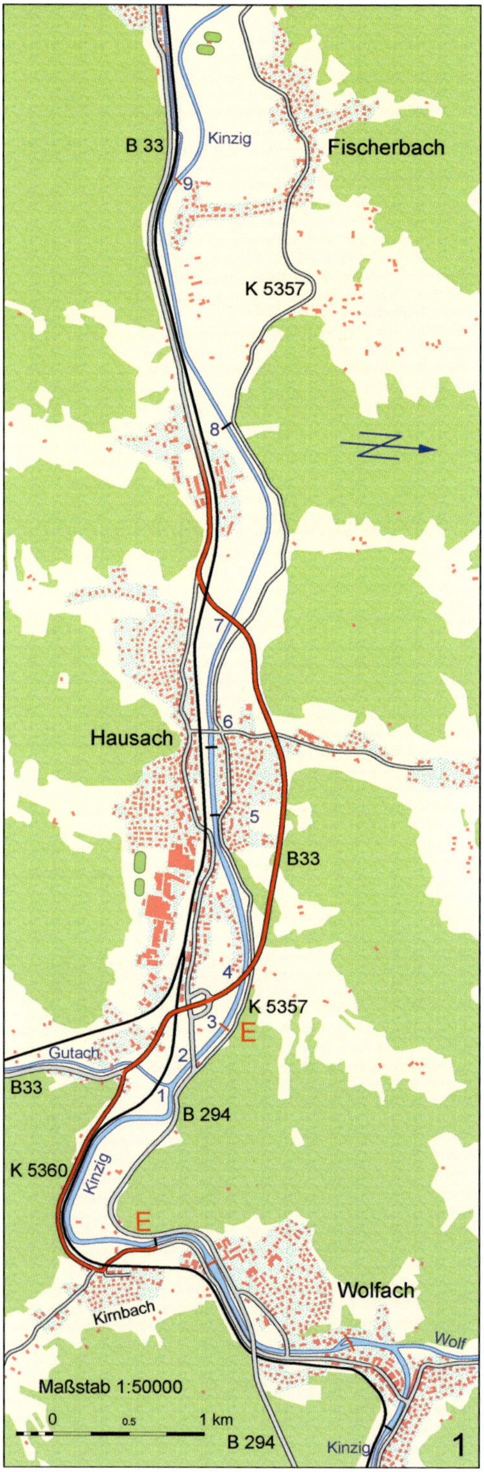
Fischerbach
Kinzig
B 33
9
K 5357
8
7
Hausach
6
5
B33
4
K 5357
3
E
Gutach
2
B33
1
B 294
K 5360
Kinzig
E
Wolfach
Kirnbach
Wolf
Maßstab 1:50000
0
0.5
1 km
B 294
Kinzig
1

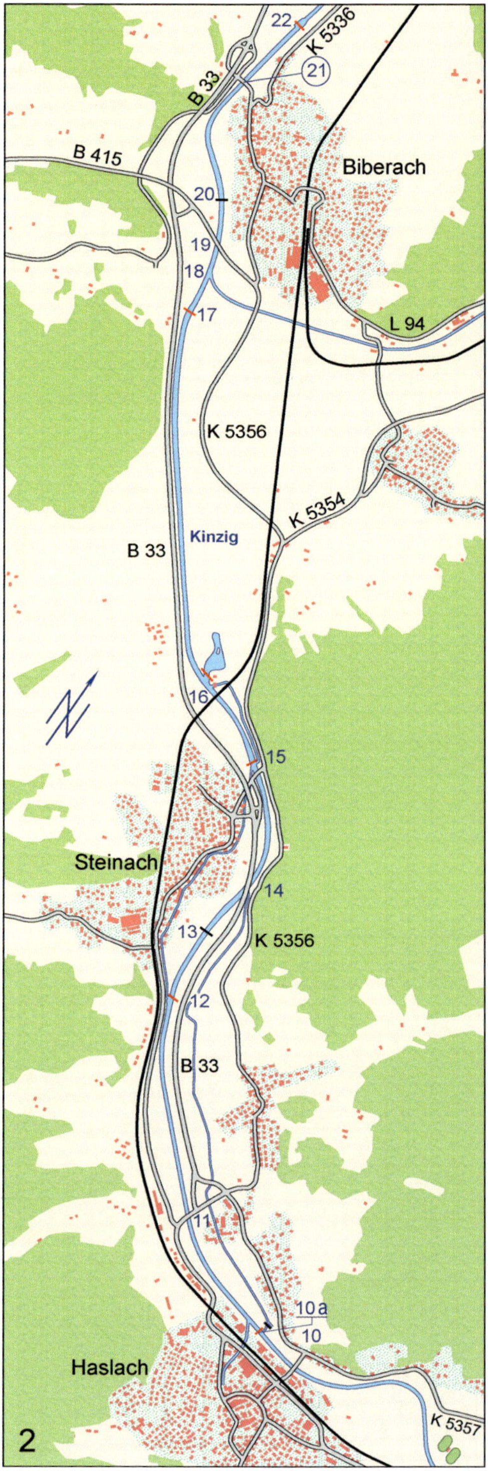
22
K 5336
21
B 33
B 415
Biberach
20
19
18
17
L 94
K 5356
K 5354
B 33
Kinzig
16
15
Steinach
14
13
K 5356
12
B 33
11
10 a
10
Haslach
K 5357
2

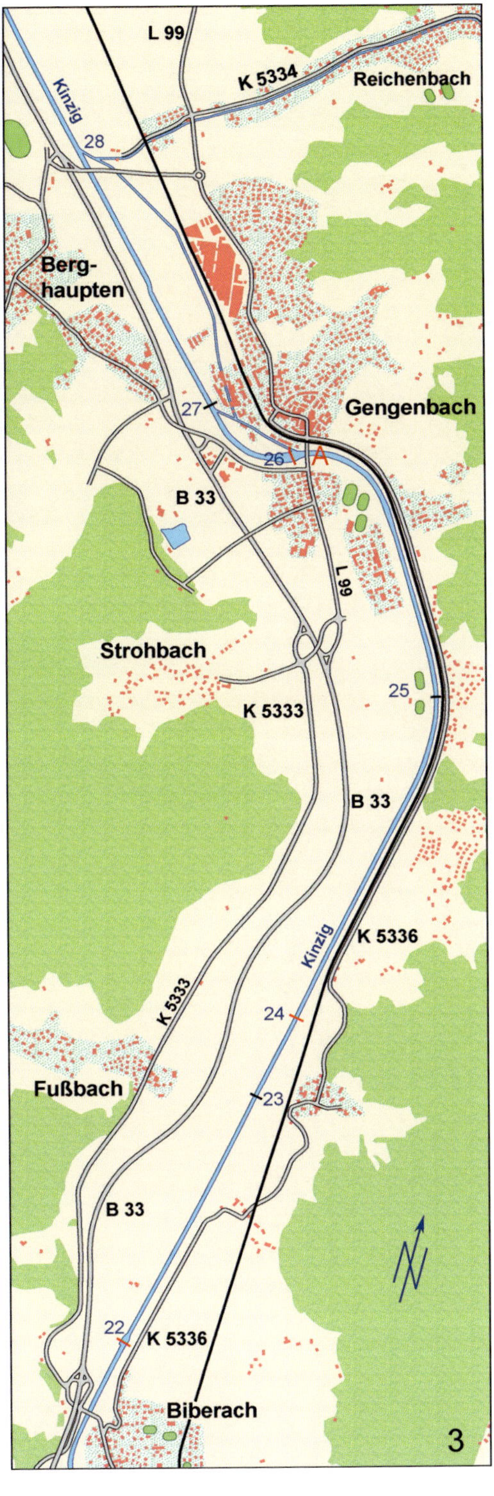

Orientierungspunkte

E Einsetzstelle unterhalb des letzten Wehres von Wolfach beim Ortsteil Kirnbach, links beim Fußgängersteig
1 Links Mündung der Gutach
2 Straßenbrücke B294
3 Hammerwehr, rechts umtragen. Weitere mögliche Einsetzstelle.
4 Straßenbrücke B33
5 Brücke
6 Zwei Brücken in kurzer Folge
7 Straßenbrücke B33
8 Steg
9 Wehr, evtl. Fahrbar, rechts umtragen
10 Brücke, Wehr fahrbar oder rechts umtragen
10a Wehr fahrbar oder rechts umtragen
11 Brücke
12 Wehr vor Steinach, rechts oder links umtragen
13 Steg
14 Straßenbrücke B 33
15 Straßenbrücke nachfolgend Steilwehr, inks umtragen.
16 Eisenbahnbrücke, Zulauf rechts
17 Wehr links umtragen
18 Rechts Mündung des Erlenbaches
19 Straßenbrücke
20 Fußgängersteg
21 Straßenbrücke
22 Wehr, links umtragen, eventuell links fahrbar.
23 Straßenbrücke
24 Künstliche Schwelle, je nach Wasserstand fahrbar oder rechts umtragen.
25 Brücke
26 Straßenbrücke Gengenbach L99 und Wehr, links umtragen
27 Fußgängersteg
28 Straßenbrücke

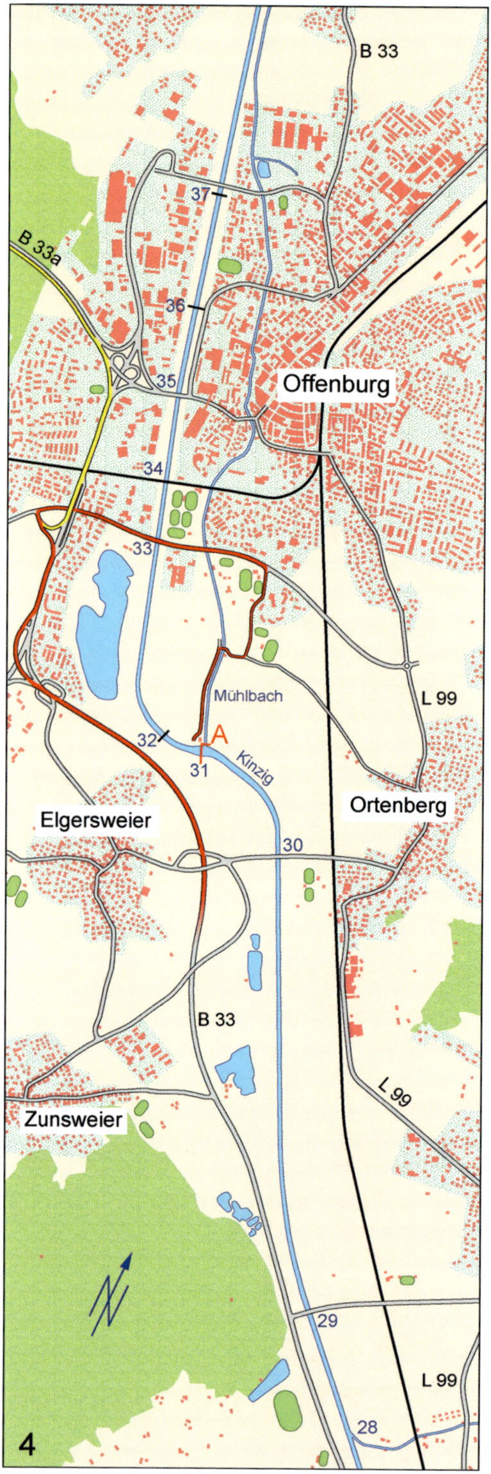

29 Straßenbrücke
30 Straßenbrücke
31 Wehr und Aussetzstelle. Bei Weiterfahrt links umtragen. Abgang des Mühlbaches.
32 Fußgängersteg
33 Straßenbrücke
34 Eisenbahnbrücke

An- und Abreise

Zur Einsetzstelle Wolfach-Kirnbach

A5, Ausfahrt Offenburg (55). B33a vor Offenburg rechts ab auf B33.
B33 nach Hausach überquert man die Gutach kurz danach links ab auf die K5360 bis zur Einsetzstelle am Rad- und Fußgängersteg über die Kinzig. Siehe Kartenskizze 1 rot.

Zur Aussetzstelle Offenburg, Großer Deich

A5 Ausfahrt Offenburg (55). B33a vor Offenburg rechts ab auf B33. B33 bis zum Südring, hier rechts ab über die Kinzig bis zur Zähringerstraße. Hier rechts ab bis zum Ende, dann rechts abbiegen, über den Mühlbach und den Mühlbach entlang bis zur Aussetzstelle Kinzigwehr (Großer Deich). Kartenskizze 4 gelb dann rot.

PKW verstellen

Vom Großen Deich zurück auf die B33 wie oben beschrieben. B33 nach Hausach überquert man die Gutach kurz, danach links ab auf die K5360 bis zur Einsetzstelle am Rad- und Fußgängersteg über die Kinzig. Siehe Kartenskizze 4 rot und Kartenskizze 1 rot.

Literatur

BKV-Kanuführer Südwestdeutschland

Karten

Landesvermessungsamt Baden-Württemb.
Topo-Karte 1:25000

- L 7714 Haslach
- L 7512 Offenburg

Camping

Campingplatz Kehl

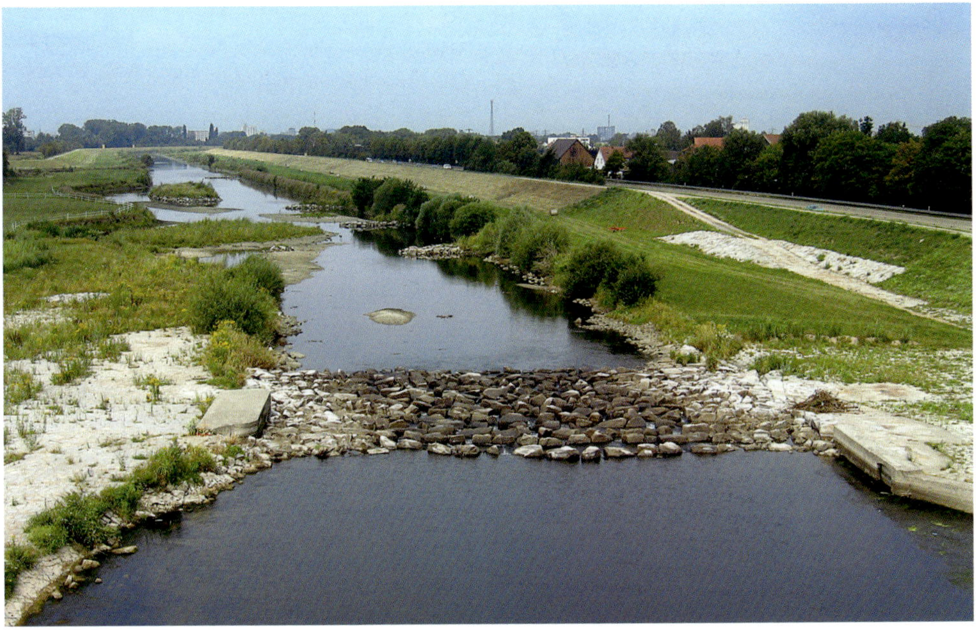

Oben: Eine rauhe Rampe ersetzt seit 2002 das Wehr bei Neumühl (Niederwasser).
Unten: Rast am Wehr bei Fischerbach.

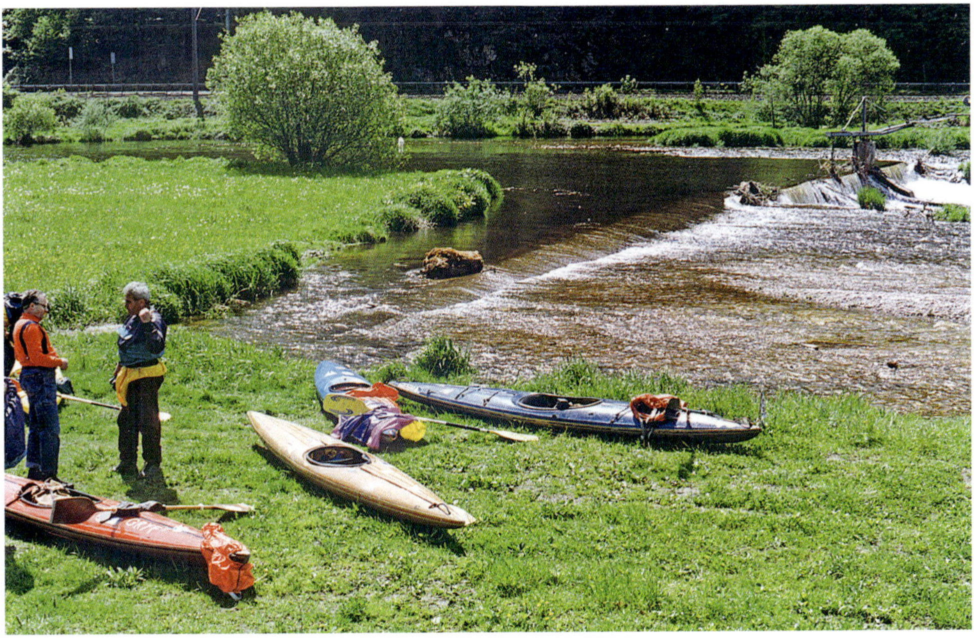

Tour 21: Neumagen – Möhlin

Tourensteckbrief

Kurzinfo

Tagestour 20 km

- PKW-Kontakt nur an wenigen Stellen möglich

Probleme

- Verhau-gefährdet (3 Musterexemplare)
- Zwischen 1.3. und 31.7. gesperrt
- Unsichere Wasserstände
- Parkplatzsuche in Bad Krozingen

Die Quellen des Neumagen und der Möhlin liegen im Schauinslandgebiet im Hochschwarzwald in etwa 1100 m Höhe. Der Neumagen mündet nach ca. 25 km zwischen Hausen und Biengen in die Möhlin. Ab der Mündung sind es dann noch weitere 13 km bis zum Rhein. Für eine Fahrt auf Neumagen und Möhlin müssen schon einige Faktoren zusammenpassen. Zum einen ist ein ausreichender Wasserstand zur Befahrung recht selten anzutreffen, zum anderen ist die Befahrung laut Verordnung der Stadt Breisach zwischen dem 1. März und dem 31. Juli verboten.

Für eine Wanderfahrt auf Neumagen und Möhlin bietet sich Bad Krozingen als Einsetzstelle an. Die Parkplatzsuche ist schwierig. Wir haben unsere Boote an einer Fußgängerbrücke (Akazienweg) eingesetzt. Eine freundliche Anwohnerin erlaubte uns für einige Stunden die hauseigenen Parkplätze zu benutzen.

In flotter Fahrt geht es im ca. 5 bis 6 m breiten Bach durch Bad Krotzingen. Bald nach dem Kurpark müssen wir ein Wehr rechts wenige Meter umtragen. Dann folgt eine fast hindernisfreie* Fahrt, der Neumagen mündet in die Möhlin, wir paddeln an Hausen und Grezhausen vorbei und kommen in die Auwälder des Oberrheins. Den bewirtschafteten Baggersee

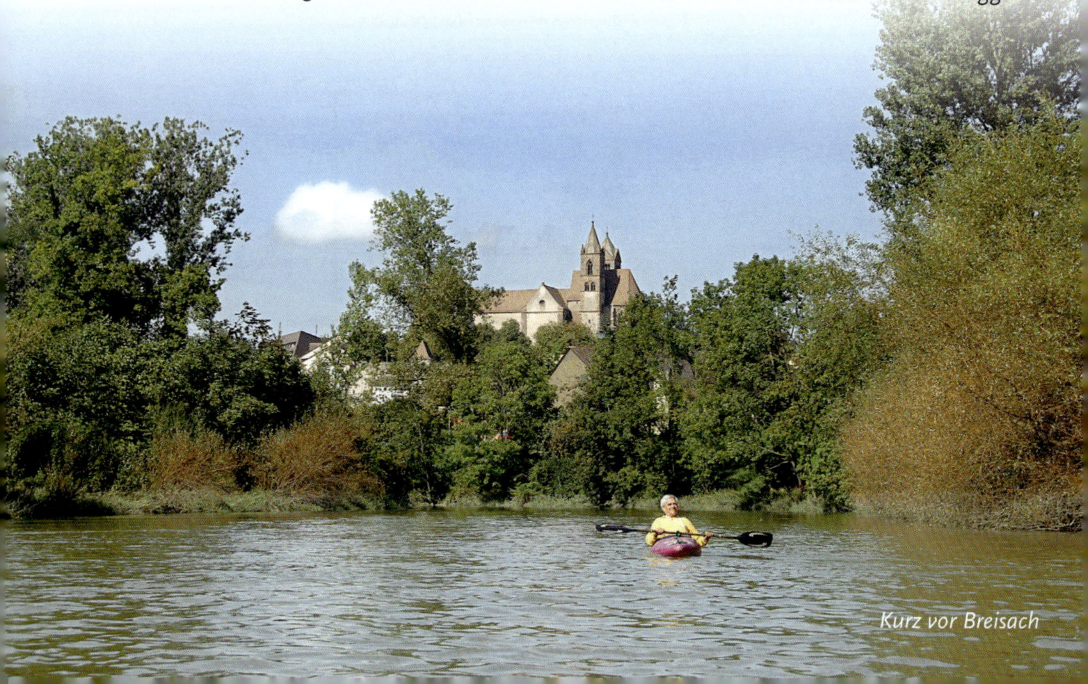

Kurz vor Breisach

queren wir. Kurz nach dem Abgang der Möhlin aus dem See treffen wir auf eine niedrige Brücke mit Wehrschütz, hier umtragen wir links und können dies gleich zu einer Rast nutzen.

Die folgende Strecke verläuft bis kurz vor der Mündung in den Rhein durch Auwald. Die Brücke mit Wehr vor Breisach (16) verlangt beim Umtragen viel Zeit und Anstrengung. Dann geht es praktisch hindernisfrei bis zur Mündung in den Rhein, denn das Wehr unter der Brücke ist gut fahrbar. Wenige Meter nach der Mündung findet man rechts eine passable Aussetzstelle.

**Besonders bei Hochwasser kommt es immer wieder vor, dass von der Wucht des Wassers auch größere Bäume mitgerissen werden. Verhaken sich diese Baumleichen beidseits des Baches sammelt sich in der Folge alles was ein Bach so mitführt an dieser Stelle zu einem ausgewachsenen Verhau. Hier eine kleine recht unvollständige Aufzählung der Dinge die sich hier oft finden: „Weitere Bäume, Äste, Brennholz, Paletten, Möbel, Kisten, Zäune, Bälle für alle möglichen Sportarten wie Fußball, Handball, Basketball, Tennis, Glasflaschen, Spraydosen, Blumentöpfe, Plastikspielzeug, Kanister, Plastikflaschen, Korken, Gasflaschen, Kühlschränke, tote Tiere, Styroporverpackungen, Leitern, Hundehütten…" diese Aufzählung ist keineswegs vollständig, jeder erfahrene Paddler kann diese Liste um einiges, oft recht skurriles Schwemmgut ergänzen.*

Ein Überfahren dieses Sammelsuriums ist meist nicht möglich. Das Aussteigen auf schwimmende, glitschige Verhauteile ist sehr gefährlich. Schnell ist man abgerutscht und verklemmt sich im Treibgut oder verschwindet ganz unter dem Verhau mit geringen Chancen zum Auftauchen! Am besten sucht man sich eine geeignete Ausbootstelle und umträgt das Hindernis.

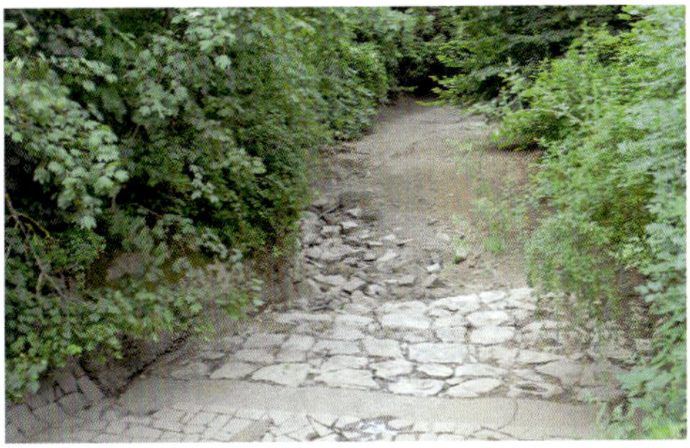

Möhlin-Flussbett am 5.7.2006

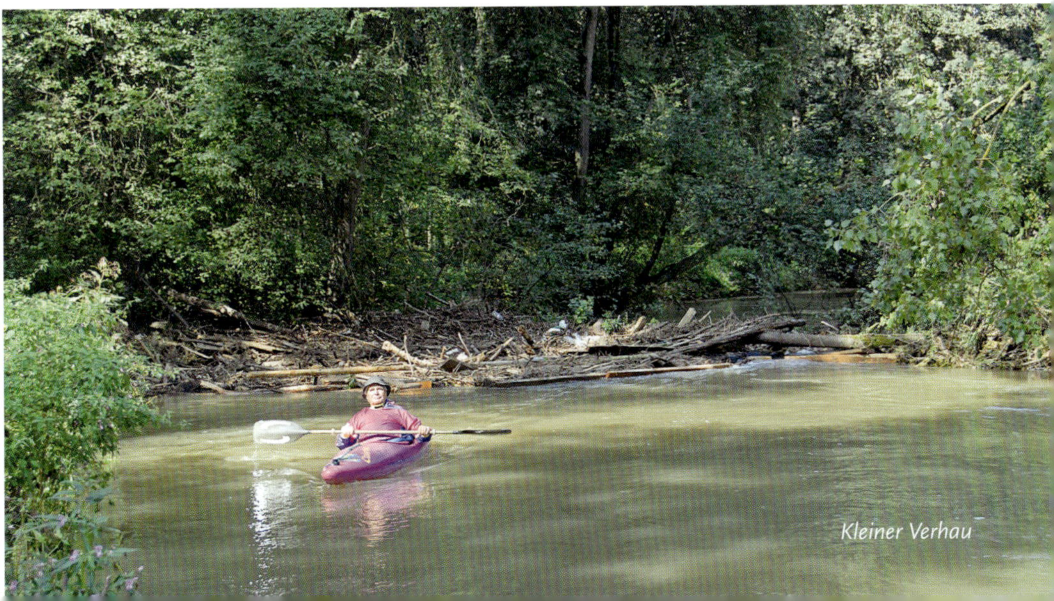

Kleiner Verhau

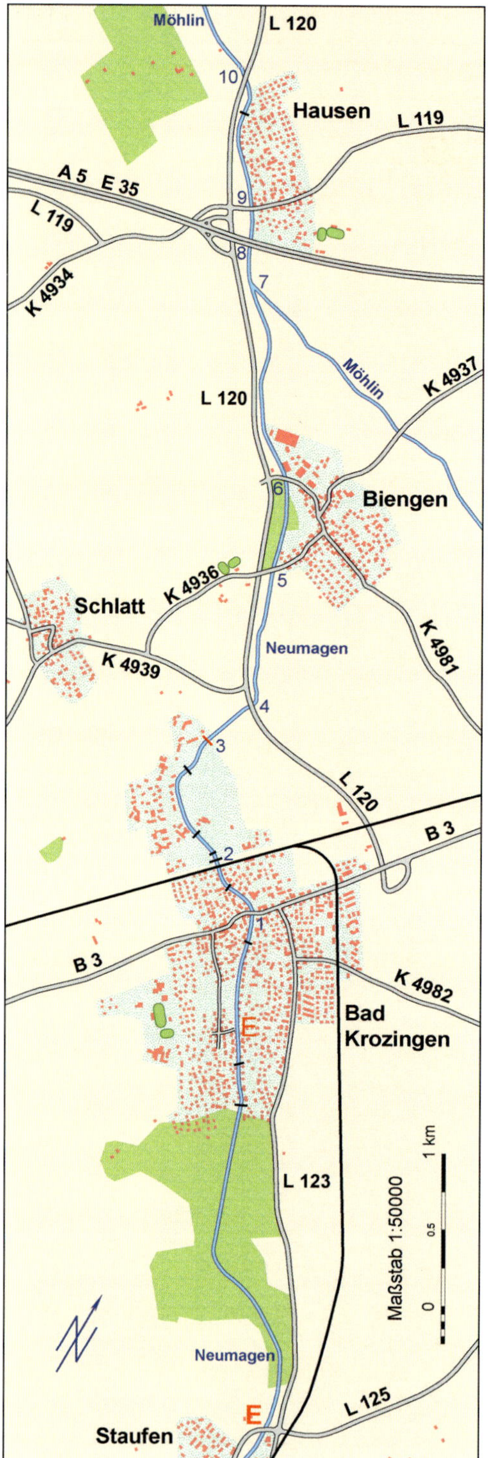
Möhlin
L 120
10
Hausen
L 119
A 5 E 35
9
L 119
8
7
K 4934
Möhlin
K 4937
L 120
6
Biengen
K 4936
5
Schlatt
Neumagen
K 4981
K 4939
4
3
L 120
B 3
2
1
B 3
K 4982
E
Bad
Krozingen
L 123
1 km
0,5
0
Maßstab 1:50000
Neumagen
L 125
E
Staufen

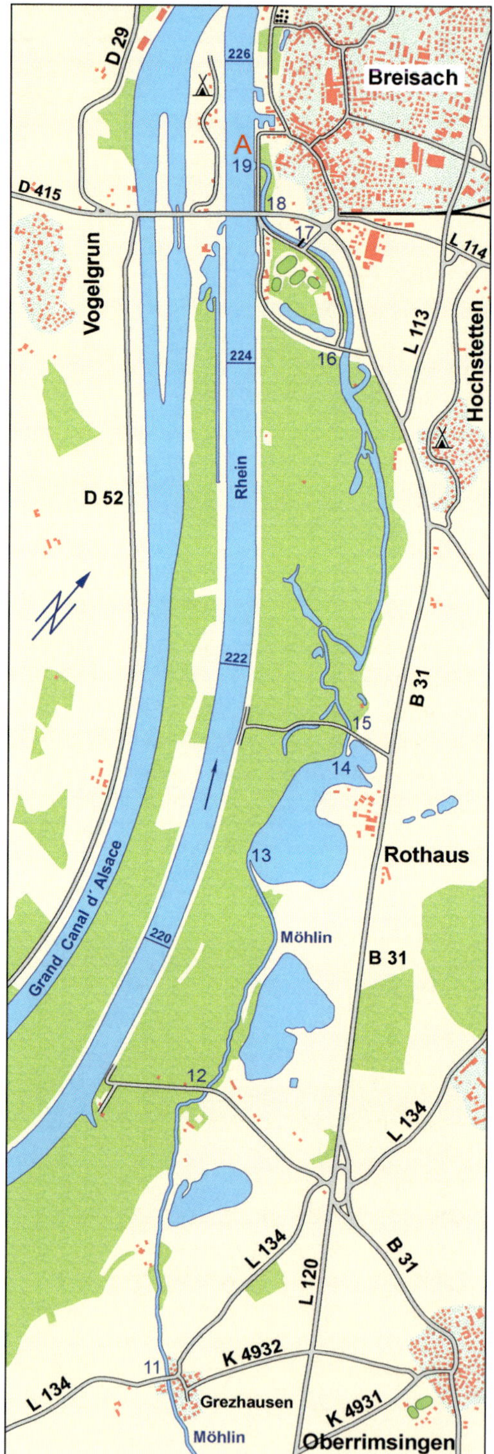
D 29
226
Breisach
A
19
D 415
18
17
L 114
Vogelgrun
224
16
L 113
Hochstetten
Rhein
D 52
222
B 31
15
14
Rothaus
13
Grand Canal d´ Alsace
220
Möhlin
B 31
12
L 134
L 134
L 120
B 31
11
K 4932
L 134
Grezhausen
K 4931
Möhlin
Oberrimsingen

Orientierungspunkte

E Steg in Bad Krozingen Akazienweg
1 Brücke B3 in Bad Krozingen
2 Eisenbahnbrücke
3 Wehr, rechts umtragen
4 Brücke L120
5 Brücke K4939
6 Brücke (Biengen)
7 Mündung in die Möhlin
8 Brücke A5
9 Brücke (Hausen)
10 Brücke L120
11 Brücke L134 (Grezhausen)
12 Brücke
13 Mündung in den Baggersee
14 Ausgang (Baggersee)
15 Brücke mit Schütz links umtragen
16 Brücke und Wehr, links umtragen (mühsam)
17 Brücke kurz danach Steg
18 Brücke, darunter Wehr, fahrbar
19 Mündung in den Rhein, Rhein-km 225,3
A Aussetzstelle

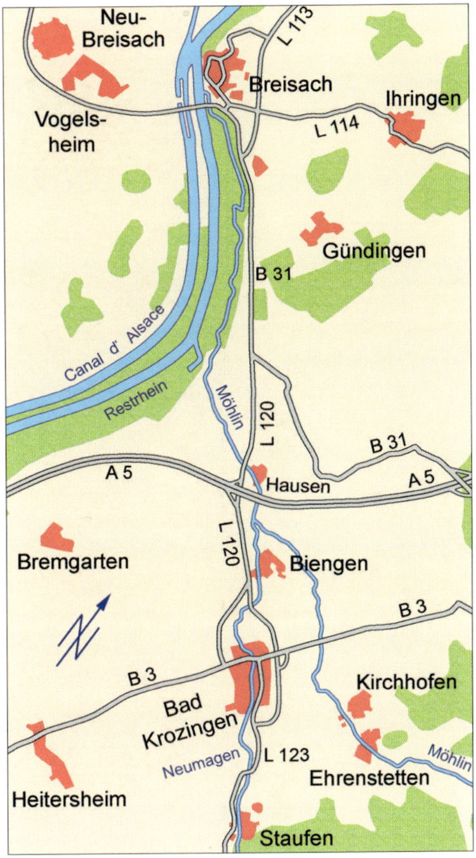

An- und Abreise

Zur Einsetzstelle Bad Krozingen
A5 Ausfahrt Bad Krozingen AS64a,
L120 bis Bad Krozingen
B3 bis Belchenstasse, Akazienweg E.

Zur Aussetzstelle Breisach
A5 Ausfahrt Bad Krozingen AS64a,
L120 und B31 bis Breisach.

PKW verstellen Breisach-Bad Krozingen
B31 dann L120 bis Bad Krozingen,
B3 bis Belchenstrasse, Akazienweg.

Literatur
BKV-Kanuführer Südwestdeutschland

Karten
Landesvermessungsamt Baden-Württemb.
Topo-Karte 1:25000
- 7911 Breisach
- 8011 Hartheim
- 8012 Bad Krozingen

Camping
Campingplatz Breisach

Tour 22: Lingenfelder Runde

Tourensteckbrief

Kurzinfo

Tages-Rundtour 18 km

- ganzjährig befahrbar
- alle Bootstypen
- eine Umtragestelle
- viele Variationen möglich
- PKW-Kontakt nur an wenigen Stellen möglich

Probleme

Versteckte Umtrageststelle, Schiffsverkehr auf dem Rhein

Eine beschauliche kürzere Runde kann man in Kombination von Germersheimer Hafen, Rhein, Altrhein, Schäfersee und Lingenfelder Altrhein paddeln. Bei entsprechender Wahl der Einsetzstelle bieten sich viele Variationen einer Rundtour an.

Als Einsetzstelle wählen wir den Schnittpunkt der K29 mit Lingenfelder Altrhein und Germersheimer Hafen. Ebenso bieten sich das Bootshaus der WSC Rheintreue Rheinsheim-sowie das Bootshaus der Philippsburger Paddler als Startstelle an.

An der Einsetzstelle an der K29 sind ausreichend Parkplätze vorhanden. Das Einsetzen geschieht über eine lange Treppe. Im ruhigen Germersheimer Hafen fahren wir am schwimmenden Bootshaus der RV Germersheim vorbei, in die satte Strömung des Rheins. Bei Rhein-km 386,5 passieren wir die Anlegestelle der WSC Rheintreue Rheinsheim.

Das früher schon von weitem zu sehende Kernkraftwerk Philippsburg wird derzeit (2021) abgebaut, die beiden Kühltürme wurden 2020 gesprengt. Bei Rhein-km 389,2 paddeln wir links in das dortige Altwasser.

Bei entsprechendem Wasserstand findet man herrliche Sandstrände zum Baden und Verweilen.

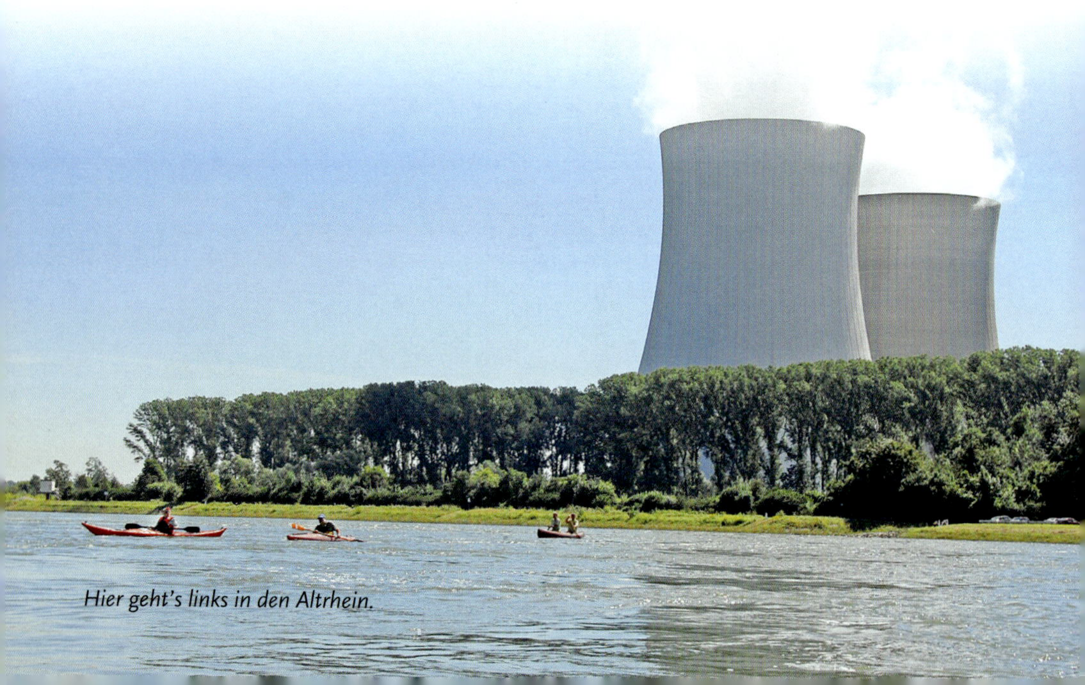

Hier geht's links in den Altrhein.

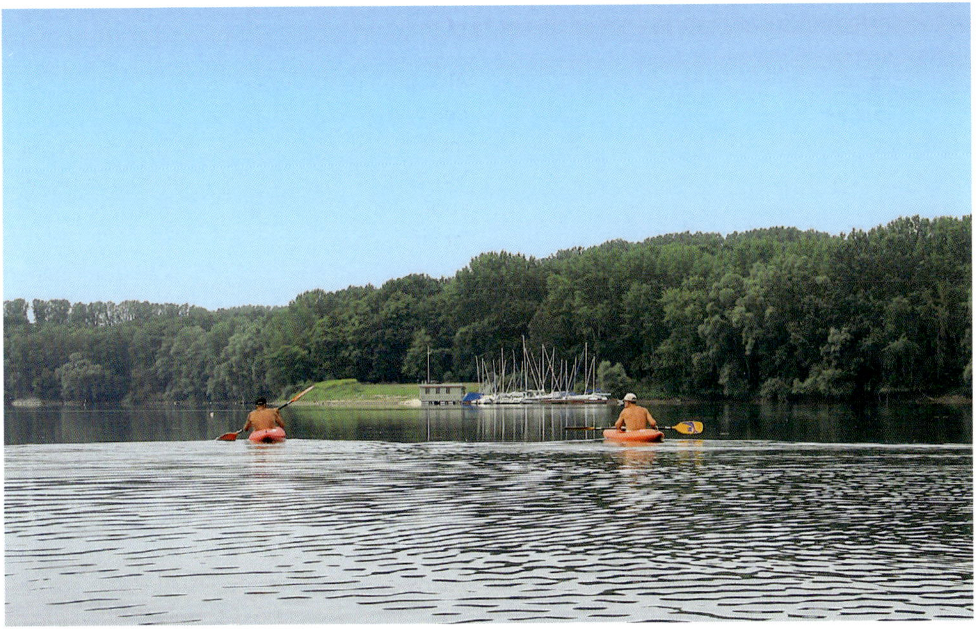

Im Hintergrund das Gelände des Lingenfelder Segelclubs.

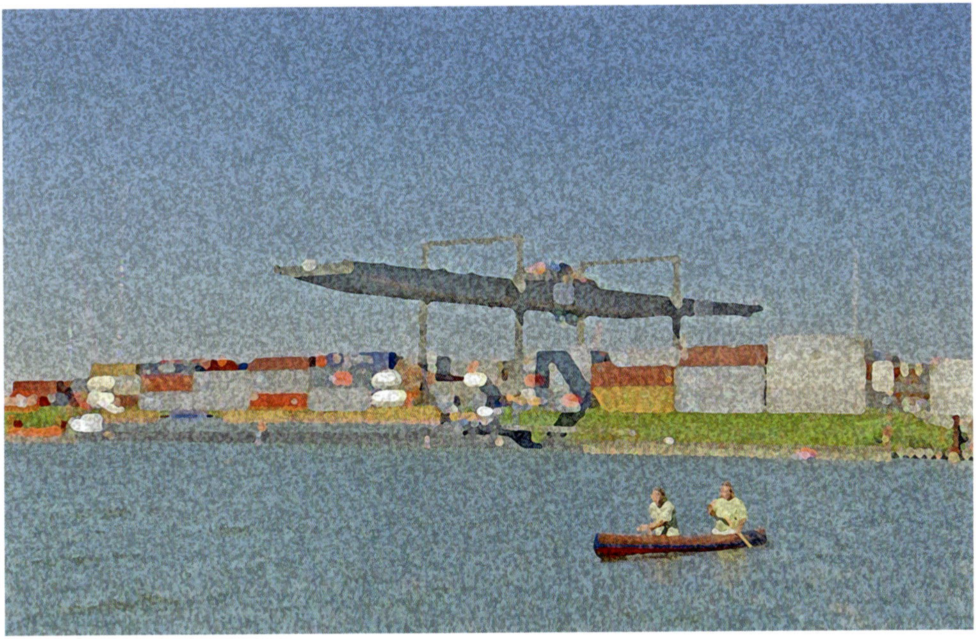

Im Germersheimer Hafen

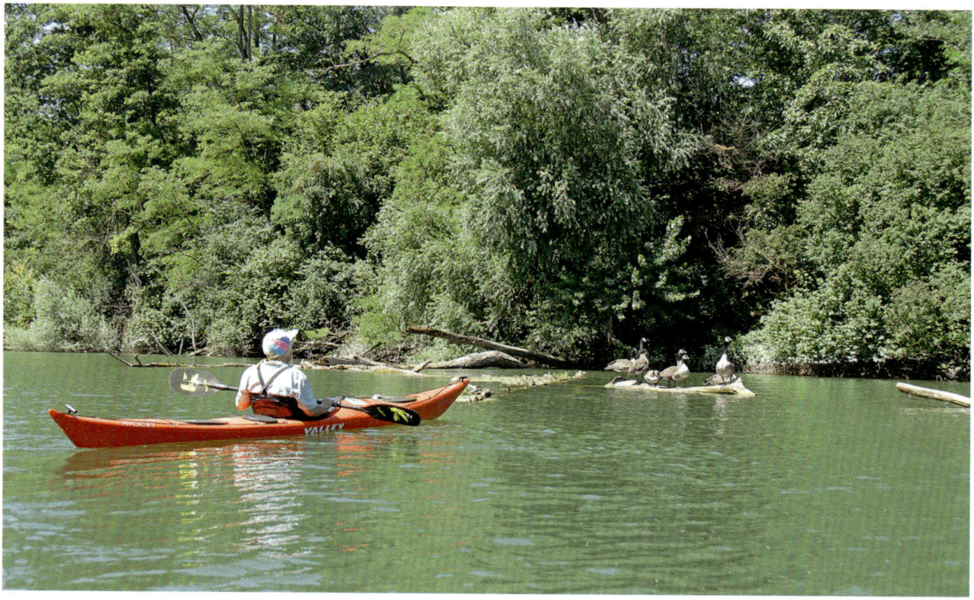

Gänse schauen verwundert

Die etwas schwierig zu findende Umtragestelle liegt in einer kleinen Bucht, ein ortskundiger Führer hilft bei erstmaliger Fahrt diese Stelle zu finden. Anschließend paddelt man praktisch ohne Probleme im großen Schäfersee westwärts, rechts liegt von weitem erkennbar das Gelände und Bootshaus des Segelclubs Lingenfeld mit kleiner Kanu-Abteilung, das sich als gepflegte Naturoase wohltuend für eine Rast anbietet.

Bald kommt man in den Lingenfelder Altrhein. Bei der Einfahrt in den Lingenfelder Altrhein hält man sich rechts, denn links kommt man nach ca. 1 km zum Rhein zurück (Kurzrunde ca. 10 km). Im großem Bogen paddelt man nun Richtung Lingenfeld. Die paddelfreundliche Gaststätte beim Bahnhof Lingenfeld ist leider Geschichte. Als Raststelle bietet sich das Gelände des Segelclubs Lingenfeld an. Danach ist noch eine gute Stunde paddeln bis zur Aussetzstelle an der K29 angesagt.

An- und Abreise

Hinweisschildern zum Mercedes-Werk folgen

Rechtsrheinisch A 5

A5 bis zur Ausfahrt (42) Bruchsal, B35 bis zur 1. Abfahrt nach dem Rhein auf K29 Hafenstraße. K29 bis zur Einsetzstelle (Philippsburger Straße).

Linksrheinisch B 9

B9 bis zur Abfahrt auf die B35 Richtung Germersheim, B35 bis zur 1. Abfahrt rechts ab auf die K29 Hafenstraße. K 29 bis zur Einsetzstelle (Philippsburger Straße).

Literatur

BKV-Kanuführer Südwestdeutschland

Karten

Landesvermessungsamt Baden-Württemb.
Topo-Karte 1:25000

- L 6716 Germersheim
- L 6616 Speyer

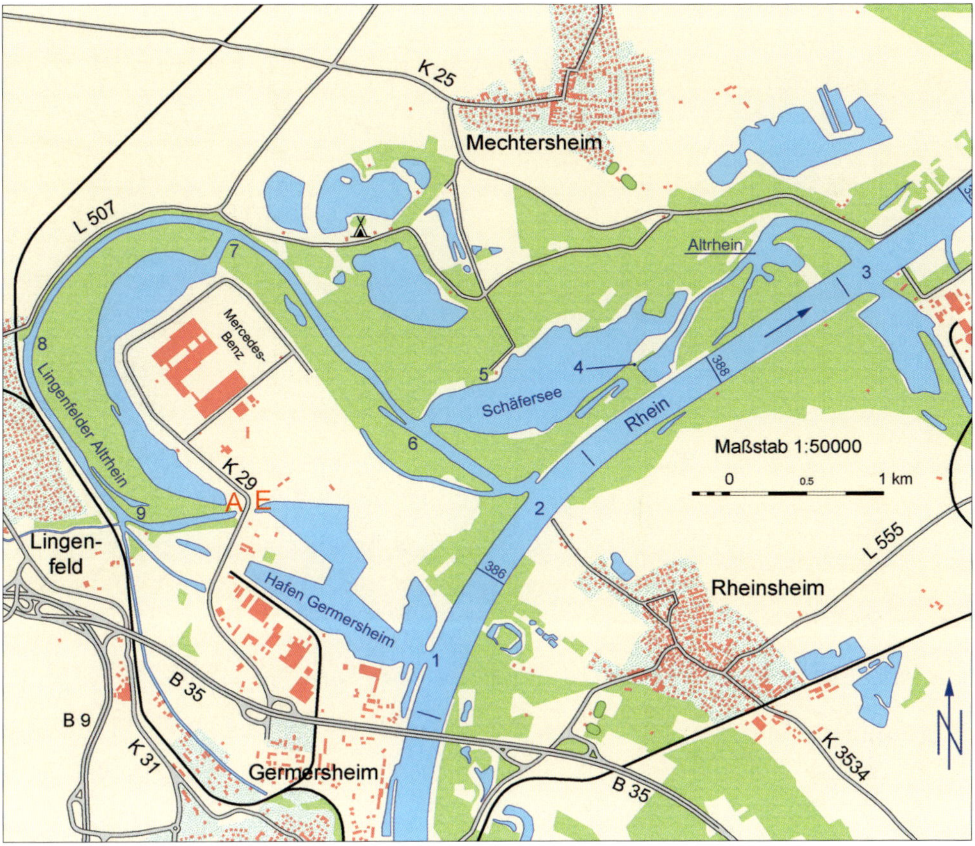

Orientierungspunkte

E An der K29 in den Germersheimer Hafen

1 Ausfahrt in den Rhein

2 Links Einfahrt in den Lingenfelder Altrhein (Kleine Runde 10 km). Rechts Bootshaus der WSC Rheintreue Rheinsheim, weitere mögliche Einsetzstelle.

3 Links Einfahrt in den Altrhein. Rechts Bootshaus des SKC Philippsburg, weitere mögliche Einsetzstelle.

4 Umtragestelle in den Schäfersee

5 Bootshaus des Segelclubs Lingenfeld, Raststelle.

6 Einfahrt in den Lingenfelder Altrhein

7 Links Abgang eines blind endenden Armes, hübsche Sandstrände, rechts halten

8 Aufgang (Trampelpfad) zum Bahnhof Lingenfeld

9 Mündung der Druslach, Abgang eines blind endenden Armes, links halten

A Aussetzstelle

Tour 23: Michelsbach

Tourensteckbrief

Kurzinfo

Tagestour 16 km
(Leimersheim - Mündung)

- ganzjährig befahrbar
- alle Bootstypen
- keine Umtragestelle
- PKW-Kontakt nur an wenigen Stellen möglich

Hinweis

Für eine Befahrung sollte der Rheinpegel Maxau über 5 m liegen.

Der Michelsbach verbindet das Leimersheimer Altwasser mit dem Sondernheimer Altrhein. Abwechslungsreich verläuft der Bach teils durch Felder und Wiesen, einen Großteil paddelt man allerdings durch den Auwald.

Die Einsetzstelle befindet sich in Leimersheim bei den Sportanlagen. Die früher auch oft angesteuerte Einsetzstelle beim Hundeplatz am Fischmal, kann aus Naturschutzgründen nicht mehr genutzt werden.

Nach Durchquerung des Leimersheimers Altwassers fließt der Michelsbach durch Leimersheim. Er nimmt noch im Ortsbereich den ebenfalls paddelbaren Erlenbach auf. Die erste gute Rastmöglichkeit findet man an der Verbindung des Gewässers mit dem Baggersee. Die Ufer sind schilfgesäumt, im Wasser umkurven wir vorsichtig unzählige Teichrosenbeete. Mit schwierigen Passagen oder Umtragestellen an umgestürzten Bäumen sollte man immer rechnen. Unbemerkt münden Scheit- und Spiegelbach vor dem Sondernheimer Altrhein in unser Gewässer. Bald paddelt man auf ein großes Gebäude (Pumpwerk) zu, weit links davor geht es weiter Richtung Rhein. Etwa 1 km vor der Mündung in den Rhein kann man links nach

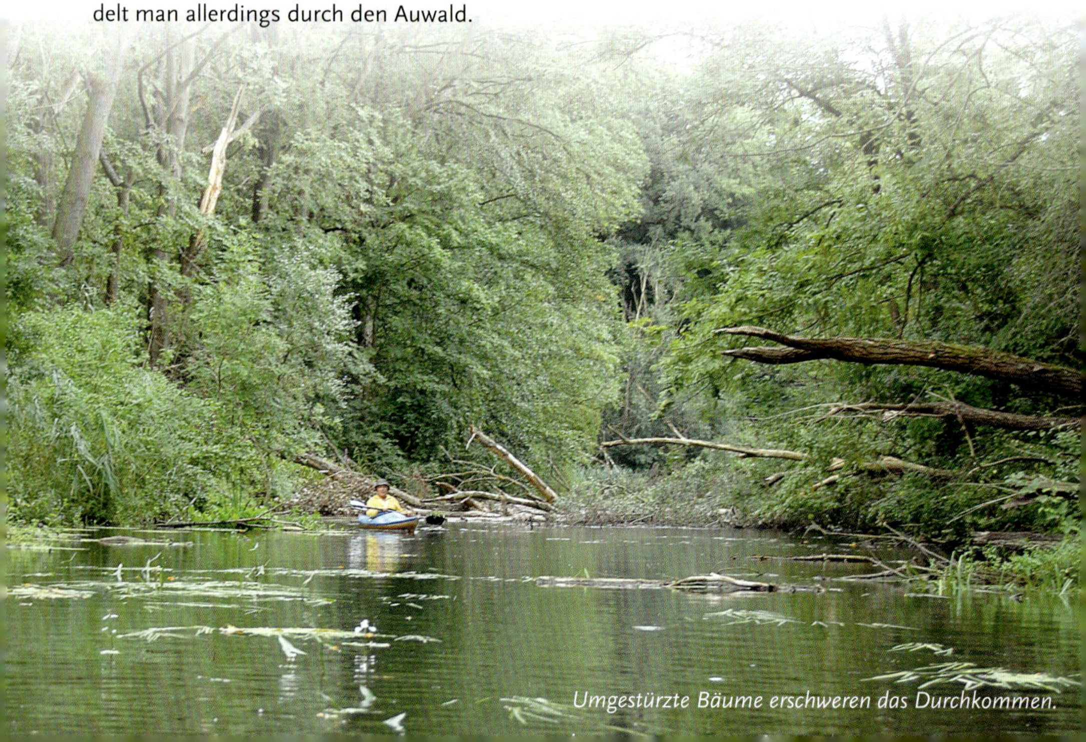

Umgestürzte Bäume erschweren das Durchkommen.

dem Wehrschütz aussteigen und im Schleusenhaus (Pfälzer-Wald-Vereins-Gasthaus), an Wochenenden geöffnet, eine Rast einlegen. Bei Rhein-km 380,3 kommen wir in den Rhein.

Als Aussetzstellen bieten sich an:

1. Das Schleusenhaus (15 km)
2. Vor der Mündung in den Rhein links (16 km)
3. Bei Rhein-km 383,3 rechts in das Rußheimer Altwasser einfahren und nach ca. 500 m bei den Paddelfreunden Huttenheim Aussetzen (20 km)
4. Hafen Germersheim Rhein-km 385,3 (22 km)
5. Bei Rhein-km 386,5 rechts Anlegestelle WSC Rheintreue Rheinsheim (23 km)
6. Bei Rhein-km 389,2 rechts in den Philippsburger Altrhein einfahren und dann beim SKC Philippsburg aussetzen (26 km)

Literatur
DKV-Flussführer für Südwestdeutschland

Karten
Landesvermessungsamt Rheinland-Pfalz
Topo-Karte 1:25000
► 6816 Graben-Neudorf

Camping
Campingplatz Sondernheim

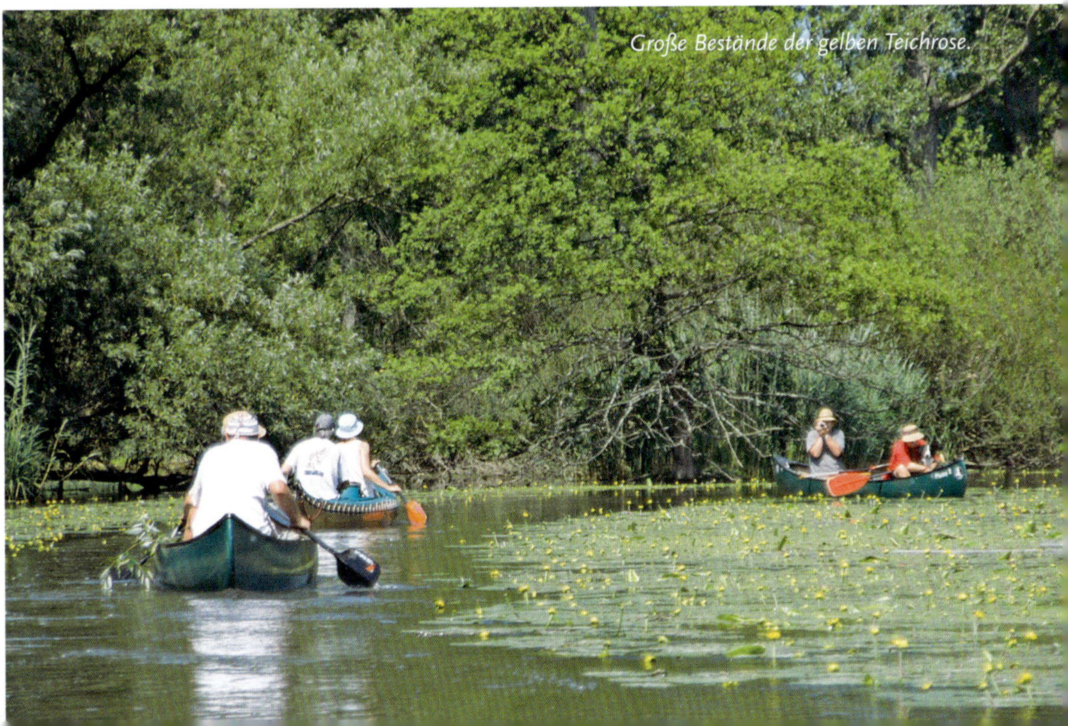

Große Bestände der gelben Teichrose.

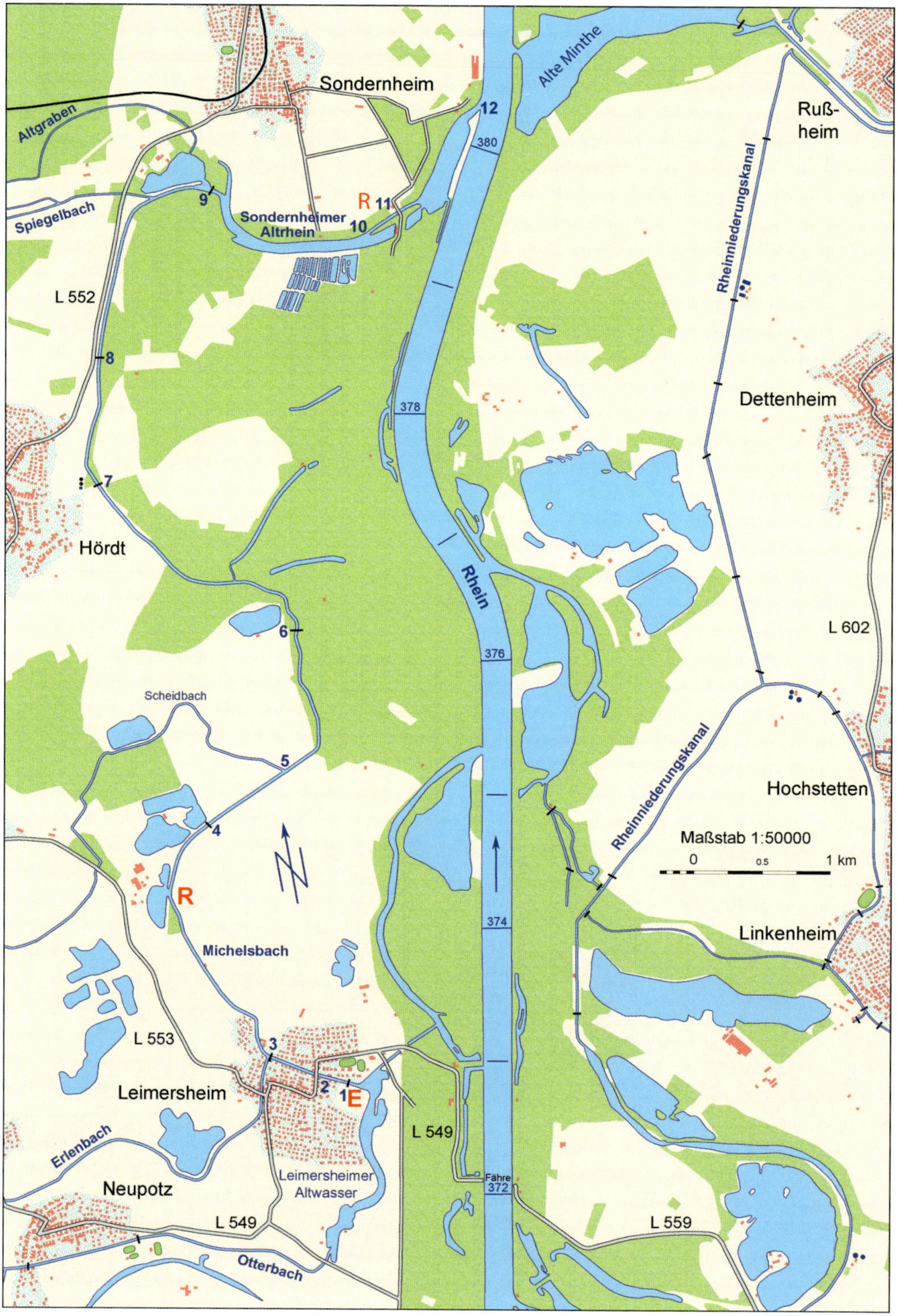
Sondernheim
Alte Minthe
Altgraben
12
380
Ruß-
heim
Spiegelbach
9
R 11
Sondernheimer
Altrhein
10
Rheinniederungskanal
L 552
8
Dettenheim
378
7
Hördt
Rhein
6
L 602
376
Scheidbach
5
Hochstetten
Rheinniederungskanal
4
Maßstab 1:50000
0
0.5
1 km
R
374
Michelsbach
Linkenheim
L 553
3
Leimersheim
2
1
E
L 549
Erlenbach
Leimersheimer
Altwasser
Fähre
372
Neupotz
L 549
L 559
Otterbach

Orientierungspunkte

1 Steg
2 Brücke Leimersheim
3 Brücke, unmittelbar danach Mün dung des Erlenbachs
R Mögliche Raststelle
4 Steg
5 Mündung des Scheidbachs
6 Brücke
7 Brücke
8 Brücke
9 Steg
10 Abgang links fahren
11 Dammdurchfahrt, Schleusenhaus, Raststelle
12 Mündung in den Rhein

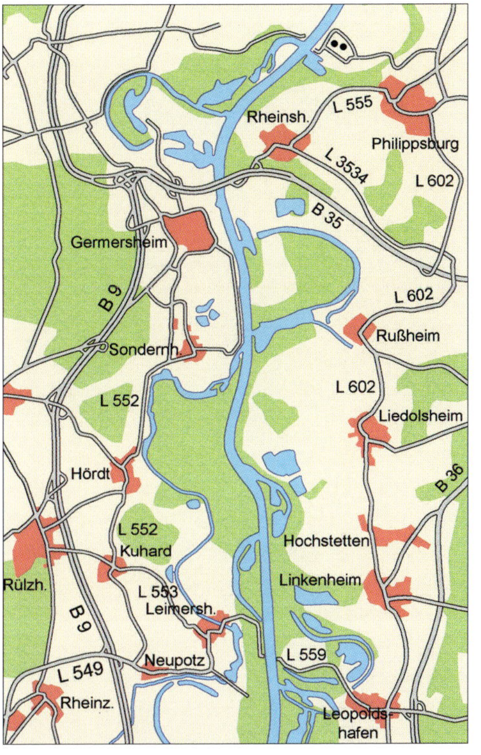

An- und Abreise

Die B9 ist in dem betreffenden Gebiet autobahnartig ausgebaut.

B9 bis zur L549, L549 durch Neupotz.

Einsetzstelle Leimersheimer Altwasser, Hinweisschild zum Hundeplatz beachten und dort einsetzen.

Einsetzstelle Leimersheim, L549 bis nach Leimershein fahren und im Ort in die St. Gerdrudis-Straße abbiegen, weiter bis zur Einsetzstelle.

PKW verstellen
L549, B9, B35 und L555

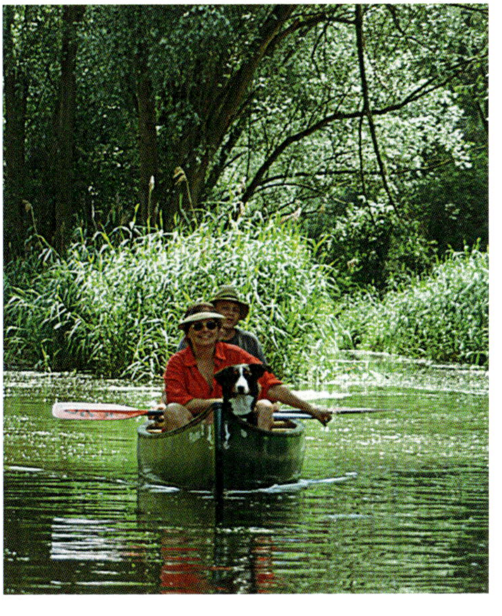

Josch „paddelt" gerne.

Tour 24: Wieslauter (Hinterweidenthal – Bobenthal)

Tourensteckbrief

Kurzinfo

Tagestour 18 km

- ganzjährig befahrbar(Mindestpegel)
- nur Einerboote ohne Steuer (Naturschutzverordnung)
- Spritzdecke erforderlich

Probleme

Schließen (Wässerwehre aus vergangenen Zeiten), Fallhöhe ca. 50-80 cm.

In den letzten Jahren ist die Wieslauter wohl auch durch das Inkrafttreten der neuen Naturschutzverordnung immer mehr zugewachsen und deshalb auch gefährlich.

Für Wanderfahrer ist der Bach deshalb nicht mehr geeignet !

Aus dem Herzen des Pfälzerwaldes fließen in Hinterweidenthal der Horbach der Kaltenbach und der Salzbach mit Walmersbach in die Wieslauter und machen den Bach zum paddelbaren Gewässer.

Man hat in dem glasklaren mit flotter Strömung dahinfließenden Wasser eine imposante Fahrt. Vorbei an skurrilen Felsgebilden (Teufelstisch), an Burgen und Burgruinen, an sauberen Dörfchen und Städtchen strömt das Bächlein durch das Dahner Felsen- und Burgenland. Meist kann man die gemächlich vorbeiziehende Landschaft genießen, oft fordert aber der Bach, mit vorwiegend von Menschenhand geschaffenen Hindernissen, Aufmerksamkeit.

Die, noch von der längst nicht mehr durchgeführten Wiesenwässerung herrührenden, Wehre (Schließen) mit ca. 50 – 80 cm Fallhöhe, kön-

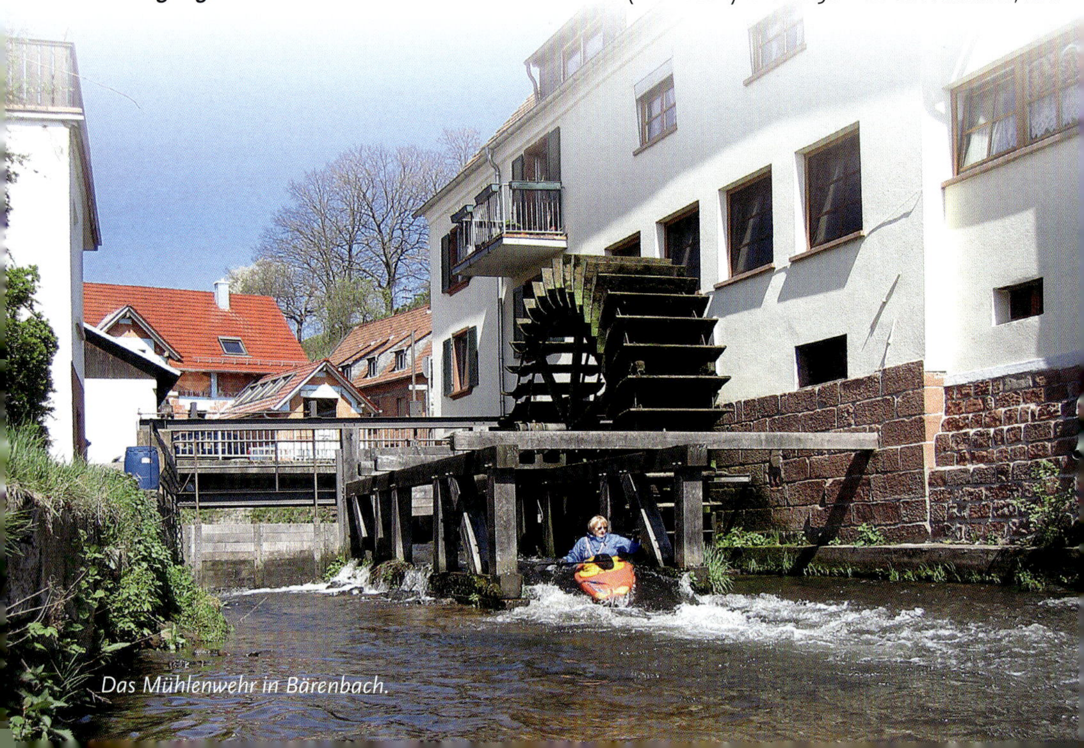

Das Mühlenwehr in Bärenbach.

nen durchweg nass gefahren werden. Oft muss man jedoch wegen zu niedrig eingestellter Stellfallen umtragen. Dies gilt auch für ein nur wenige cm über der Wasseroberfläche verlegtes Abwasserrohr sowie für eine neue Radlerbrücke.

Der Bach ist schmal, deshalb geht's an umgestürzten Bäumen drunter und drüber oder man muss gar umtragen weil ein Umfahren nicht möglich ist.

Bei der Befahrung ist auf jeden Fall die derzeitige Regelung bezüglich des Wasserstandes (Mindestpegel 75 cm am Pegel in Bobenthal km 39 an der Siebenteilbrücke) zu beachten. Ebenso gibt es hier vorgeschriebene Ein- und Aussetzstellen und Rastplätze.

Das schwierig zu umtragende Wehr beim Mühlrad in Bruchweiler-Bärenbach kann eventuell wie folgt „entschärft" werden: Während der Fahrt nach Hinterweidenthal wird Mühlrad und Wehr besichtigt. Beim Einkauf der Brotzeit beim Bäcker D. Zwick „Cafe am alten Mühlrad" kann man nachfragen ob das Schütz beim Mühlrad für die Befahrung hochgedreht werden kann.
Es ist selbstverständlich, dass nach der Befahrung das Schütz wieder heruntergedreht und die Kurbel wieder an ihren Platz gebracht wird.
Ein zuverlässiger Vorfahrer mit ca. 5 min Zeitabstand kann der Gruppe einigen Schweiß ersparen.
Wir beenden die Fahrt an der ersten Brücke in Bobenthal, weil derzeit im Teilstück Bobenthal - St. Germanshof viele umgestürzte Bäume liegen.
Die Durchfahrt durch Wissembourg ist nicht möglich.

Die Weiterfahrt erfolgt für Selbstfinder und Selbstbestätiger und sonstige Paddelverückte in Altenstadt am Waschhaus.

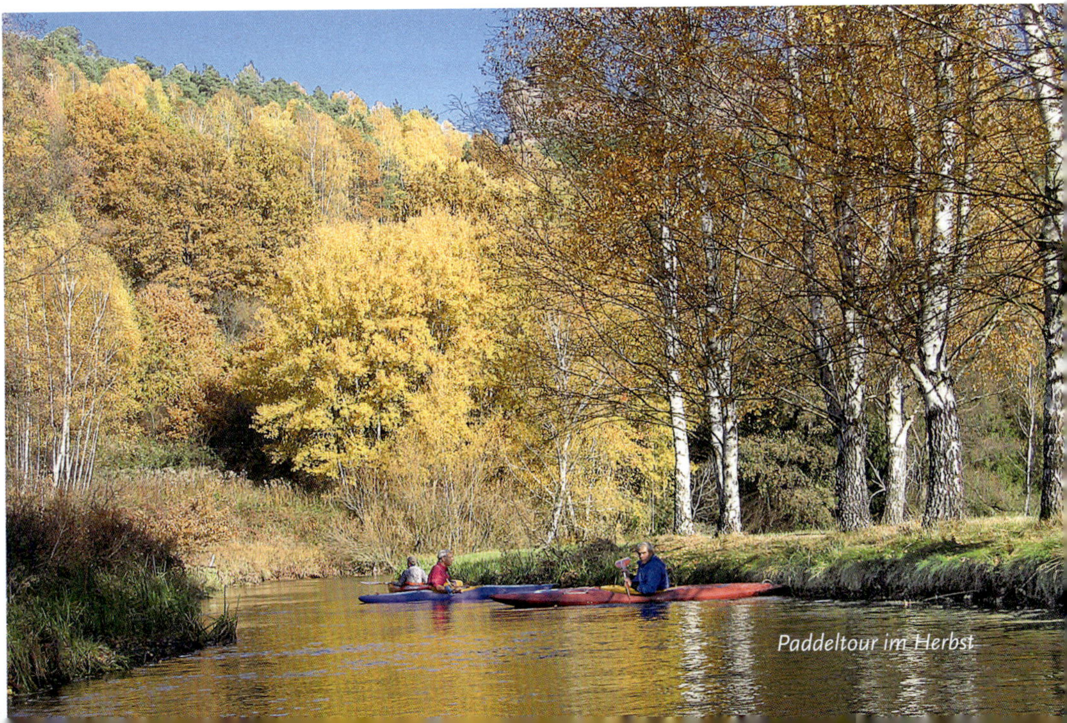

Paddeltour im Herbst

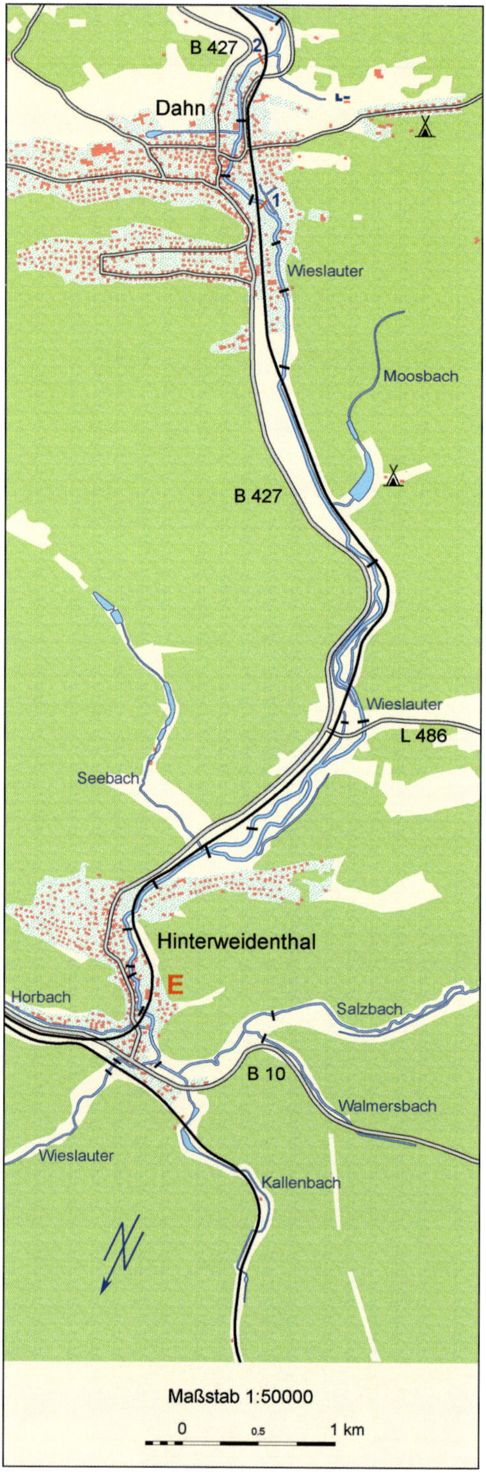
B 427
Dahn
Wieslauter
Moosbach
B 427
Wieslauter
L 486
Seebach
Hinterweidenthal
E
Horbach
Salzbach
B 10
Walmersbach
Wieslauter
Kallenbach
Maßstab 1:50000
0
0,5
1 km
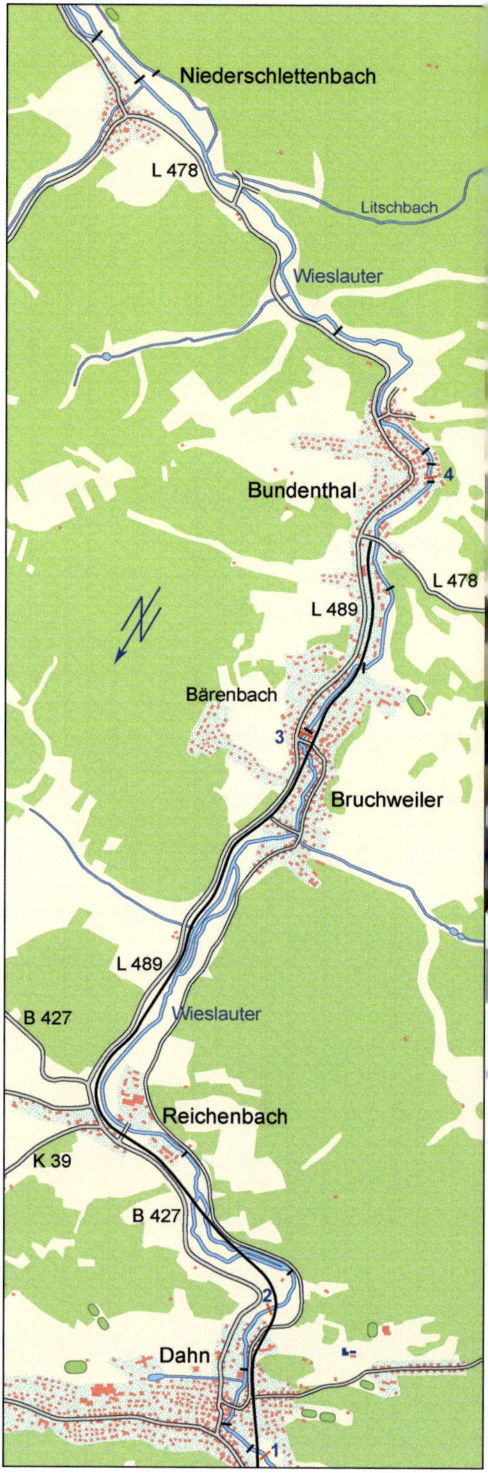
Niederschlettenbach
L 478
Litschbach
Wieslauter
Bundenthal
L 478
L 489
Bärenbach
Bruchweiler
L 489
B 427
Wieslauter
Reichenbach
K 39
B 427
Dahn

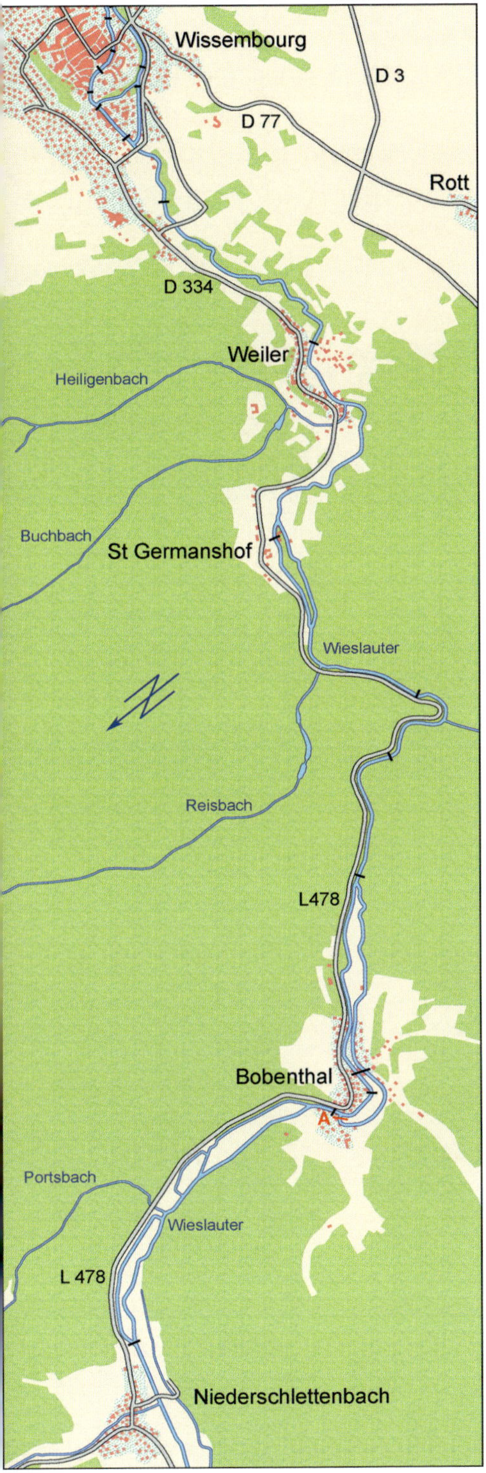

Orientierungspunkte

Die vielen Stege und Brücken und auch die fahrbaren Wehre und Schließen im Einzelnen zu nennen halte ich nicht für sinnvoll, da hierdurch die Übersichtlichkeit leidet.

E Einsetzstelle am Bahnhof in Hinterweidenthal
1 Nicht unterfahrbares Rohr bei Dahn, rechts umtragen
2 Niedrige, nicht unterfahrbare Radlerbrücke nach Dahn, links umtragen
3 Mühlrad mit Wehr in Bruchweiler-Bärenbach
4 Sägewerk Bundenthal, links umtragen
A Aussetzstelle in Bobenthal

Eine der vielen Schließen.

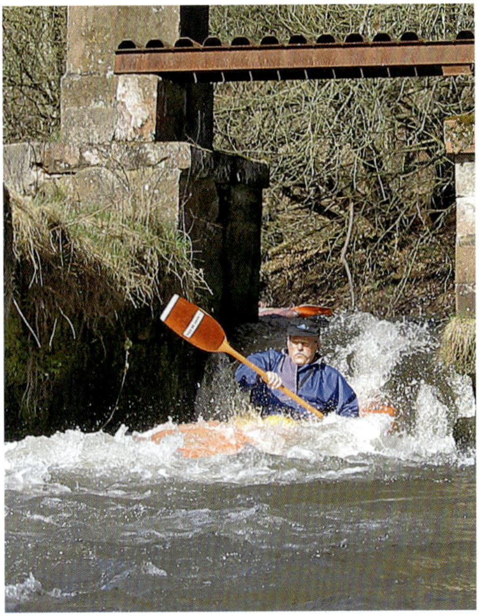

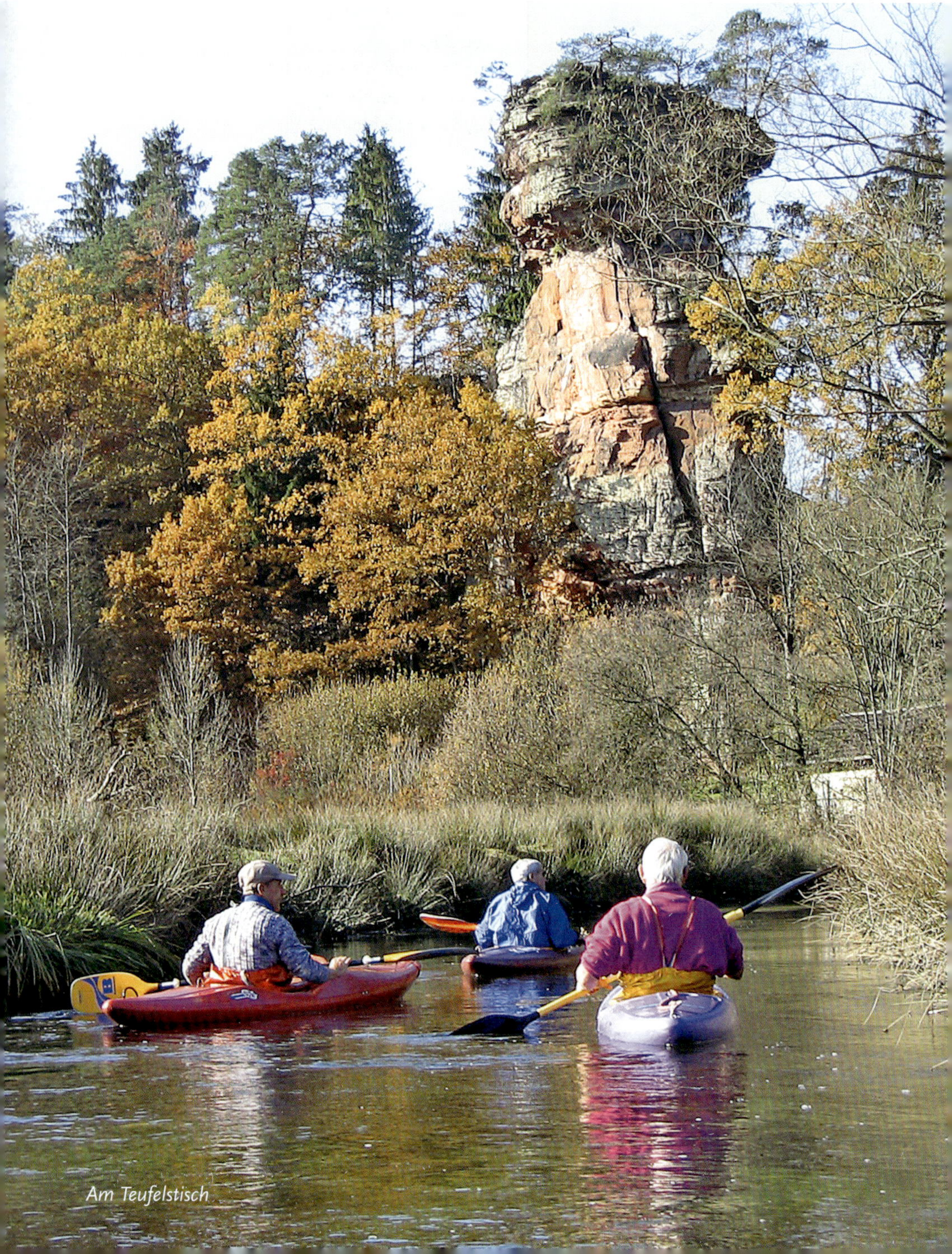

Am Teufelstisch

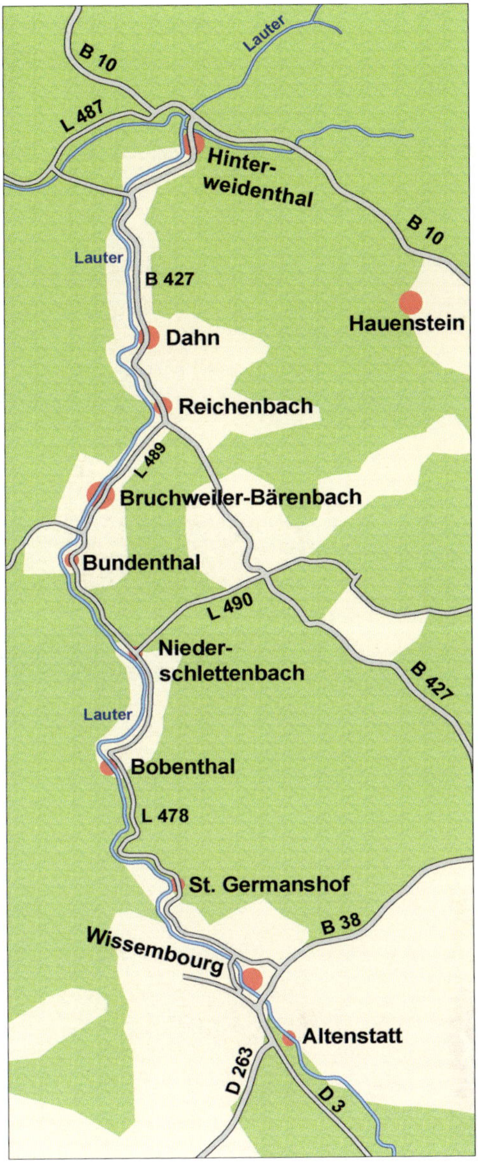

An- und Abreise

Von Süden

A35 im Elsaß bis Lauterburg
D3 bis Wissembourg
L478 bis Reichenbach
B427 bis Hinterweidenthal

Von Norden

A65 bis Landau
B10 bis Hinterweidenthal

PKW Verstellen

Zwischen Hinterweidenthal und Bobenthal:
B427 bis Reichenbach
L489 bis Bundenthal
L478 bis Bobenthal

Literatur

DKV-Flussführer Südwestdeutschland

Karten

Landesvermessungsamt Rheinland-Pfalz
Topo-Karte 1:25000
► 6816 Graben-Neudorf

Camping

Campingplatz Dahn

Tour 25: Queich

Tourensteckbrief

Kurzinfo

Tagestour 23 km

- ganzjährig befahrbar
- sauberes Wasser
- Pkw-Kontakt nur an wenigen Stellen möglich

Probleme

Mühlen mit weiten Umtragewegen, Bäume, Verhaue.

Die Queich ist linker Nebenfluss des Rheins. Sie entspringt in 395 m Höhe bei Hauenstein, ist 52 km lang durchfließt u.a. Landau und Germersheim.

Schon sehr früh wurde damit begonnen Verlauf und Gestalt der Queich zu verändern. So sind die Reste des ältesten künstlichen Kanals Deutschlands (1688-1691 erbaut) zwischen Landau und Albersweiler - er diente dem Transport von Steinen zum Bau der Festung Landau - noch heute vorhanden. Im unteren Bereich zwischen Landau und Germersheim wurde, wohl schon im Mittelalter, die Queich um etwa 2 km nach Norden verlegt. Am Ottersheimer Teilungswehr verliert die Queich fast die Hälfte ihres Wassers, dieser Teil fließt dann als Spiegelbach über Bellheim und Sonderheim zum Rhein.

Zur heutigen Nutzung „Mühlen“ - die nur noch der Stromgewinnung dienen - kamen früher die Hozdrift, Landbewässerung und die Papierherstellung.

Erwähnenswert das Pilotprojekt “Queichwässerwiesen“. Mehrmals im Jahr werden viele hundert Hektar an die Queich angrenzende Wiesen zwischen April und August überflutet. Das Nachempfinden des früheren Zustandes dient der Erhaltung des Lebensraumes der größten rheinland-pfälzischen Weißstorchpopulation.

Macht Spass, die Slalomstrecke.

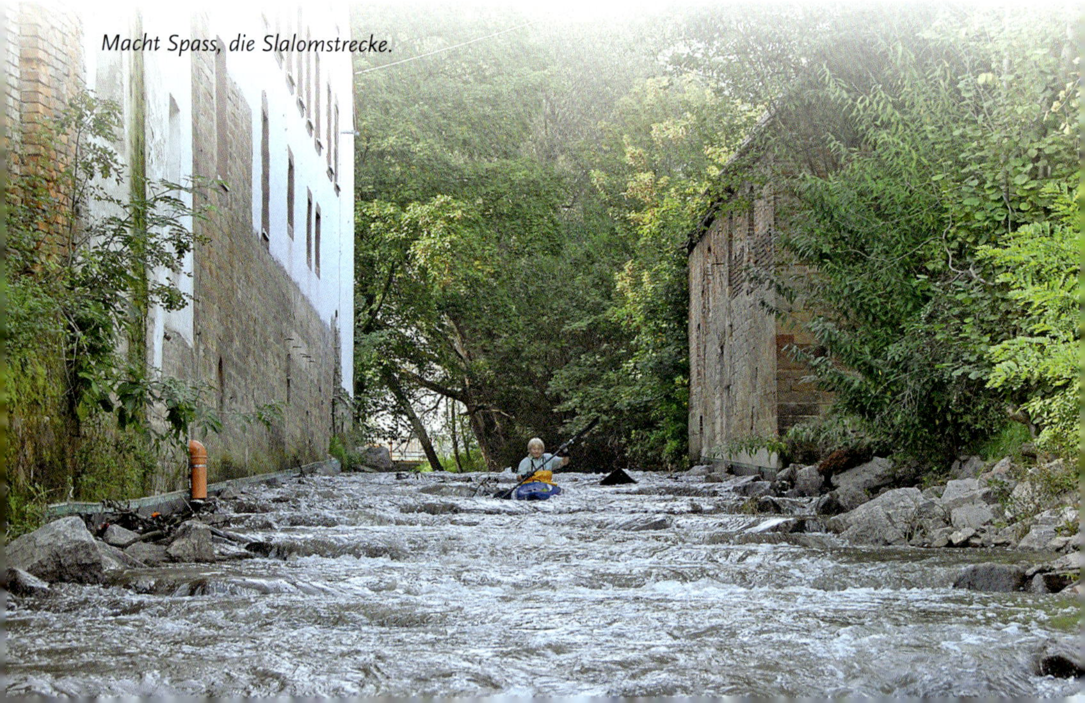

Leider ist in trockenen Sommern ein genügender Wasserstand nicht immer gewährleistet. Nur im Frühjahr und nach Regenfällen ist eine Befahrung möglich. Für die Wanderstrecke wird in Queichheim beim Freizeitbad "La Ola" eingesetzt. Parkplätze sind hier ausreichend vorhanden aber so ganz bequem geht das Einsetzen hier nicht.

Ohne besondere Schwierigkeiten verläuft die Tour durch eine Feld-, Wald- und Wiesenlandschaft, der Bach ist schmal meist nur 5-6 m breit. Eher problematisch sind die ehemals vorhandenen 40 Mühlen von denen aber heute nur noch wenige existieren in Wasserkraftwerke umgebaut wurden und oft eine weite Portage erfordern (Offenbach). Schön die Slalom-Strecke die die Stauhöhe des einstigen Wehres in puren Spaß verwandelt. Leider kann man von oben, bei der Anfahrt nicht erkennen was einem erwartet so, dass man mit mulmigem Gefühl auf die rauschende Stelle zufährt. Man sieht dann erst im letzten Augenblick den schön gestalteten – auch für uns Paddler fahrbaren – Fischaufstieg. Mit umgestürzten Bäumen oder gar sich davor angeschwemmten Verhauen muss hier immer gerechnet werden. Diese Hindernisse können die Zeitplanung ganz schön ins Schwimmen bringen.

Das wahrscheinlich noch aus der Römerzeit stammende Ottersheimer Teilungswehr teilt das Wasser zu 3/5 der Queich und 2/5 dem Spiegelbach zu. Trotzdem bleibt genügend Wasser für uns Paddler.

Es beginnt dann auch bald der Rückstau der Holzmühle. Die Paddelroute führt in diesem Bereich schnurgerade direkt nach Osten.

Die Holzmühle mit unerwarteten Eindrücken durch eine Buddha-Ausstellung kann rechts oder links auf weitem Weg umtragen werden.

Die Folgestrecke gestaltet sich recht naturnah d.h. es liegen immer wieder Bäume im Bach die man aber meist unter- oder überfahren kann.

Das zweite Teilungswehr kündigt den Stadtbereich von Germersheim an. Nach dem Umtragen auf der linken Seite in den linken Arm durchquert man Germersheim ohne erkennbare städtische Störungen oder Bauwerke lediglich das gehäufte Auftreten von Brücken im Grün-

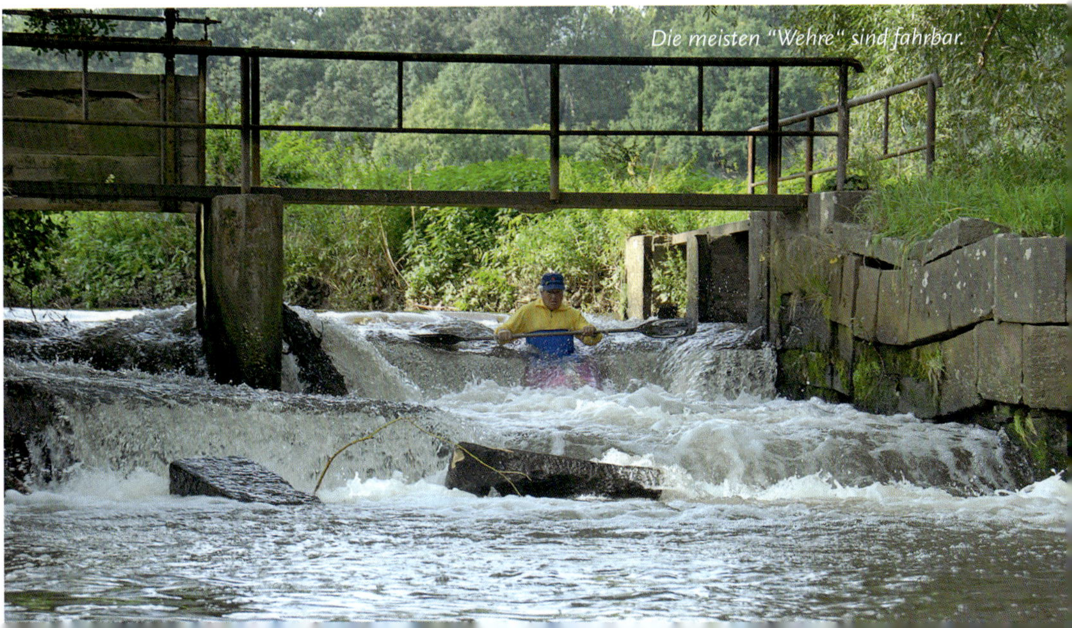

Die meisten "Wehre" sind fahrbar.

gürtel der Stadt lässt auf eine größere Ansiedelung schließen.

Aussetzen kann man direkt an der Mündung links vor dem Rhein, hier unter der Brücke gibt es auch genügend Platz um PKW's im Trockenen abzustellen.

Orientierungspunkte

E Einsetzstelle beim Schwimmbad „La Ola" im Queichanger
1 Brücke B65
2 Brücke
3 Brücke L509
4 „Mühle" in Offenbach weiträumig links oder rechts umtragen
5 Brücke K 40 danach Neumühle, kein Wehr, schöner Fischaufstieg
6 Brücke
7 Ottersheimer Teilungswehr links fahren, rechts geht der Spiegelbach ab
8 Zeiskamer Mühle, danach Brücke L 540.
9 Ludwigsmühle
10 Brücke
11 Holzmühle links oder rechts umtragen
12 Brücke B9
13 Teilungswehr vor Germersheim, links umtragen u. i. linken Arm weiterfahren
14 Zweistufiges Wehr ca. 5 m hoch, es liegt viel Müll im Unterwasser.
15 Brücke Josef-Probst-Str. L539
16 Brücke
17 Drei Brücken (2 x Bahn, 1 x Straße)
A Aussetzstelle links direkt vor der Mündung

Literatur

DKV-Flussführer Südwestdeutschland

Karten

Landesvermessungsamt Rheinland-Pfalz
Topo-Karte 1:25000

- L 6714 Neustadt a. d. W.
- L 6716 Speyer

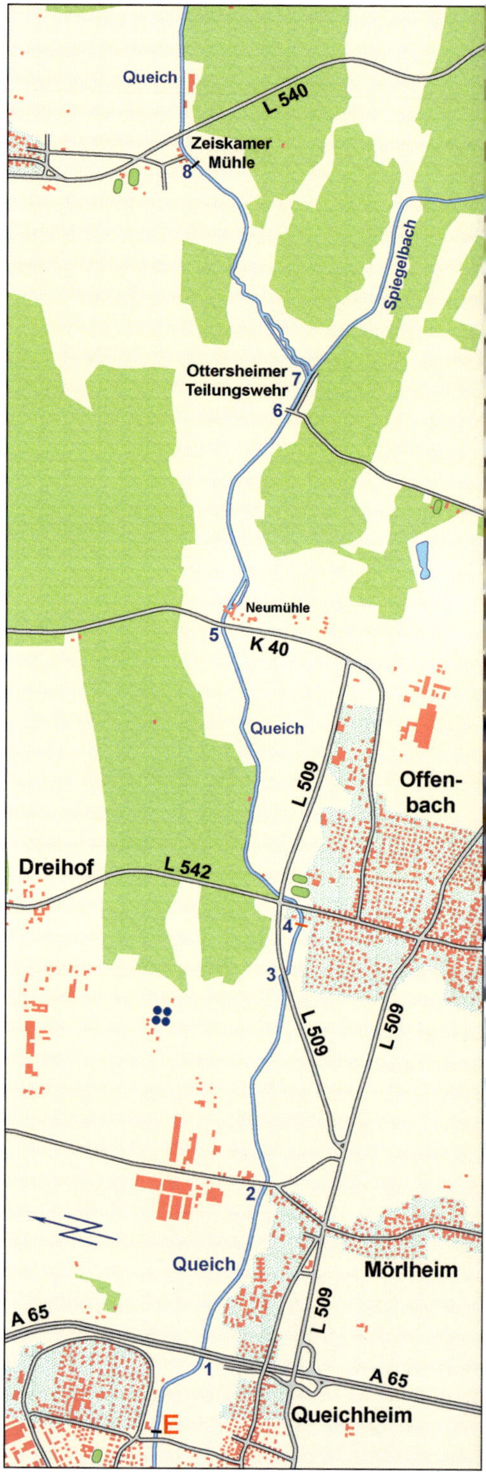

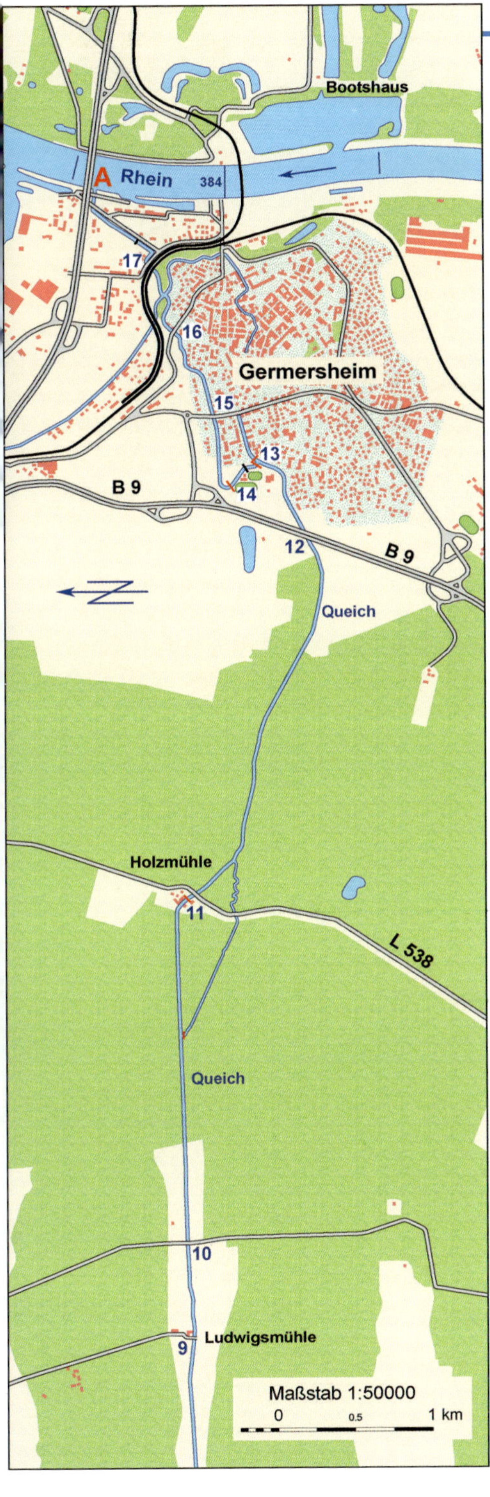

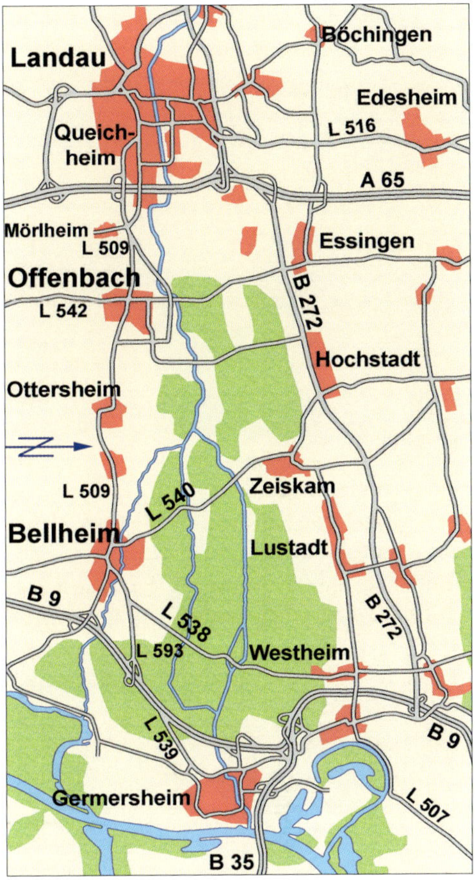

An- und Abreise

Zur Aussetzstelle in Germersheim

Über die A5 und B35 fährt man nach Germersheim. In Germersheim zur Aussetzstelle in die Alte Schiffbrückenstraße.

Von der Aussetzstelle zur Einsetzstelle in Landau-Queichheim

Von Germersheim über die L539 auf die B9, südwärts fahren. Rechts ab über die L593 auf die L509. Bei Mörlheim rechts ab in die Queichheimer Straße. Nach ca. 1600 m rechts ab in die Straße zum Queichanger. Weiterfahren bis zur Einsetzstelle beim Bad "La Ola".

Tour 26: Speyerbach (Woogbach)

Tourensteckbrief

Kurzinfo

Tagestour 26 km

- ganzjährig befahrbar
- sauberes Wasser
- PKW-Kontakt nur an wenigen Stellen möglich

Probleme

Mühlen mit weiten Umtragewegen
Niedrige Brücken

Der heutige Speyerbach ist weitgehend Menschenwerk, sowohl hinsichtlich seines Verlaufes als auch bezüglich Begradigungen und Kanalisierungen. Die abzweigenden Wasserläufe Rehbach (ab Neustadt) und Woogbach (ab Hanhofen) gab es ursprünglich nicht, sie wurden im Spätmittelalter angelegt. In der Vergangenheit war der Speyerbach insbesondere als Transportweg für Holz wichtig. Die zahlreichen Papierfabriken entlang des Speyerbachs, sind mittlerweile ohne Bedeutung. Etwa 120 Jahre lang war der Speyerbach durch zahlreiche „Einleitungen" in vielen Bereichen biologisch tot. Heute ist allerdings wieder eine ordentliche Wasserqualität anzutreffen. Der Speyerbach ist linker Nebenfluss des Rheins. Er entspringt beim Eschkopf in etwa 530 m Höhe im Pfälzerwald und ist ab Neustadt für Wanderfahrer zu befahren.

Der Bach ist 4-6 m breit, oft mit Betonsteinen eingefasst. Aber die Natur hat sich auch hier wieder durchgesetzt und die steilen Ufer renaturiert. Die Wasserführung ist ausgeglichen und reicht zum Paddeln bis weit im den Sommer.
An heißen Sommertagen ist es angenehm fast ausschließlich im Schatten der am Ufer stehenden Erlen, Weiden, Eschen, Eichen und dem reichlich vorhandenen Buschwerk paddeln zu können. Die im DKV-Führer als nicht befahrbar vermerkten Wehre sind eigentlich machbar, Probleme

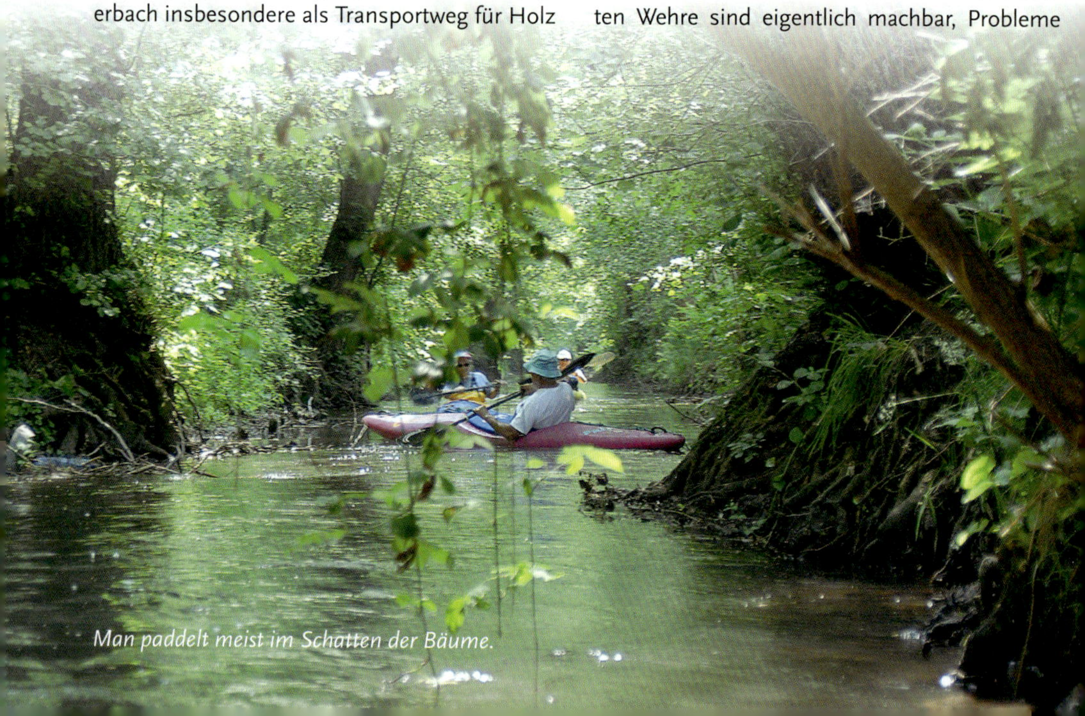

Man paddelt meist im Schatten der Bäume.

gibt es allerdings mit den direkt davor über den Bach führenden niedrigen Brücken. Wer sich nicht absolut sicher ist unter den Brücken durchzukommen sollte sich zum Umtragen entschließen (Speyerdorf und Fronmühle). Das Wehr der Aumühle ist nicht fahrbar (rechts umtragen).

Am Teilungswehr bei Hanhofen teilt sich das Gewässer in den Speyerbach rechts und den Woogbach links. Auf dem Speyerbach kann man ohne Hindernisse bis Speyer durchfahren. Im Bereich der Aussetzstelle ist der Speyerbach praktisch strömungslos. Man erkennt die tief eingeschnittene Aussetzstelle rechts (Gießhübelstraße) an dem, den Bach sperrenden Gitter vor dem weiteren unterirdischen Verlauf. In der Gießhübel-straße sind ausreichend Parkplätze vorhanden.

Falls der Wasserstand ausreichend ist paddelt man links auf dem Woogbach mit drei Wehren bis zur Mündung in den Rhein bei Rhein-km 400,4.

Literatur

DKV-KANU-Führer für Südwestdeutschland

Karten

Landesvermessungsamt Rheinland-Pfalz
Topo-Karte 1:50000

- L 6716 Speyer
- L 6714 Neustadt a. d. W.

Camping

DKV-Mitglieder werden beim örtlichen Kanu-Klub in Speyer unterkommen.

Camping

- Dom Speyer
- Sea Live in Speyer
- Technikmuseum Speyer
- Holyday-Park bei der Aumühle

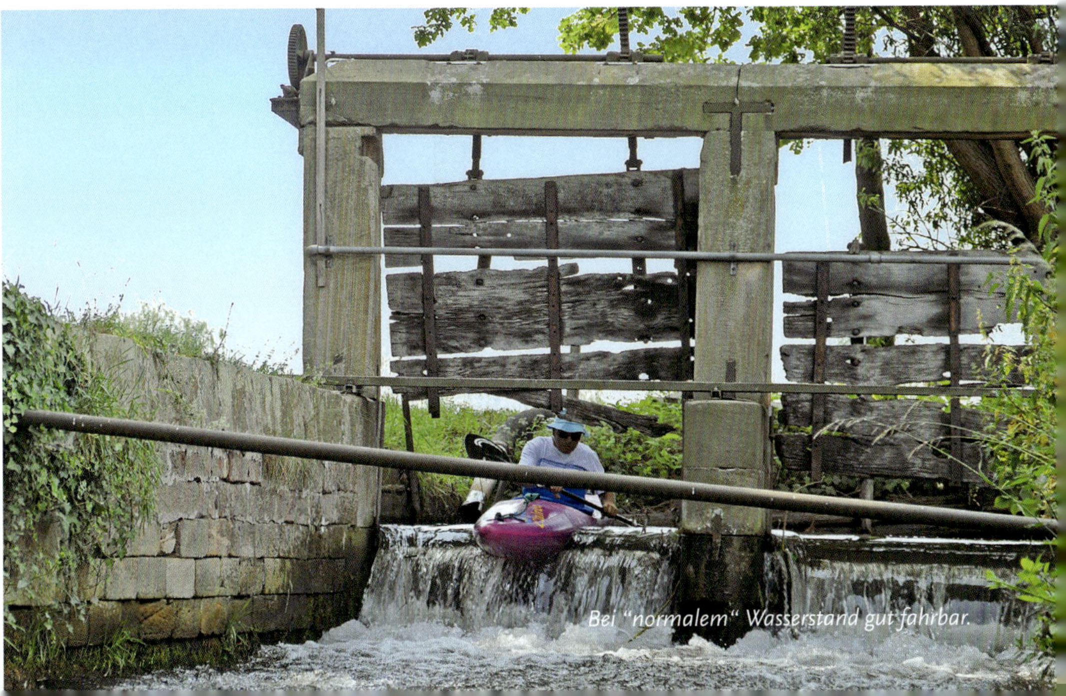

Bei "normalem" Wasserstand gut fahrbar.

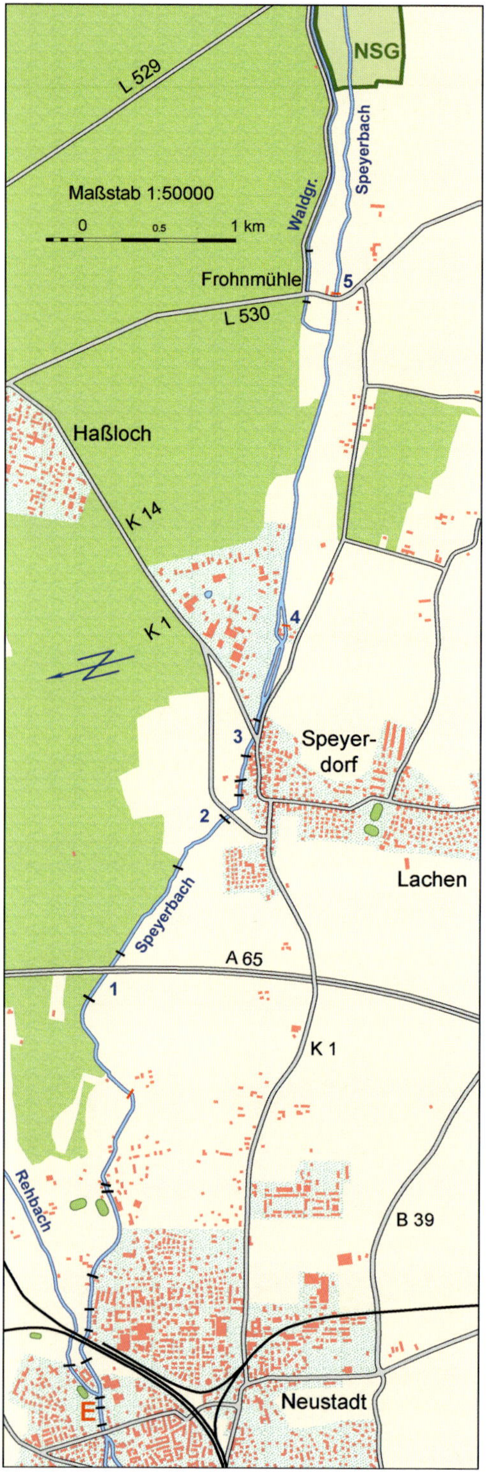
NSG
L 529
Maßstab 1:50000
0
0.5
1 km
Waldgr.
Speyerbach
Frohnmühle
5
L 530
Haßloch
K 14
K 1
4
3
Speyer-
dorf
2
Lachen
Speyerbach
A 65
1
K 1
Rehbach
B 39
E
Neustadt

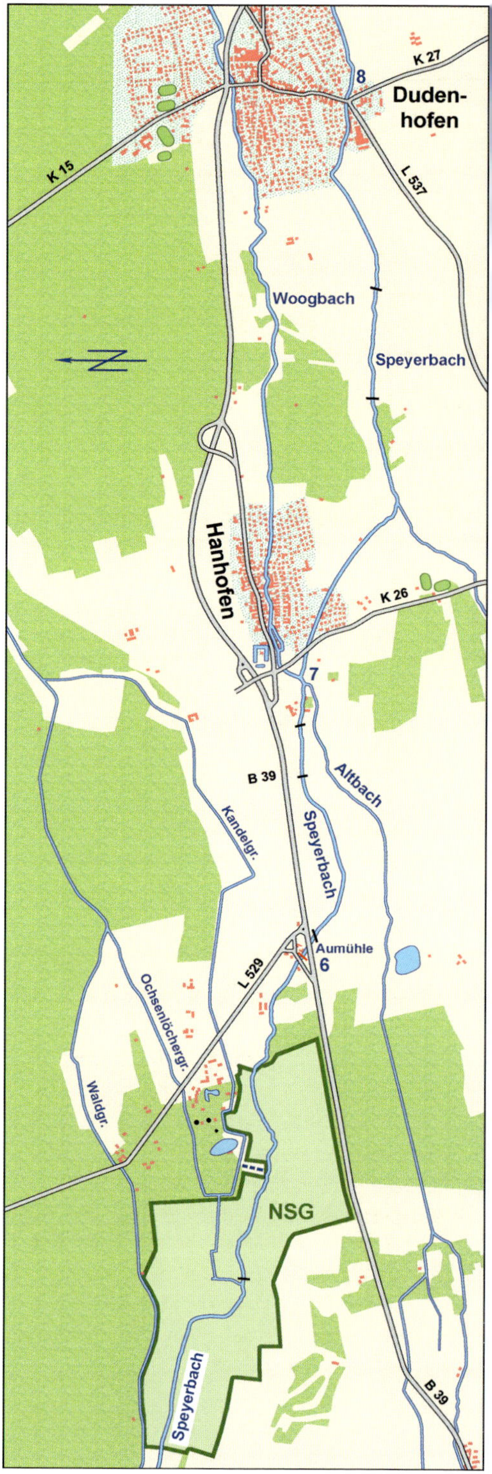
K 27
8
Duden-
hofen
K 15
L 537
Woogbach
Speyerbach
Hanhofen
K 26
7
B 39
Altbach
Kandelgr.
Speyerbach
Aumühle
6
L 529
Ochsenlöchergr.
Waldgr.
NSG
Speyerbach
B 39

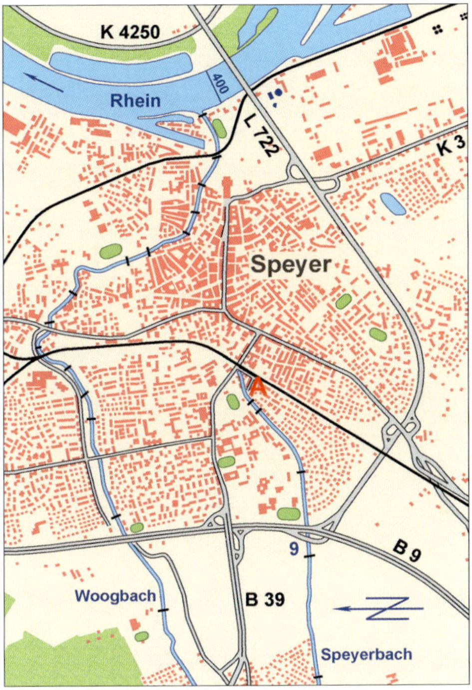

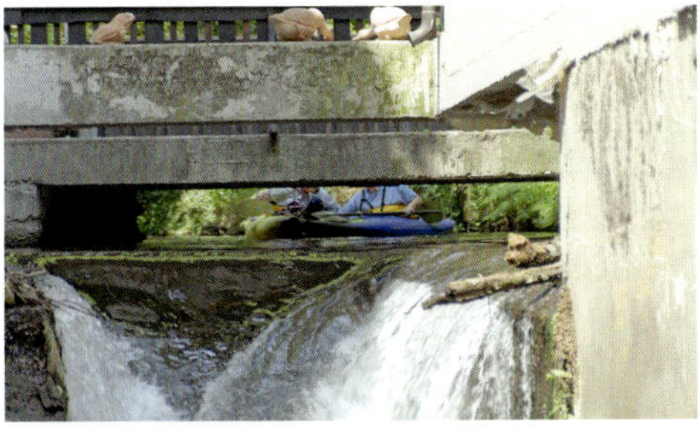

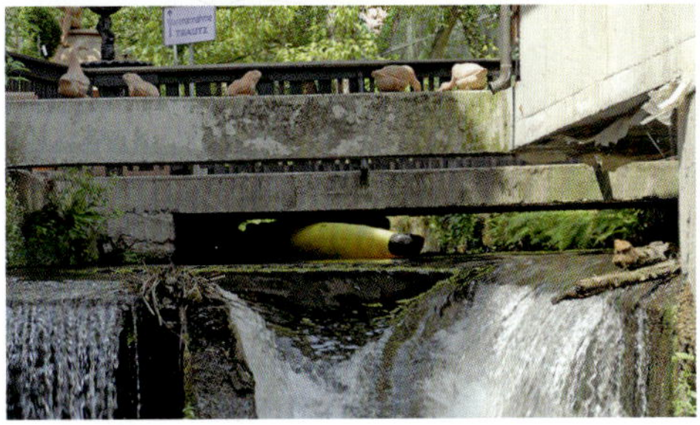

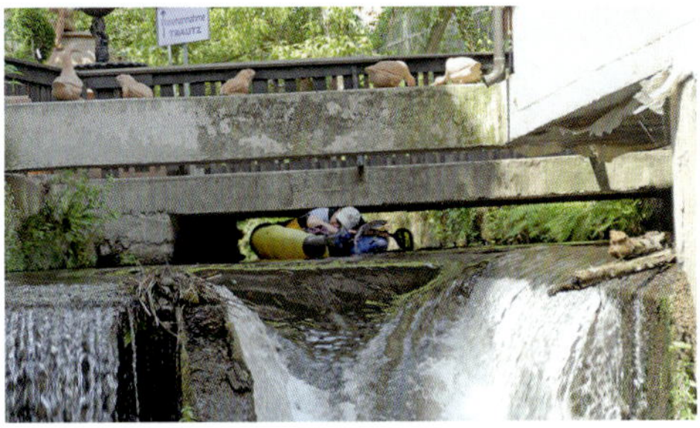

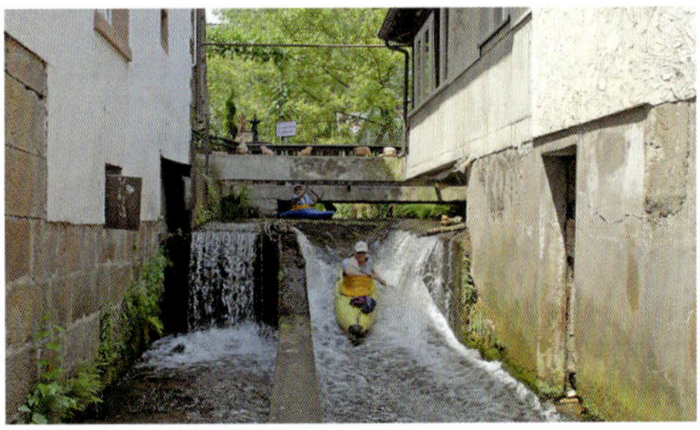

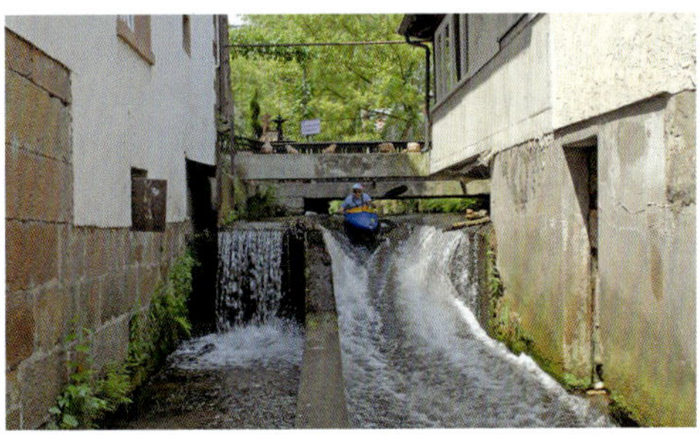

Orientierungspunkte

E Einsetzstelle ALDI Neustadt
1 Autobahnbrücke A65
2 Brücke vor Speyerdorf
3 Brücke in Speyerdorf
4 Niedere Brücke unmittelbar danach Wehr, siehe Text
5 Niedere Brücke danach Wehr Frohnmühle, siehe Text
6 Brücke danach Wehr, Aumühle, rechts umtragen
7 Teilungswehr bei Hanhofen, siehe Text
8 Brücke(n) in Dudenhofen
9 Brücke B9 vor Speyer
A Aussetzstelle Gießhübelstraße

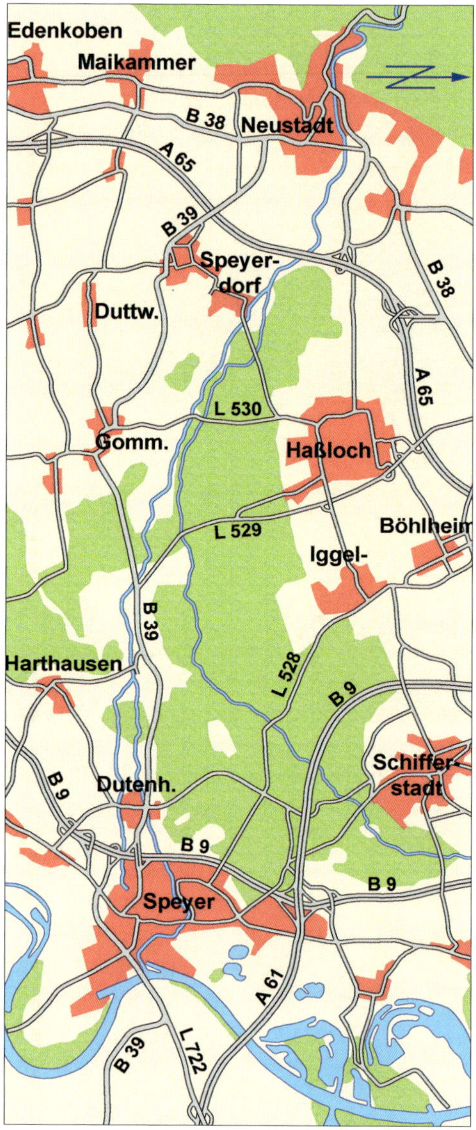

An- und Abreise

Zur Einsetzstelle Neustadt ALDI-Parkplatz

Von Süden

A35 im Elsaß, ab Landesgrenze B9, dann A65 bis AS13 Neustadt an der Wein gleichen Namens auf dieses unvergleichliche Gebiet aufmerksam machte. Straße B39 Richtung Neustadt, in Neustadt bei der Jet-Tankstelle rechts ab Winzinger Straße K23.
Die Winzinger Straße geht über in die Martin-Luther-Straße K23 weiterfahren bis zum ALDI-Parkplatz und Einsetzstelle.

Von Norden

A35 bis AS12 Neustadt an der Weinstraße, dann B38 in Neustadt links ab in die Martin-Luther-Straße K23 weiterfahren bis zum ALDI-Parkplatz und Einsetzstelle.

Zur Aussetzstelle Speyer

Von Süden

B9 bis Speyer Süd, Landauerstasse L454 links ab in die Schützenstasse K4, nach dem Bahnübergang links ab in die Hasenstraße weiterfahren und rechts in die Gießhübelstraße, weiter bis zur Aussetzstelle Ecke Hans-Purrmann-Allee/Gießhübelstraße.

Von Norden

B9 bis Abfahrt Speyer Mitte, ab hier K4 Dudenhofer Straße die in die Schützenstraße übergeht, vor dem Bahnübergang rechts ab in die Hasenstraße weiterfahren und rechts in die Gießhübelstraße, weiter bis zur Aussetzstelle Ecke Hans-Purrmann-Allee/Gießhübelstraße.

Von der Aussetzstelle Speyer Gießhübelstraße, zur Einsetzstelle Neustadt ALDI

Aussetzstelle Ecke Hans-Purrmann-Allee/ Gießhübelstraße. Gießhübelstrße links ab auf die Hasenstraße. Nächste Kreuzung links ab in die Schützenstraße K4, die Schützenstraße geht über in die Dudenhofer Straße K4. Die Dudenhofer Straße wird ab der Kreuzung mit der B9 zur B39. Die B39 quert vor Neustadt die A65. In Neustadt bei der Jet-Tankstelle rechts ab Winzinger Straße K23. Die Winzinger Straße geht über in die Martin-Luther-Straße K23 weiterfahren bis zum ALDI-Parkplatz und Einsetzstelle.

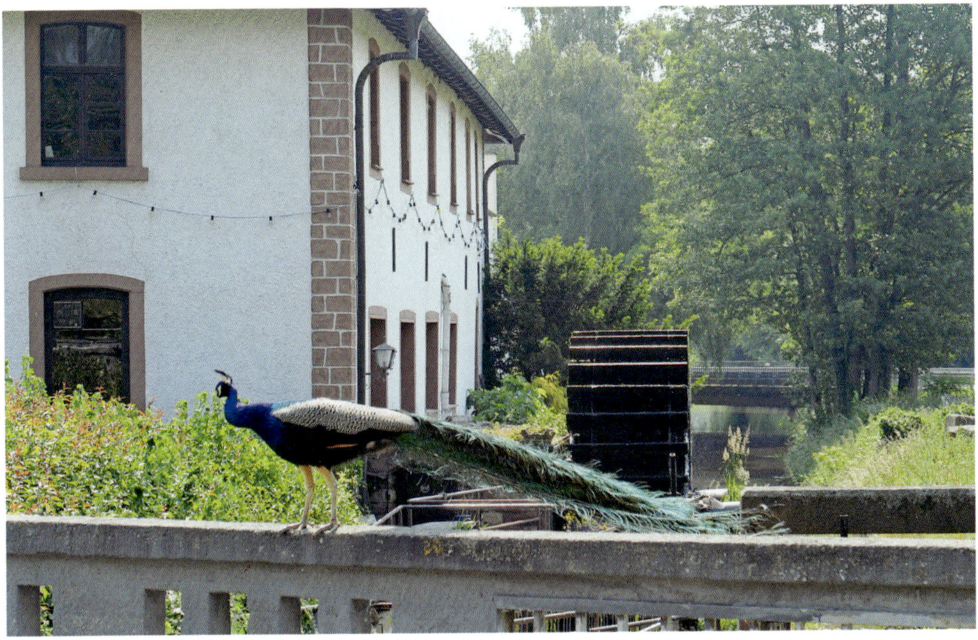

Oben: Umtrage- Raststelle an der Aumühle

Unten: Teilungswehr bei Hahnhofen

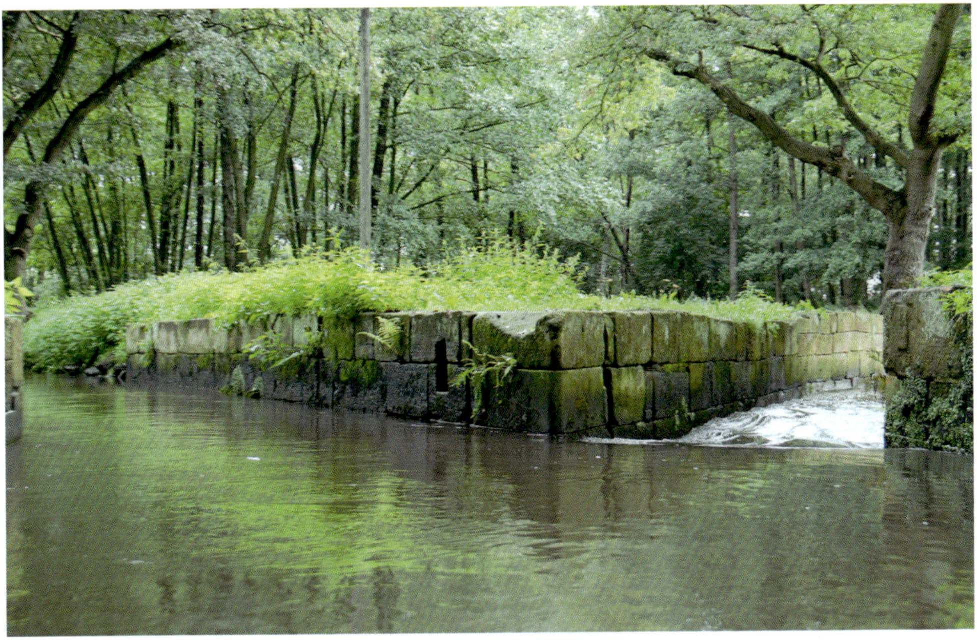

Tour 27: Neckar (Wieblingen – Mündung)

Tourensteckbrief

Kurzinfo

Tagestour 26 km

- ganzjährig befahrbar
- alle Bootstypen
- eine Umtragestelle
- PKW-Begleitung ist nur zum Teil möglich

Probleme

Schiffsverkehr

Der Neckar ist ein 367 km langer Nebenfluss des Rheins. Er entspringt im Naturschutzgebiet Schwenninger Moos bei Villingen-Schwenningen auf 706 m Meereshöhe und mündet bei Mannheim in den Rhein (93 m). Ab Plochingen ist der Neckar bis zur Mündung in den Rhein bei Mannheim schiffbar.

Bis Heidelberg bieten sich zahlreiche hübsche Paddeltouren an, dieser Streckenabschnitt wird im Kanuführer Württemberg ausführlich beschrieben.

Unsere Wandertour beginnt in Wieblingen. Auf dem Platz Ecke Neckarhamm/Maltesergasse in Wieblingen können die Pkws abgestellt werden, gleich nebenan befindet sich die Einsetzstelle. Auf die Regelungen des in Flussmitte beginnenden Landschaftsschutzgebietes wird per Info-Tafel hingewiesen. Wir streifen oder durchziehen paddelnd weitere (5) Schutzgebiete, das letzte endet in Mannheim beim Abgang des Neckarkanals beim Fernmeldeturm.

Zwischen Neckarhausen und Ladenburg quert eine Seilfähre die Strecke, dies weist darauf hin, dass Brücken in der Nahregion nicht vorhanden sind. Ein großes Sperrbauwerk kündigt Wehr

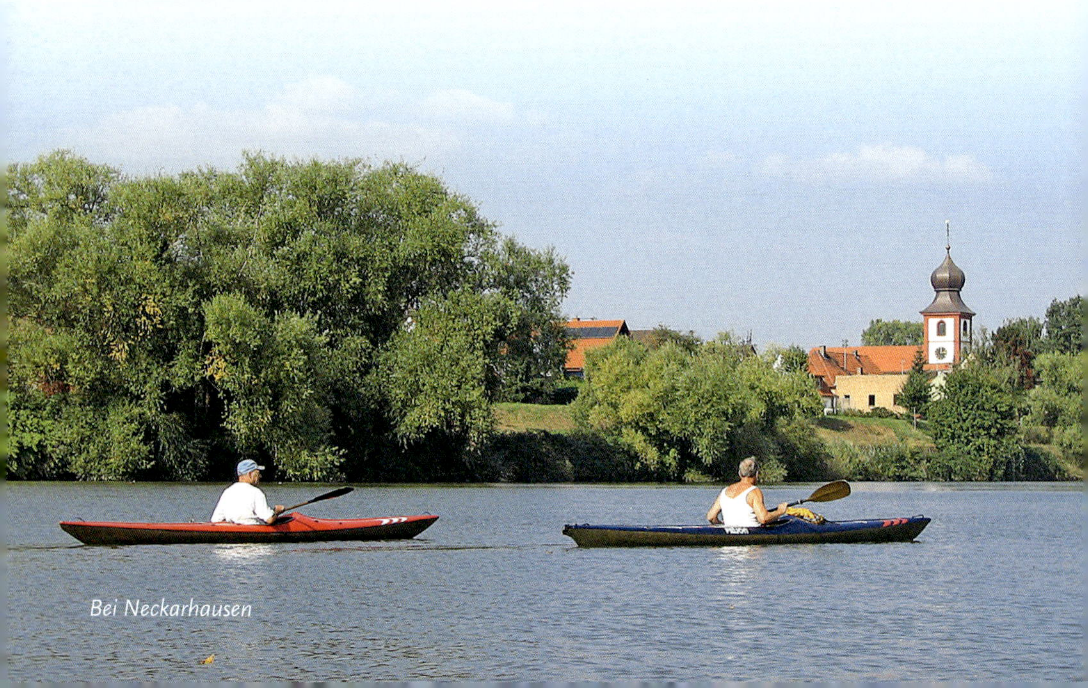

Bei Neckarhausen

mit Kanal Kanalabgang, Umtragestelle und Raststelle an. Wir umtragen links und genießen nach der Rast die flotte Strömung. Nach dem Umrunden von Ilvesheim das zwischen alter Neckarschleife und dem Neckarkanal liegt, paddelt man mit gemächlicher Strömung Richtung Norden.

Wählt man rechts den Schifffahrtsweg (Neckarkanal), muss an der Schleuse Mhm-Feudenheim mit langen Wartezeiten gerechnet werden.

Von der Ruhe und relativen Abgeschiedenheit im oberen Teil der Tour kommen wir aber bald in dichtes Siedlungsgebiet und auch in den Genuss von allerdings mäßigem Schiffsverkehr auf dem Neckar. Wir durchqueren Mannheim, und kommen etwa 900 m vor der Neckarmündung rechts zu unserem Ziel, der Kanustation der Mannheimer Kanugesellschaft (Zeltmöglichkeit).

Literatur

DKV-KANU-Führer für Südwestdeutschland

Karten

Landesvermessungsamt Rheinland-Pfalz
Topo-Karte 1:25000

- 6416 Mannheim-Nordwest
- 6516 Mannheim-Südwest
- 6517 Mannheim-Südost

Camping

- Camping Strandbad
  Krappmühlstraße 30
  68165 Mannheim, Tel. 0621/416840
- Campingplatz am Neckar,
  Seckenheimer Landstr. 191
  68163 Mannheim, Tel. 0621/416840
- Camping Heidelberg,
  Häuselgasse 42, 69124 Heidelberg
  Tel. 06221/802506

Sehenswürdigkeiten

Heidelberg

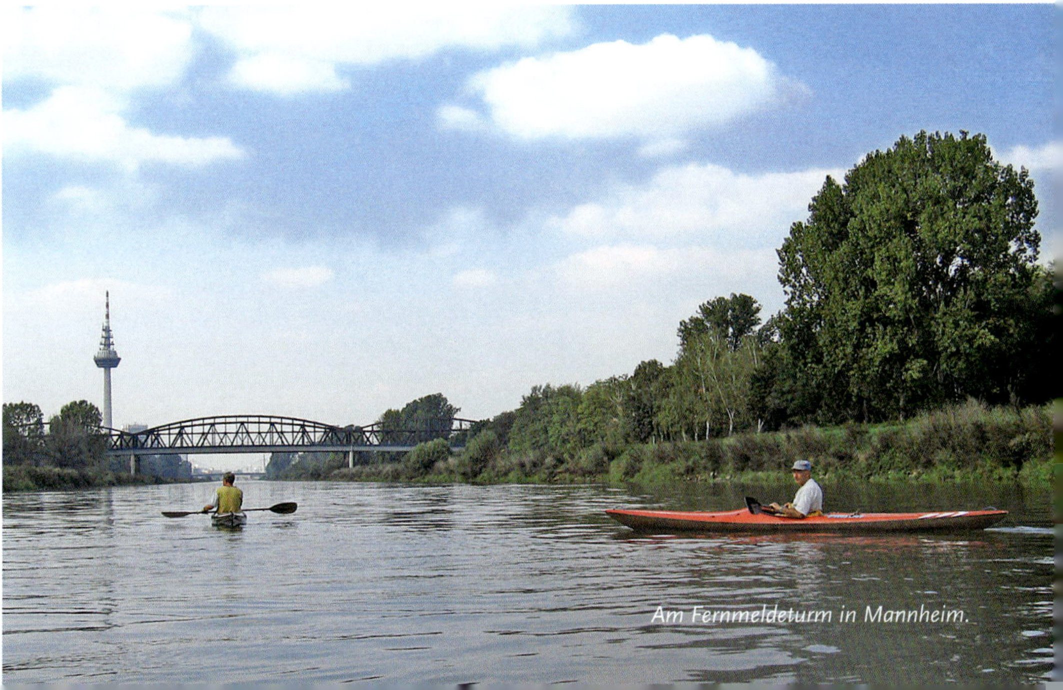

Am Fernmeldeturm in Mannheim.

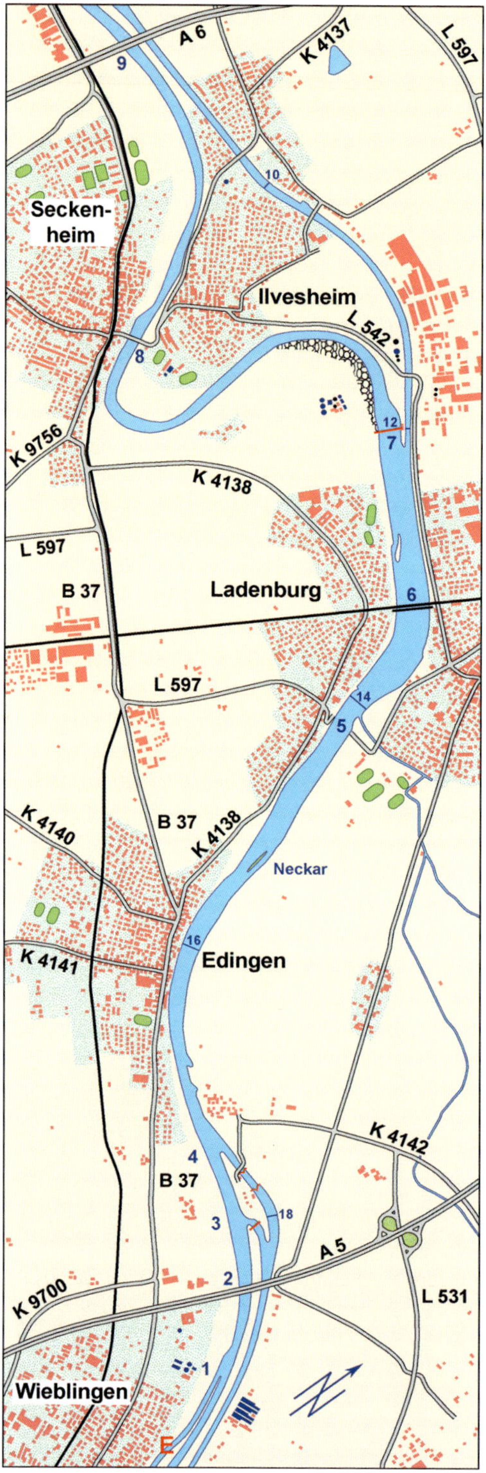
A 6
K 4137
L 597
9
10
Secken-
heim
Ilvesheim
L 542
8
12
7
K 9756
K 4138
L 597
B 37
Ladenburg
6
L 597
14
5
K 4140
B 37
K 4138
Neckar
16
Edingen
K 4141
4
B 37
K 4142
3
18
A 5
2
L 531
K 9700
1
Wieblingen
E

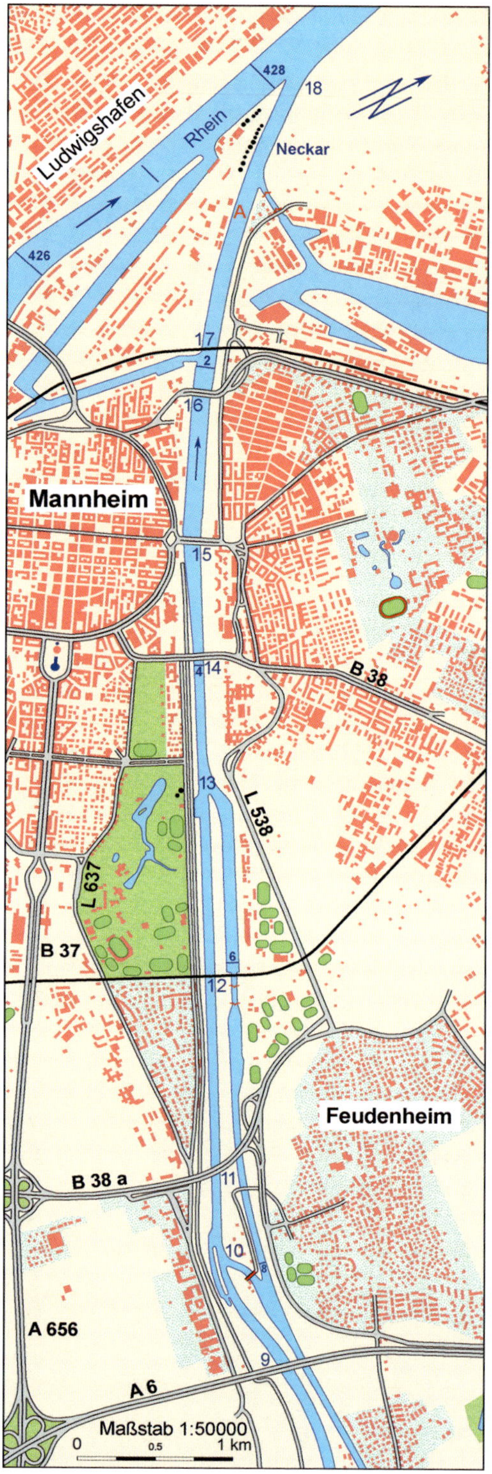
Ludwigshafen
Rhein
428
18
Neckar
426
A
17
2
16
Mannheim
15
14
4
B 38
13
L 538
L 637
B 37
6
12
Feudenheim
B 38 a
11
10
8
A 656
9
A 6
Maßstab 1:50000
0
0.5
1 km

Weiterfahrmöglichkeit:

Rhein bis km 440,2. Rechts in den Lampertheimer Altrhein einfahren, weiter bis Lampertheim insgesamt 36 km.

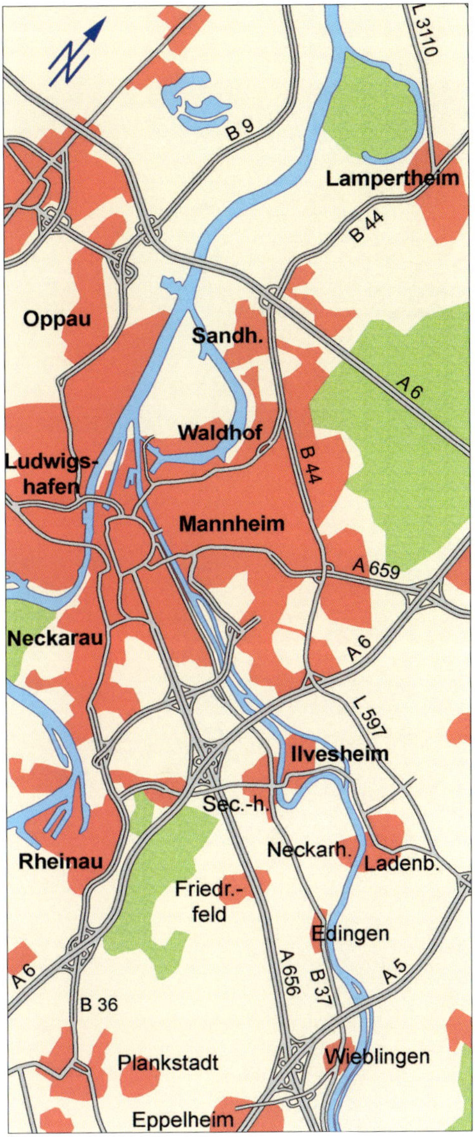

Orientierungspunkte

- E Einsetzstelle in Wieblingen
- 1 Mündung des rechten Neckararmes
- 2 Autobahnbrücke A5
- 3 Mündung des Neckarkanal-Überlaufs
- 4 Abgang das Neckarkanals
- 5 Fähre Neckarhausen-Ladenburg
- 6 Eisenbahnbrücke Neckarhausen-Ladenburg
- 7 Wehr, Abgang Neckarkanal links, Umtrage- und Raststelle. Anschließend Naturschutzgebiet.
- 8 Brücke L542 Seckenheim-Ilvesheim
- 9 Autobahnbrücke A6
- 10 Mündung des Neckarkanal-Überlaufs
- 11 Straßenbrücke Mannheim B38a
- 12 Eisenbahnbrücke
- 13 Abgang des Neckarkanals rechts
- 14 Straßenbrücke B38
- 15 Kurpfalzbrücke Mannheim, danach Steg
- 16 Straßenbrücke B44
- 17 Eisenbahnbrücke
- A Rechts Aussetzstelle MKG Mannheim danach (Kammerschleuse).
- 18 Mündung in den Rhein. Rhein-km 428,2

An- und Abreise

Zur Einsetzstelle in Wieblingen

A5 bis zum Autobahnkreuz Heidelberg AK37/5, A656 bis zur Ausfahrt Heidelberg-Wieblingen, weiter Richtung Wieblingen K9701, in Wieblingen B37 Mannheimer Straße, rechts ab in die Maltesergasse bis zur Einsetzstelle.

PKW verstellen Wieblingen – Mannheim Inselstraße MKG

Zurück auf die A656 Richtung Mannheim, die A656 geht in Mannheim in die B37 über, am Wasserturm vorbei in den Friedrichsring, dann Luisenring bis zum Abgang rechts der B44 Seilerstraße dann Freher- und Dalbergstraße. Es geht über den Neckar, direkt danach rechts halten in die Damm- dann Helmholtzstraße, am Neckar entlang in die Inselstraße zum Bootshaus der MKG Mannheim.

Tour 28: Petite Ill

Tourensteckbrief

Kurzinfo

Tagestour 25 km

- ganzjährig befahrbar
- PKW-Begleitung ist nur zum Teil möglich

Probleme

Verhaue, Bäume quer im Wasser
Schwieriges Einsetzen am 2. Ill-Wehr.

Die Ill verläuft von ihrer Quelle bei Winkel im franz. Jura bis zur Mündung bei Offendorf auf 208 km praktisch parallel zu Rhein durch das Elsaß. Immer wieder teilt sich das Gewässer, oft in mehrere Arme. Trotzdem blieb die Ill von den Flußbauern weitgehend verschont. Einer dieser unzähligen Verzweigungen bildet zwischen Nordhouse und Ohnheim die Petite Ill. Der Bach ist schmal (deshalb auch Verhaugefährdet) und hat höchstens ein Drittel des Illwassers abbekommen, lange Wandereiner können oft nicht gewendet werden.

Eigentlich müsste die Tour "Ill von Nordhouse - Strasbourg" benannt werden, aber im Laufe der Zeit hat sich für die ca. 6000 m der Petite Ill und die anschließende Ill bis Strasbourg eben der Begriff „Petite Ill" eingebürgert .

Eingesetzt wird in Nordhouse, rechtsufrig vor der Brücke über die Petite Ill. Parkplätze kann man in der Nähe finden. Anfangs mit schönen Mäandern streifen wir bald Hipsheim mit hübschem altem Waschplatz. An das alte Wehr vor dem Wald erinnert nur noch ein harmloser Schwall. Bis zur Mündung bei Ohnheim paddeln wir ausschließlich durch Wald. Nach der Vereinigung der beiden Ill-Arme geht es mit flotter Strömung bis zum Wehr in Illkirch – Grafenstaden. Wir umtragen links und können die Gelegenheit gleich für die Mittagsrast nutzen.

Frisch gestärkt ziehen wir weiter und kommen binnen kurzem an eine weitere Verzweigung der Ill in drei Arme.

Der linke Arm wurde in einen Fischaufstieg umgebaut. Bei gutem Wasserstand und entspre-

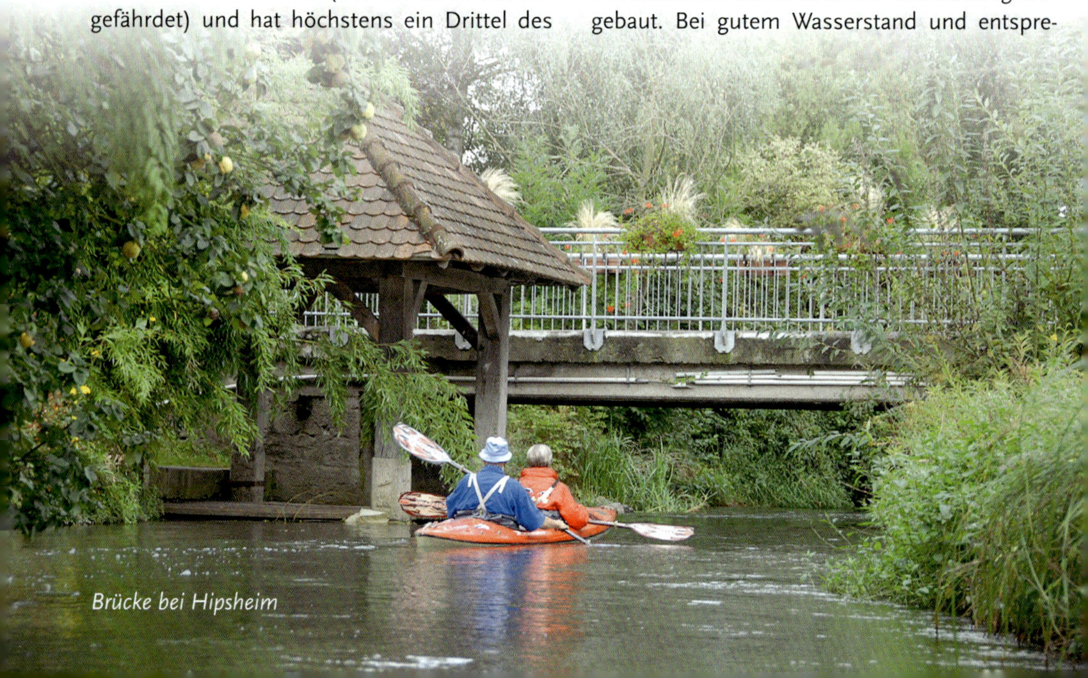

Brücke bei Hipsheim

chendem Können ist diese Route fahrbar. In der Mitte geradeaus bildet ein Steilwehr ca. 1,50 m hoch ein nicht fahrbares Hindernis.

Wir paddeln, im rechten Arm ganz nach vorne durch und setzen links vor dem Wehr aus (Raststelle) und booten an der Treppe wieder ein. Die 2020 wieder funktionsfähig gemachte Schleuse wurde durch Rowdies kurz danach wieder zerstört.

Manchmal kann durch die scharfe Querströmung, nach dem Wehr, eine weite Umtrageaktion über die ca. 100 m flussaufwärts liegende Brücke notwendig werden.

Die weitere Route führt an Ostwald und Gliesberg vorbei. Nach der Autobahnbrücke (20) fahren wir im rechten Arm, nach queren des Rhein-Rhone-Kanals, direkt zur Aussetzstelle beim Jugendclub Strasbourg (Kletterwand).

Weiterfahrmöglichkeit:

Weiterfahrt auf der Ill durch die Innenstadt von Strasbourg. Für die Schleuse "Petite France" ist allerdings eine Schleusengenehmigung erforderlich.

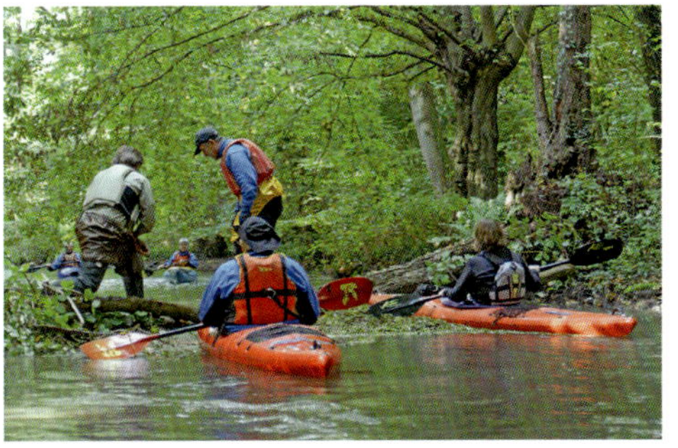

Kleines Hindernis.

Karten

Serie Blue 1:25000

- Nr. 3816 Ost

Camping

Campingplatz Kehl, Tel. 07851/2603

Sehenswürdigkeiten

- Petite France (Strasbourg)
- Münster (Strasbourg)
- Europaparlament (Strasbourg)

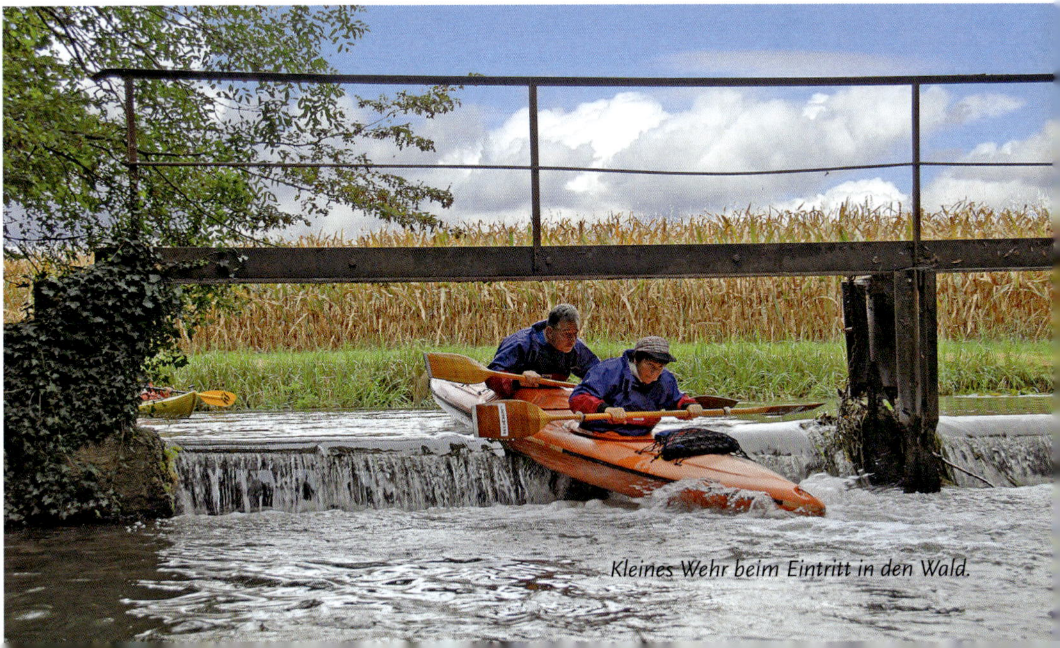

Kleines Wehr beim Eintritt in den Wald.

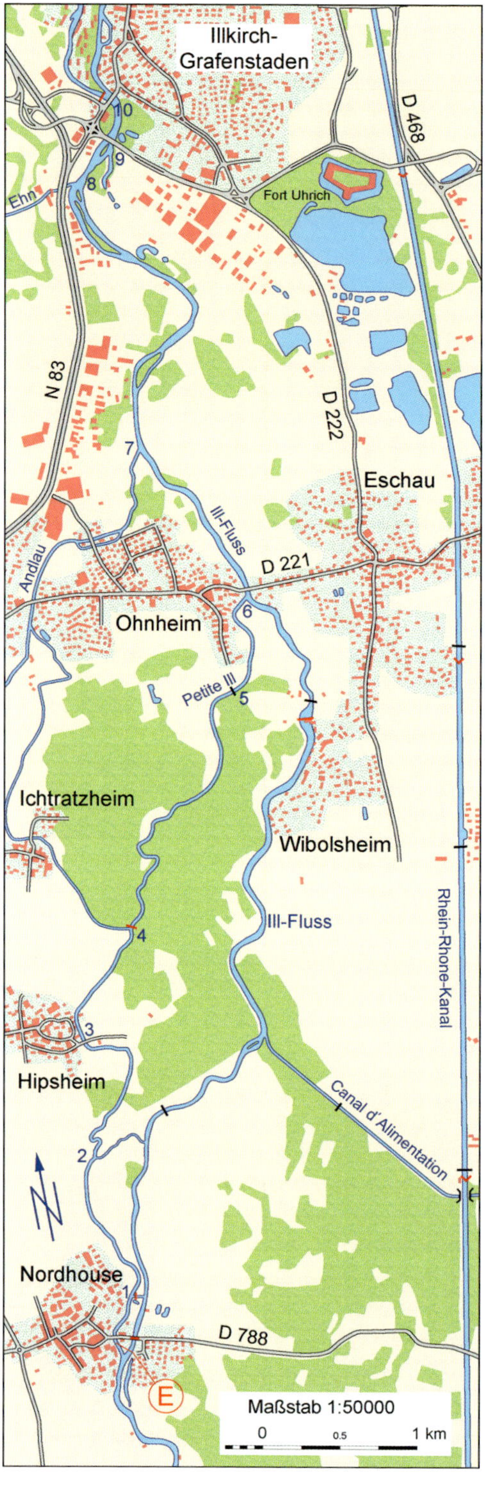

Illkirch-
Grafenstaden
D 468
Fort Uhrich
Ehn
N 83
D 222
Eschau
Andlau
Ill-Fluss
D 221
Ohnheim
Petite Ill
Ichtratzheim
Wibolsheim
Ill-Fluss
Rhein-Rhone-Kanal
Hipsheim
Canal d'Alimentation
Nordhouse
D 788
E
Maßstab 1:50000
0
0.5
1 km

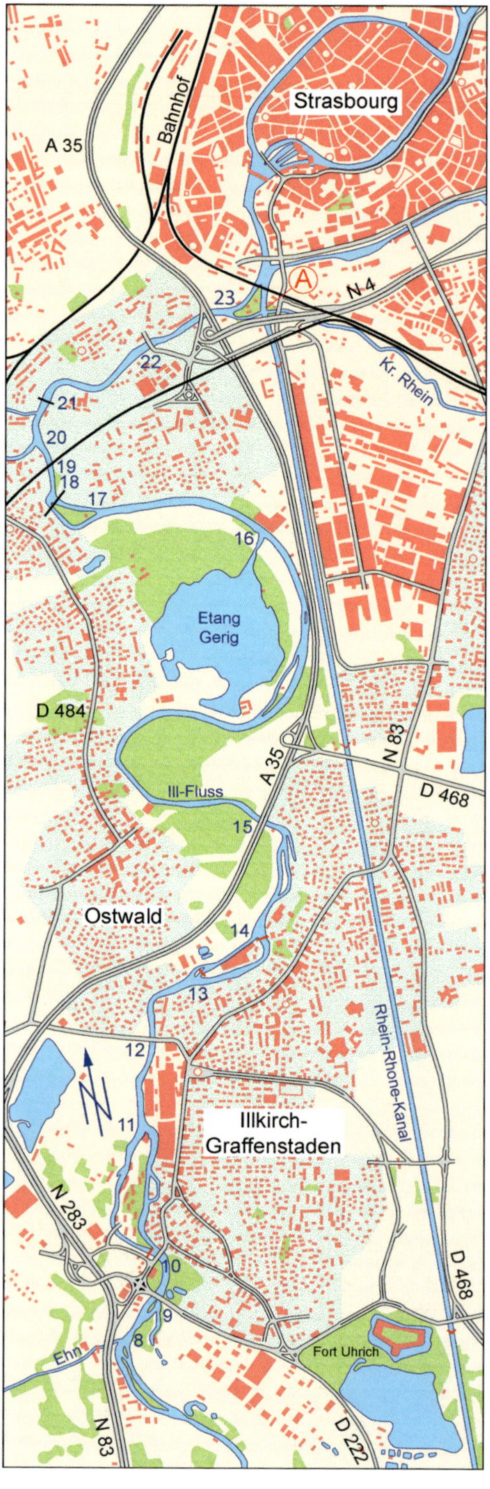

Strasbourg
Bahnhof
A 35
A
N 4
Kr. Rhein
Etang
Gerig
D 484
A 35
N 83
Ill-Fluss
D 468
Ostwald
Rhein-Rhone-Kanal
Illkirch-
Graffenstaden
N 283
Ehn
Fort Uhrich
D 468
N 83
D 222

Orientierungspunkte

E Einsetzstelle in Nordhouse
1 Rechts Abgang zur Ill mit Schleuse
2 Rechts Abgang zur Ill
3 Brücke, Beginn von Hipsheim (Waschplatz)
4 Wehr ca. 40 cm hoch, fahrbar oder links Umtragen
5 Brücke ohne Verkehr
6 Mündung in die Ill, danach Brücke D221 Ohnheim-Eschau
7 Links, Mündung der Andlau
8 Links, Mündung des Ehn
9 Straßenbrücke Illkirch-Graf
10 Brücke N 83, kurz danach Wehr, links umtragen (Raststelle)
11 Zusammenfluss der beiden Ill-Arme
12 Brücke
13 Die Ill teilt sich in drei Arme, im rechten Arm ganz nach vorne durch fahren und links vor dem Wehr aussetzen (Raststelle) und an der Treppe wieder einsetzen.
14 Autobahnbrücke A35
15 Links Abgang zum Baggersee
16 Teilung, rechts fahren
17 Brücke, Zusammenfluss
18 Eisenbahnbrücke
19 Links, Mündung Bruche, kurz danach Bruche-Kanal
20 Brücke
21 Brücke
22 Autobahnbrücke, danach in den rechten Arm einfahren
A Aussetzstelle

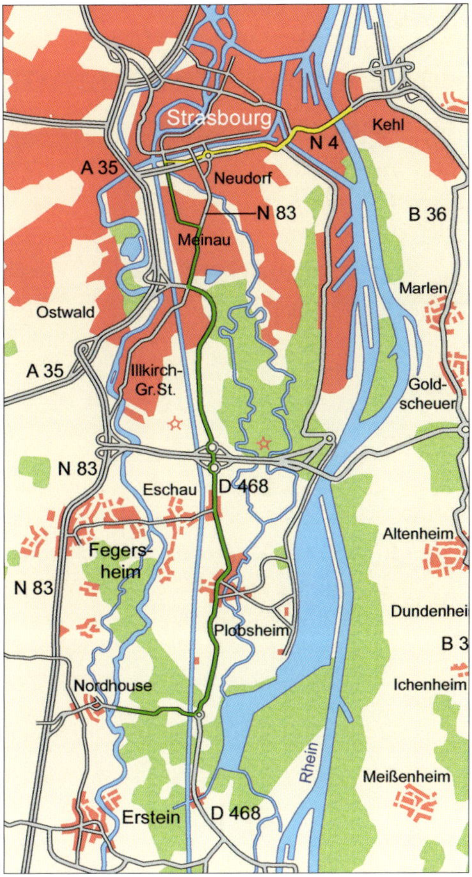

An- und Abreise

Zur Aussetzstelle Strasbourg

Autobahn A5, Ausfahrt Appenweier, B28 Richtung Strasbourg, ab Grenze N4, Richtung Autobahn (Colmar) fahren, nach dem Tunnel erste Ausfahrt rechts ausfahren, geradeaus bis zur Querstraße Rue de la Plaine des Bouchers, links fahren und nach ca. 100 m rechts zur Aussetzstelle beim Jugendclub.

Von der Aussetzstelle Jugendclub zur Einsetzstelle Nordhouse

Vom Parkplatz beim Jugendclub in die Rue de la Plaine des Bouchers rechts einfahren, geht über in die Rue de Doubs (Entlang des Rhein-Rhone-Kanals). Dem Straßenverlauf weiter folgen Rue de Rhone. Rechts ab in die N83 Avenue de Colmar. Nach dem großen Einkaufszentrum (Auchan) links ab in die D468 Route Alfred Kastler. Der Beschilderung nach Plobsheim folgen. In Plobsheim auf der D468 weiterfahren bis zum Kreisel, rechts ab bis Nordhouse.

Tour 29: Ill (Alsace) Rotes Haus – Ebersmünster / Wald-Ill

Tourensteckbrief

Kurzinfo

Tagestour 25 km

- ganzjährig befahrbar
- PKW-Begleitung ist nur zum Teil möglich
- je zwei mögliche Einsetzstellen und Fahrtrouten

Unsere Tour beginnt beim Roten Haus einer Stelle an der Ill mit zwei Gebäuden zwischen Ostheim und Jebsheim an der D3. Vom kleinen Parkplatz muss man die Boote ca. 100 m vorbei an Steinwurfwehr und Schleuse bis zur Einsetzstelle tragen. Dann genießt man einen fast noch naturnahen Bach, der sich selbst seinen Weg suchen darf und dies auch tut indem er wie im Winter 2020/2021 einen Mäander durchbrochen hat und so seinen Lauf durch die urwüchsige Landschaft verkürzte. Bis zur Einsetzstelle Illhaeusern sind ca. 5 km zu paddeln

Eine weitere gute Einsetzstelle findet sich am Ortsende von Illhaeusern in der Verlängerung der Rue de la Fecht. Es ist hier speziell eine Stelle am Bach für das bequeme Einsetzen für Paddler angelegt worden.

Im kleinen Ort Illhaeusern nach den Häusern an der Ill benannt, kocht Paul Haeberlins Sohn für Feinschmecker im Drei-Sterne-Restaurant "Auberge de'Ill".

Gleich nach der Einsetzstelle mündet rechts die Fecht. Kurz danach fährt man an dem oben erwähnten Gourmetempel mit gepflegter Außenanlage (rechts) vorbei .

Es folgt dann die Brücke D106, danach verzweigt sich die Ill. Rechts kommt man zur Waldill mit den Orientierungspunkten a bis v, geradeaus geht es weiter auf der Ill, Richtung Selestat. Kurz vor Rathsamhausen vereinigen sich die beiden Arme wieder. Es folgt eine schö-

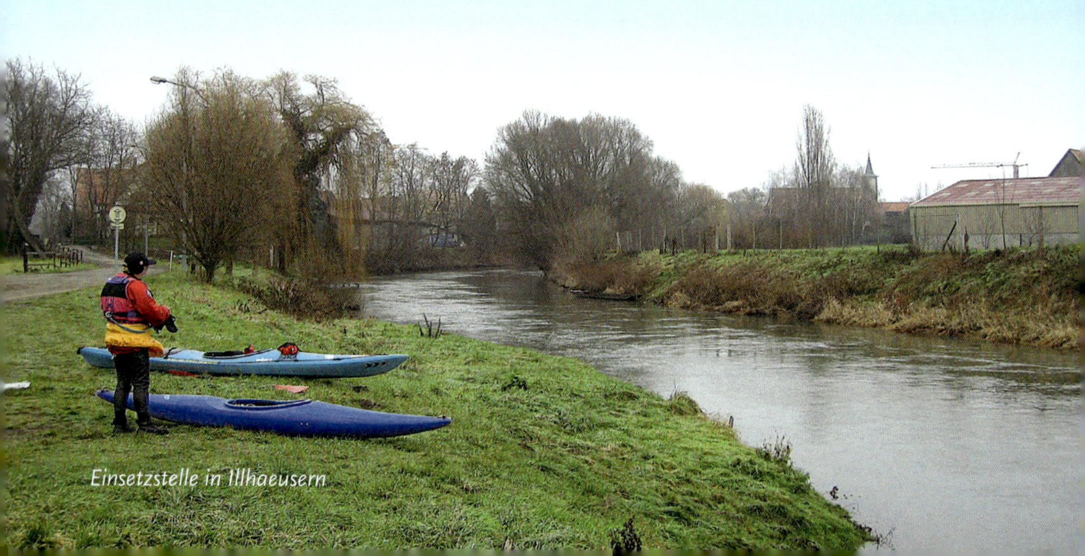

Einsetzstelle in Illhaeusern

ne, flotte Fahrt durch eine Feld- Wald- und Wiesenlandschaft.

Selestat, die bekannte Metropole des Elsass und einst Zentrum des Huma-nismus. Die Humanistische Bibliothek der Stadt, gehört zu den berühmtesten der Welt. Besuchenswert ist auch die Altstadt.

In Selestat folgt nach der Brücke eine Slalomstrecke. Hier wurde der Bach durch hineingelegte große Steine und Steinriegel slalomtauglich gemacht. Für erfahrene Kanuten kaum ein Problem, wogegen sich Besatzungen von Leihbooten hier oftmals "abkühlen". Zumindest empfiehlt es sich hier die Spritzdecke zu schließen. Wer sich die Slalomstrecke ansehen möchte, kann zum gucken vor der Brücke aussteigen und auch gleich sein Vesperbrot auspacken um hier Rast zu machen. Oft trainieren hier die ortansässigen Kanuten, aber auch von weither gereiste versuchen sich auf dem Weg durch den Stangenwald. Nach der Slalomstrecke liegt rechts der Kanuclub Selestat.

Das langwierige Schleusen an der selbst zu bedienenden Bootsschleuse vor Ehnwihr geht vielen Kanuten viel zu lange, weshalb Eilige dort umtragen um einige Minuten einzusparen. Manchmal ist Umtragen sowieso notwendig weil die Schleuse defekt ist. Je nach Wasserstand kann die "Surfwelle" des Wehres zu Trainingszwecken genutzt werden.

Es folgt Ehnwihr mit breiter Treppe (rechts). Danach mündet links der Giessen bevor sich vor Ebersmunster die Ill, in Schwarzlach, Muehlbach, Ill und Holzgiessen verzweigt.

Die Abzweigung in den Muehlbach nach Ebersmünster (OP 17 ist gekennzeichnet) und nicht ganz leicht zu finden und mancher Kanute musste vom Wehr das ca. 300 m vor Ebersmünster liegt zurückpaddeln um in den Arm

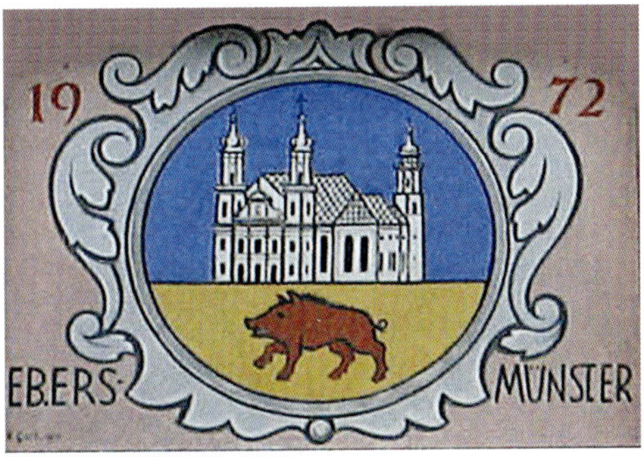

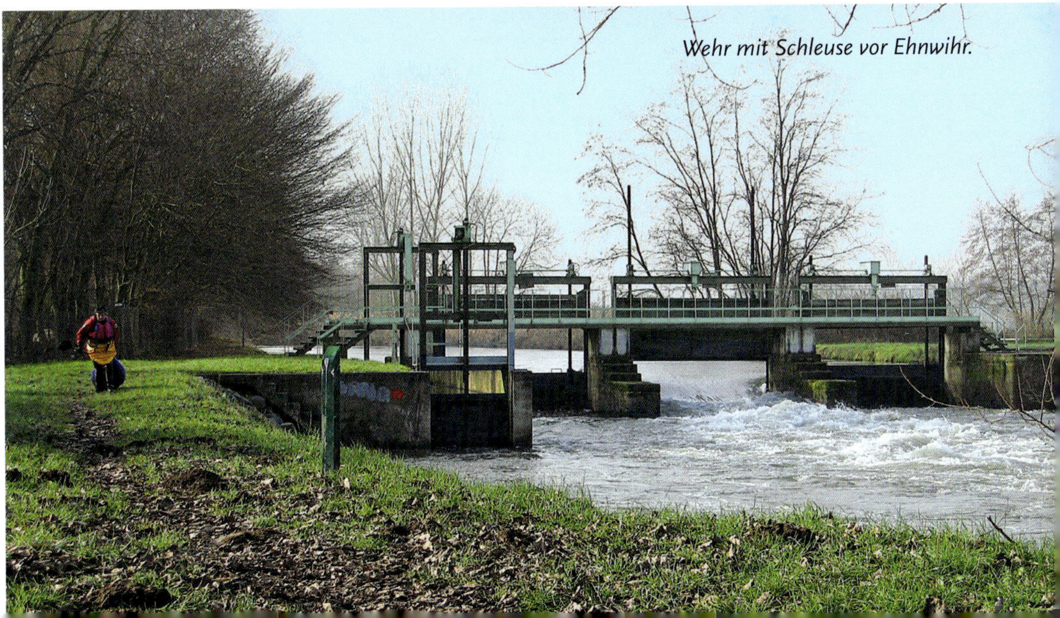

Wehr mit Schleuse vor Ehnwihr.

nach Ebersmünster zu kommen.
Die Anlandestelle in Ebersmünster befindet sich mitten im Ort. Es liegen dort meist auch Fischernachen am betonierten Ufer. Ungeübten sollte man beim Aussteigen helfen, es herrscht dort flotte Strömung und die nächste Brücke kann nicht unterfahren werden. Boote mit über 5 m Länge können an der Aussetzstelle wegen der Enge nicht mehr gegen den Strom gedreht werden.
In Ebersmunster steht am Ufer der Ill eine der schönsten und auch bekanntesten Barockkirchen des Elsass. Die Orgelkonzerte im Münster mit der berühmten Silbermann-Orgel sind immer einen Besuch wert. Spontane Besichtigungen sind aber oft durch "Veranstaltungen" in der Kirche nicht möglich.

Wald-Ill

Hat man sich für die Waldill entschieden paddelt man direkt nach Illhaeusern (3) im rechten Arm der Waldill (Bennwasser) weiter. Über die Orientierungspunkte a bis p dürfte alles problemlos verlaufen. Hier (p) muss man sich entscheiden. Links kommt nach ca. 400 m in die Ill mit der Schleuse (14). Rechts geht es ca. 120 m bis zur Mündung des Unterriedgrabens gegen leichte Strömung über Ehnwihr in die Ill zurück (OP u).

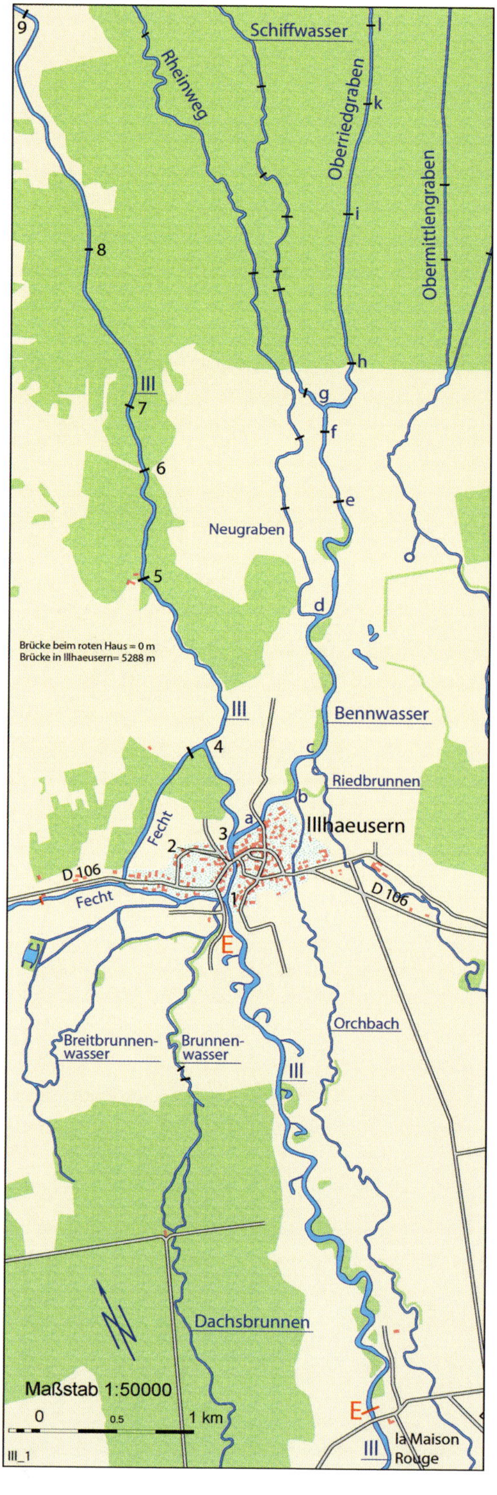

Literatur

DKV-Auslandführer Nordfrankreich Benelux

Karten

Club Vosgien Carte 1:50000
- Nr. 4/8

Camping

- Ribeauville, Rue de Landau 23
  Tel.: (0033) (0) 389/736671
- Dambach la Ville, Route d'Ebersheim
  Tel.: (0033) (0) 388/92 4860

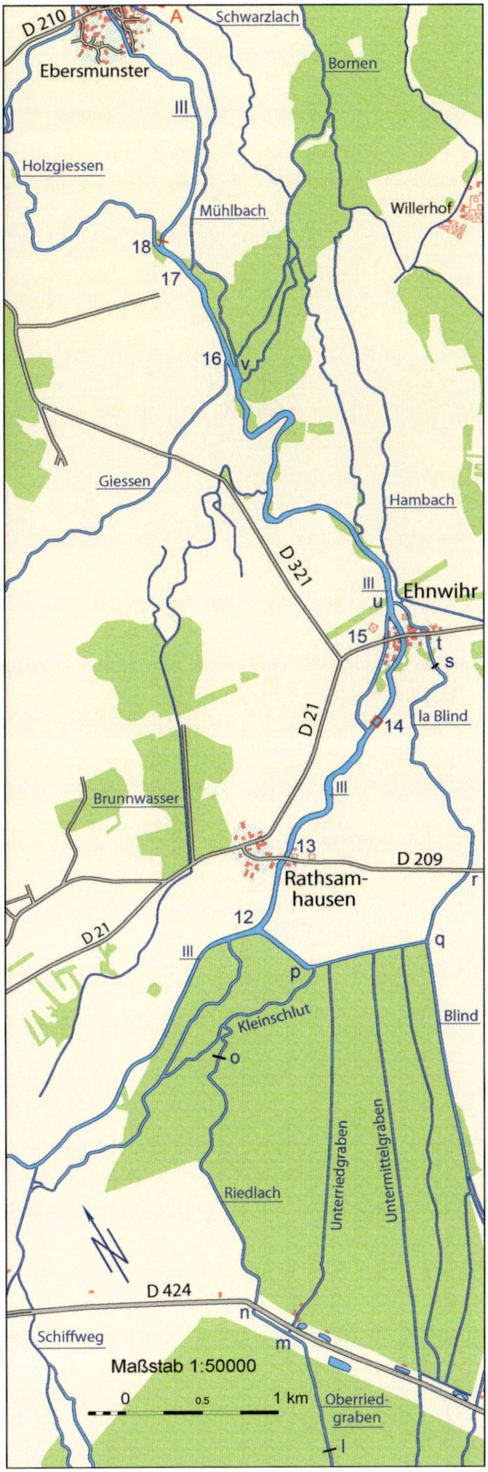

Sehenswürdigkeiten

- Ribeauvillé
- Riquewihr
- Kaysersberg
- Illhaeusern
- Château du Haut-Koenigsbourg
- Mulhouse und seine Museen
- Strasbourg

Orientierungspunkte

Hinweis: Zwei Einsetzstellen E

E Einsetzstelle „Rotes Haus" D 3 Brücke

E Einsetzstelle Illhaeusern beim Sportgelände von Illhaeusern (ausgeschildert).

1 Links, Mündung der Fecht.

2 Brücke D 106

3 Die Ill teilt sich in Ill(links) und Waldill (rechts) die Ordnungszahlen folgen der Ill, die Ordnungsbuchstaben der Waldill.

4 Brücke

5 Brücke

6 Brücke

7 Brücke

8 Brücke

9 Verzweigung, links fahren Brücke D 424

10 Brücke D 159, danach Slalomstrecke der Selestater Kanuten. Rastmöglichkeit.

11 Zulauf rechts

12 Gabelung, Abgang des Renninger Scheidgrabens, links fahren.

13 Brücke D 209

14 Wehr mit Schleuse (oft defekt) mit Selbstbedienung (Anweisung lesen).

15 Brücke D21 Ehnwihr

16 Links Mündung des Giessen.

17 Rechts Abgang des Muehlbachs mit Steg, hier einfahren.

A Aussetzstelle in Ebersmünster (gekennzeichnet).

18 Wehr, wer bis hier durchgefahren ist muss ca. 300 m zurückfahren, oder man umträgt das Wehr, Paddelt bis Ebersmünster weiter und setzt an der Brücke aus.

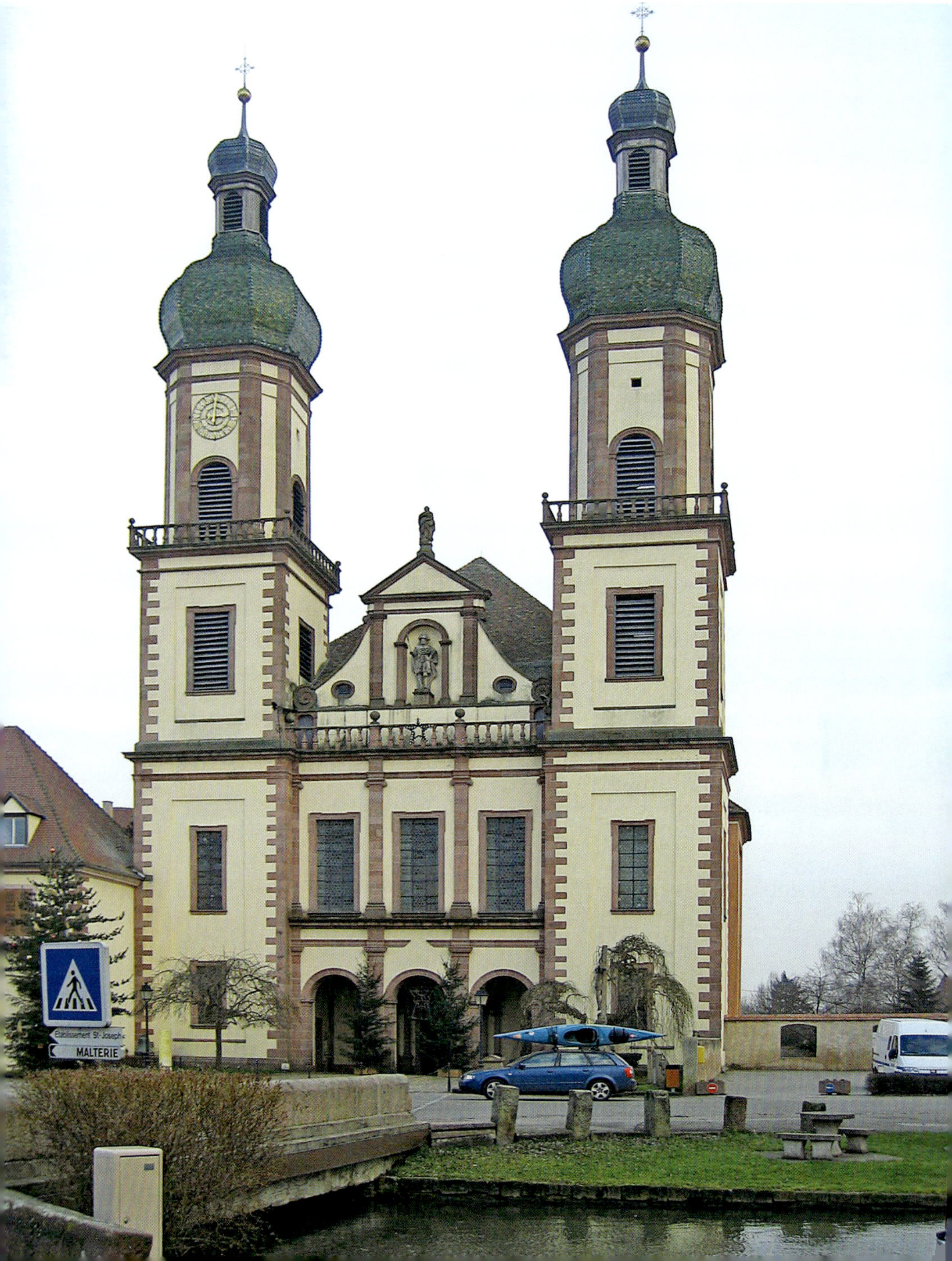
MALTERIE

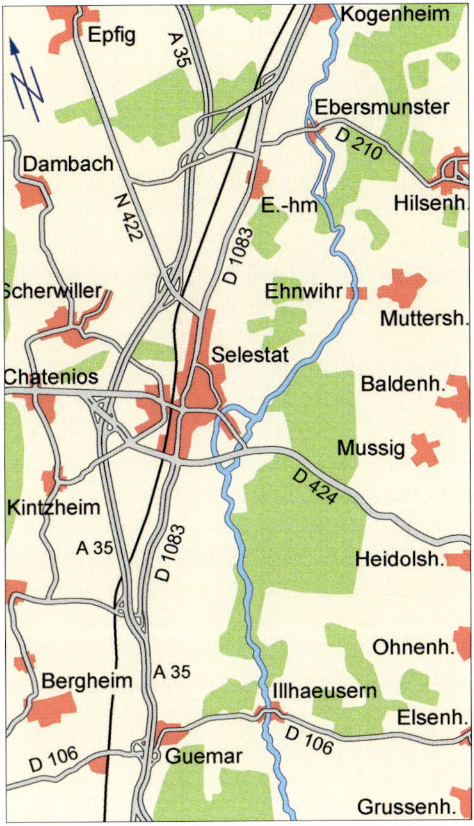

An- und Abreise

Zur Einsetzstelle Illhaeusern

A35 Ausfahrt Guemar

D106 über Guemar nach Illhaeusern

In Illhaeusern rechts ab Rue de la Fecht zur Einsetzstelle

Zur Aussetzstelle Ebersmunster

A35 Ausfahrt Ebersheim

D210 bis zur N83 links ab N83

N83 bis zur D210 nach Ebersmünster

Aussetzstelle bei der öffentlichen Toilette

Links: Die 1727 fertiggestellte Barockkirche ist die einzige dieser Bauart im Elsass.

Unten: Einfahrt in den Mühlbach

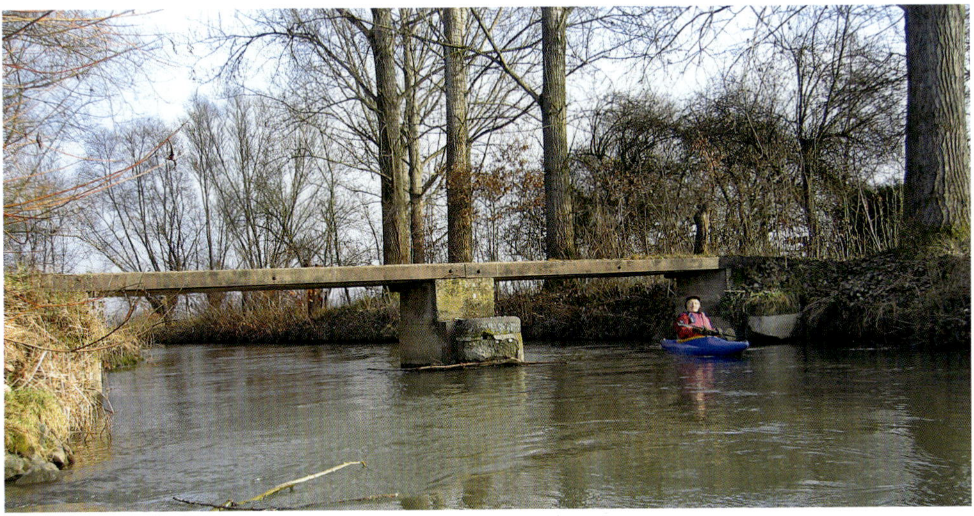

Tour 30: Zembs (Alsace)

Tourensteckbrief

Kurzinfo

Tagestour Rossfeld-Krafft 19 km

- ganzjährig befahrbar
- PKW-Begleitung ist nur zum Teil möglich

Probleme

Düker, Gerüche bei Erstein (Zuckerfabrik), Büsche im Fahrwasser, Niedrige Brücken.

Im Führer für die Bäche des Elsass „L'Alsace en Canoe-Kayak" wird die Zembs als sehr schöner Bach, den man vorzugsweise im Frühjahr in kleiner Gruppe befährt, beschrieben. Es folgt eine Warnung: „Die Zembs ist Privatbesitz man sollte sich deshalb bei einer Befahrung sehr diskret verhalten".

Im DKV-Auslandführer Nordfrankreich Benelux wird die Strecke Rossfeld bis Gerstheim empfohlen. Über die Reststrecke bis zum Plobsheimer See ist nichts bekannt. Mündung in den Plobsheimer Stausee.

Bei unseren Befahrungen haben wir einen schönen, oft engen Bach mit klarem Wasser inklusive Baum- und Buschhindernissen vorgefunden, der sich derzeit gut bis zum Düker am Plobsheimer See befahren lässt. Allerdings muss auch der Düker am Rhein-Rhone-Kanal (RRK) erwähnt und natürlich auch umtragen werden. Schwierigkeiten mit Anwohnern hatten wir bis jetzt nicht. Die Zembs mündet nicht in den Plobsheimer See, sondern wird unter dem See hindurchgeleitet (Düker). Das Reststück entlang des Plobsheimer Sees ist Naturschutzgebiet, und ein Durchkommen sehr schwierig. Nach gut 2 km wird die Zembs vom Canal d'Alimentation de l'Ill aufgenommen was bedeutet, dass das Wasser der Zembs letztendlich in der Ill und dem Krummen Rhein weiterfließt.

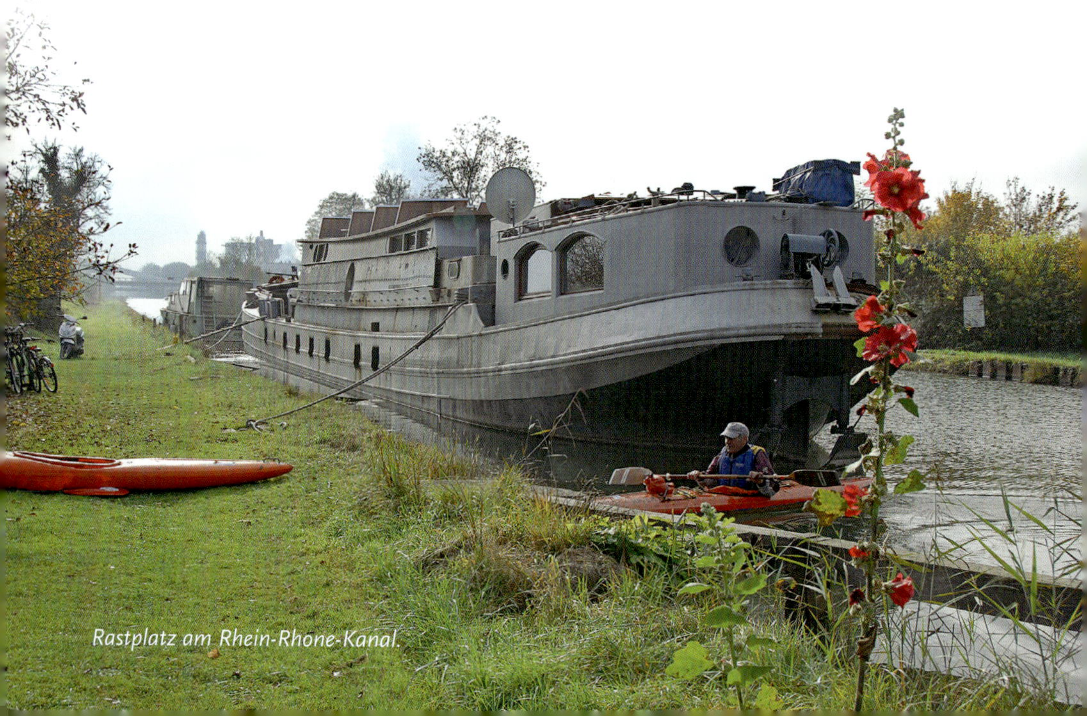

Rastplatz am Rhein-Rhone-Kanal.

Die Einsetzstelle findet man in Rossfeld an der Brücke beim ehemaligen Waschhaus. Parkplätze sind in naher Umgebung genügend vorhanden.

Zunächst verläuft die Fahrt gemütlich und ohne Hindernisse durch Feld-Wald und Wiesen. Nach gut 7 km Fahrt kommt man zu einer Gabelung, links rauscht das Wehr, rechts geht es "glatt" weiter. Um auf der Zembs zu bleiben muss das Wehr umtragen werden. Das Gewässer rechts läuft weiter bis zum Rhein-Rhone-Kanal, wird dort gedükert und in der Folge als „Weil" bezeichnet.

Ab dem Wehr wird alles enger, Büsche machen Schwierigkeiten und kleine Verhaue sind zu überwinden. Bald kommt man zum Düker am Rhein-Rhone-Kanal. Der Wasserspiegel des RRK liegt um einige Meter höher als der der Zembs, deshalb müssen die Boote die Dammböschung hinaufgetragen werden. Man setzt dann in den Kanal ein, um diesen zu überqueren. Bei günstiger Windrichtung (aus den umliegenden Seen entweicht entsetzlicher „Duft") kann man hier auch gut eine Rast einlegen.

Nach dem RRK macht noch ein als Überquerungshilfe für Fußgänger über das Wasser gelegter Balken dicht. Das Aus- und Einbooten bereitet wegen der sumpfigen Ufer Probleme. An einer „großen Wasserfläche" geht es dann links ab zum Düker (Ill-Entlastungskanal).
Das letzte Stück bis zur Aussetzstelle bei der Brücke von Krafft, ist stehendes Wasser.

Weiterfahrmöglichkeiten:

Beim Düker (12) setzt man rechts in den Plobsheimer See ein und paddelt bis zum Abgang (14), umtragen in dem Krummen Rhein, als Aussetzstelle bietet sich Plobsheim an (Gesamtstrecke 27 km).

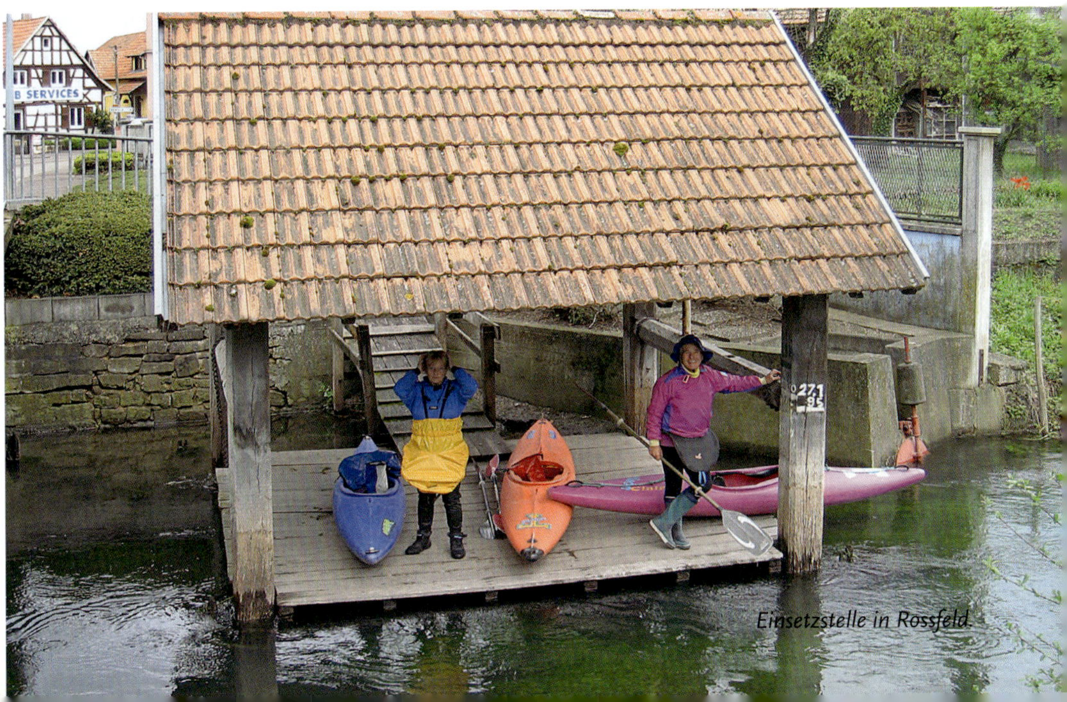

Einsetzstelle in Rossfeld.

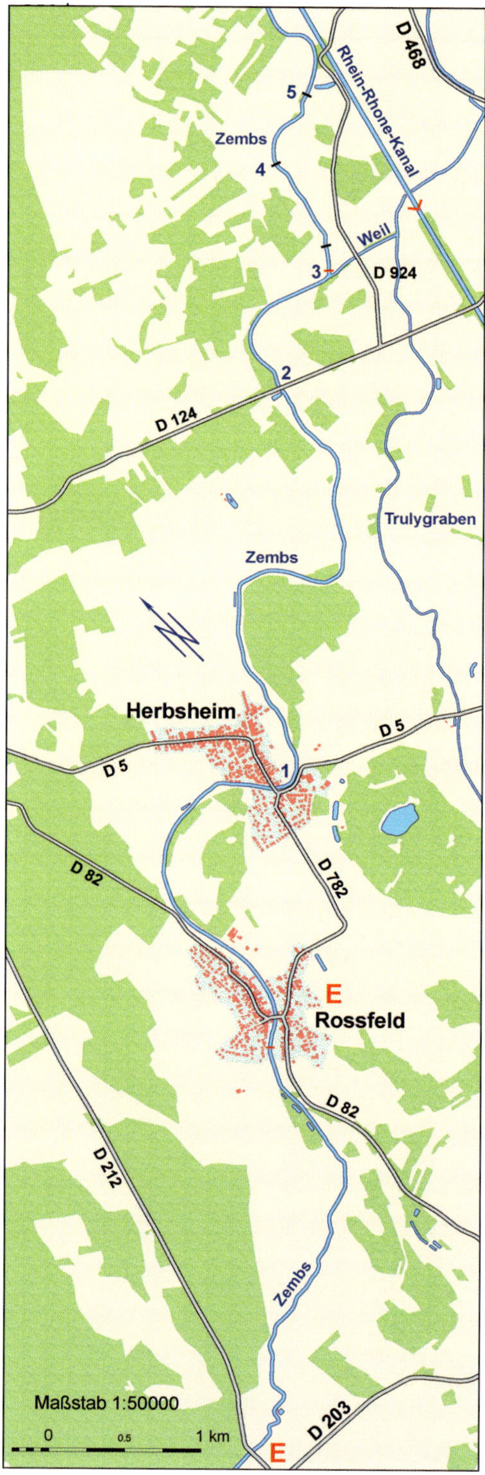
D 468
Rhein-Rhone-Kanal
5
Zembs
4
Weil
3
D 924
2
D 124
Trulygraben
Zembs
Herbsheim
D 5
D 5
1
D 82
D 782
E
Rossfeld
D 82
D 212
Zembs
Maßstab 1:50000
0
0.5
1 km
D 203
E

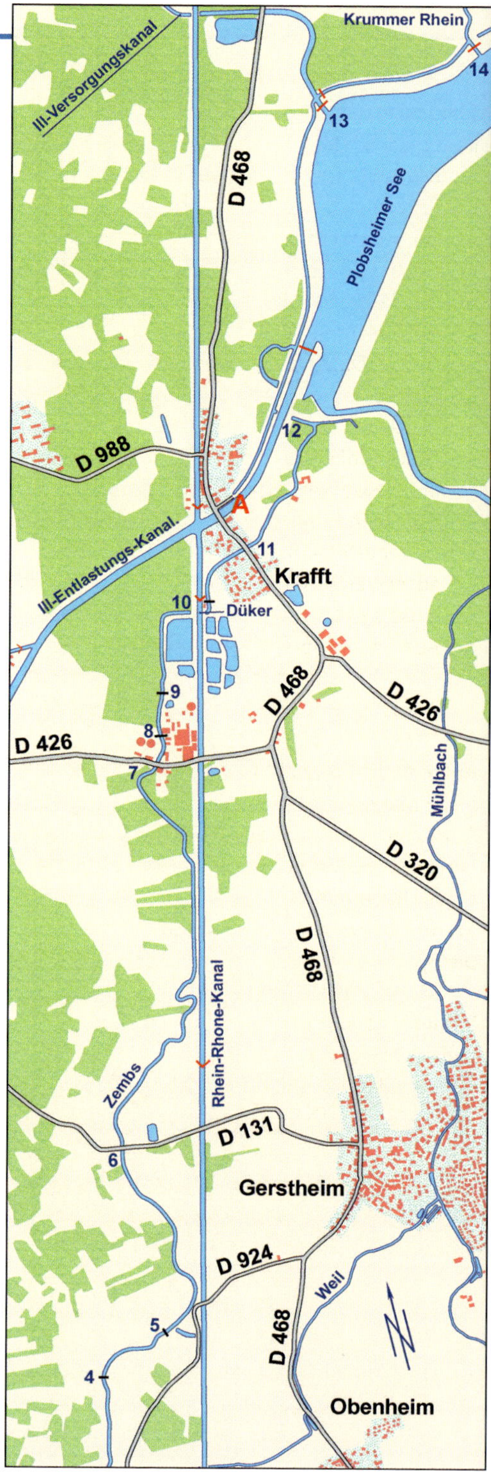
Ill-Versorgungskanal
Krummer Rhein
14
13
D 468
Plobsheimer See
12
D 988
A
Ill-Entlastungs-Kanal.
11
Krafft
10
Düker
9
D 468
D 426
8
D 426
7
Mühlbach
D 320
D 468
Rhein-Rhone-Kanal
Zembs
D 131
6
Gerstheim
D 924
Weil
5
D 468
4
Obenheim

Orientierungspunkte

E Einsetzstelle in Rossfeld
1 Brücke D5 in Herbsheim
2 Brücke D124
3 Teilung, Wehr links fahren (umtragen)
4 Brücke
5 Brücke
6 Brücke D131
7 Brücke D426, beginn Industriekomplex
8 Brücke
9 Brücke
10 Düker, links aussetzen, zum Überqueren in den RRK einsetzen, (Rastplatz).
11 Brücke in Krafft D468
12 Düker am Ill-Entlastungskanal, rechts aussetzen, und in den Ill-Entlastungskanal einsetzen.
A Aussezstelle an der Brücke in Krafft.

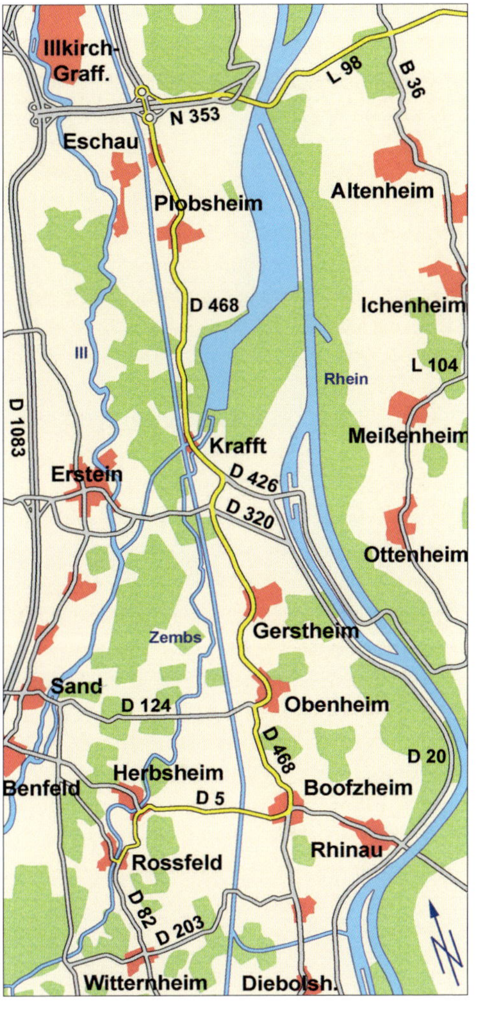

An- und Abreise

Anfahrt zur Aussetzstelle bei Krafft
gelbe Markierung

Autobahn A5, Ausfahrt Offenburg, L98 bis Landesgrenze, ab Grenze N353, erste Ausfahrt D468 Richtung Plobsheim, D468 weiter bis Krafft, vor der Brücke links ab Damm (Parkplatz).

Weiterfahrt zur Einsetzstelle in Rossfeld
gelbe Markierung

Weiter auf der D 468 bis Boofzheim, hier rechts ab, D5 über Herbsheim und D782 bis Rossfeld.

Karten

Serie Bleue 1:25 000

- Nr. 3817 Ost BENFELD
- Nr. 3816 Ost Strasbourg

Tour 31: Rench

Tourensteckbrief

Kurzinfo

Tagestour Erlach bis Mündung 21 km

- keine besonderen Schwierigkeiten
- fünf Umtragestellen
- PKW-Begleitung ist nur zum Teil möglich

Probleme

Düker, Acherflutkanal

Die Rench ist im mittleren Schwarzwald ein leichtes Wildwasser, das im Frühjahr und nach Regenfällen fahrbar ist. Ab Oberkirch tritt die Rench in die Oberrhein-Ebene aus. Unterhalb Erlach, nach Abgang des Renchflutkanals, wird die Rench für Wanderfahrer interessant. Bei sehr gutem Wasserstand kann man auch schon in Stadelhofen (Wassergasse) einsetzen.

Die Rench ist meist so tief eingeschnitten, dass man von der umgebenden Landschaft wenig wahrnimmt. Das Teilstück vor der L87 wurde vor einigen Jahren renaturiert.

Einsetzen kann man direkt an der Brücke unterhalb Erlach. Sieht man sich hier einem kargen Bächlein gegenüber, kann man ca. 1000 m am Bach entlangfahren bis zum nächsten Wehr. Hier gibt es Wasserzufluss vom Oberkircher Mühlbach, was dann praktisch immer für eine Befahrung ausreicht.

Zunächst fährt man durch den Obstgarten Badens. Weiter westlich schließen sich Felder, Wiesen und Wälder an. Das Wehr bei Wagshurst versorgt den Plaulbach mit Wasser. Beim Umtragen (links) bietet sich der dort eingerichtete Rastplatz für eine Pause an. Die wenig befahrene Straße K5311 führt direkt daran vorbei (PKW-Kontakt). Nach einem Abgang mit Wehr zum Renchflutkanal kommt man nach wenigen Metern zu einem weiteren Wehr, dessen Schütz

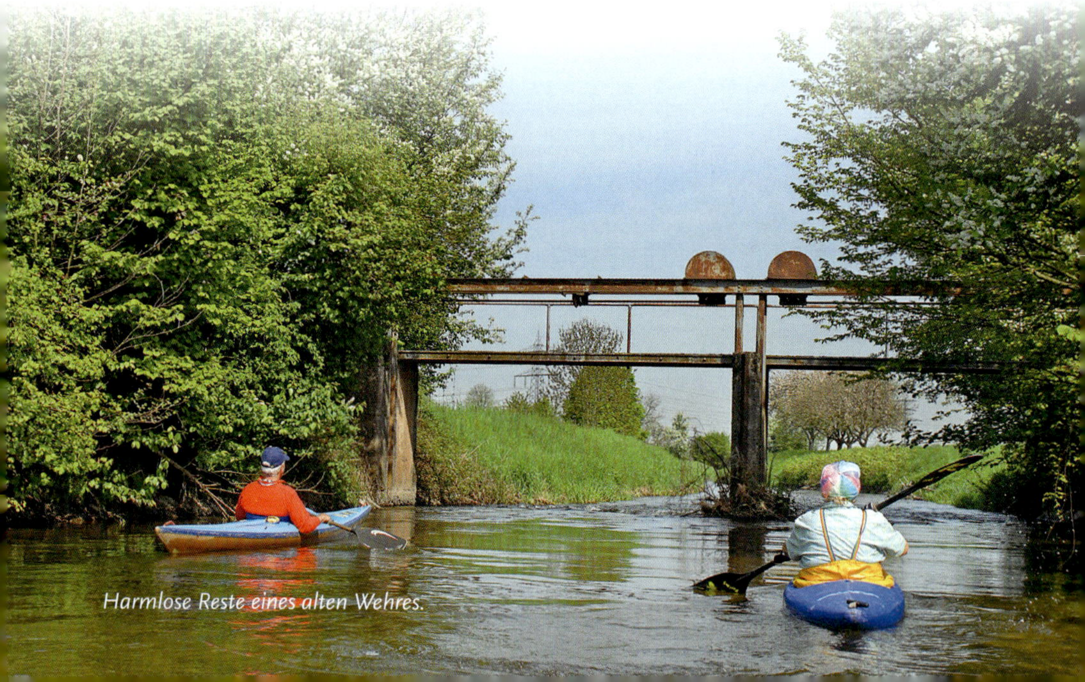

Harmlose Reste eines alten Wehres.

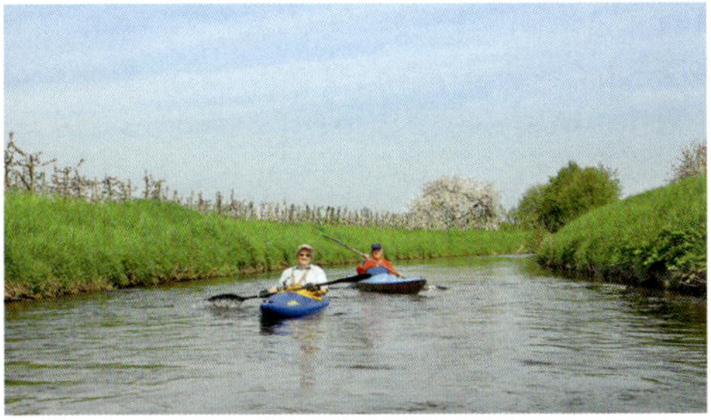

Hindernisfreie Fahrt

ca. 20 cm über der Wasser-oberfläche hängt. Es gibt kein Durchkommen, es muss rechts oder links umtragen werden. Die Ufer sind meist steil, was ein Anlanden erschwert. Eine weitere Portage kommt beim Düker am Acherflutkanal auf uns zu. Der DKV-Kanuführer für Südwestdeutschland hat das letzte Wehr bei Memprechtshofen unterschlagen. Dieses Wehr ist nicht fahrbar und muss links umtragen werden. Von links mündet der Renchflutkanal. Zur Aussetzstelle bei Helmlingen und auch bis zur Mündung in den Rhein ist es nicht mehr weit.

Literatur
DKV-Führer Südwestdeutschland

Karten
Landesvermessungsamt Baden-Württemb.
Topo-Karten 1:25000

- 7213 Lichtenau-Scherzheim
- 7313 Rheinau
- 7314 Achern
- 7414 Oberkirch

Camping

- Sand, Tel.: 07852/2311
- Achern, Tel. 07841/25253

Das letzte Stück nimmt dann den Charakter unserer Rhein-Altwasser an.

Weiterfahrmöglichkeit:

Auf dem Rhein.
Renchmündung bei Rhein-km 314,8

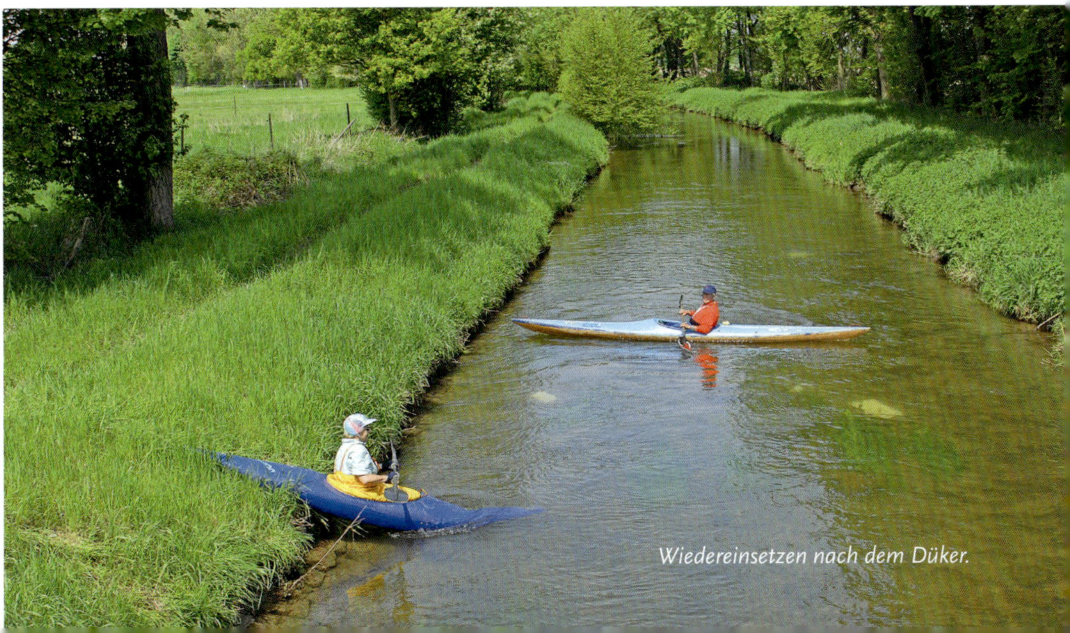

Wiedereinsetzen nach dem Düker.

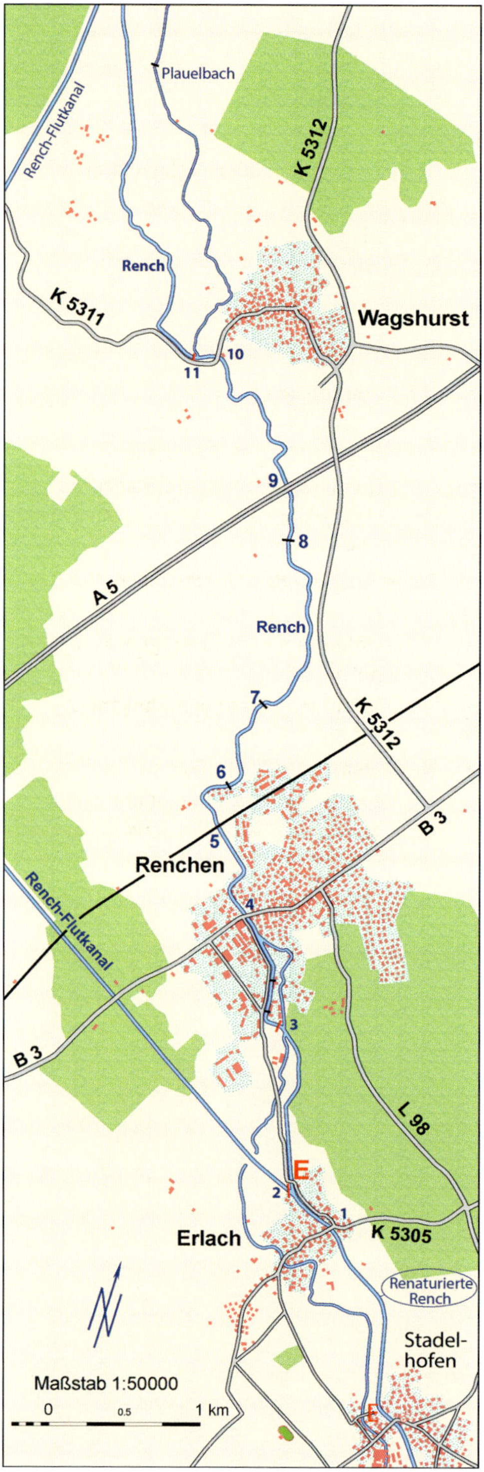
Plauelbach
Rench-Flutkanal
K 5312
Rench
K 5311
Wagshurst
10
11
9
A 5
8
Rench
7
K 5312
6
5
B 3
Renchen
Rench-Flutkanal
4
3
B 3
L 98
E
2
1
Erlach
K 5305
Renaturierte Rench
Stadel-
hofen
E
Maßstab 1:50000
0
0.5
1 km

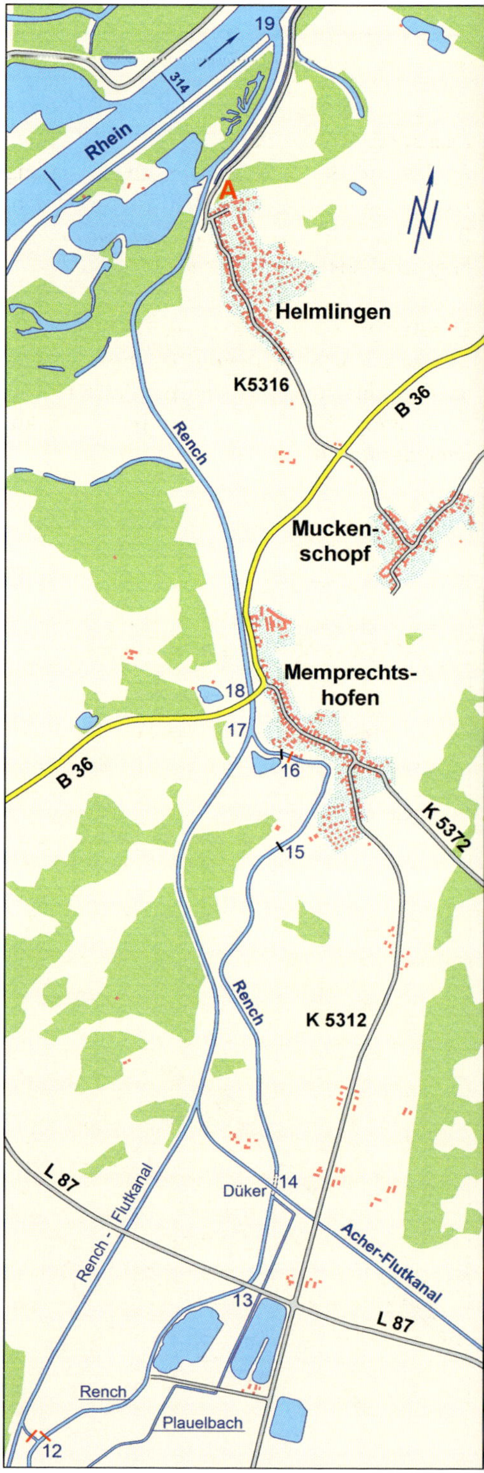
19
314
Rhein
A
Helmlingen
K5316
B 36
Rench
Mucken-
schopf
Memprechts-
hofen
18
17
B 36
16
K 5372
15
Rench
K 5312
L 87
Rench - Flutkanal
Düker
14
Acher-Flutkanal
13
L 87
Rench
Plauelbach
12

An- und Abreise

Aussetzstelle, gelbe Route

A5 bis zur Ausfahrt Achern, L87 Richtung Freistett, links ab K5312 Memprechts- hofen, B36 nördlich bis zur Abfahrt links nach Helmlingen zur Aussetzstelle Renchdamm.

Einsetzstelle Erlach, gelb/grüne Route

Zurück zur B36, in Memprechtshofen rechts ab K5312 bis zur B3, in Renchen links ab L89 dann K5305 bis Erlach, Einsetzstelle beim Abgang des Rench-Flut-Kanals.

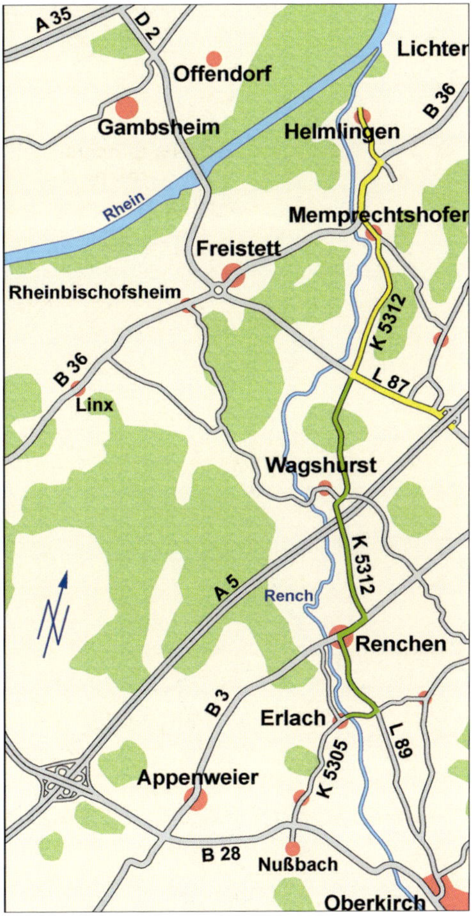

Orientierungspunkte

E Einsetzstelle bei Erlach
1 Wehr links umtragen, es folgen zwei Brücken
2 Brücke B 3
3 Eisenbahnbrücke
4 Brücke
5 Brücke
6 Brücke
7 Autobahnbrücke A5
8 Brücke K5311
9 Wehr, links umtragen, Raststelle
10 Brücke,danach Abgang links, danach Schütz, umtragen
11 Brücke L87
12 Düker Acher-Flutkanal, umtragen
13 Brücke
14 Wehr, unfahrbar, links umtragen, kurz danach Brücke
15 Links Mündung des Rench-Flutkanals
16 Brücke B36
A Aussetzstelle bei Helmlingen
17 Mündung in der Rhein, davor links Mündung des Freistetter Mühlbachs

Tour 32: Muehlrhein – Kreutzrhein (Kreuzrhein)

Tourensteckbrief

Kurzinfo

Tagestour Offendorf-Auenheim 22 km

- sauberes Wasser
- nur Kleingruppen
- PKW-Begleitung ist nur zum Teil möglich

Probleme

Viele umgestürzte Bäume

Der Muehlrhein ist einer der schönsten und urwüchsigsten Flüsse des Oberrheintals, der von Offendorf bis zur Mündung in die Moder befahren werden kann. In deutschen Karten findet sich die Bezeichnung Kreutzrhein oder auch Kreuzrhein, in französischen ausschließlich der Begriff Muehlrhein. In Offendorf fließen der Landgraben, der von der Zorn bei Weyersheim als Canal de derivation ausgeleitet wird und der Muehlrhein zusammen. Dadurch entsteht ein paddelbares Gewässer.

Wenn in Berichten über die Befahrung des Muehlrheins Schlagworte auftauchen wie: „Wildnis pur, echte Prüfung für Paddler, viele Hindernisse, körperlich gefordert usf., ist klar, was damit gemeint ist. Der Bach ist anstrengend, durch die vielen umgefallenen Bäume, die hier nicht entfernt werden. Damit eignet sich die Tour für Paddler, die sich körperlich überdurchschnittlich belasten wollen. Allerdings erstreckt sich die anstrengende Strecke auf ein relativ kurzes Stück.

Die Befahrbarkeit dürfte bis weit in den Sommern gewährleistet sein.
Eine gute Einsetzstelle befindet sich am Fußgängersteg in der rue de l'Hopital in Offendorf. Parkmöglichkeiten sind ausreichend vorhanden.

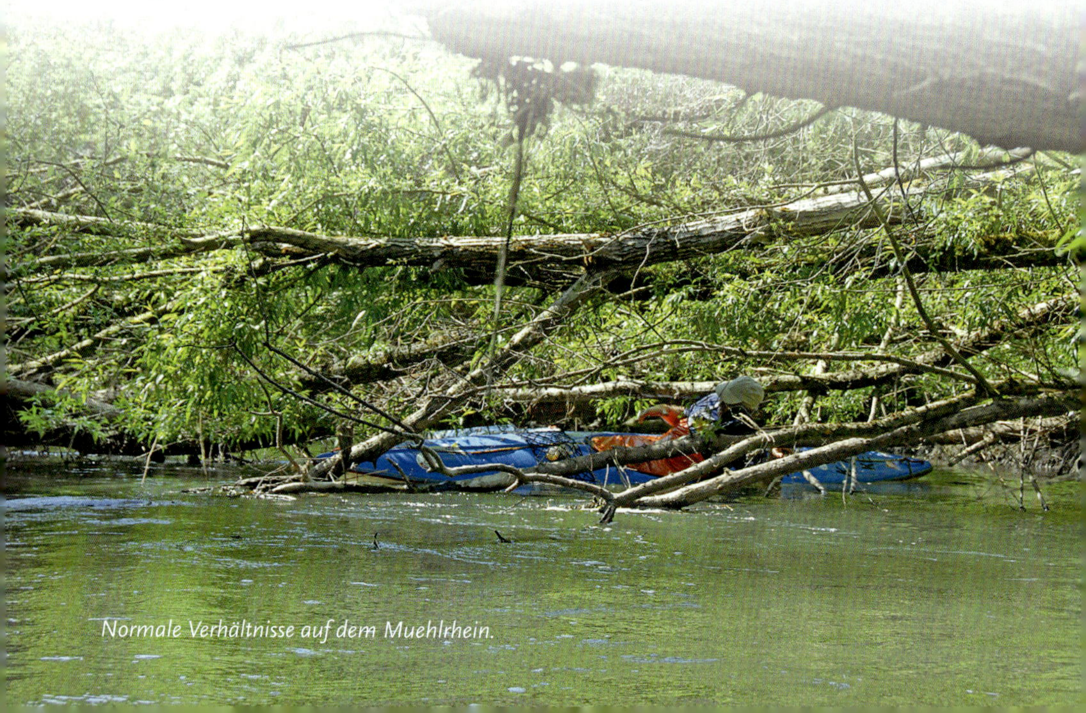

Normale Verhältnisse auf dem Muehlrhein.

Anfangs halten sich die Probleme durch Baumhindernisse in Grenzen, aber bald müssen „einige“ Bäume durch Über- oder Unterfahren, oder gar durch Umtragen verkraftet werden. Dies kann bei Gruppen ganz schön die Zeitplanung durcheinanderbringen.

Der bei der Brücke (4) rechts abgehende Muehlbach ist fahrbar, aber aus Naturschutzgründen gesperrt.

Hat man das Hellwasser (früherer Rheinarm) erreicht, paddelt man ohne Hindernisse bis zur Mündung in die Moder. Weil an der Mündung des Muehlrheins das Beenden der Fahrt schwierig ist, fährt man am besten bis Stattmatten oder Auenheim auf der Moder weiter.

Literatur

DKV-Führer Südwestdeutschland

Karten

Landesvermessungsamt Baden-Württemb.
Topo-Karten 1:25000

- Nr. 7213 Lichtenau-Scherzheim

INSTITUT GEOGRAPHIQUE NATIONAL
BISCHWILLER BRUMATH

- Nr. 3815 E 1:25000

Camping

- Achern, Tel.: 07841/25253
- Rheinmünster, Tel.: 07227/1670

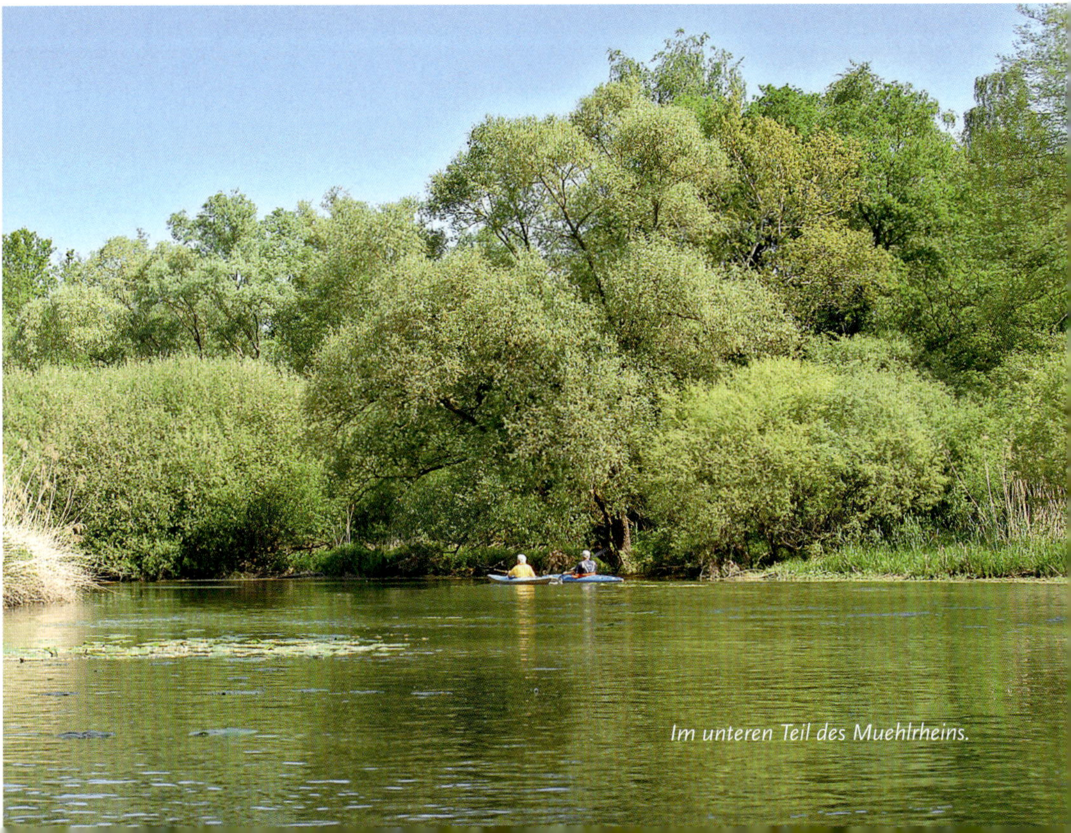

Im unteren Teil des Muehlrheins.

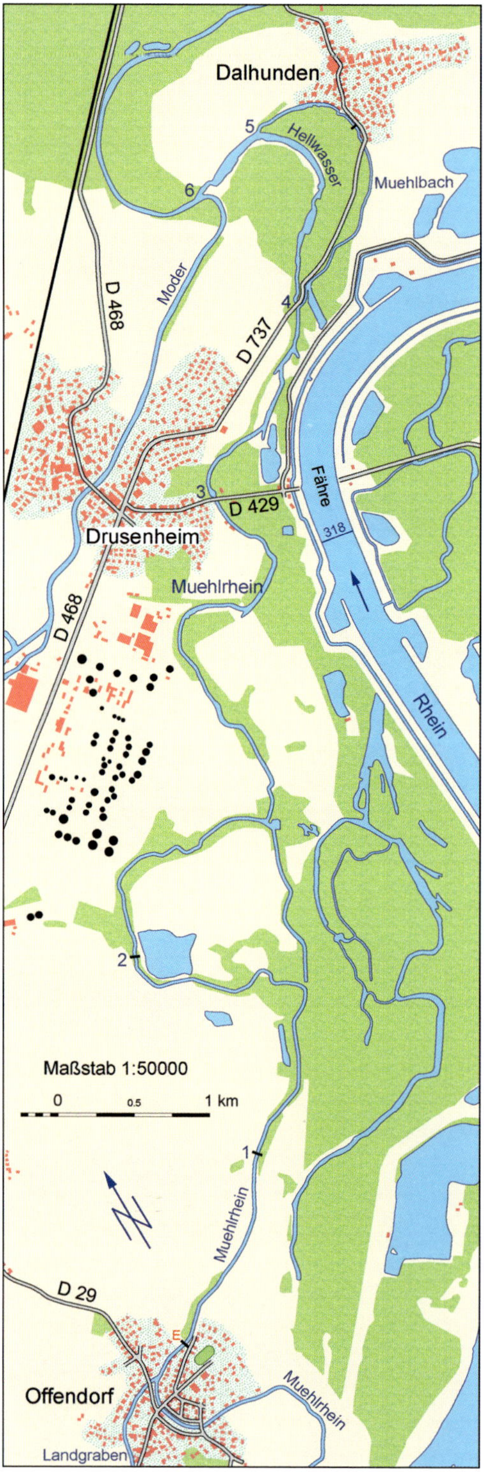

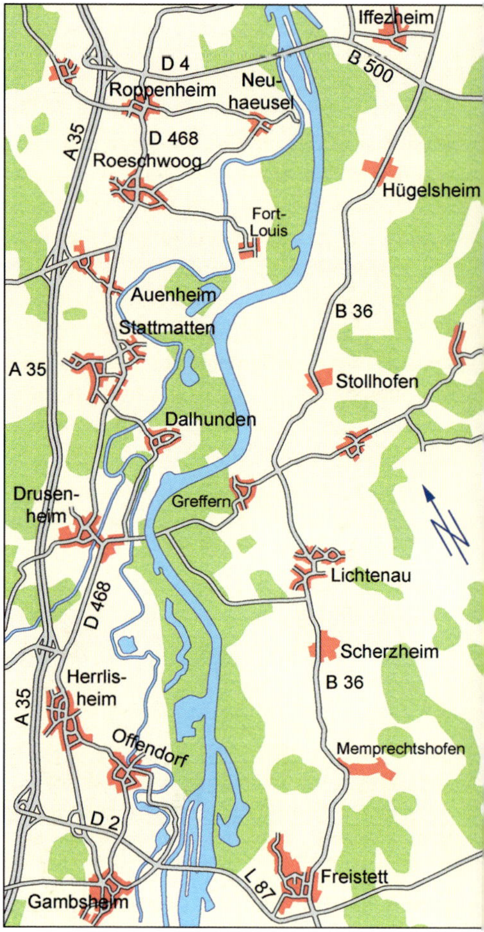

Orientierungspunkte

E Einsetzstelle
1 Wegebrücke
2 Wegebrücke
3 Straßenbrücke D429 Offendorf
4 Brücke D737, rechts Abgang des Muehlbachs (befahren nicht erlaubt)
5 Mündung des Muehlbachs, hier Kohlgiessen genannt
6 Mündung in die Moder, weiterfahren bis Stattmatten oder Auenheim. Weiterfahrt auf der Moder (siehe dort)

An- und Abreise

Zur Einsetzstelle Offendorf

Autobahn A5 Ausfahrt 53 Achern, L87 bis zur Grenze. Nach Rhein und Ill rechts ab D29 bis Offendorf, zur Einsetzstelle am Fußgängersteg in der rue de l'Hopital.

PKW verstellen

Einsetzstelle - Aussetzstelle

Von Offendorf über D29 nach Herrlisheim, ab hier D468 über Drusenheim nach Stattmatten oder Auenheim.

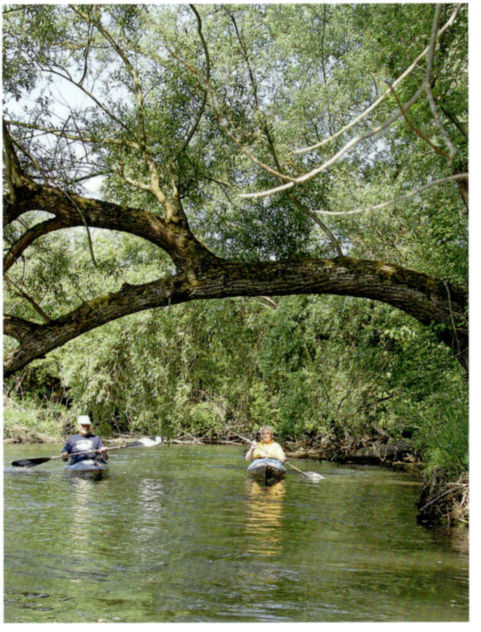

Rechts: Einer der schönsten Bäche am Oberrhein.
Unten: Es gibt auch wenig verholzte Abschnitte.

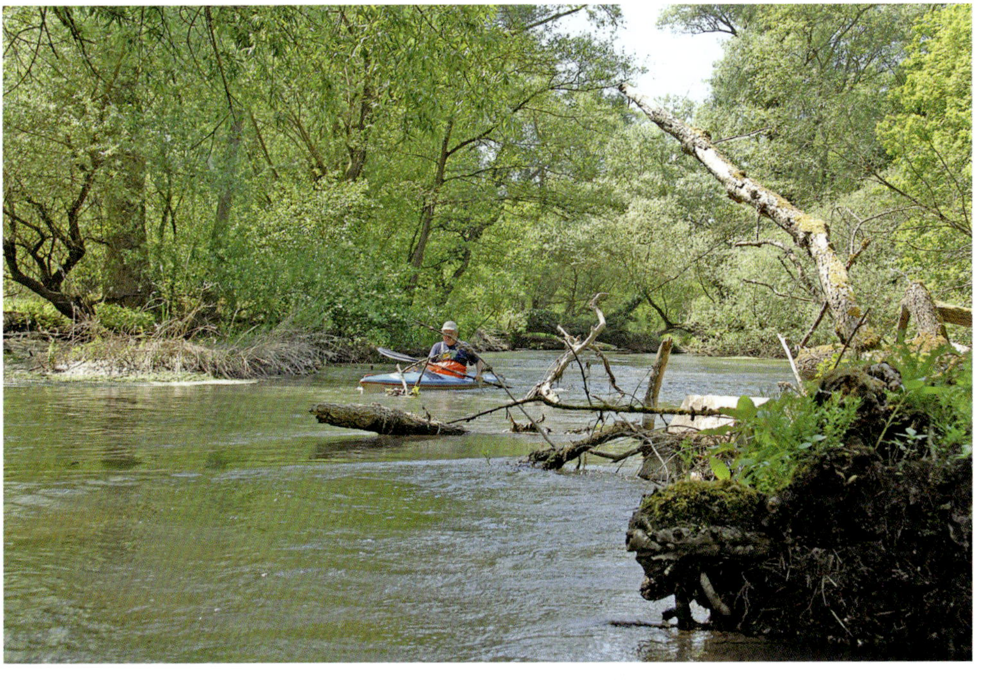

Tour 33: Bruche

Tourensteckbrief

Kurzinfo

Tagestour von Molsheim bis Strasbourg 26 km

- sehr natürlicher Flussverlauf
- PKW-Begleitung ist nur zum Teil möglich

Probleme

Wassermangel im Sommer (Herbst), Viele Baumhindernisse

Die Bruche - dt. Breusch - entspringt in den Vogesen und durchfließt das Elsass, bevor sie nach 77 km bei Gliesberg, einem südwestlichen Vorort Straßburgs, in die Ill mündet.

Bei Avolsheim, leitet das auch als Kunstwerk bezeichnete Wehr „petites et grandes vannes" ein Teil der Breusch in den nördlich parallel verlaufenden Breuschkanal (Canal de la Bruche) ab. Dieser Kanal, 1682 unter dem Flussbaumeister Vauban vollendet wird heute nicht mehr benutzt.

Zunächst für militärische Zwecke verwendet, diente der Kanal auch dem Transport von Gütern zur Befestigung der Stadt Straßburg (Vaubanwehr). Später und bis zum Zweiten Weltkrieg wurde der Kanal zum Transport ziviler Güter wie Bauholz, Wein u. a. genutzt. Wenige hundert Meter nördlich der Breuschmündung mündet er in die Ill.
Die Bruche ist ein kleiner, sehr natürlicher Bach, den man nur in Kleingruppen befahren sollte. Wegen der Schwierigkeiten durch umgefallene Bäume, der aufwendig zu umtragenden Wehre und dem unsicheren Wasserstand wird das Gewässer wenig befahren.

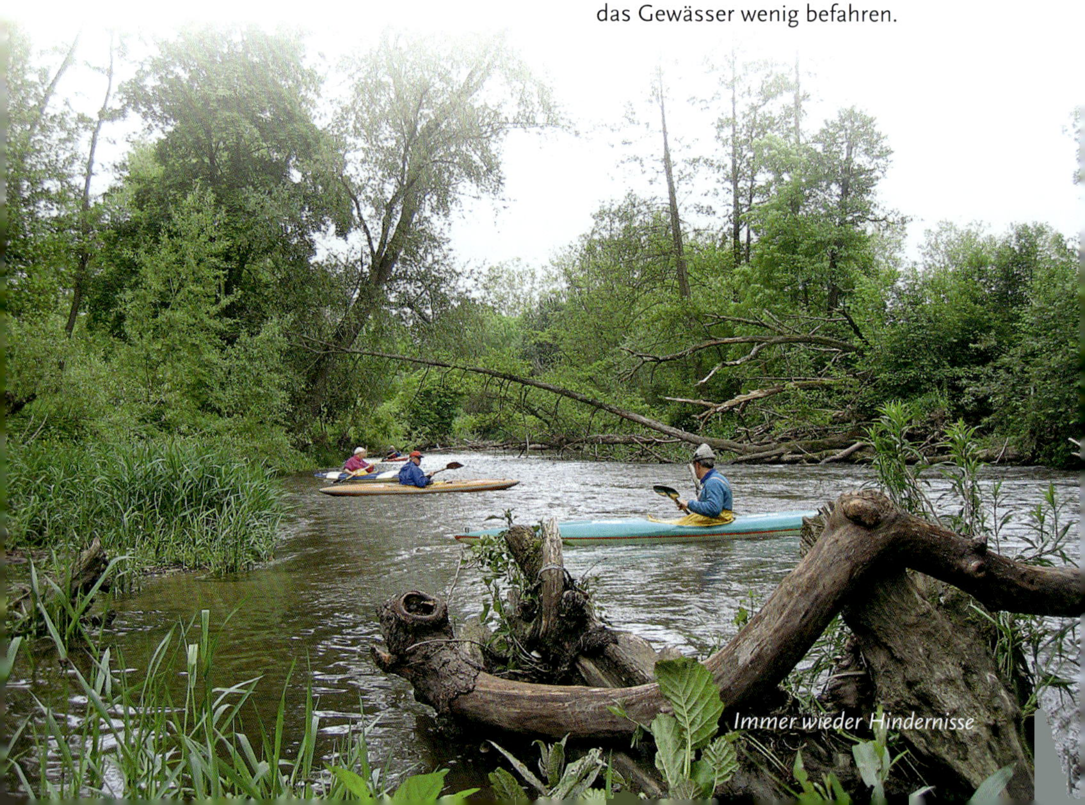

Immer wieder Hindernisse

Einige Steilwehre wurden durch das Einbringen von Flussbausteinen in Fischaufstiege verwandelt und damit für Wanderfische wieder durchgängig gemacht. Eventuell kann bei entsprechendem Wasserstand dadurch ein Umtragen vermieden werden.

Einsetzen kann man bei einem Fußgängersteg an der Route de Dachstein in Molsheim. Bis Avolsheim gibt es kaum Hindernisse, wenn man von dem schwierig zu umtragenden Wehr absieht. Nach dem Teilungswehr nehmen die Hindernisse durch querliegende Bäume und Verhaue zu. Oft kommt man aber, durch Unter- oder Überfahren der Hindernisse, ohne zeitraubende Umtragung weiter.
Eine Pause kann am Wehr (10), das bei normalem Wasserstand rechts umtragen werden muss, eingelegt werden.

Nach vielen vielen Mäandern erreicht man Lingolsheim und daran anschließen Gliesberg. Hier mündet die Bruche in die Ill, auf der man anschließend noch ca. 1600 m bis zur Aussetzstelle beim Jugendclub Strasbourg paddelt.

Karten
SERIE BLEUE 1:25000
- 3816 O Strasbourg
- 3716 ET Molsheim

Camping
Direkt an der Bruche gelegen.
67120 Molsheim, 6 rue des Sports
Tel.: +33 (0)3-88498245

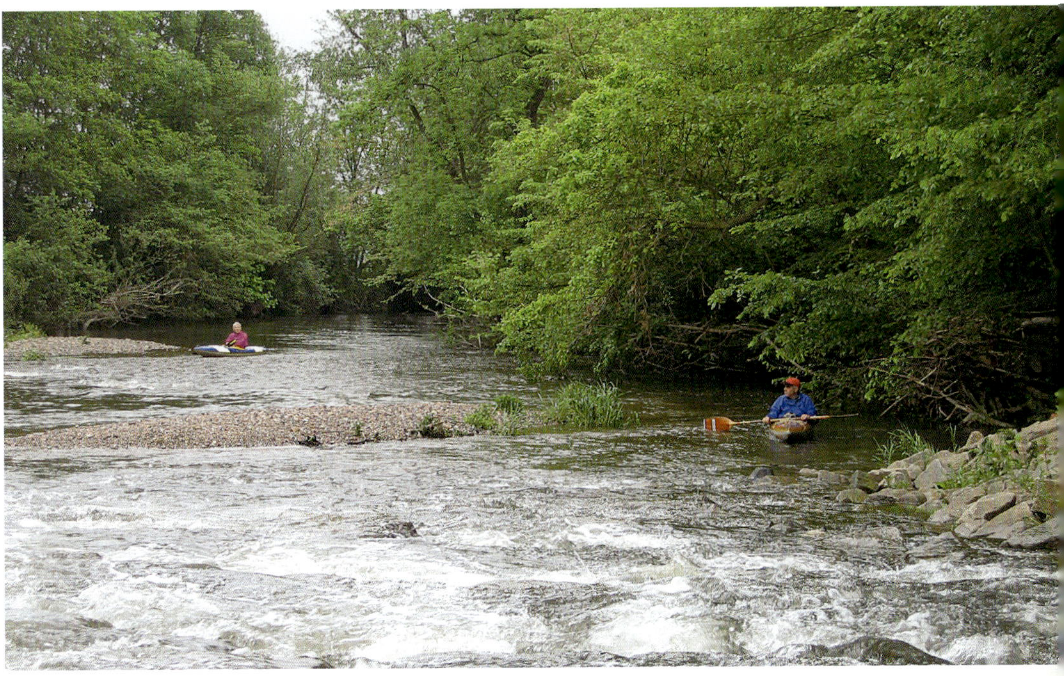

Unterhalb Wehr und Rastplatz (10)

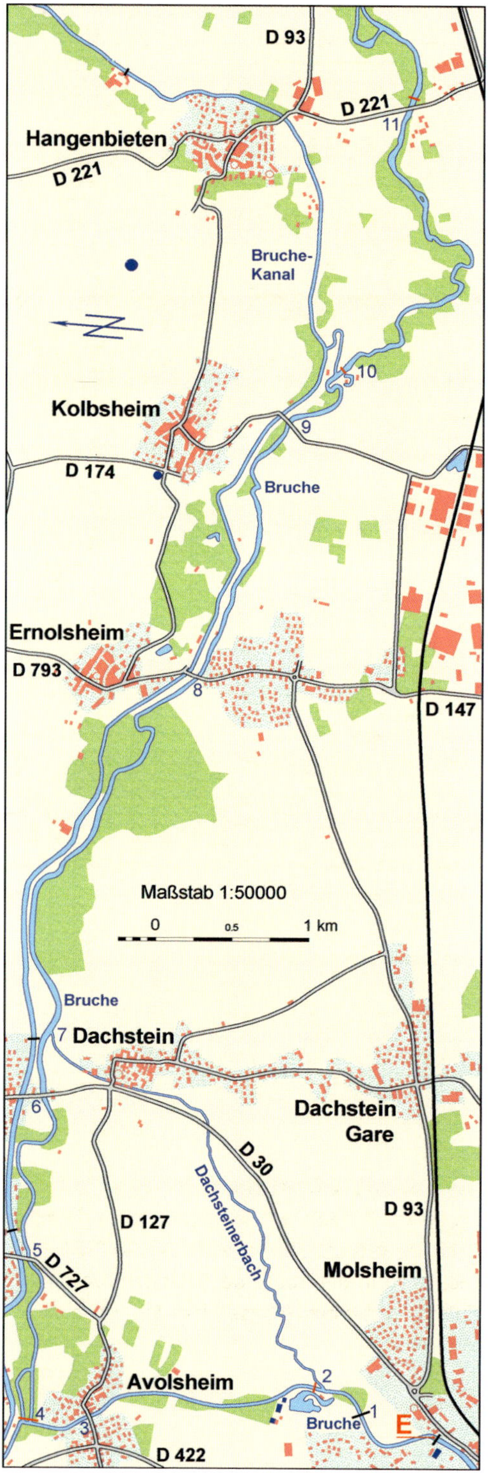
D 93
D 221
11
Hangenbieten
D 221
Bruche-
Kanal
10
Kolbsheim
9
D 174
Bruche
Ernolsheim
D 793
8
D 147
Maßstab 1:50000
0
0,5
1 km
Bruche
7
Dachstein
6
Dachstein
Gare
D 30
Dachsteinerbach
D 127
D 93
5
D 727
Molsheim
Avolsheim
2
4
3
1
Bruche
E
D 422

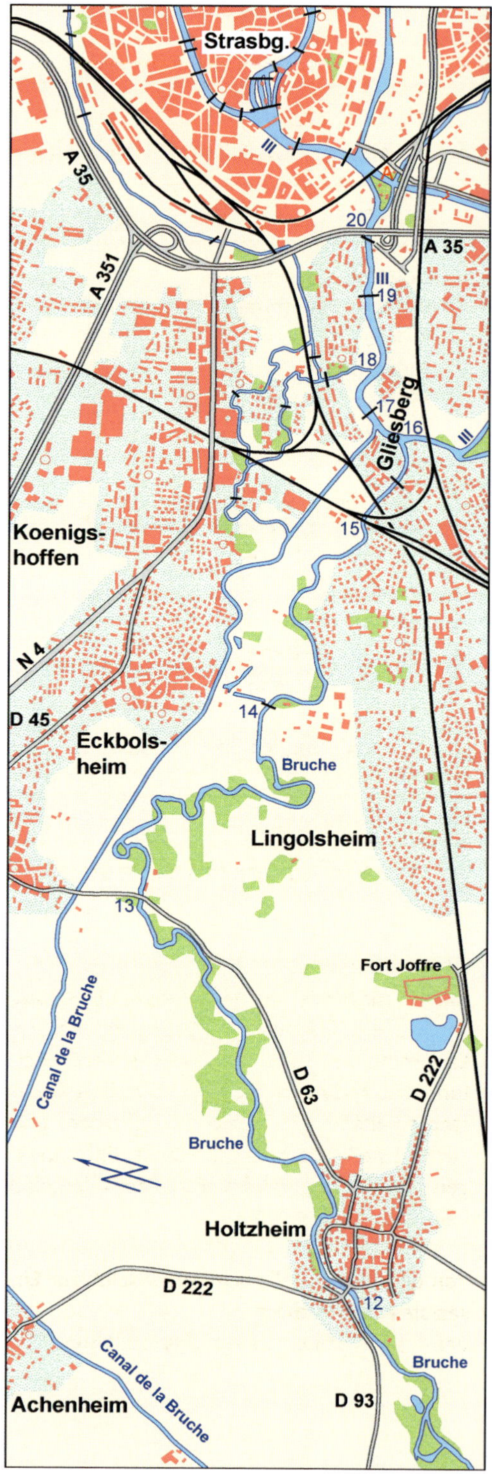
Strasbg.
III
A 35
A
20
A 35
A 351
III
19
18
17
Gliesberg
16
III
Koenigs-
hoffen
15
N 4
D 45
14
Eckbols-
heim
Bruche
Lingolsheim
13
Fort Joffre
Canal de la Bruche
D 222
D 63
Bruche
Holtzheim
D 222
12
Achenheim
Canal de la Bruche
Bruche
D 93

Orientierungspunkte

E Einsetzstelle in der Route de Dachstein (Fußgängersteg)
1 Brücke
2 Steinwurfwehr, links oder rechts umtragen
3 Brücke Avolsheim
4 Wehr, rechts umtragen
5 Brücke D727
6 Brücke D30
7 Mündung rechts Dachsteinbach
8 Brücke
9 Brücke
10 Wehr, rechts umtragen, Rastplatz
11 Brücke D221, danach Wehr fahrbar
12 Brücke in Holtzheim
13 Brücke D63
14 Brücke
15 Eisenbahnbrücken
16 Mündung in die Ill
17 Brücke
18 Rechts Abgang des Strasbourger Mühlbachs
19 Brücke
20 Brücke A35
A Aussetzstelle Jugendclub Strasbourg

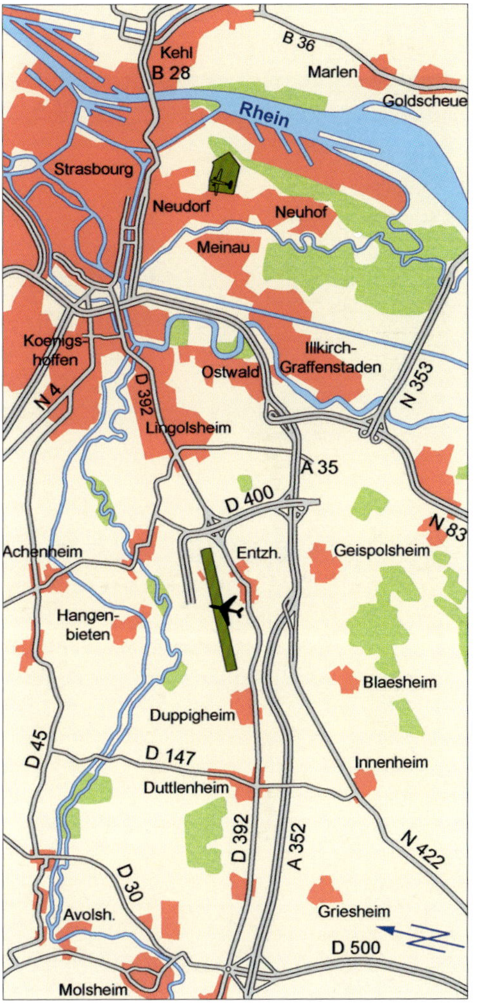

An-und Abreise

Anfahrt zur Aussetzstelle Strasbourg Jugendclub

A5 Ausfahrt Appenweier/Strasbourg, B28 bis Landesgrenze Kehl, ab Landesgrenze Richtung A35, nach dem Stadttunnel in Strasbourg rechts halten. 1. Abfahrt rechts, geradeaus bis zur Rue de la Plaine des Bouches, links abbiegen und nächste Einfahrt rechts zum Parkplatz beim Jugendclub.

Von der Aussetzstelle beim Jugendclub zur Einsetzstelle in Molsheim

Beim Jugendclub auf die A35 auffahren, A35 dann A353 bis Dorlisheim, rechts ab auf die D500 die in die D422 übergeht, in Molsheim geht es von der Avenue de la Gare (D422) rechts ab in die Route de Dachstein. An einer Fußgängerbrücke (etwas links ab) kann man einsetzen.

Tour 34: Plauelbach

Tourensteckbrief

Kurzinfo

Tagestour 18 km

- ganzjährig befahrbar
- vier Umtragestellen
- PKW-Begleitung ist nur zum Teil möglich

Probleme

Oft eng, Büsche (Brombeerranken), Umgestürzte Bäume

Im Oberrheingebiet waren einst Hanf und Flachs bedeutende Kulturpflanzen. Die Verarbeitung der Pflanze zur Faser erfolgte durch Einweichen der geernteten Pflanzen in Hanfrötzen. In den sogenannten Plaueln wurde, in einem zweiten Arbeitsschritt durch Fallhämmer und Stampfen die Rinde entfernt und die Fasern weichgeklopft.

Nachdem der badische Hanfbau nicht mehr mit dem Ausländischen konkurrieren konnte gingen die Plaueln entweder ein oder aber sie wurden mit ihren Wasserkraftanlagen zum Grundstock neuer Fabriken. Die Bezeichnung Plauelbach blieb aber oft erhalten.

Der paddelbare aber wenig befahrene Plauelbach wird bei Willstätt aus der alten Kinzig abgezweigt. Das erste Teilstück durch Odelshofen und Kork ist durch die vielen nicht unterfahrbaren Brücken für Paddler uninteressant und wird Mühlbach genannt.

Zur Befahrung dieses Gewässers, ab Kork Plauelbach genannt, setzt man am Ortsausgang von Kork in der Verlängerung der Andreas-Kratt-Straße nach dem Bahnübergang ein.

Zunächst ist der Bach sehr eng und überragende Bäume, Büsche und Brombeerranken verhindern eine flotte Fahrt. Das Wehr an der

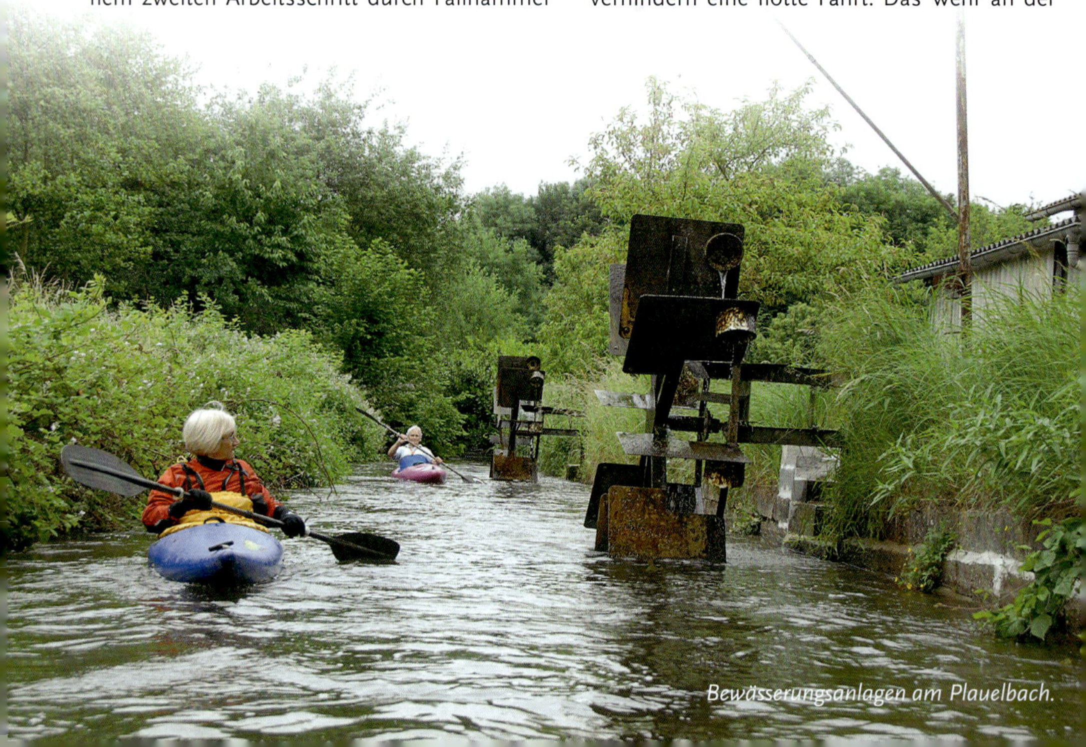

Bewässerungsanlagen am Plauelbach.

Korker Mühle wurde schon vor langer Zeit geschleift. Die Brücke vor Querbach mit Wehr und Walze muss umtragen werden. Nach der Brücke B36 verläuft der Plauelbach ca. 500 m parallel zur Straße.
Der unter der ehemaligen Bodersweirer Mühle liegende kleine Abfall ist gut fahrbar aber wohl nicht ohne Grundberührung, die Durchfahrtshöhe ist bei Normalwasserstand aber voll ausreichend.
Nach Bodersweier mündet von links der Mühlbach, ab hier ist man im Unklaren über die Gewässerbezeichnung. Es findet sich auf den Top 25000-Karten bis Diersheim kein Gewässername. An der Leutesheimer Mühle an der man gut eine Rast einlegen kann, muss etwa 100 m umtragen werden. Von rechts mündet der Rinnbach und kurz danach könnte man am Wehr links umsetzen und im kleinen Bach zum Gieselbach paddeln, der wiederum in das Groschenwasser mündet. Wir halten uns rechts und kommen nach ca. 500 m zum Ortsanfang von Diersheim. Vor den ersten Häusern setzt man rechts aus, denn im Ort vor der Brücke gibt es keine Anlandemöglichkeit. Wer die Boote nicht tragen möchte sollte einen Bootswagen dabeihaben um die ca. 400 m Umtragestrecke zu bewältigen.

Nach Diersheim erscheint in den Karten der Name Mühlbach für unser Gewässer. Von rechts mündet der Holchenbach und bald danach kommt man zur Stockfeldmühle. Das Umtragen kann rechts - gute Aussetzstelle, schlechte Wiedereinsetzstelle - oder links, um die Stockfeldmühle, erfolgen. Zum Beenden der Fahrt sucht man sich an der Stockfeldstraße (verläuft entlang des Bachs) oder der Rheinstraße eine geeignete Aussetzstelle. Man kann auch bis ans Ortsende paddeln und findet am kleinen Park in der Mühlenstraße eine gute Aussetzstelle.

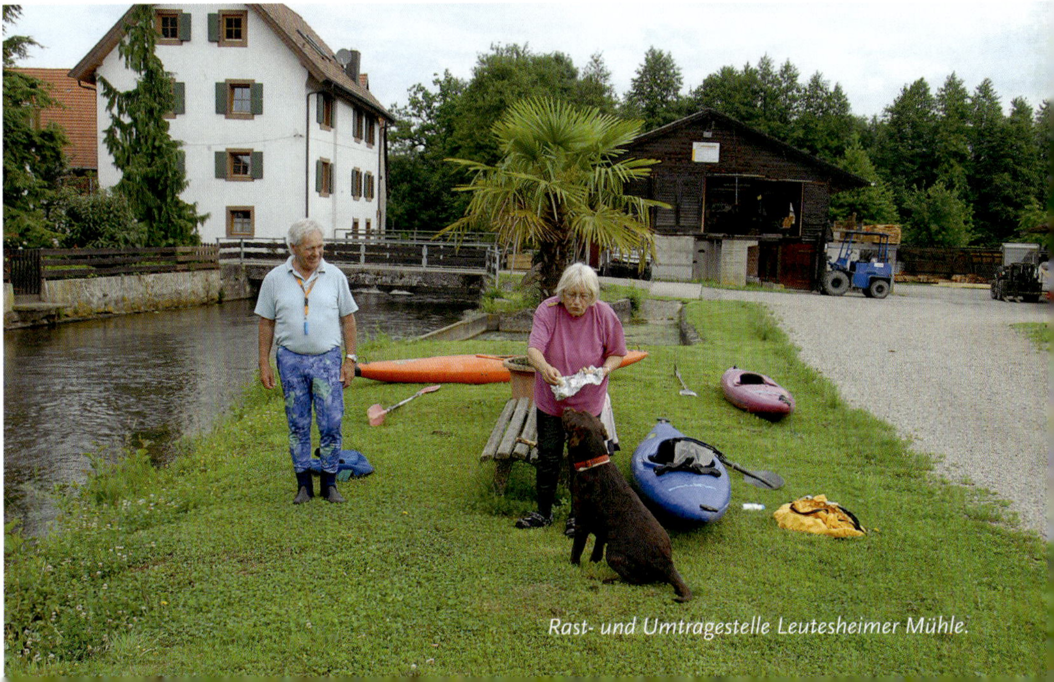

Rast- und Umtragestelle Leutesheimer Mühle.

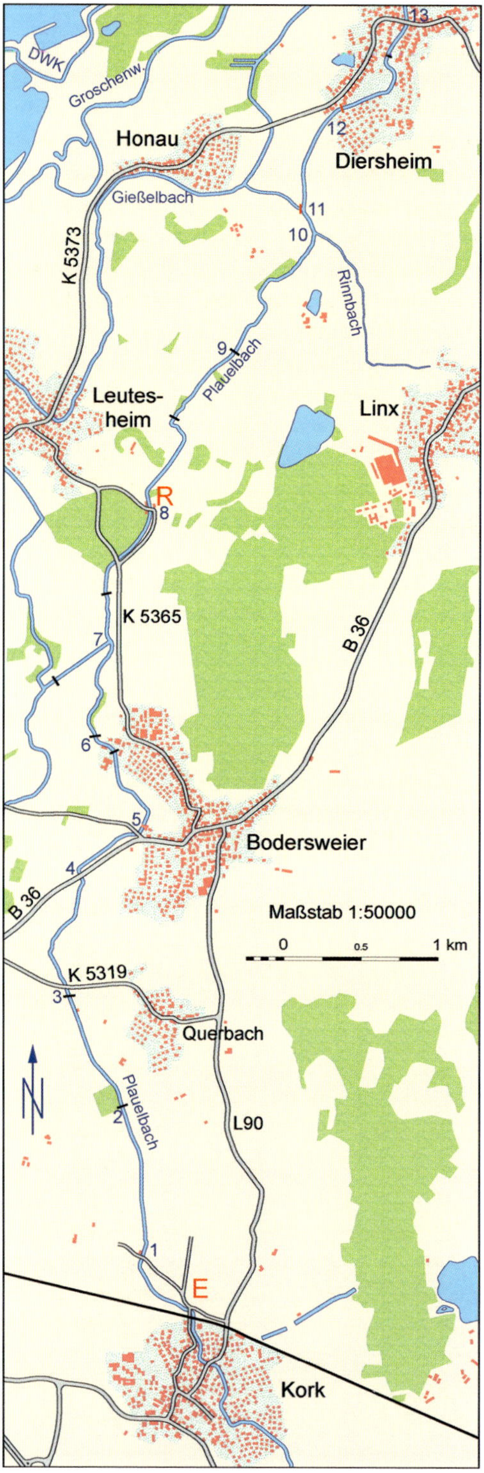
DWK
Groschenw.
Honau
Diersheim
13
12
11
10
Gießelbach
K 5373
Rinnbach
9
Plauelbach
Leutes-
heim
Linx
R
8
K 5365
B 36
7
6
5
Bodersweier
4
B 36
Maßstab 1:50000
0
0.5
1 km
K 5319
3
Querbach
2
Plauelbach
L90
1
E
Kork

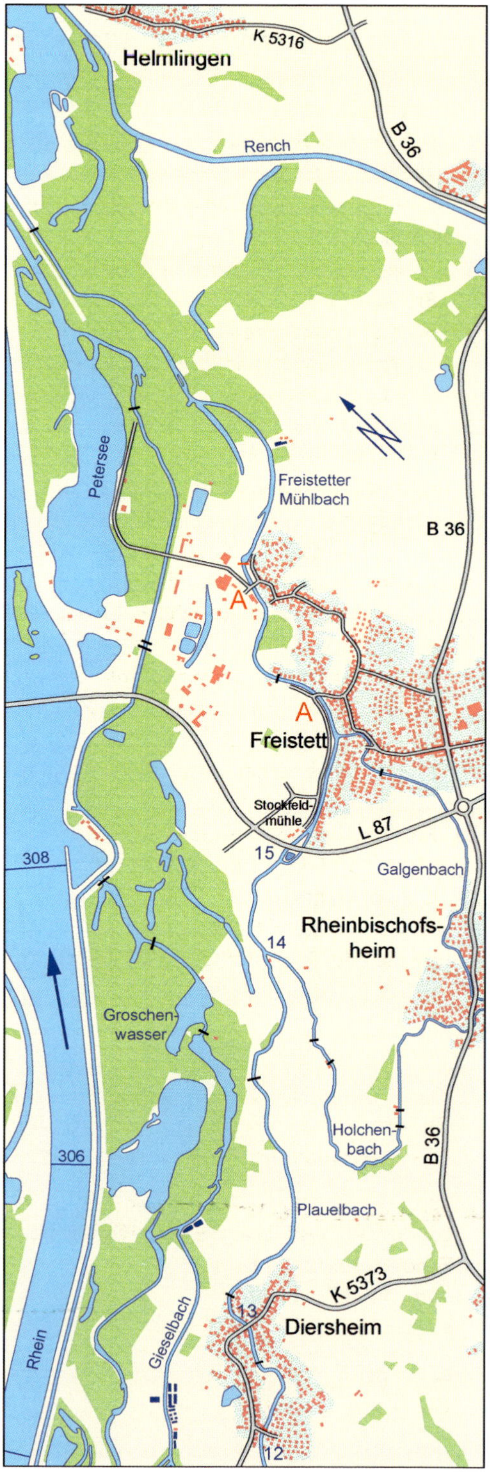
K 5316
Helmlingen
B 36
Rench
Petersee
Freistetter
Mühlbach
B 36
A
A
Freistett
Stockfeld-
mühle
L 87
15
308
Galgenbach
Rheinbischofs-
heim
14
Groschen-
wasser
Holchen-
bach
B 36
306
Plauelbach
K 5373
13
Diersheim
Rhein
Gieselbach
12

Orientierungspunkte

E Einsetzstelle bei Kork
1 Korker Mühle (Wehr geschleift)
2 Niedrige Brücke, darunter Wehr mit Walze, umtragen
3 Brücke, kurz danach Brücke K5319
4 Brücke B36
5 Brücke, danach überbaut, unter dem Bauwerk Schwall, normalerweise fahrbar, aber Grundberührung
6 Kurz hintereinander zwei Stege
7 links Mündung des Mühlbachs
8 Leutesheimer Mühle, Wehr, rechts umtragen.
9 Straßenbrücke
10 Rechts Mündung des Rinnbachs
11 Links Abgang zum Gießelbach, rechts weiterfahren
12 Umtragestelle Diersheimer Mühle, vor der Bebauung rechts Aussetzen und ca. 200 m umtragen (Bootswagen). Nach der Mühle rechts wieder einsetzen.
13 Straßenbrücke K5373
14 Rechts Mündung des Holchenbachs
15 Stockfeldmühle, Brücke L87, rechts oder links umtragen
A Aussetzstellen in Freistett, Stockfeldstraße oder Rheinstraße oder Mühlenstraße (Park)

Literatur

DKV-Kanuführer für Südwestdeutschland

Karten

Landesvermessungsamt Baden-Württemb. Topo-Karten 1:25.000

- 7413 Kehl
- 7313 Rheinau

Camping

Campingplatz Kehl

An-und Abreise

Zur Einsetzstelle Kork

Autobahn A5 Ausfahrt Appenweier, B28 bis zur Abfahrt Sundheim/ Neumühl / Kork. N 90 Richtung Kork. In Kork an der kleinen Verkehrsinsel links ab in die Herrenstraße, über die Zirkelstraße in die Andreas-Kratt-Straße bis zum Bahnübergang zur Einsetzstelle.

PKW verstellen

Entlang der Bahnlinie bis zur L90 fahren. L90 bis zur B36 in Bodersweier. B36 über Linx und Rheinbischofsheim bis Freistett. In Freistett über Bahnhofstraße, Zieglerstraße, Kronenstraße in die Mühlenstraße (Brücke), hier gibt es einen kleinen Park mit guter Aussetzstelle.

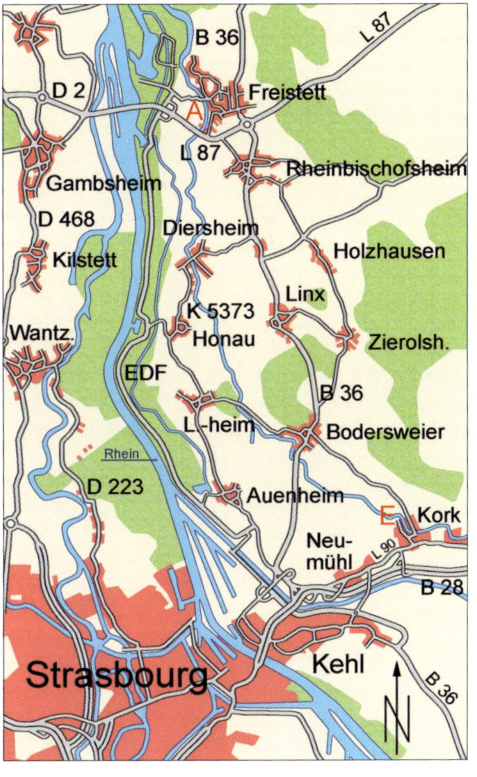

Tour 35: Pfinz-Heglach (Durlach-Graben/Neudorf)

Tourensteckbrief

Kurzinfo

Tagestour 22 km

- ganzjährig befahrbar
- auch für Anfänger geeignet
- sauberes Wasser
- schöne Rastplätze
- PKW-Begleitung ist nur zum Teil möglich

Probleme

Schwieriges Aus-und Einsetzen an den Umtragestellen (Riegelbrücke und Mühle Friedrichstal)

Die Pfinz ist ein 60 km langer Fluss, sie entspringt bei Straubenhardt im nördlichen Schwarzwald durchfließt die Karlsruher Stadtteile Grötzingen und Durlach und mündet bei Rußheim in das Rußheimer Altwasser.

Bei Hochwasser wird in Grötzingen der größte Teil des Wassers in den 1937 gebauten Pfinz-Entlastungskanal abgeleitet.

Ab Karlsruhe-Durlach hat man eine schöne Fahrt durch eine Feld-Wald-Park- und Wiesenlandschaft. Die Ufer weisen einen alten Baumbestand mit Pappeln, Weiden, Eschen, Scheinakazien und Eichen auf so, dass man fast ausschließlich im lichten Schatten paddelt. Einige Passagen verlaufen durch dichtes Schilf. Ab Blankenloch wuchern Brombeeren mit Früchten in nie gesehener Menge und Größe an den Ufern.

Die Einsetzstelle befindet sich in Karlsruhe-Durlach in der Waldshuter Straße oder gegenüber in der Oberlinstraße. Im schmalen Bach unterqueren wir die B10 und dann die Autobahn A5 und kommen nach ca. einer Stunde Fahrzeit zum Düker. Man setzt rechts aus und trägt über die Brücke des Pfinzentlastungskanals zur Einsetzstelle rechts in die Pfinz. Diese Stelle bietet sich auch als Raststelle an. Ab

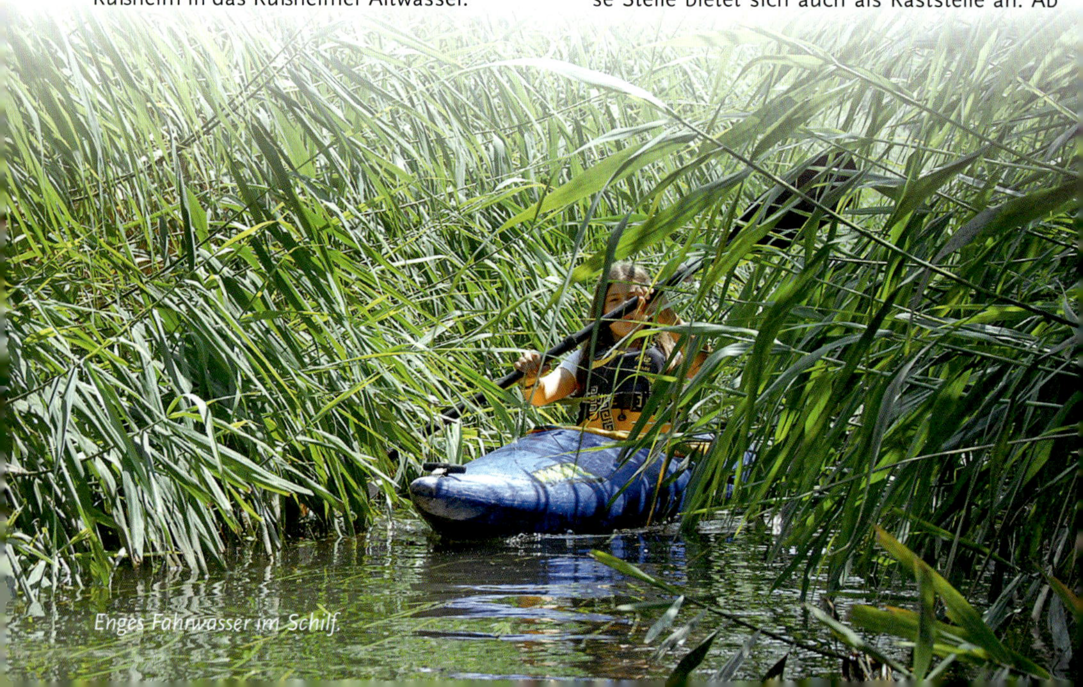

Enges Fahrwasser im Schilf.

Blankenloch finden wir in den Karten die Bezeichnung Pfinz-Heglach.

An der dritten Umtragestelle, der Mühle Blankenloch setzt man rechts nach der Straßenbrücke aus und umträgt das gesamte eingezäunte Anwesen rechts.

Nach knapp 4 km Fahrt kommt man dann nach der Straßenbrücke K3573 zur Riegelbrücke hier ist ein Unterfahren nicht möglich. Links kommt man gut an Land. Das Wiedereinsetzen gestaltet sich hier recht schwierig denn weder rechts noch links gibt es einen Weg den Bach entlang und die Flussufer sind mit Büschen total zugewachsen und Brennnesseln wuchern überall. Wir gingen über die Brücke und fanden rechts nach ca. 70 m eine Möglichkeit mit den Booten ins Wasser zu kommen.

In Friedrichstal paddelt man entlang eines kleinen Vogelparks mit ca. 200 Tieren. Unmittelbar nach der Straßenbrücke L558 setzt man rechts aus. Der Umtrageweg verläuft ca. 200 m durch das Mühlengelände und endet in den Büschen am Bach. Freundliche Mühlenmitarbeiter brachten einen Schlüssel, der ein Gittertor zum Bach öffnete. Aber die Ufer sind dort betoniert und ca. 1,80 m hoch, wir ließen die Boote ins Wasser hinab und umkletterten ein Sperrgitter. Nach diesem Sperrgitter ist die Ufermauer zu Ende und man kann von einem Stein unter dichtem Gebüsch wieder ins Boot kommen.

Nach dem Durchqueren des sehr schönen Waldes zwischen Friedrichstal und Graben nähern wir uns dem Ende der Fahrt.

Ausbooten kann man in Graben an der dritten Brücke bei der Schule (Friedrichstaler Straße) oder man paddelt weiter bis zum bald folgenden Wehr mit breiter langer Rutsche, das für nicht zu lange Boote gut fahrbar ist. Kurz danach kommt man zu einer gepflasterten Rampe (Sofienstraße) an der man bequem ausbooten kann.

Karten

Landesvermessungsamt Baden-Württemb.
Topo-Karten 1:25.000
► 6816 Graben-Neudorf,

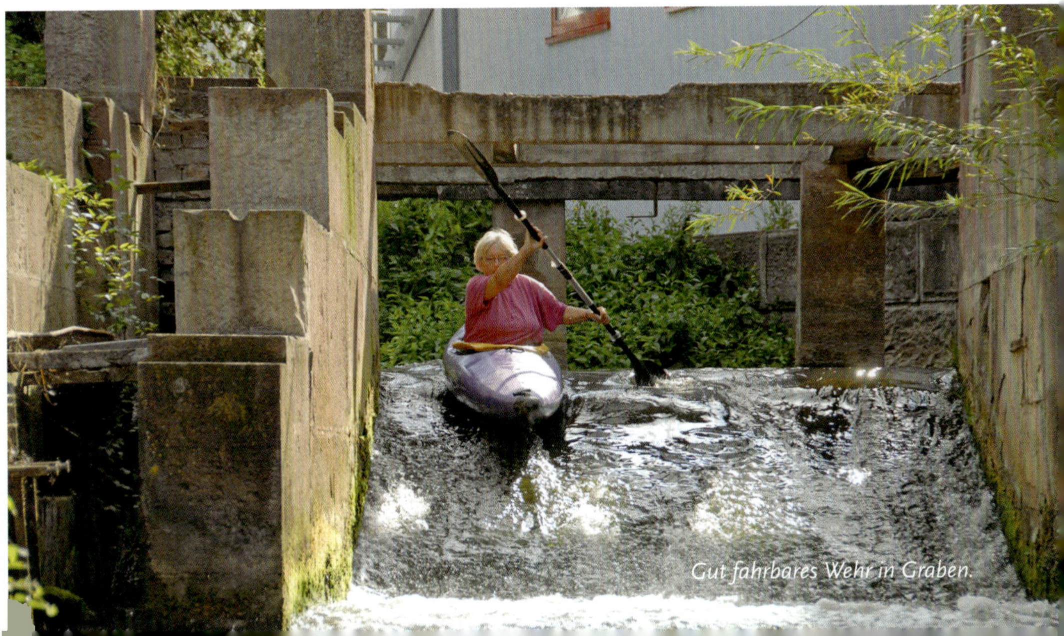

Gut fahrbares Wehr in Graben.

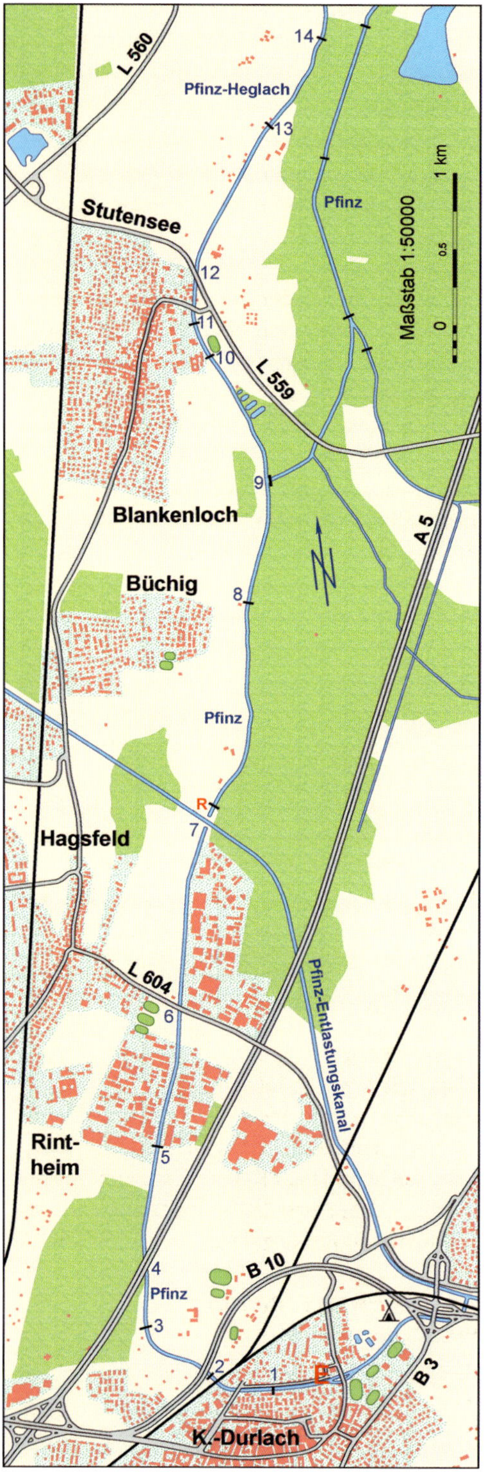

L 560
Pfinz-Heglach
14
13
Pfinz
Maßstab 1:50000
0
0.5
1 km
Stutensee
12
11
10
L 559
9
Blankenloch
Büchig
8
A 5
Pfinz
R
7
Hagsfeld
L 604
6
Pfinz-Entlastungskanal
Rint-
heim
5
4
B 10
Pfinz
3
2
1
E
B 3
K.-Durlach

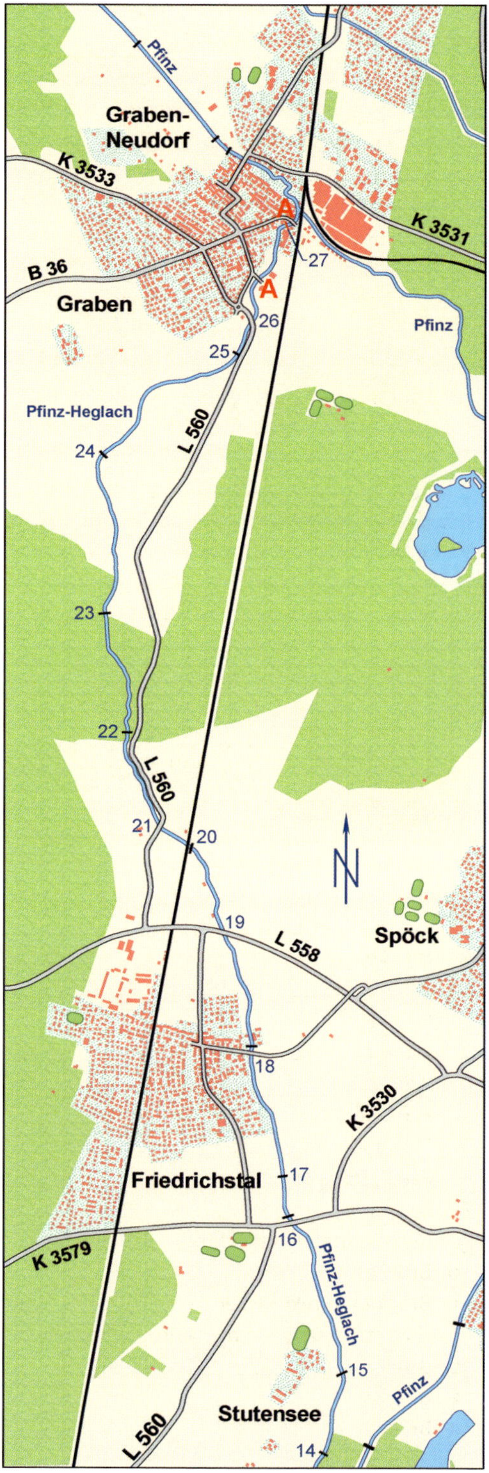

Pfinz
Graben-
Neudorf
K 3533
A
K 3531
B 36
27
A
Graben
26
Pfinz
25
Pfinz-Heglach
24
L 560
23
22
L 560
21
20
19
L 558
Spöck
18
K 3530
Friedrichstal
17
K 3579
16
Pfinz-Heglach
15
Stutensee
Pfinz
L 560
14

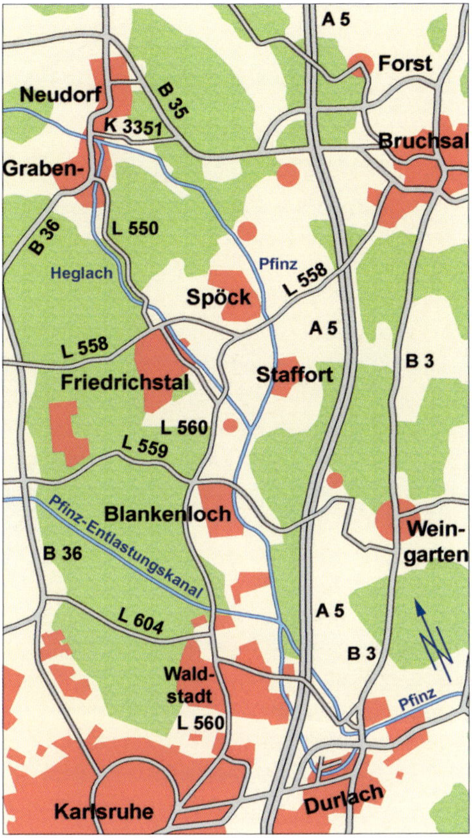

Orientierungspunkte

E Einsetzstelle in K.-Durlach
1 Brücke
2 Brücke B10
3 Brücke
4 Autobahnbrücke A5
5 Brücke
6 Brücke L 604
7 Düker Umtragestelle Pfinzentlastungskanal, Rastplatz
8 Brücke
9 Rechts Abgang zur Pfinz
10 Brücke
11 Brücken, direkt hinter der 2. Brücke rechts Aussetzen und um die Mühle umtragen.
12 Brücke L559
13 Brücke
14 Brücke
15 Brücke
16 Brücke K3579, kurz danach Riegelbrücke nicht unterfahrbar, links aussetzen und über die Brücke umtragen, rechts „irgendwo" einsetzen
17 Brücke
18 Brücke bei Friedrichstal, nach der Brücke rechts aussetzen und durch das Mühlengelände umtragen, Einsetzen schwierig!
19 Brücke L558
20 Bahnbrücke
21 Brücke L560
22 Brücke, Beginn des Waldes
23 Brücke, Ende des Waldes
24 Brücke
25 Brücke
26 Brücke L560
A Brücke, mögliche Aussetzstelle Friedrichstaler Straße
27 Wehr, fahrbar
A Aussetzstelle Sofienstraße, Rampe

An-und Abreise

Zur Aussetzstelle Graben-Neudorf Sofienstraßew

A5 Ausfahrt AS42 Bruchsal, B35 bis zur K3531 links ab, über Bahnhofstraße, Hauptstraße, Moltkestraße zur Sofienstraße und Aussetzstelle.

PKW verstellen

Einsetzstelle-Aussetzstelle

Über Pfinzstraße, Pforzheimer Straße, Durlacher Alle zur Autobahn A5. A5 Ausfahrt AS42 Bruchsal, B35 bis zur K3531 links ab, über Bahnhofstaße, Hauptstraße, Moltkestraße zur Sofienstraße und Aussetzstelle.

Zur Einsetzstelle K.-Durlach

Waldshuter Straße

A5 Ausfahrt Karlsruhe-Durlach AS44, B10 Durlacher Allee, links ab in die Pforzheimer Straße, rechts ab in die Pfinzstraße zur Einsatzstelle.

Tour 36: Leopoldshafen-Philippsburg

Tourensteckbrief

Kurzinfo
Tagestour 27 km
Altwasser-Rhein-Baggerseen

- zwei Umtragestellen
- PKW-Begleitung ist nur zum Teil möglich

Durch die Rheinregulierung sind viele nun stille Altrheinarme vom Rhein abgetrennt worden. Ab Leopoldshafen, nahe dem ehemaligen Bootshaus der Bruchsaler Kanuten, kann man an einen dieser Überbleibsel eine hübsche Tagestour über den Rhein, alte Minthe, Rußheimeimer Altrhein, neue Minthe und Rhein nach Philippsburg paddeln.
Über die Leopoldstraße (L559) und Hafenstraße findet man in Leopoldshafen die Einsetzstelle (früher Bootshaus des KC Bruchsal). Direkt neben dem Fahrweg befindet sich die Einsetzstelle. Parkmöglichkeiten sind ausreichend vorhanden.

Im Altwasser paddelt man zunächst bis zum Rhein. Mit flotter Strömung geht es auf dem Rhein weiter bis Rhein-km 380,8. Hier fährt man rechts in die alte Minthe ein. Die Route führt nun genau nach Osten, in der Südostecke des Sees mündet der Saalbachkanal, den man aufwärts paddelt. Wir unterqueren eine Brücke und kommen kurz danach an ein Wehr (bei hohem Wasserstand nicht sichtbar). Unterhalb des Wehres setzt man links aus und umträgt rechts über den Damm, in den, unter dem Saalbachkanal, gedükerten Rheinniederungskanal. Vor dem Düker mündet die Pfinz in den Rheinniederungskanal. In der Folge bewegen wir uns im Naturschutzgebiet Elisabethenwört. Es folgt eine Wegebrücke und bald mündet der Rheinniederungskanal in den Rußheimer Altrhein.

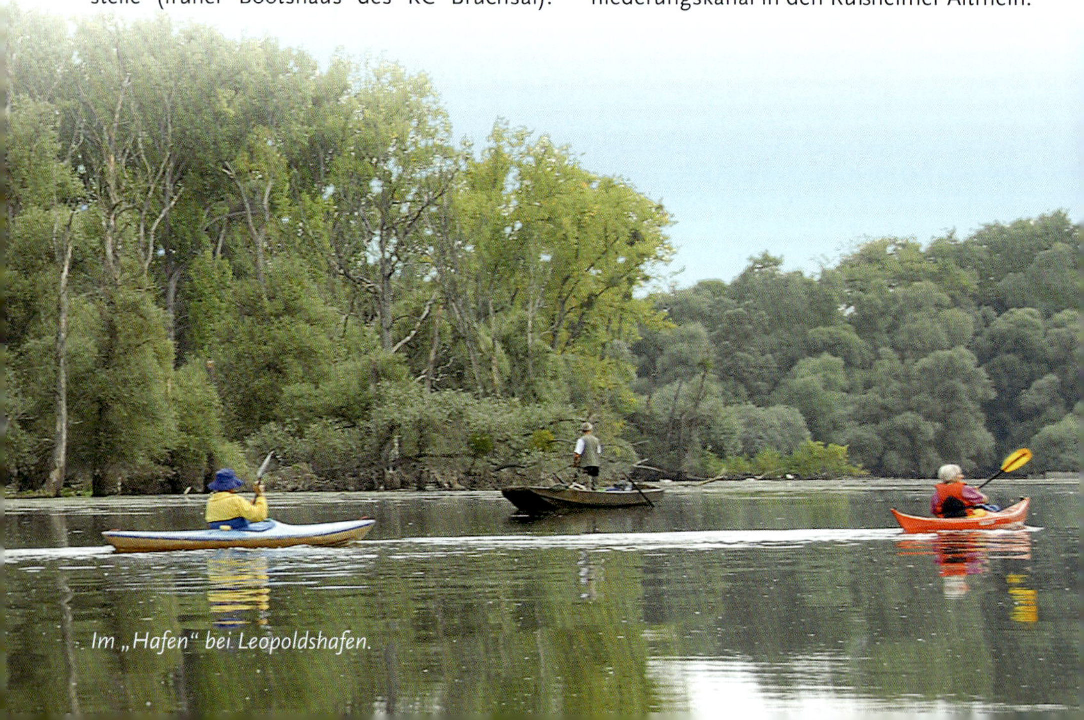

Im „Hafen" bei Leopoldshafen.

In diesem sensiblen Gewässer gedeiht die Wassernuss Trapa natans. Diese Wasserpflanze ist in Baden-Württemberg von Aussterben bedroht und kommt sonst nur noch im kleinen Bodensee nördlich Karlsruhe vor. Es versteht sich von selbst, dass nicht in die Bestände hineingepaddelt wird.

Rechts ab kommt man über Jägerschrittkanal und Rheinniederungskanal in den Rußheimer Altrhein und mit einer Umtragestelle zum Bootshaus Philippsburg. Wir fahren geradeaus weiter bis zum Bootshaus (dauernd bewirtschaftet und Zeltwiese) der Paddelfreunde Huttenheim. Das Umtragen (ca. 150 m) kann hier mit einer gemütlichen Rast verbunden werden. Nachdem wir uns gestärkt haben geht es über die neue Minthe zum Rhein.
Auf dem Rhein haben wir dann noch etwa 6500 m bis zum Bootshaus des SKC.

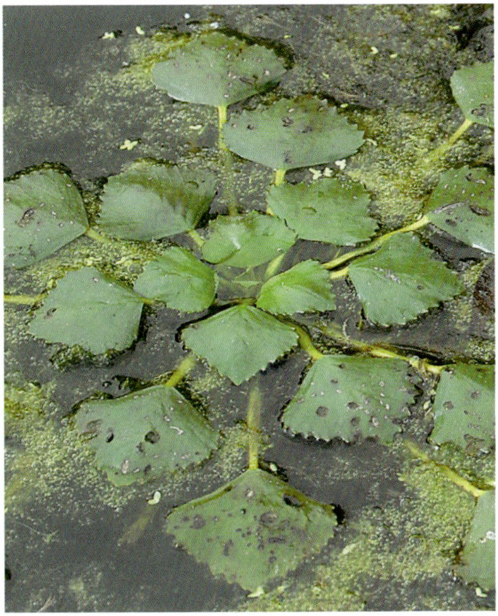

Die Wassernuss ist sehr selten.

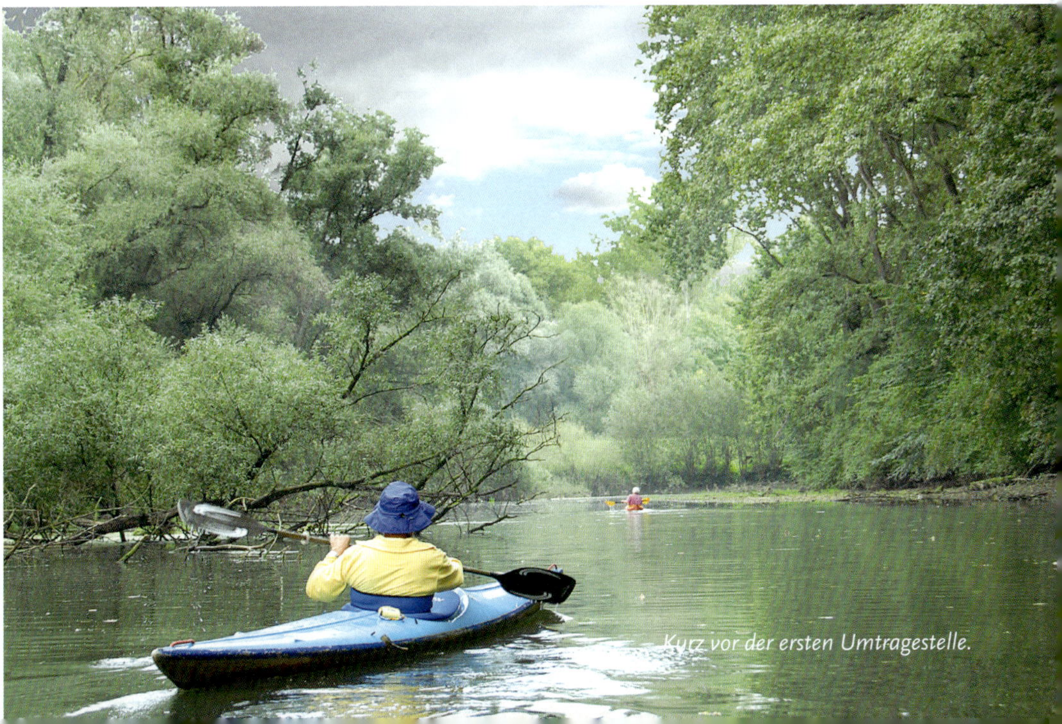

Kurz vor der ersten Umtragestelle.

Orientierungspunkte

E Einsetzstelle bei Leopoldshafen
1 Mündung in den Rhein
2 rechts ab in den alten Minthe-See
3 Mündung des Saalbachkanals, kurz danach Brücke
4 Umtragestelle, links vor dem Wehr aussetzen und über den Damm in die Pfinz (RNK) einsetzen
5 Brücke
6 Mündung in den Rußheimer Altrhein
7 rechts Abgang des Jägerschrittkanals, siehe Text
8 Umtrage-und Raststelle Bootshaus Huttenheim
9 Mündung in den Rhein
10 Eisenbahnbrücke
11 Straßenbrücke B35
A Rheinkm 386,5 mögliche Aussetzstelle beim WSC Rheintreue Rheinsheim.
12 rechts Einfahrt in den Philippsburger Altrhein
A Aussetzstelle beim SKC Philippsburg

Literatur

DKV-Kanuführer für Südwestdeutschland

Karten

Landesvermessungsamt Baden-Württemb. Topo-Karten 1:25.000

- 6716 Germersheim,
- 6816 Graben-Neudorf

Camping

Campingplatz Freyersee
Tullastrasse 11
76661 Philippsburg
Tel.: 07256/1372

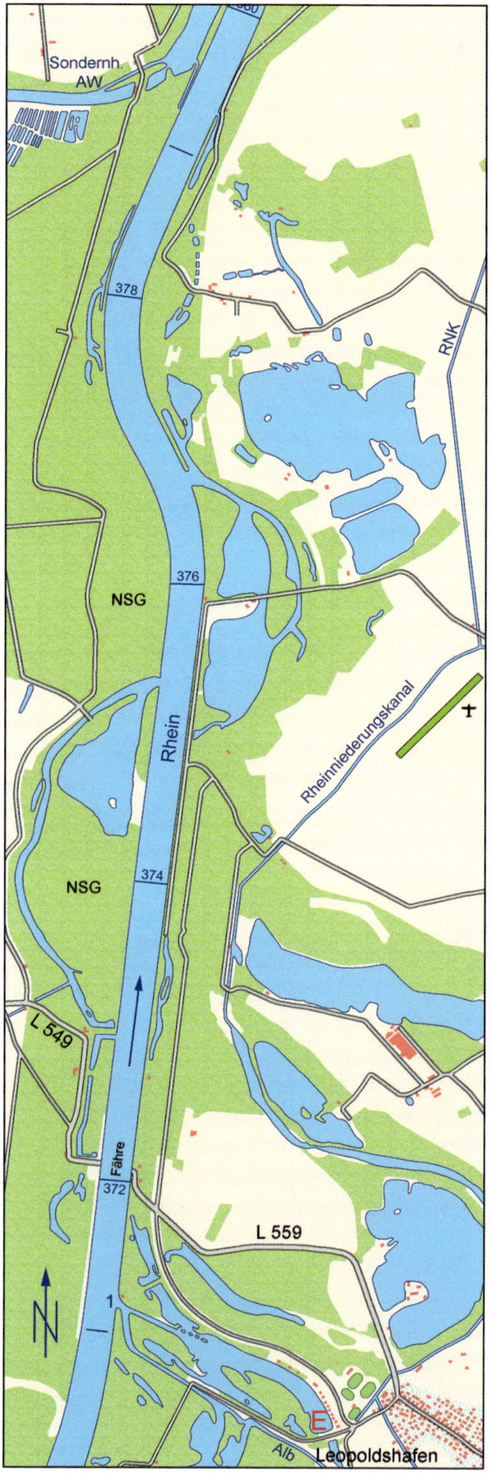

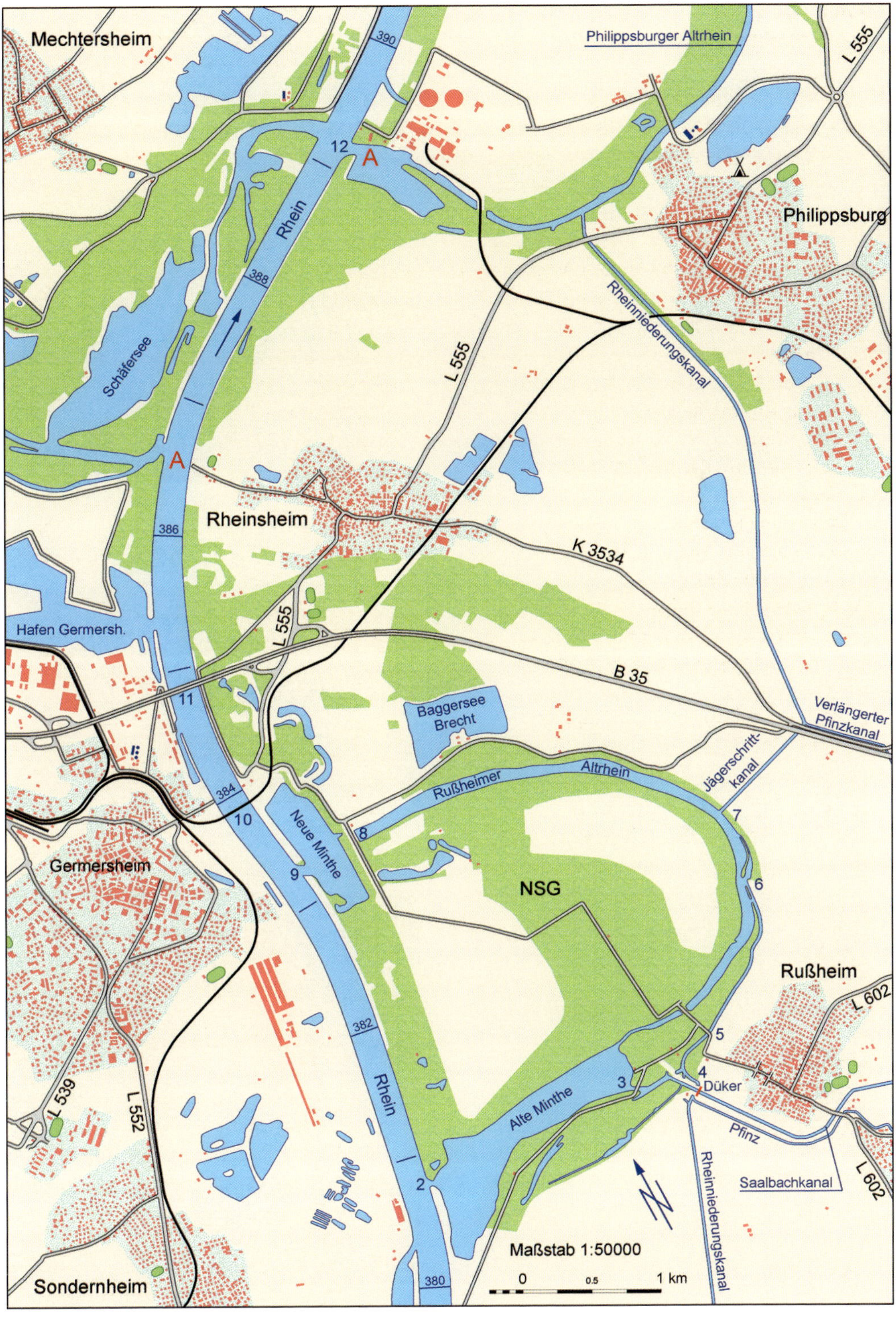
Mechtersheim
Philippsburger Altrhein
L 555
Philippsburg
Rhein
Schäfersee
Rheinniederungskanal
L 555
Rheinsheim
K 3534
Hafen Germersh.
L 555
B 35
Baggersee
Brecht
Verlängerter
Pfinzkanal
Jägerschritt-
kanal
Rußheimer
Altrhein
Neue Minthe
NSG
Germersheim
Rußheim
L 602
Düker
Alte Minthe
Rhein
Pfinz
Saalbachkanal
L 602
L 539
L 552
Rheinniederungskanal
Maßstab 1:50000
0
0.5
1 km
Sondernheim

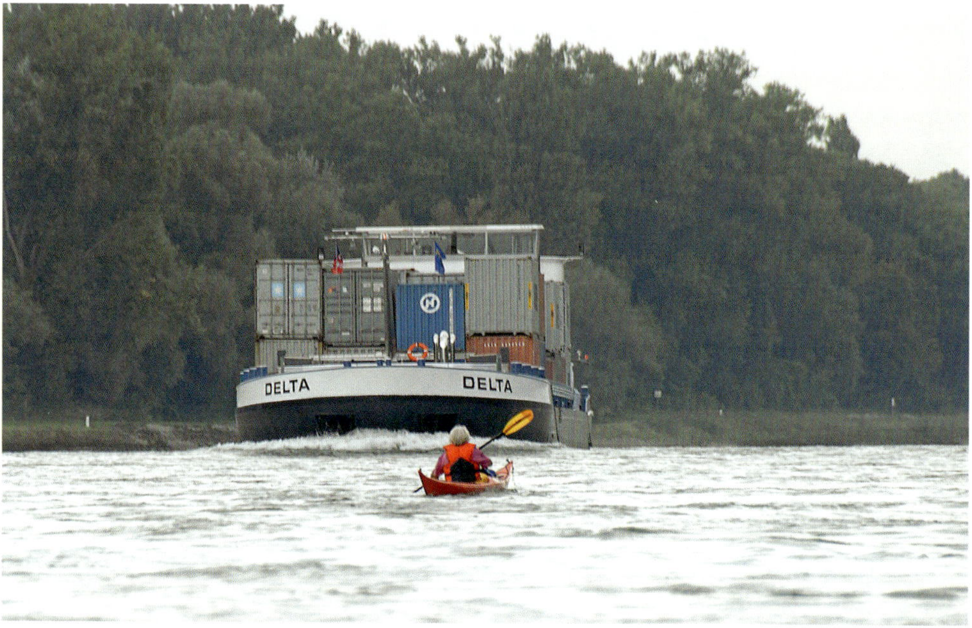

Oben: Auf dem Rhein zwischen Leopoldshafen und alter Minthe.
Unten: Rußheimer Altrhein

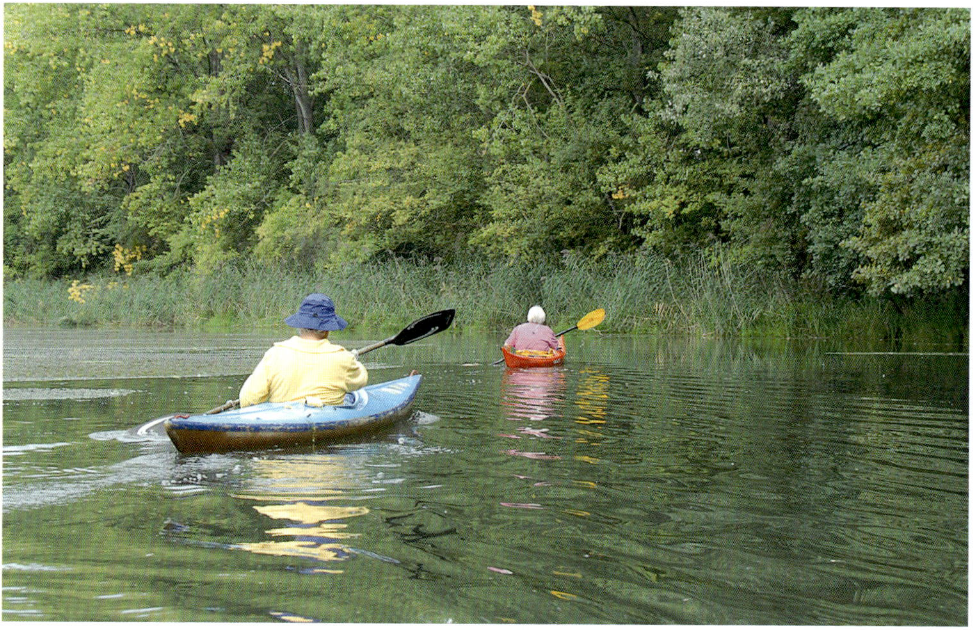

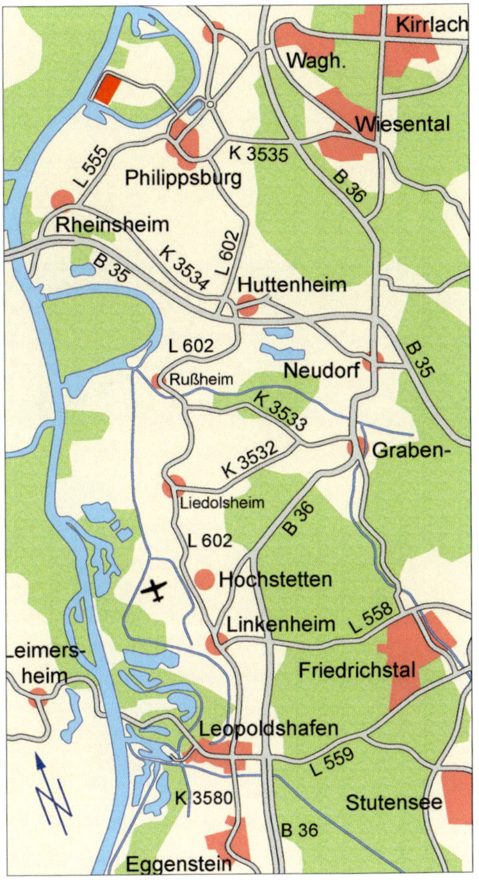

An-und Abreise

Zur Einsetzstelle Leopoldshafen von Süden her

Autobahn A5 Ausfahrt Karlsruhe-Süd (48), L605 bis Krhe-Südtangente später B 10, B10 bis Starckstr. (B36) rechts ab, B36 bis Leopoldshafen, links ab in die Leopoldstraße L559, Leopoldstr. (L559) bis Hafenstr. Links ab bis zur Einsetzstelle.

Zur Einsetzstelle Leopoldshafen von Norden her

Autobahn A5 Ausfahrt Bruchsal (42), B35 bis zur B36 rechts ab, B36 bis Leopoldshafen hier rechts ab auf die L559, L559 (Leopoldstraße) bis Hafenstraße links ab bis zur Einsetzstelle über dem Damm.

PKW verstellen Leopoldshafen-Philippsburg

Die kürzeste Verbindung verläuft über die L602 allerdings über die Dörfer: Linkenheim-Hochstetten-Dettenheim-Rußheim-Huttenheim-Philippsburg. Vor Philippsburg rechts ab K3535 bis K3537 bis zum Kreisel. Ab hier Richtung KKW über den Rußheimer Altrhein bis vor das eingezäunte KKW-Areal. Rechts ab um das ehemalige KKW-Gelände bis zur Aussetzstelle beim Bootshaus der Philippsburger Kanuten.

Tour 37: Rappenkopf

Tourensteckbrief

Kurzinfo

Tagestour von Wittenweier (Bootshaus)-Ichenheim (Anglerheim) 23 km

- ganzjährig befahrbar
- sechs Umtragestellen
- PKW-Begleitung ist nur zum Teil möglich

Probleme

Schwieriges Aus-und Einsetzen (am Schutterentlastungskanal), Düker, Schutterentlastungskanal (5) und Damm (9), Baumhindernisse, Niedrige Brücken

Der Rappenkopf stellt eine Verbindung zwischen dem Taubergießen und dem Ottenheimer Mühlbach dar.

Die Einsetzstelle für diese Tour am Bootshaus in Wittenweier Elzstraße ist identisch mit der Aussetzstelle der Taubergießen-Tour. Parkplätze sind bei den letzten Häusern von Wittenweier ca. 150 m ausreichend vorhanden.

Kurz nach der Einsetzstelle unterfahren wir einen Fußgängersteg, direkt danach zweigt rechts der Ottenheimer Mühlbach ab. Das folgende Steinwurfwehr kann links leicht umtragen werden.

Nach der Brücke L100 verzweigt sich der Bach, wir fahren links weiter, bei gutem Wasserstand ist auch der rechte Arm fahrbar und führt ebenfalls zur Umtragestelle Düker Schutterentlastungskanal, und kommen in den Druckwasserkanal zur Wehranlage mit Düker. Der Düker ist gegen unbeabsichtigtes Einfahren gut geschützt. Man paddelt durch das weit offene Wehrschütz links und kommt in den Schutterentlastungskanal hier muss in den gedükerten Wasserstrom umgesetzt werden.

Der lausigen Aussetzstelle direkt gegenüber der Mündung kann man ausweichen, wenn man links aussetzt und über die beiden Brücken einen weiten Umtrageweg in Kauf nimmt. Nach dem auch nicht ganz einfachen Wieder-

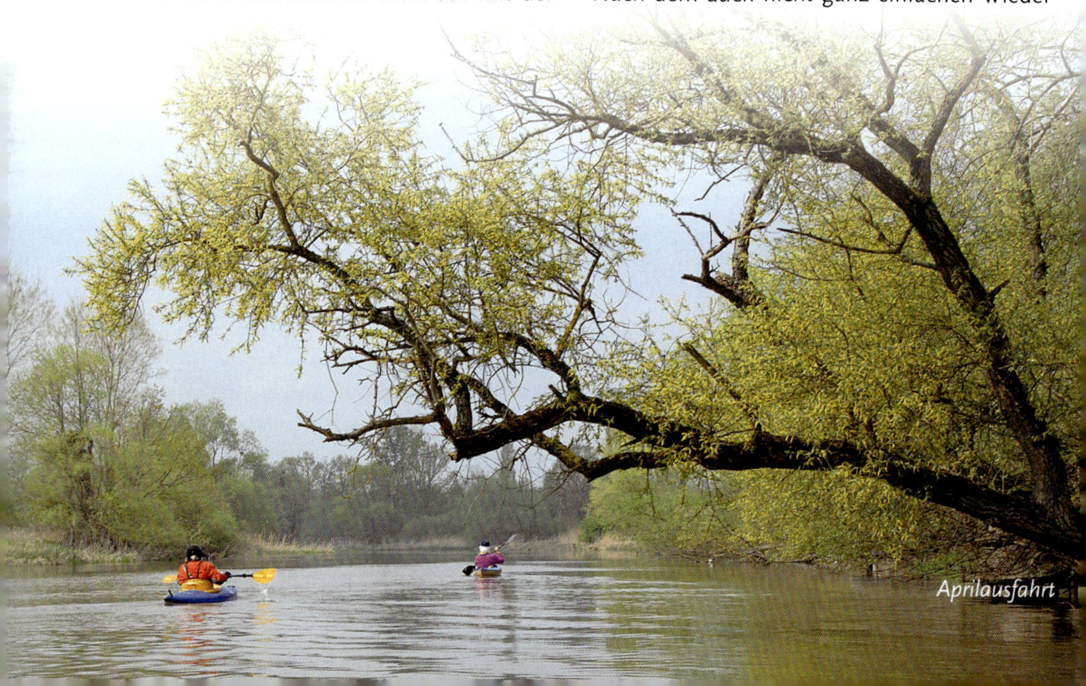

Aprilausfahrt

einsetzen kommen wir zur Brücke (6), die bei hohem Wasserstand links umtragen werden kann. Die nächste Umtragestelle am Damm (9) mit Düker ist von der Abzweigung aus gut zu erkennen. Geradeaus endet das Gewässer, ein Teil des Wassers fliest dort durch einen Düker in den Rhein. Nach dem Umtragen über den Damm geht es in ruhigem Wasser weiter bis zur Brücke (11). Das Einfahren in den Baggersee ist nicht möglich, so kommt man dann an das Verteilerwehr (12) das nur bei Niederwasser unterfahren werden kann. Das Umtragen kann hier mit einer Rast verbunden werden. In das sich nun rechts hinziehende Naturschutzgebiet Thomasschollen darf nicht hineingepaddelt werden. Man fährt deshalb im Druckwasserkanal und seinen Ruhebecken weiter bis zum Rhein-km 274,250 (Die Rhein-Kilometrierung ist vom Druckwasserkanal aus gut zu erkennen) hier gibt es, außerhalb des Naturschutz-gebietes, rechts einen Abgang der nach ca. 300 m in den Ottenheimer Mühlbach mündet. Das nach wenigen Metern stehende Wehrschütz kann, wenn geöffnet und der Wasserstand stimmt, unterfahren werden, umtragen ist aber auch leicht möglich. Zwei niedrige Stege sind dann noch bis zum „Ottenheimer“ zu bewältigen. Es folgt Brücke (19) mit nachfolgendem Steinschüttwehr – rechts umtragen. Auf die Gefährlichkeit der Dammunterführung (20) wurde schon bei der Beschreibung des Ottenheimer Mühlbaches hingewiesen, links umtragen. Nach ca. 30 min paddeln kommt man dann am Tagesziel, dem Anglerheim Ichenheim an.

Karten

Landesvermessungsamt Baden-Württemb.
Topo-Karten 1:25.000

- Nr. 7512 Neuried
- Nr. 7612 Lahr-West

Camping

- Schuttern, D-77948 Friesenheim
  In der Kruttenau 100, Tel.: 07808/2847
- Gerstheim, F-67150 Gerstheim
  Rue du Ried, Tel.: +33 3 88 98 30 04

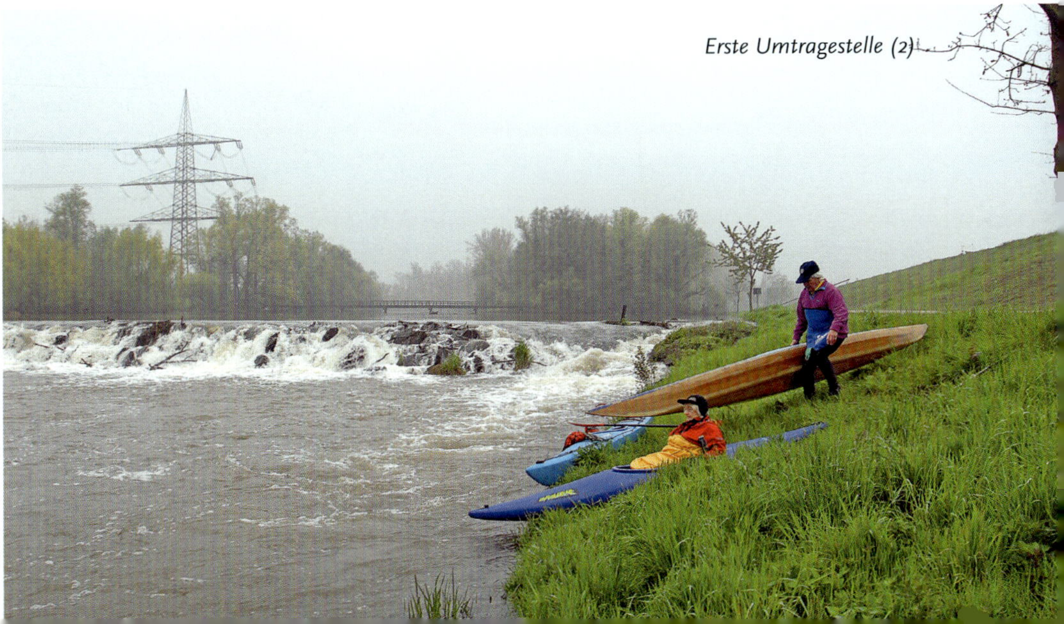

Erste Umtragestelle (2)

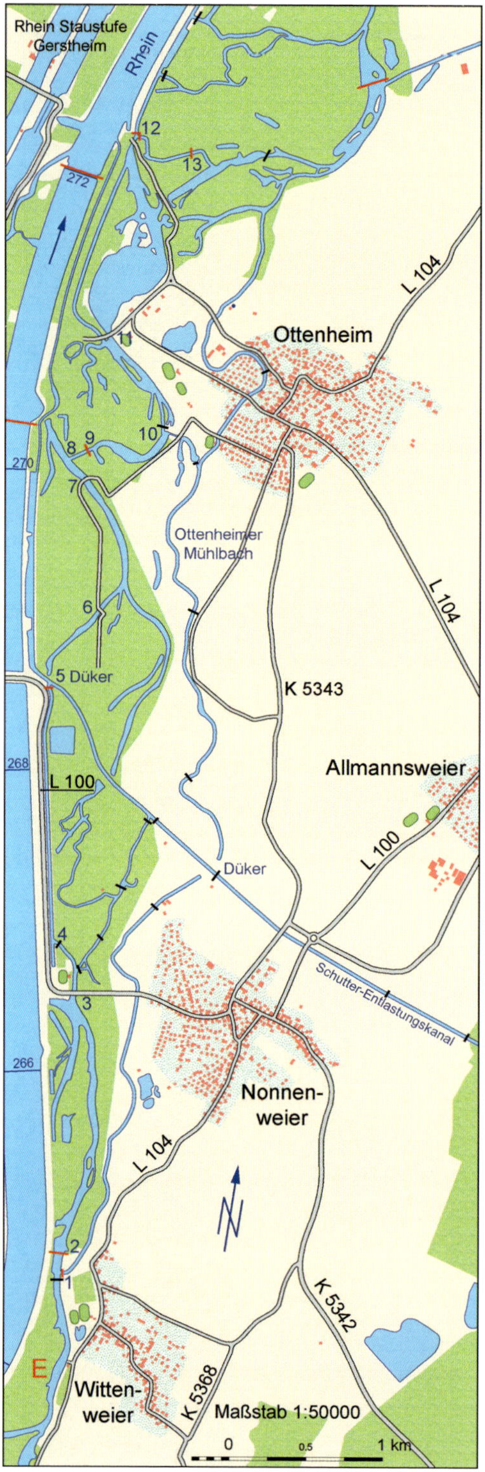

Rhein Staustufe Gerstheim
Rhein
12
13
272
Ottenheim
L 104
11
10
8
9
270
7
Ottenheimer Mühlbach
6
5 Düker
K 5343
268
L 100
Allmannsweier
L 100
Düker
4
3
Schutter-Entlastungskanal
266
Nonnen-
weier
L 104
2
1
E
Witten-
weier
K 5368
K 5342
Maßstab 1:50000
0
0,5
1 km

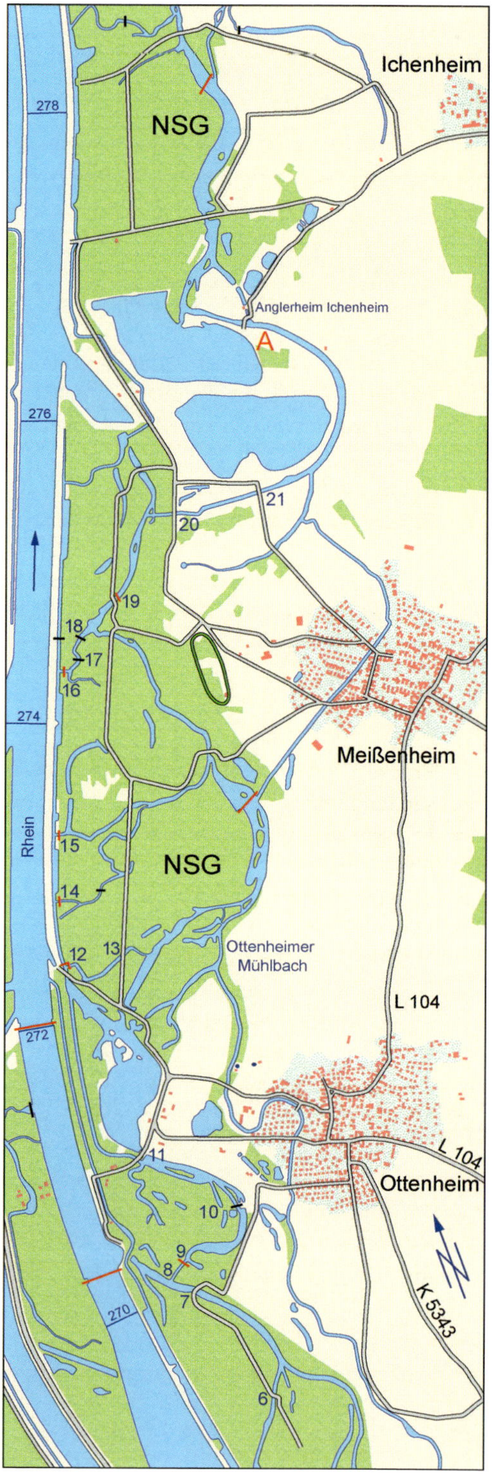

Ichenheim
NSG
278
Anglerheim Ichenheim
A
276
21
20
19
18
17
16
274
Meißenheim
Rhein
15
NSG
14
13
12
Ottenheimer Mühlbach
L 104
272
11
L 104
Ottenheim
10
9
8
7
270
K 5343
6

Orientierungspunkte

E Einsetzstelle bei Wittenweier
1 Fußgägersteg, direkt danach rechts Abgang des Ottenheimer Mühlbachs
2 Steinschüttwehr, links umtragen
3 Brücke L100
4 Brücke, danach Mündung in den Druckwasserkanal
5 Wehrschütz, Düker. Links unter dem Wehrschütz durchfahren. Mündung in den Schutterentlastungskanal. Rechts aussetzen (schwierig) kurzer Umtrageweg. Links aussetzen (leicht) weiter Umtrageweg.
6 Brücke, bei hohem Wasserstand links umtragen
7 Brücke
8 Dem Abgang rechts folgen
9 Vor dem (Düker) aussetzen und über den Damm umtragen
10 Brücke
11 Brücke, links fahren
12 Brücke mit Wehrschütz, bei hohem Wasserstand umtragen
13 Verbotener Gewässerzug
14 Abgang rechts, geradeaus weiter
15 Abgang rechts, geradeaus weiter
16 In den Abgang rechts bei Rhein-km 274,3 einfahren. Nach wenigen Metern Wehrschütz, wenn offen evtl. fahrbar, rechts oder links umtragen. 17 Niedriger Steg
18 Steg, kurz danach Mündung in den Ottenheimer Mühlbach
19 Brücke mit Schütz, danach Steinwurfwehr, rechts umtragen
20 Brücke, der Durchgang wird nach unten hin immer enger, links umtragen
21 Brücke
A Aussetzstelle beim Anglerheim Ichenheim.

An-und Abreise

Von Norden zur Einsetzstelle

A5 Ausf. (56) Lahr, L100 über Nonnenweier und L104 nach Wittenweier. Weiter s.u.

Von Süden zur Einsetzstelle

A5 Ausfahrt (57) Ettenheim, L103 bis Kappel, L104 bis Wittenweier, in Wittenweier in die Elzstraße und dort bis zum Dammdurchbruch beim Bootshaus der Marinekameradschaft.

PKW verstellen

Wittenweier-Ichenheim (Anglerheim)

L104 über Nonnenweier und L100 Allmannsweier zur B36. B36 bis Ichenheim, in Ichenheim links ab in die Rheinstraße, nach ca. 2400 m Abzweigung links weiter Rheinstraße bis zum Anglerheim.

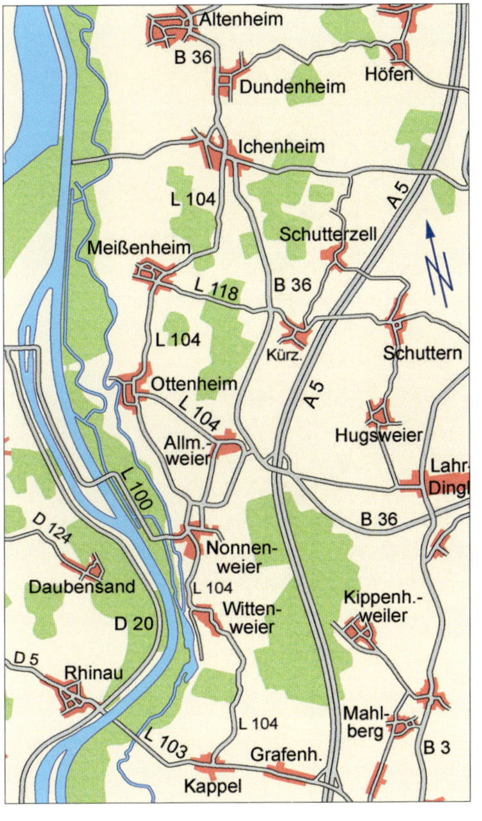

Tour 38: Strasbourg-Rundfahrt

Tourensteckbrief

Kurzinfo

Tagestour 22 km

- kein PKW umsetzen
- alle Bootstypen
- PKW-Kontakt an vielen Stellen möglich

Probleme

Touristen-Ausflugs-Boote (Wellen), Schleusen

Strasbourg, die Stadt an der Ill mit wichtigen Einrichtungen der Europäischen Union, dem Europarat, der sehenswerten gotischen Kathedrale, den Gässchen der Altstadt und der Petite Ill und einer wechselvollen Vergangenheit, bietet viele Möglichkeiten der Erkundung mit dem Boot.

Das dichte Gewässernetz, das Strasbourg durchzieht, kann genutzt werden um Rundtouren in immer wieder anderen Varianten zu paddeln.

Als Einsetzstellen sind der Jugendklub (Rue de la Plaine des Bouchers) sowie der Ruderklub (Rue du General Uhrich) zu nennen. Parkmöglichkeiten sind an beiden Örtlichkeiten „meist" vorhanden.

Nachstehend wird eine Rundtour durch Strasbourg mit Startpunkt beim Ruderklub Strasbourg vorgeschlagen. Paddelstrecke 15 km.

Schleusengenehmigung beantragen:
Siehe Muster Tour 5 (Krummer Rhein) Seite 34.

Blick von der Barrage Vauban mit: Mittelalterlichen Türmen, den gedeckten Brücken und der Kathedrale.

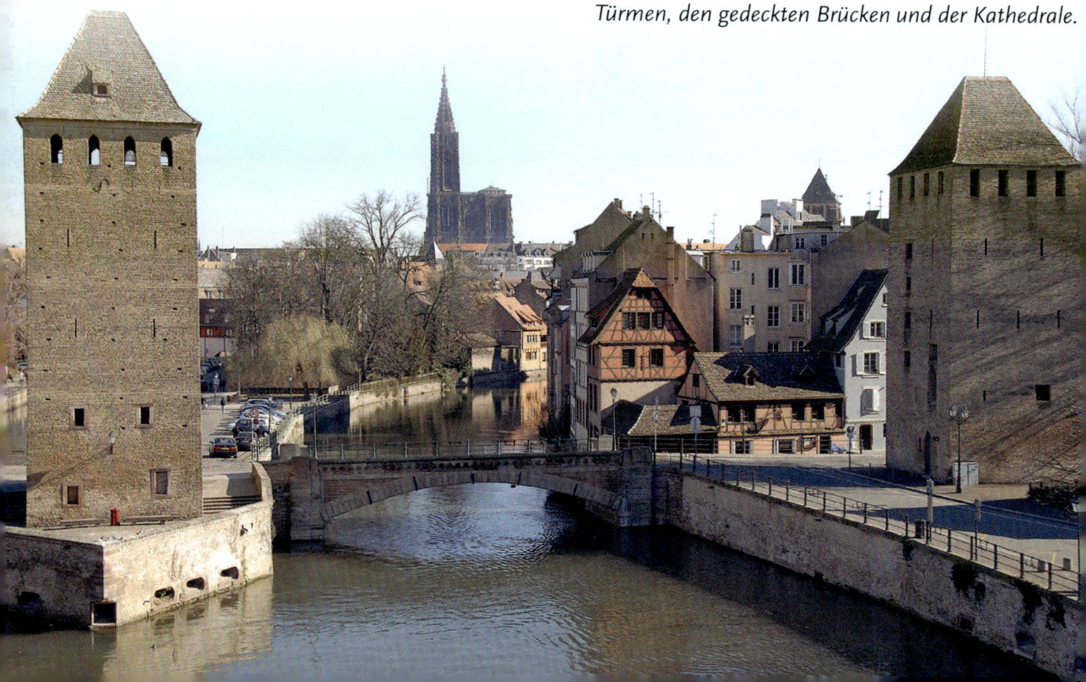

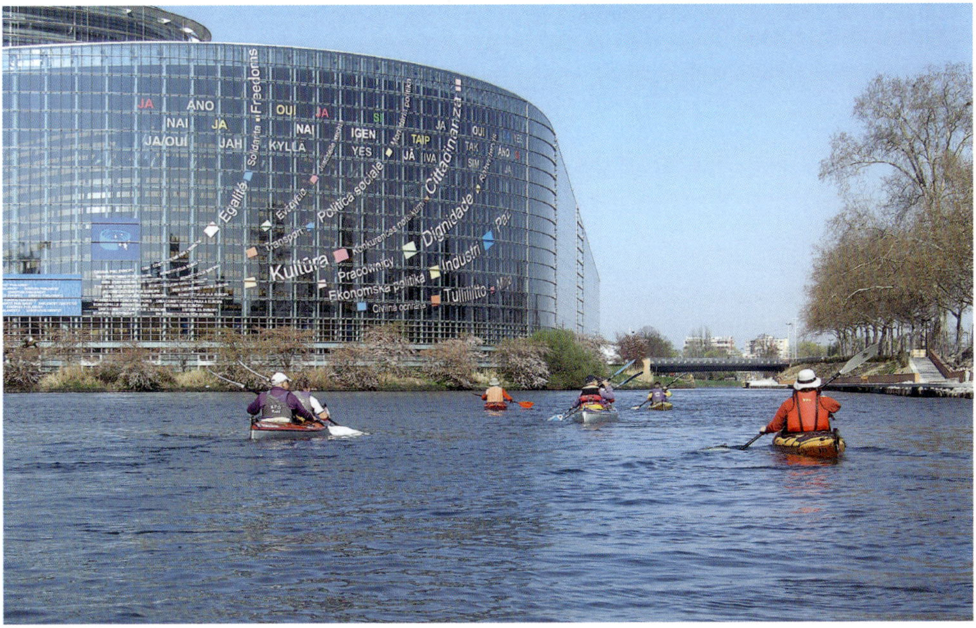

Oben: Am Kreuzungspunkt von Rhein-Marne-Kanal und Ill, das Europaparlament.
Unten: Die traditionelle Lampionfahrt der KPG. Vor der Schleuse „Petite France“.

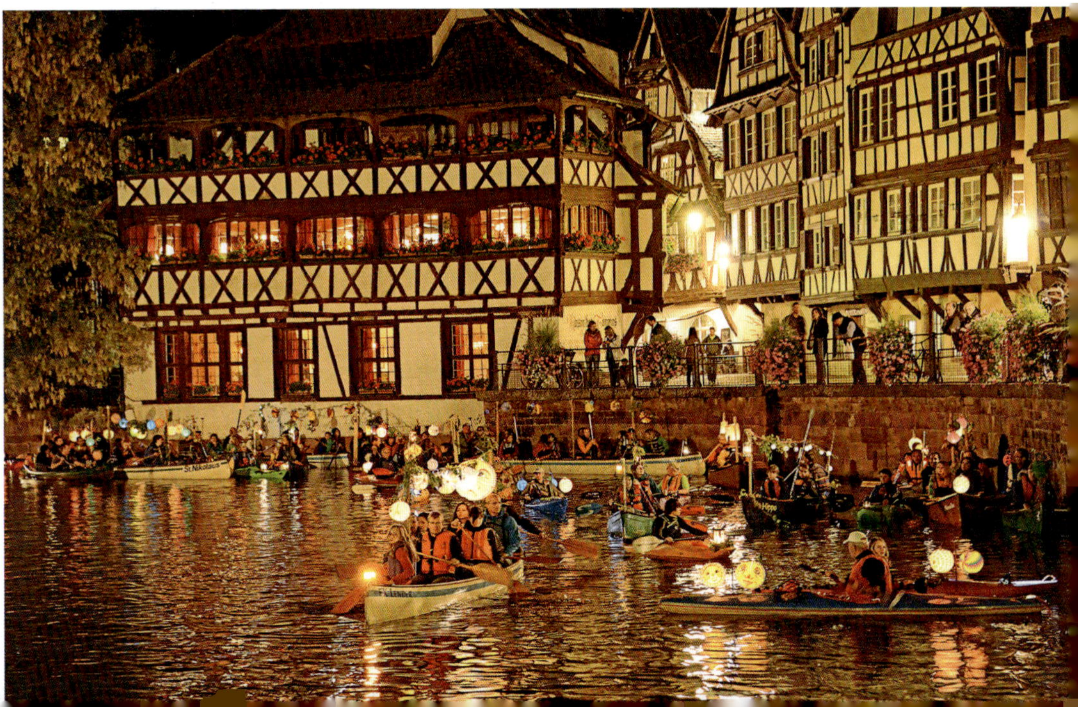

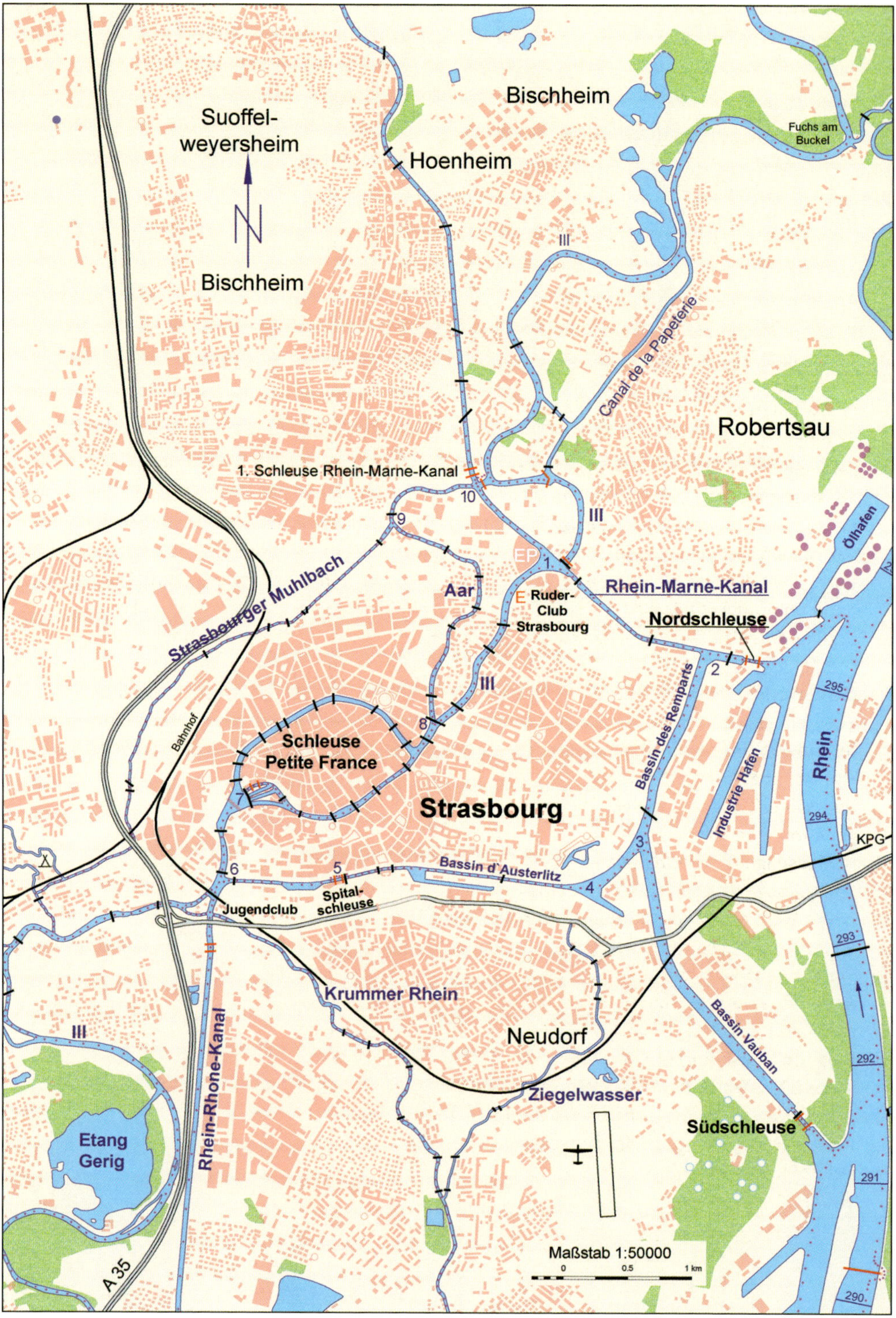

Suoffel-
weyersheim
Bischheim
Bischheim
Hoenheim
Fuchs am Buckel
Canal de la Papeterie
Robertsau
1. Schleuse Rhein-Marne-Kanal
III
Ölhafen
Aar
Ruder-Club Strasbourg
Rhein-Marne-Kanal
Nordschleuse
Strasbourger Muhlbach
Bahnhof
Schleuse Petite France
Bassin des Remparts
Industrie Hafen
Rhein
Strasbourg
KPG
Bassin d`Austerlitz
Jugendclub
Spitalschleuse
Krummer Rhein
Neudorf
Bassin Vauban
Ziegelwasser
Südschleuse
Etang Gerig
Rhein-Rhone-Kanal
A 35
Maßstab 1:50000
0
0.5
1 km
295
294
293
292
291
290

Orientierungspunkte

E Einsetzstelle beim Ruderclub Strasbourg Rue du General Uhrich.

1 Kreuzungspunkt der Ill mit dem Rhein-Marne-Kanal, rechts weiterfahren

2 Wir Paddeln rechts in das Bassin des Remparts

3 An der Gabelung fahren wir rechts Richtung Spitalschleuse

4 Im ruhigen Wasser geht es durch das Bassin Austerlitz

5 Die Spitalschleuse muss umtragen werden. Es gibt hier auch auf Antrag keine Schleusengenehmigung. Rechts an der Treppe aussetzen und ca. 120 unter der Brücke hindurch umtragen. Beim Holzgerüst an der kleinen Treppe wieder einsetzen.

6 Vor uns fließt die Ill, wir halten uns rechts, dann unterqueren wir die Barrage Vauban und kommen zu den gedeckten Brücken (heute ohne Bedachung). Ab hier verkehren die Touristenboote der Stadt Strasbourg.

7 Hier teilt sich die Ill in fünf Arme. Der zweite Arm von links führt durch die Petite France zur Schleuse. Geschleust werden nur Boote (Gruppen) die eine Schleusengenehmigung vorweisen können.
Schleusengenehmigung beantragen:
Siehe Muster Tour 5 (krummer Rhein) Seite 34.
Drei 3 Wochen vor der Fahrt einen formlosen schriftlichen Antrag an das:
Service de la Navigation de Strasbourg
Arrondissement Territorial de Strasbourg
2, Quai Ernest Bevi BP 356
F 67009 Strasbourg CEDEX
stellen. Mit Tag und Uhrzeit, Veranstaltung, Anzahl der Teilnehmer, Anzahl der Boote. Nach der Schleuse paddeln wir weiterhin auf der Ill durch die Innenstadt Strasbourgs.

8 Vor der Kirche Saint Paul teilt sich die Ill in zwei Arme. Rechts strömt die Ill. Wir halten uns links und kommen in die gemächlich fließende Aar.

9 Links mündet der Strasbourger Mühlbach.

10 Die Aar quert den Rhein-Marne-Kanal, wir halten uns rechts und kommen am Europaparlament vorbei wieder beim Strasbourger Ruderclub an.

Weitere Infos:

Mögliche Paddelstrecken sind durch magentafarbene Punkte markiert. Mit Ausnahme des Strasbourger Muhlbach im Bereich der Brücke D392 sind alle Gewässer auch gegen den Strom fahrbar. Der Strasbourger Muhlbach unterquert die Autobahn A35 durch eine Brücke mit vielen gekrümmten Durchlassen. Man kann bei der Einfahrt das Ende des „Tunnels" nicht erkennen, paddelt in totaler Dunkelheit. Es ist also auch nicht erkennbar ob der gewählte Durchgang mit verklemmtem Treibholz blockiert ist. Gute Lampe ist unbedingt erforderlich. Zurückpaddeln ist möglich.

Literatur

- BKV Auslandsführer Nordfrankreich Benelux
- L'Alsace en Canoe-Kayak
- Faszination Straßburg

Karten

Serie BLUE 1:25000

- 3816 O Strasbourg
- 3815 E Bischwiller

Camping

Campingplatz Kehl
Tel. 08751/2603, FAX 07851/73076

Tour 39: Philippsburger Runde(n) (Philippsburger 8er)

Tourensteckbrief

Kurzinfo

Tagestour ca. 27 km (17 km, 10 km)

- kein PKW umsetzen
- alle Bootstypen
- PKW-Kontakt an vielen Stellen möglich

Die ehemals vom Rhein abgeschnittenen Gewässer, heute Rußheimer Altrhein und Philippsburger Altrhein, zusammen mit dem Rhein-Niederungskanal und dem Rhein, ergeben drei Möglichkeiten für das Paddeln einer Rundtour bei Philippsburg.

1. Rhein und Philippsb. Altrhein ca. 10 km.
2. Rheinniederungskanal,Rußheimer Altrhein und Rhein ca. 17 km
3. Kombination von 1. und 2. ca. 27 km

Die beiden Erstgenannten bieten sich als Halbtagestouren an.

Die hier beschriebene Tagestour beginnt beim Bootshaus der Philippsburger Kanuten und kombiniert die beiden Halbtages-touren.

Von der Einsetzstelle am Bootshaus Philippsburg paddeln wir südöstlich in den Philippsburger Altrhein. Nach ca. 1000 m tragen wir über Bahngleis und Straße um. Kurz danach kommen wir rechts in den Rheinniederungskanal. Nun geht es gegen die Strömung, die insbesondere unter den Brücken unsere Reserven fordert. Man kann diese Herausforderungen aber auch durch umtragen abmildern. Nach gut 4000 m kommt man zur Gabelung, rechts paddeln wir im „Jägerschrittkanal" bis in das NSG Rußheimer Altrhein. Laut Naturschutzverordnung müssen sich Kanufahrer hier rechts halten... Nach ca. 3000 m erreichen wir an die Umtragestelle beim bewirtschafteten Bootshaus Huttenheim mit großer Zeltwiese. Hier bietet sich eine Rast an.

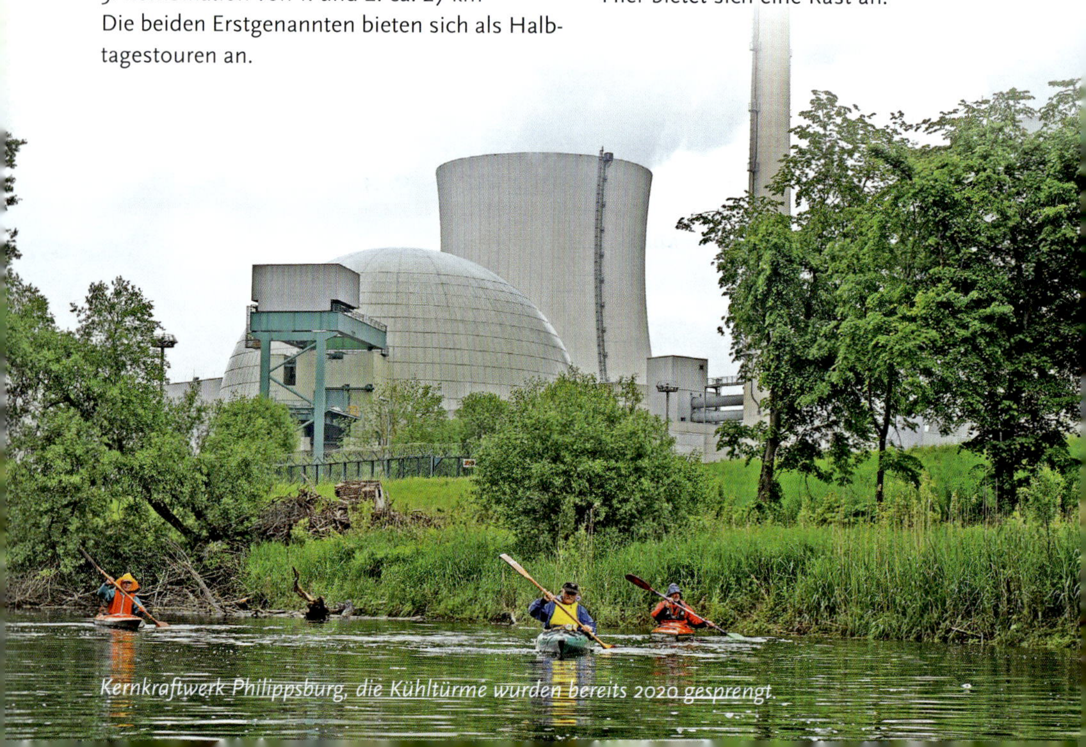

Kernkraftwerk Philippsburg, die Kühltürme wurden bereits 2020 gesprengt.

Nach einer Umtragestrecke von gut 100 m fahren wir über die Neue Minthe in den Rhein.

Auf dem Rhein, vorbei an Germersheim, Rheinsheim (Bootshaus) erreichen wir nach ca. 8,5 km rechts die Einfahrt in den Philippsburger Altrhein. Wir paddeln gegen die betuliche Strömung bis zum neuen Schöpfwerk. Hier ist eine Portage über den Damm angesagt. Bald kommen wir, nachdem ein weiteres mal Straße und Schiene überwunden wurden, wieder beim Bootshaus des SKC an.
Als weitere Startpunkte für die Tour bieten sich das Bootshaus Huttenheim und Bootshaus Rheinsheim an.

Orientierungspunkte

E Einsetzstelle beim SKC Philippsburg
1 Umtragen über Bahnlinie und Straße
2 Rechts im Rheinniederungskanal weiterpaddeln
3 Straßenbrücke L555
4 Bahnbrücke
5 Brücke
6 Brücke
7 Gabelung, rechts halten, Brücke B35
8 Rußheimer Altrhein
9 Umtrage- und Raststelle Bootshaus Huttenheim
10 Nach dem Überqueren der kleinen Minthe kommen wir in den Rhein
11 Bahnbrücke
12 Brücke B35
13 Links Germersheimer Hafen
14 Rechts Anlegestelle des WSC Rheinsheim
15 Rechts Einfahrt zum SKC Philippsburg
16 Rechts Einfahrt in den Rußheimer Altrhein
17 Brücke
18 Schöpfwerk (Umtragen)
19 Brücke
2 Links Mündung des RNK
1 Umtragen über Bahnlinie und Straße
A Aussetzstelle beim SKC Philippsburg

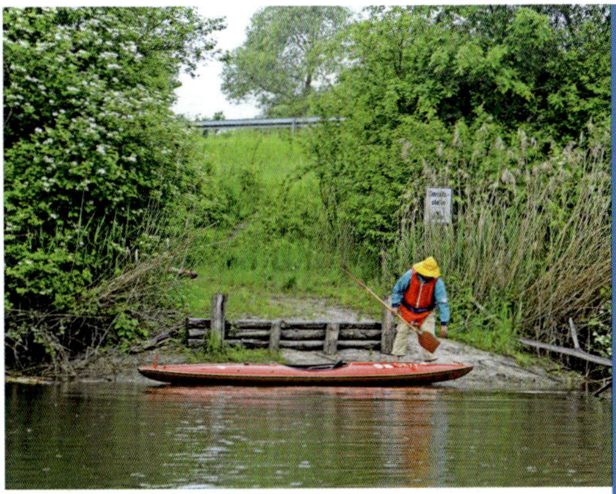

Umtragestelle(1) über Schiene und Straße.

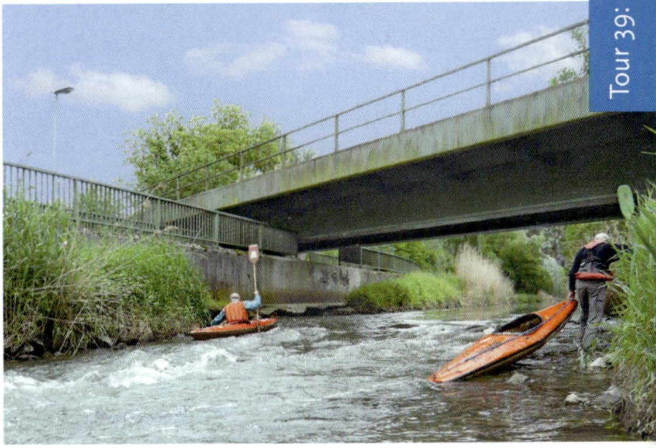

Unter den Brücken (4) kämpft man sich mühsam, zentimeterweise voran.

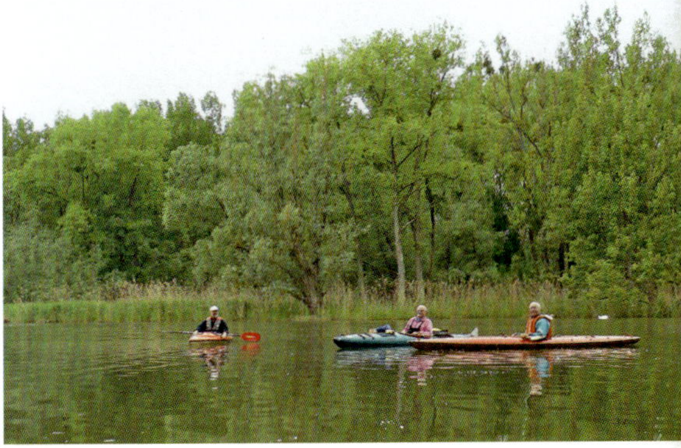

Im Rußheimer Altrhein

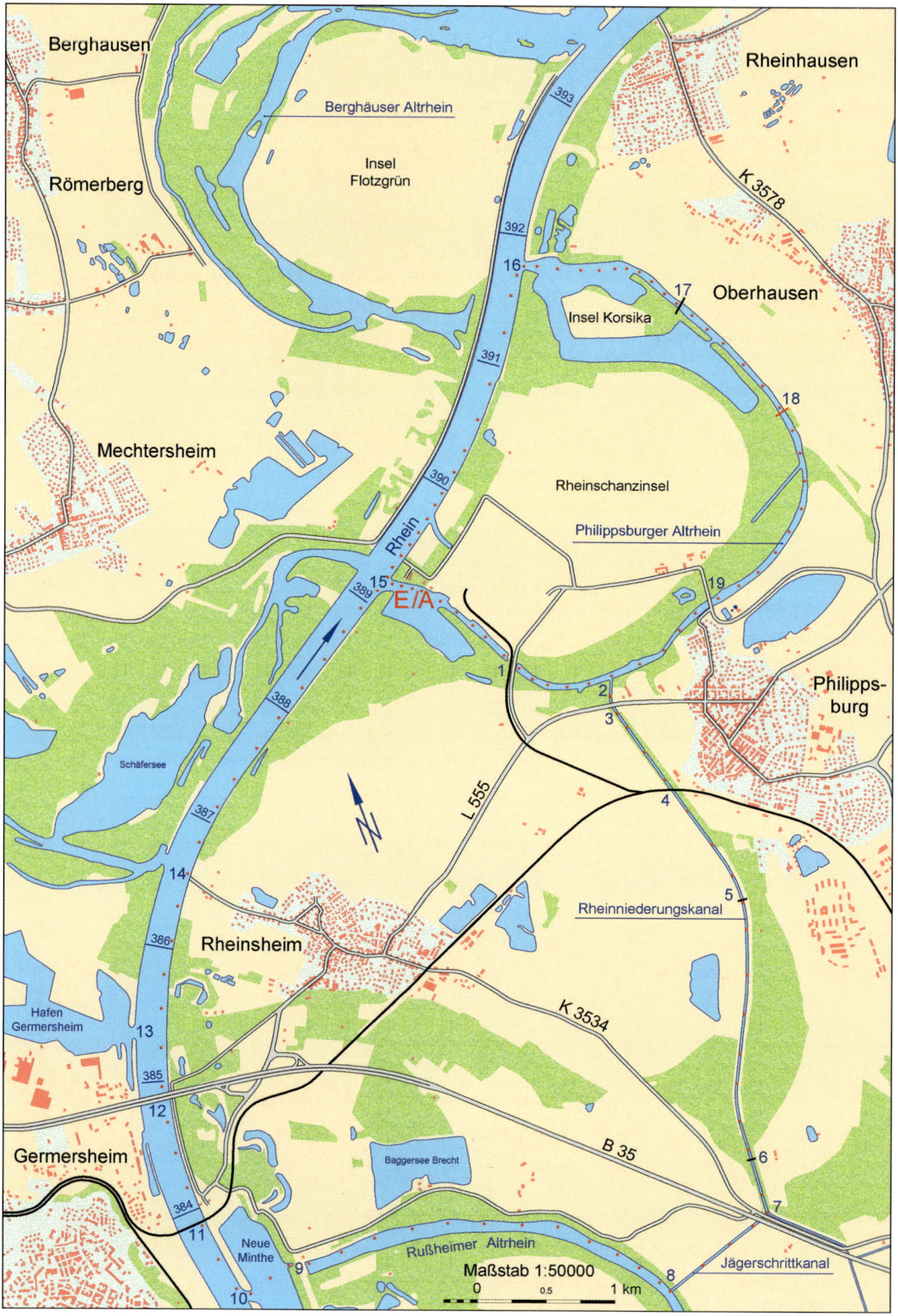
Berghausen
Rheinhausen
Berghäuser Altrhein
393
Insel
Flotzgrün
Römerberg
K 3578
392
16
17
Oberhausen
Insel Korsika
391
18
Mechtersheim
390
Rheinschanzinsel
Rhein
Philippsburger Altrhein
15
389
E/A
19
1
Philipps-
burg
2
388
3
Schäfersee
L 555
4
387
14
5
Rheinniederungskanal
386
Rheinsheim
Hafen
Germersheim
13
K 3534
385
12
Germersheim
Baggersee Brecht
B 35
6
7
384
11
Neue
Minthe
9
Rußheimer Altrhein
Maßstab 1:50000
0
0.5
1 km
8
Jägerschrittkanal
10

Alphabetisches Inhaltsverzeichnis der beschriebenen Gewässer

Über den Autor

Wolf Bresch ist Jahrgang 1937 und hat sich 1956, damals bei der Bundeswehr in Murnau, ein Faltboot T9 von Klepper zugelegt. Seine ersten Fahrten hat er auf dem Staffelsee dann Loisach, Uffinger Ache und Ammer gemacht. Viele Weit-wanderflüsse waren früher noch ohne Verbauungen fast durchgehend befahrbar. Auf Drau, Rhone, Dordogne, Weser, Main, Rhein, Donau (TID) hat er paddelnd seinen Urlaub verbracht.

Nach einer Berufsausbildung im Metallbereich und einem Maschinenbaustudium war er von 1968 - 2000 als Berufsschullehrer tätig, zuletzt Studiendirektor und Leiter der Abteilung Metall-Kfz-Elektro der Beruflichen Schulen Kehl.
Seit seiner Pensionierung 2000 ist er mit Doris und Karl-Eugen die ganze Palette der Wanderflüsse im Oberrheingraben meist mehrmals, auch in kalten Wintern, gepaddelt. Mit den Graureihern einer losen aber recht aktiven Gruppe von im „Ruhestand" befindlichen BKV-Kanuten ist Wolf Bresch oft unterwegs.
Die Notizen dieser Fahrten ergaben im Laufe der Zeit die Grundlage für diesen Paddel-Führer.

Die Fahrskizzen auf der Grundlage von 1:50000 Karten wurden in den langen Winterabenden per PC und Grafikprogramm mit beträchtlichem Zeitaufwand selbst erstellt.
Wolf Bresch ist Mitglied der Kehler Paddlergilde, seit dem Jahre 2000 Wanderwart und wurde 2007 zum 1. Vorsitzenden gewählt.

Mitarbeit am:

- Wasserwanderweg-Süd BKV-KM Stuttgart. „Lebendiger Rhein" sanfter Tourismus Kanu--sport zwischen Rhinau (F) und Lauterburg beidseits des Rheins.
- Wasserwanderweg Ried, eine lokale Initiative zur Förderung des sanften Tourismus u.a. auch Kanufahren.

Neben dem zeitaufwendigen Paddeln spielt er immer noch regelmäßig Fußball und Tennis, die aktive Zeit als Leichtathlet liegt weit zurück. Seit 2005 Aufbau ,Inbetriebnahme eines Computerraumes und Lehrtätigkeit im Seniorenbüro Kehl.

Wolf Bresch ist Stellvertretender Vorsitzender der NABU-Gruppe Kehl mit sehr guten Erfolgen bei der Förderung der Storchenpopulation) und betreibt eine, nunmehr recht kleine Imkerei. Mit seiner Frau Helga, die den Löwenanteil der Gartenarbeit bewältigt, Umweltpreis der Stadt Kehl Naturnahe Gärten. Sie haben vier Kinder, zwei davon ebenfalls mit dem Paddelvirus infiziert.